홀로 선 자본주의

CAPITALISM, ALONE

The Future of the System that Rules the World by Branko Milanovic

This Korean edition was published by Sejong Books, Inc. in 2020 by arranged with Harvard University Press through KCC(Korea Copyright Center Inc.), Seoul.

이 책은 ㈜한국저작권센터(KCC)를 통한 저작권자와의 독점 계약으로 ㈜세종서적에서 출간했습니다.

CAPITALISM ALONE

홀로 선 자본주의

미국식 자유자본주의, 중국식 국가자본주의
누가 승리할까

브랑코 밀라노비치 지음 | 정승욱 옮김 | 김기정 감수

세종

감수의 글

자본주의, 변화의 운명 앞에 서다

김기정 연세대학교 정치외교학과 교수

오래전 일이다. 20세기가 저물어가던 1999년 말, 뉴욕의 월스트리트에서 근무하던 젊은 금융인들을 대상으로 설문 조사가 실시된 적이 있다. 그들은 아이비리그로 대표되는 미국 명문 대학 출신의 최고 엘리트였으며, 미국 금융시장은 물론 세계 금융시장을 쥐락펴락하는 능력을 갖춘 집단의 일원이었다. 그들에게 던진 질문 가운데 하나는 "미래 세대가 대학 시절 꼭 읽어야 하는 책이 무엇인가?"였다.

당시 미국 사회는 자본주의가 마침내 승리했다면서 자부심이 넘쳐나던 시대였다. 프랜시스 후쿠야마Francis Fukuyama의 《역사의 종언The End of History and the Last Man》이 역사 관찰의 결정판으로 평가받던 시기이기도 했다. 하지만 금융 엘리트들의 답은 의외였다. 1위가 카를 마르크스의 《자본론》이었다. 《자본론》은 자본주의 체제를 본격적으로 비판한 효시가 아닌가!

사상이든 체제든 대립 관계가 만들어지면 싸움이 일어나기도 하지만 변화의 동력을 제공하기도 한다. 이윤 추구, 노동의 판매, 사적 소유의 자본을 기본 뼈대로 하는 자본주의도 예외는 아니다. 내재적 정화 능력도 있었지만, 19세기 말 이래로 자본주의 체제는 사회주의 사상 일부를 수용하기도 했으며, 두 사상과 체제는 수렴하기도 했다.

세계 경제 대공황 시기의 뉴딜New Deal 정책도 그런 과정의 일부였다. 복지국가 담론의 등장과 성장은 또 다른 사례에 속한다. 자유주의 철학도 마찬가지다. 시장 혹은 개인의 사적 영역에 대한 국가 간섭의 철폐, 즉 모든 종류의 규제를 금기시했던 것이 고전적 자유주의였다면, 20세기에 들어 규제적 자유주의regularity liberalism가 도덕적 정당성을 가진 것도 이런 대립의 결과물이다.

홀로 남은 사상과 철학은 위기에 직면한다. 성찰의 거울을 잃은 민주주의도 마찬가지의 운명일지 모른다. 오늘날 민주주의가 전 세계에서 생명력을 잃어간다는 위기감도 이 맥락에서 비롯된다. 분노와 광기 그리고 냉소가 세계 정치 현장에 차고 넘쳐 이성적 판단을 마비시킨다.

냉전 이후 홀로 선 자본주의는 자신을 비춰볼 거울이 사라졌다. 피스톨(강도) 자본주의, 카지노 자본주의라는 냉소적 용어도 이런 배경에서 등장했다. 그렇다면 자본주의 양식이 직면한 위기의 본질은 무엇이며, 어떻게 극복할 것인가? 그래서 어떻게 미래에 살아남을 것인가? 이 책은 자본주의의 미래에 대해 조심스럽게 진단서를 만지작거린다.

지식인은 시대를 관찰하는 일이 숙명이다. 저자의 시대 관찰은 사회주의와의 경쟁에서 승리한 자본주의의 승전가가 결코 아니다. 오히려 더욱 노골적으로 드러난 자본주의의 본질적 문제와 대면한다. 자본의 편재, 불평등에 대한 근심을 드러낸다.

이런 시선에서 저자는 자본주의의 변용 가능성에 주목한다. 여기에 변화하지 않으면 생존하기 어려운 운명이란 전제를 붙인다. 양식으로서 자본주의는 내부 분화가 이미 시작됐고, 그는 그것을 두 가지로 설명한다. 하나는 자유자본주의(자유 성과주의적 자본주의)이고, 다른 하나는 국가 중심의 국가자본주의다. 자유자본주의는 서구의 전통 위에서 명맥이 이어진 양식이며, 국가자본주의는 서구 지역 밖으로 전이되어 변용된 양식이다. 전자를 미국이 대표한다면, 후자는 중국이 대표한다. 국가자본주의는 사회주의 체제 자체의 변용일지도 모른다. 다시 말해 시장적 사회주의market socialism라는 독특한 수렴 현상의 현대적 모습일지도 모른다.

저자가 지적하는 자유 성과주의적 자본주의 체제의 문제점과 모순은 명백하다. 그의 시대 관찰은 자유 성과주의적 자본주의가 사회 불평등의 심화를 막지 못하고, 오히려 키웠다는 근원적 문제에서 시작한다. 그는 자본주의가 안정성조차 위협받는다고 본다.

이에 비해 국가가 정치적 의도를 가지고 개입하는 국가자본주의는 기계적 성격을 띤다고 진단한다. 다만 이 체제는 높은 경제성장률을 유지해야만 지배 집단, 경제 체제, 그리고 국가가 유지되는 근원적 문제점을 안고 있다. 게다가 자칫 민주적 검증이 부재해 교정의 가능성이 쉽게 무력화된다는 점과 아울러, 법치의 부재가 부패를 키울 가능성이 높다고 그는 경고한다.

이 책은 오늘날 미국 지식인 사회에서 유행으로 자리 잡은 중국에 관한 분석의 하나다. 현재 미·중 갈등은 날로 치열해지고 있다. 세계 권력 구조를 둘러싼 경쟁이지만, 그 이면에서 작동하는 담론적 투쟁도 치열하다. 워싱턴에서는 키신저 패러다임(미·중 경쟁은 가능하나 충돌은 대안이 아니라는 주장)은 이미 논변의 토대를 잃었다. 중국 위협론에서 시작된 대중 견제 심리에는 이제 노골적 언사가 지배적이다.

중국도 만만찮게 대항한다. 덩샤오핑이 설파했던 도광양회韜光養晦(빛을 감추고 어둠 속에서 힘을 기른다)의 태도는 조기 실종됐다. 신형 대국론을 앞세워 양자 관계를 새롭게 만들어나가자는 대국굴기론大國崛起論이 대세인 듯하다. 이런 시대에는 지식인의 시대 관찰에도 두려움이 지배한다. 대개 실천과 현상이 선행하고 설명과 이론은 후행한다고 하지만, 경우에 따라서는 대립의 담론이 정치 현장의 대결 구도를 더욱 첨예하게 만들기도 한다.

미국 외교협회 명예회장 레슬리 겔브Leslie H. Gelb가 지적했듯이, 과도한 이념과 원리가 미국의 정치 현장에 등장했다. 21세기 미국은 새로운 대결을 본격적으로 시작하려 한다. 도널드 트럼프 대통령은 마이크 폼페이오 국무장관을 앞세워 중국을 타박한다. 이런 시대에 특정 이론은 활용 혹은 악용되기 쉽다. 이를테면 민주평화론 같은 이론이 그런 부류에 속한다. 이 이론은 흠결이 많은 (그래서 토론이 필요한) 이론임에도, 중국이 세계 평화를 위협하는 것은 비민주화된 국가이기 때문이라는 단순 담론으로 귀결된다.

그런 분위기에 비하면 저자의 진단과 전망은 상대적으로 덜 적대적이어서 다소 이채롭다. 물론 그는 중국식 자본주의 양식에 비판적이지만, 그 국가자본주의가 향후 자본주의 변화 과정에서 하나의 대안으로 작동할 것이라는 측면에도 주목한다.

저자는 자유 성과주의적 자본주의의 소생 가능성도 타진한다. 그는 자유 성과주의적 자본주의가 진화해 대중적 자본주의로 진화할 가능성을 자본주의 미래 양식에 포함시켜 전망한다. 그리고 자본주의 진화에 정치의 역할이 중요함을 강조한다. 이를테면 사회적 불평등을 완화하기 위해 조세 정책(중산층 조세 완화, 부자 증세)을 조정하는 일, 공립학교의 기능을 질적으로 향상시키는 결정, 시민권 향상 같은 사안은 정치적 영역의 판단이다. 정치와 자본의 관계 설정에 따라 진화 과정이 결정될 것이라는 관찰과 전망은 국가자본주의 경우도 마찬가지일 것이다.

핵심은 특정 집단이 자본과 정치권력을 과밀하게 독점하지 않도록 해야 한다는 점이다. 권력 독점에 견제 장치를 마련하는 것, 그리고 그 필요성을 공유하는 것이 '홀로 선' 자본주의의 건강한 진화 방향일 것이다.

나는 이 책을 우리 시민들에게 권하고 싶다. '촛불혁명'은 보통 사람들의 시대 표현이었다. 지성을 갖춘 보통 사람들의 시대 인식이 미래를 열어갈 동력이 됐다. 그래서 세계 민주주의의 새로운 지평을 열었다고 평가받기에 이르렀다. 정치권력과 자본의 건강한 긴장 관계, 그리고 공공의 가치 실현을 위한 지혜로운 결합이 민주주의는 물론 자본주의의 미래를 결정한다면, 이 책은 한국 시민사회에 꼭 필요한 시대 관찰기다. 다른 나라가 아니라 시민이 깨어 있는 한국이기 때문에 가능한 희망이다.

한국어판 서문

이 책에서 설명하는 것처럼 자본주의는 오늘날 세계에 존재하는 유일한 사회경제 체제다. 서유럽과 중남미, 아시아, 러시아 또는 아프리카에 자본주의가 존재한다는 것은 의심의 여지가 없다. 그런데 중국에도 존재하는가? 당연히 존재한다. 중국의 집권당이 공산당이라고 불린다는 사실에서 사람들은 분명히 의아함을 느낄 것이다.

그러나 공산당이라는 이름은 흔히 과거에 사용했던 것과도 별로 공통점이 없고, 현재 그들이 행하는 것과도 실제로 공통점이 없다. 러시아의 자유민주당은 자유주의도 아니고, 민주주의도 아니다. 스페인의 공산주의자들은 사회민주주의자들이 됐다. 중국의 체제를 규정하려고 할 때, 민간 부문의 생산량이 얼마나 되는지, 노동력의 몇 퍼센트를 고용하는지와 같은 객관적 기준을 살펴보는 것이 집권당 이름보다 훨씬 더 적절하다. 그리고 그렇게 볼 때, 중국 GDP(국내총생산)의 약 1/4만이 민간 부문 이외에서 나오고, 10% 미만의 노동력만 국영기업에 종사한다.

그러므로 중국은 의심할 바 없는 자본주의 체제다. 그러나 중국 체제는 서구, 일본 그리고 한국과 같은 방식의 정치 체제에 따라 조직된 체제가 아니다. 중국 체제는 민주적이지도 않고, 권력 분립을 수용하지도 않으며, 법치주의 또한 결여되어 있다. 정치와 경제 분야에서의 국가 권력은 자유자본주의liberal capitalism 체제보다 크고 넓다.

한마디로 중국은 국가자본주의political capitalism(원래 뜻은 '정치적 자본주의'이지만, 정치학계에서는 '국가자본주의'로 통용되고 있어 이 책에서는 모두 '국가자본주의'로 번역한다_옮긴이) 국가다. 국가자본주의라는 용어는 100여 년 전 막스 베버Max Weber가 창안했다. 물론 과거나 현재 존재하는 체제를 볼 때, 중국만이 국가자본주의의 유일한 사례는 아니다. 국가자본주의 체제의 국가를 꼽아보면 베트남, 알제리, 앙골라, 에티오피아, 싱가포르, 라오스, 르완다, 그리고 거의 틀림없이 러시아와 모든 중앙아시아 공화국들이다. 심지어 터키와 헝가리, 세르비아 같은 몇몇 유럽 국가에도 국가자본주의적 요소들이 강하게 배어 있다. 따라서 국가자본주의는 소련과 마오쩌둥주의 변종으로 빠르게 분열된 사회주의와 다를 바 없다.

지금의 자본주의는 거대한 단일 체제가 아니다. 중국과 미국이 대표하는 두 유형의 자본주의는 각각 패권을 위해 경쟁한다. 미국식 자본주의 체제는 명백히 '수출할 수 있는' 것이며, 제2차 세계대전이 끝난 이후 포르투갈에서 한국에 이르기까지 세계 여러 지역으로 '이식'되는 놀라운 능력을 보여주었다. 하지만 중국식 자본주의 체제는 여전히 몇몇 국가에 한정된다. 중국식 자본주의는 또한 자유자본주의의 '규범적canonic' 형태, 즉 정치적 민주주의와 자유시장주의의 조합이 결여되어 있다. 아직 몇 개 국가에 불과하지만, 제한적인 이런 모델을 좀 더 강력하게 '확산시키려는' 중국의 의지와 능력, 즉 적어도 '일대일로 이니셔티브Belt and Road Initiative(BRI)' 등을 통해 더 이식될 수도 있다. 물론 중국 모델이 어느 정도까지 확산될지 의문도 적지 않다. 왜냐하면 중국식 국가자본주의의 많은 요소가 대부분 중국 특유의 상황에 대응해 만들어진 것으로 보이기 때문이다.

전 세계가 거의 모두 두 유형의 자본주의로 뒤덮인 가운데, 한편에서는 유명 만화 《아스테릭스Asterix》에 나오는 갈릭 마을과 같은 작은 지역이 자본주의라는 생산 방식의 전 세계적 지배에 저항한다. 그중 하나가 북한이다. 북한은 정말 분류하기 어려운 체제다. 북한은 일반적인 많은 규범을 무시한다. 표면적으로는 공산주의 정권이지만, 공산주의와는 절대로 양립할 수 없다고 여겨지는, 사실상 왕조 체제다. 스탈린주의의 많은 특징을 보이면서도 점점 사적 경제활동을 허용하고 있다. 이런 특성은 스탈린주의와 후기 브레즈네프의 연성화된 체제와 비교해도 이질적이다.

공산주의 이념은 국제주의여야 하지만, 북한은 폭력적 민족주의 성격의 정권이다. 북한은 분명히 자신의 규칙에 따라 행동한다. 북한이 민간부문의 성장을 허용하는 한 정치적으로, 또 경제적으로 중국을 닮아갈 수 있다고 상상하는 것도 가능하다. 이런 상황 전개는 여전히 세계에서 고립되고, '무법자'의 지위를 즐기는 것처럼 보이는 북한에는 발전적 요인이 됐을 것이다. 그리고 생활수준을 향상시키고 일상적 활동에서 더 많은 자유를 줄 것이기 때문에 북한 국민에게도 발전적 요인이 될 것이다.

결국 북한이 국가자본주의 체제의 국가가 되더라도, 국제정치 문제는 해결되지 않을 것이다. 자유자본주의 체제와 국가자본주의 체제가 동시에 존재하는 북한 상황에서, 눈길을 끄는 것은 이 두 체제가 자본주의라는 동일한 생산 방식임에도 세계적인 확산을 위해 경쟁한다는 사실이다. 만일 북한이 국가자본주의 체제가 된다면 중국과 더 유사해질 것으로 보인다. 자유자본주의 체제의 북한이 된다면(만일 그렇게 된다면 국가자본주의 체제로의 전환과는 달리 혁명을 의미한다) 한국이나 미국과 비슷해질 것이다. 두 가지 방향 모두 분명한 지정학적 의미를 지닌다. 게다가 한반도 통일 문제는 비록 오늘의 관점에서 보더라도 독일 통일만큼 순조롭게 진행될 것 같지 않지만, 세계적 의제에서 제외될 것 같지도 않다.

나는 이 책이 동아시아에서 거의 매일 벌어지는 이런 경제적·정치적 사안에 대해 한국 독자들이 좀 더 날카롭고 균형 잡힌 시각을 갖는 데 도움이 되기를 바란다. 동아시아는 엄청난 경제 성장으로 말미암아 현대 세계의 3대 경제 및 정치적 극점 가운데 하나가 됐다.

바르셀로나에서

브랑코 밀라노비치

차례

1부 자본주의는 진화한다

2부 자유 성과주의적 자본주의와 불평등

3부 국가자본주의의 부상

4부 세계화, 얻는 자와 잃는 자

5부 글로벌 자본주의의 미래

1부

자본주의는 진화한다

부르주아는 모든 나라에 대해 멸종적 고통으로 자본주의 생산 방식을 채택하도록 강요한다. 또한 부르주아는 자신들이 문명이라고 부르는 것을 도입하도록 강요한다. 부르주아처럼 되라는 것이다. 한마디로, 그들 자신의 이미지대로 세상을 창조한다.

- 마르크스와 엥겔스, 《공산당 선언》

아메리카와 동인도의 발견이 이뤄진 이 특별한 시기에 유럽의 힘은 매우 강대해졌다. 유럽인들은 그처럼 먼 나라들에서 아무런 처벌도 받지 않고 갖가지 부당한 행위를 저지를 수 있었다. 훗날 아마도 그 나라의 원주민들은 지금보다 더 강해질 것이며, 유럽인들은 점차 약해질 수 있다. 그리고 비유럽 주민들도 유럽인과 동등한 용기와 힘을 갖게 될 것이다. 그 나라들은 서로에게 용기를 줄 것이며, 상호 권리를 존중하면서 유럽 국가들의 부당함을 스스로 극복할 수 있을 것이다. 그러나 그들이 이를 가능케 할 힘을 구축할 가능성은 아직 없어 보인다. 유럽인들이 서로 교환하는 지식과 광범위한 무역은 자연적 또는 더욱 필연적으로 갖가지 개선과 발전을 이뤄내기 때문이다.

- 애덤 스미스, 《국부론》

지구 유일한 사회경제 체제, 자본주의

앞 쪽의 첫 번째 인용문은 카를 마르크스와 프리드리히 엥겔스에게서 나온 지 약 170년이 지났고, 두 번째는 애덤 스미스에게서 나온 지 약 250년이 흘렀다. 정치·경제 분야에서 저명한 두 고전 작품에서 뽑아낸 이들 문장은 아마도 현대의 어떤 문장보다 더 나을 성싶다. 지금 세계가 겪는 두 가지 획기적 변화의 본질을 제대로 포착하기 때문이다.

하나는 지배자일 뿐만 아니라 세계 유일의 사회경제 체제로서의 자본주의 체제이고, 다른 하나는 아시아의 성장에 따른 유럽·북미 지역과의 힘의 재균형이다.

산업혁명 이후 처음으로 북미, 유럽, 아시아 세 대륙의 소득 수준이 근접해진 단계에 이르렀다. 산업혁명 이전과 비교적 거의 같은 수준으로 되돌아오고 있다(지금은 물론, 소득의 절대치가 훨씬 높다). 장구한 세계

사적 측면에 비춰볼 때, 자본주의 체제의 유일 지배와 아시아의 경제적 르네상스는 괄목할 만한 장면이다. 이들은 서로 관련이 있다.

현재 전 세계는 동일한 경제 원리에 따라 작동한다. 이런 사실은 역사적으로 그 선례가 없다. 동일한 경제 원리란 합법적 자유 임금의 노동력과 대부분 개인 소유 자본에 의해 이윤을 추구하는 생산 체제, 그리고 분권화된 조정력이다. 로마 제국을 거쳐, 6세기 메소포타미아, 중세 이탈리아의 도시국가 또는 현대 사회의 저개발 국가들을 막론하고 자본주의는 항상 다른 체제와 공존했다. 다시 말해 같은 정치 단위와 시대 안에서 갖가지 생산을 조합하는 방식들이 여럿 있었다. 여기에는 사냥과 수집, 다양한 노예제도, 농노(노동을 제공하는 이들은 합법적으로 그 지주에 소유되고, 다른 사람들에게는 노동력 제공이 금지된다), 독립적인 장인이 수행하는 소규모 생필품 생산, 소농들이 포함된다. 심지어 지금의 세계화된 현대 자본주의의 전신이 처음 등장했던 100여 년 전만 해도, 여전히 이 모든 생산 양식은 공존했다.

자본주의 체제는 러시아 혁명으로 탄생한 공산주의 체제와 세계를 분점했다. 공산주의는 인류의 약 1/3을 차지하는 국가들을 지배했다. 하지만 오늘날은 어떤가? 자본주의 체제 이외에는 어떤 것도 남아 있지 않다. 세계 발전에 아무런 영향도 주지 않는 매우 한정된 지역을 제외하고는 말이다.

전 세계에 걸쳐 이뤄낸 자본주의의 승리는 1848년 마르크스와 엥겔스가 예측했던 것처럼, 여러 가지 문제점들을 드러냈다. 자본주의는 외국에서 거둔 이윤이 국내 이익보다 높을 때, 혹은 그 이익을 갈망하면서 국가 사이의 경계를 넘나들도록 만들었다. 물자나 상품의 교환, 자본의 이동, 그리고 경우에 따라서는 노동의 이동을 좀 더 쉽게 만들었다. 그렇기에 자본주의가 널리 확산됐던 나폴레옹 전쟁과 제1차 세계대전 사이에 세계화가 가장 많이 진전된 것은 우연이 아니다.

그리고 오늘날의 세계화가 자본주의의 완전한 승리와 톱니바퀴처럼 맞물려 있는 것은 어쩌면 필연적이다. 만일 공산주의가 자본주의를 뛰어넘었다면 어땠을까? 공산주의는 분명히 세계화로 이어지지 않았을 것이다. 공산주의 창시자들이 국제주의를 추구한다는 신념을 공언했음에도 세계화로 이어지지는 않았을 것이다. 공산주의 사회는 거의 경제자립적이고 민족주의적 사회였으며, 상품·자본·노동력의 국제간 이동은 미미했다. 심지어 소련 블록 내에서조차 무역 거래는 좁았다. 잉여생산물을 팔거나 쌍무 거래라는 중세 중상주의 원칙에 머물렀다. 이런 점에서 마르크스와 엥겔스가 지적한 것처럼, 본질적으로 팽창적 경향이 강한 자본주의는 공산주의와는 전혀 달랐다.

전 세계를 지배하는 자본주의적 생산 방식에 대해 논란의 여지가 없다는 것은, 역시 이데올로기적 관점에서 논란의 여지가 없다는 말과 같다. 무슨 의미인지 다시 말하면, 이데올로기적 관점이란 돈벌이는 존경받아야 하고, 사람들의 삶에서 가장 중요한 목표이며, 또 세계 각지와 모든 계층의 사람들이 수용할 수 있는 동기 부여, 즉 인센티브가 있다는 의미다. 삶의 경험, 성별, 인종 또는 믿음과 관심사, 그리고 동기 부여에 대해 그 배경이 서로 다른 사람을 설득하기란 매우 어려울 수 있다.

그러나 그런 사람도 돈벌이나 이익과 관련된 언어는 쉽게 받아들인다. 가령 사람들에게 제일 중요한 것은 가장 유리한 거래다. 가장 유리한 거래를 위해서라면, 사람들은 협력과 경쟁 가운데 어느 것이 최선의 전략인지 금세 알아차릴 것이다.

사실상 오늘날 세계에서는 (마르크스적 용어를 사용한다면) 하부구조(경제적 기초)와 상부구조(정치 및 사법제도)가 매우 잘 정렬되어 있다. 이런 사실은 세계적 자본주의가 지배권을 유지하도록 만들 뿐만 아니라, 국민 생활에도 도움을 준다. 국민 사이의 의사소통을 더 명확하고 쉽게 만들고, 상대방이 무엇을 원하는지 금세 알아차리도록 한다. 지금 현대인은 누구나 같은 규칙을 따르고, 이윤 창출과 관련해 동일한 언어 속에 산다.

지금까지는 이처럼 포괄적으로 설명했지만, 어느 정도는 추가 설명이 필요하다. 실제로 돈벌이를 목적으로 하지 않는 작은 공동체들이 전 세계에 흩어져 있고, 돈벌이를 무시하는 사람들도 있다. 그러나 그들은 자본주의적 대세와 역사의 주류 흐름에는 영향을 미치지 못한다.

한편으로 개인의 신념과 가치 체계가 자본주의의 목표와 일맥상통한다고 해서, 우리의 모든 행동이 전적으로 그리고 항상 이익을 좇아 움직인다고 판단해서는 곤란하다. 사람들은 때때로 진정으로 이타적 행동을 하거나, 결의에 찬 목표에 따라 움직이곤 하기 때문이다.

만약 시간이 있어서 또는 경제적 여유가 있어서 이타적 행동을 한다고 평가한다면, 그런 이타적 행동은 인간 삶에서 단지 작은 역할에 그칠 뿐이다. 이를테면 사회적 기부금을 많이 내어놓는 억만장자를 단순히 '박애주의자'로만 평가하는 것은 잘못된 것이다. 세상 사람들은 대부분 억만장자들이 불미스러운 관행을 통해 막대한 부를 획득한 다음, 그들 재산의 작은 부분을 나누어준다고 생각한다. 그래서 억만장자들이 행하는 이타적 행동의 미세한 부분에만 집중하고, 그들의 깨어 있는 삶의 90%를 투자하는 목표 의식과 결의에 찬 삶을 무시하는 것은 잘못된 인식이다. 결의에 찬 삶의 목적이란 주로 비즈니스라는 수단을 통해 우리의 생활수준을 윤택하게 하는 것이다.

이 같은 개인적이면서도 체계적 목표의 일치는 자본주의가 달성한 주요한 성취의 일환이다. 이는 5부에서 더 상세히 논할 것이다.

자본주의의 열렬 지지자들은 이런 성공이 자본주의의 '속성'에서 비롯됐다고 풀이한다. 성공은 더 나은 경제적 조건과 더 윤택한 삶을 위해 노력하는 인간의 선천적 욕구이다. 나아가 성공은 거래, 그리고 물욕을 완벽하게 반영한다는 주장이다.

하지만 나는 몇 가지 주요한 요인을 간과하면서 선천적 욕망을 말하는 것은 정확하지 않다고 본다. 선천적 욕망이란 마치 우리가 사는 사회와는 동떨어진 것으로 봐서는 안 된다는 것이다. 이런 욕망은 대부분 사회 내에서, 그리고 유일하게 존재하는 자본주의 사회 안에서 빚어진 사회화의 산물이기 때문이다.

플라톤, 아리스토텔레스, 몽테스키외 같은 뛰어난 사람들이 주장한 것처럼, 정치나 경제 체제는 한 사회의 지배적 가치 및 행동과 조화로운 관계에 바탕을 둔다는 것이 옛날부터 전해져오는 사상이다. 이것은 확실히 오늘날의 자본주의에 해당되는 말이다. 자본주의는 뚜렷한 성공을 이뤄냈다. 자본주의는 사람들에게 그 목적을 전달하거나, 사람들이 그 목표를 채택하도록 촉진하거나 설득했고, 따라서 자본주의 확산에 필요한 것과 인간의 생각, 욕망, 가치 사이에서 비범한 조화를 이뤄냈다.

정치철학자 존 롤스John Rawls에 따르면, 자본주의는 어떤 사회 체제에서도 안정화를 위한 필요조건을 창조하는 데 가장 성공적이었다. 개인들은 그 안정된 사회 체제를 디딤돌 삼아 일상적 행동을 영위하고, 자신들의 특성을 드러내며, 좀 더 광범위한 가치를 추구한다는 것이다.

자본주의는 세계를 정복하는 데 두 가지 각기 다른 형태로 진행됐다. 하나는 자유 성과(능력)주의적 자본주의liberal meritocratic capitalism로, 지난 200여 년 동안 서구에서 점진적으로 발전했다(2부에서 자세히 설명하겠다). 다른 하나는 국가 주도의 정치, 혹은 권위주의적 자본주의다. 중국의 사례가 대표적이지만, 아시아 일부(싱가포르, 베트남, 미얀마)에도 존재하며, 유럽 및 아프리카 일부 지역(러시아와 코카서스 국가들, 중앙아시아, 에티오피아, 알제리, 르완다)에도 존재한다(3부에서 자세히 설명하겠다).

인류 역사에서 너무 자주 일어났던 것처럼, 하나의 정치 체제나 종교가 만들어지고 나서 명백하게 승리한 이후에는 곧바로 일종의 분열이 뒤따랐다. 같은 신조 아래 다양한 변화와 유형들 사이에 벌어진 분열이었다. 기독교는 지중해와 근동을 가로질러 승리한 후, 격렬한 이념 논쟁과 분열(동방정교회와 아리우스주의의 대립이 가장 주목할 만한 사례다)을 겪었다. 그리고 그로 말미암아 결국 서유럽과 동유럽 교회 사이에 최초의 큰 분열이 발생했다.

거의 그 직후에 이어진 이슬람교의 운명도 다르지 않았는데, 혼란스러운 정복 전쟁 이후 수니파와 시아파로 갈라졌다. 그리고 결국 자본주의의 20세기 경쟁자인 공산주의도 거대한 체제였지만 오래 지탱하지 못하고, 소련 주도형과 중국 주도형으로 갈라졌다. 이런 점에서 자본주의가 전 세계적으로 승리했다는 것에는 이견이 없다. 현재 우리는 자본주의의 두 가지 모델을 목도하고 있다.

그 두 모델은 정치적 특징뿐만 아니라 경제적으로도 다르다. 그리고 정도는 덜하지만 사회적 영역에서도 차이를 보인다. 내 생각으로는 자유주의와 국가자본주의 사이의 경쟁 과정에서 무슨 일이 벌어지더라도, 한 체제가 전 세계를 지배하지는 못할 것이다.

아시아의 부상과 세계 패권의 재편

국가자본주의의 경제적 성공은 앞에서 언급한 두 번째 현저한 발전에 뒤이어 탄생한 위업, 즉 아시아의 부흥이다. 아시아의 부상은 단지 국가자본주의에 따른 것만은 아니다. 인도와 인도네시아 같은 자유자본주의 국가들 또한 매우 빠르게 성장한다. 그러나 아시아의 역사적 변혁은 의심할 여지 없이 중국이 주도하고 있다. 이런 변화는 이미 역사적으로 선례가 있다. 자본주의가 발흥해 세계적 패권을 거머쥔 것은 과거 유럽에는 역사적 사례가 없었지만 아시아에는 존재했다. 이제 아시아는 산업혁명 이전에 존재했던 위치, 즉 과거 유라시아의 경제 패권 시대 당시로 거의 되돌아가고 있다. 그러나 그 되돌림, 즉 경제적 회복은 우여곡절 끝에 이뤄졌다.

예컨대 1~2세기나 14~15세기에 서유럽과 아시아의 경제 발전 수준은 거의 같았다. 당시 서유럽과 아시아 두 세력은 서로 교류가 거의 없었다. 대체로 서로에 대한 지식도 부족했다. 그 시대 사람들의 지식수준은 그들 자신이 아는 것보다 지금의 우리가 더 많이 알고 있다. 또한 오늘날 두 세력의 상호작용은 강렬하고 연속적이다. 두 지역의 소득 수준도 당시와 비교해 몇 배나 높다.

세계를 양분하는 두 지역인 서유럽 및 그 파생 지역인 북미, 그리고 아시아는 세계 인구의 거의 70%에 육박하며, 전 세계 생산의 80%를 차지한다. 또 무역, 투자, 사람의 이동, 기술의 이전 그리고 아이디어의 교환을 통해 지속적으로 긴밀히 접촉한다. 결론적으로 두 세력 사이의 경쟁은 인류가 상상했던 수준보다 훨씬 더 첨예하게 벌어졌다. 사회 체제도 일부 비슷하긴 하지만 같지는 않다. 한 체제(서구)가 다른 체제(아시아)에 자신을 이식시키려고 계획적으로 강요하는 과정에서 경쟁했다. 또는 예컨대 단순히 한 체제가 다른 지역에 쉽게 복사되기도 했다.

그러나 지금은 지리적 재조정, 즉 교통·통신 수단의 난점이 해소되면서 군대와 정치, 그리고 경제 분야에서 서구 세계가 누려온 우월함이 사라지고 있다. 지난 두 세기 동안 서구의 우월함은 당연한 현상이었다. 역사적으로 볼 때, 아프리카와 아시아에 대한 유럽의 우월함이 가장 컸던 시대는 19세기였다. 그 우월함이란 식민지 정복에서 가장 명백하게 드러났다. 또한 그 우월함은 두 세력 사이의 소득 격차에 그대로 반영됐다. 따라서 세계 시민들 사이의 소득 불평등에 고스란히 투영됐다.

[도표 1-1]에 나타난 것처럼, 이 소득 불평등은 1820년부터 비교적 정

도표 1-1 세계 소득 불평등 추이(1820~2013년)

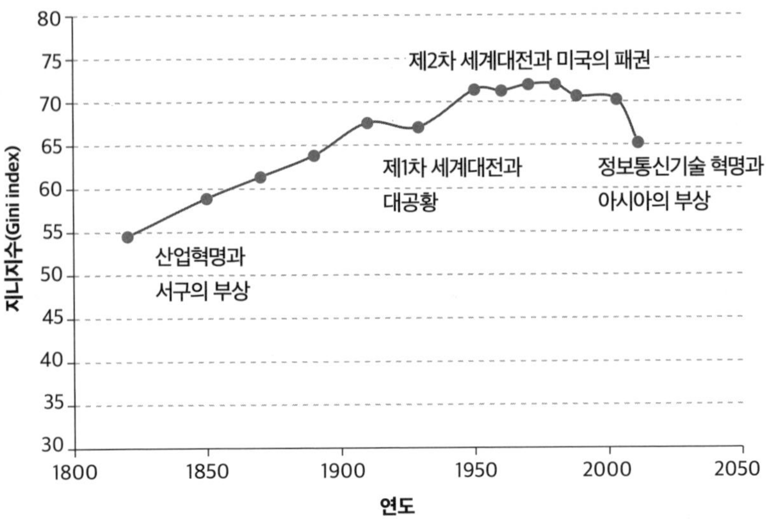

출처: 1820~1980년 자료는 프랑수아 부르기뇽(François Bourguignon)과 크리스천 모리슨(Christian Morrisson)의 자료(2002년)를, 1인당 GDP는 2018년 개정한 메디슨 프로젝트(Maddison Project) 자료를 기초로 삼았다. 1988~2001년 자료는 크리스토프 라크너(Christoph Lakner)와 저자의 자료(2016년), 그리고 저자의 업데이트 자료 등을 기초로 삼았다. 모든 수입은 2011년 PPP(구매력평가지수) 달러로 표시(2018년 작성 당시의 국제 비교 프로젝트 최신판). 추가 기술 자료는 부록 C 참조.

밀하게 측정할 수 있다. 이 도표와 함께 이 책 전체를 통해 지니계수라는 지수를 사용해 불평등 정도를 측정해볼 것이다. 지니계수는 0(불평등 없음)부터 1(최대 불평등)까지의 수치로 불평등 정도를 표시한다(대부분 백분율로 표시한다. 100까지 표시되는 각 백분율을 지니포인트라고 부른다).

서구의 산업혁명 이전에는 전 세계적으로 불평등의 격차는 비교적 그리 크지 않았다. 그리고 그런 격차의 대부분은 한 나라 안에서 일어나는 개인 사이의 차이 때문에 발생했다. 마치 국민 평균 소득이 나라마다 격차를 보이는 것과 같은 이치였다.

이런 상태는 서구의 부상과 함께 극적인 역전 국면에 이르렀다. 세계적 불평등은 1820년부터 제1차 세계대전 직전까지 거의 연속적으로 심화되어, 55지니포인트(주로 현재 중남미 국가에 존재하는 불평등 수준)에서 70지니포인트(오늘날 남아프리카의 불평등 수준보다 높은 수준) 턱밑까지 도달했다. 유럽, 북미, 그리고 근대화된 일본의 소득 수준이 상승했고, 이는 전 지구적 불평등을 불러일으켰다. 그와 동시에 중국과 인도의 성장 정체가 맞물렸다.

비록 유럽과 북미, 일본은 제1세계가 됐지만, 아울러 그들 국가 안에서의 소득 불평등도 심화됐다. 1918년 이후, 세계적 불평등 심화는 다소 멈추는 듯했다. 이는 제1차 세계대전과 대공황의 충격으로 나타난 일시적인 현상이었다.

제2차 세계대전이 끝난 뒤, 세계적 불평등은 약 75지니포인트로 사상 최고 수준을 기록했다. 이런 현상은 20세기 마지막 10년까지 이어졌다. 이 기간 동안 서구와 아시아(특히 중국과 인도)의 소득 격차는 더 이상 벌어지지 않았다. 그러면서 인도가 독립하고 중국 혁명이 진행됐다. 인도 독립과 중국 혁명은 아시아 부상의 발판을 제공했다.

이 두 나라는 1940년대 후반부터 1980년대 초반까지 서구 세계와 비교적 대등한 입장을 유지했다. 그러나 대등한 입장이라기보다는, 서유럽 부자 나라에 유리하도록 심하게 왜곡됐다. 또한 중국과 인도의 1인당 GDP는 서구 국가들의 1/10에도 못 미쳤다.

이 같은 소득 격차는 1980년대 이후부터 변하기 시작했고, 극적으로 진행됐다. 중국의 개혁으로 중국의 연간 1인당 소득은 향후 40년에 걸쳐 대략 연 8%씩 성장하기에 이르렀다. 서구와의 소득 격차는 급격히 좁혀졌다. 오늘날 중국의 1인당 GDP는 서구와 비교해 약 30~35% 수준으로 따라잡았다. 이는 대략 1820년대 중국-서구의 차이와 비슷한 수준이다. 그리고 중국의 소득 성장은 계속 상승하는 경향이 뚜렷하다(서구 세계와 비교하여). 이런 흐름은 아마도 소득 수준에서 서구에 근접할 때까지 계속될 것이다.

중국의 경제 혁명 이후 인도, 베트남, 태국, 인도네시아, 그리고 여타 다른 아시아 국가들에서도 유사한 성장의 가속화가 이어진다. 그러나 이런 성장세가 지속되지만, 동시에 불평등의 심화도 동반한다(특히 중국에서). 다른 한편으로 이런 성장세는 서구와의 격차를 줄임으로써, 전 지구적 소득 불평등 현상을 감소시키는 역할도 한다. 이는 최근 세계적으로 지니계수가 하락하는 요인으로 작용했다.

또 하나, 첨단 기술 혁명이 일어나면서 아시아와 서구 국가들 사이에 소득의 수렴(일종의 소득 평준화)이 발생, 진행된다. 기술 혁명이란 구체적으로 정보통신기술ICT의 혁명을 가리킨다. 일종의 생산 혁명인데, 특히 아시아에서 선호하는 기술 혁명이다(4부에서 자세히 설명하겠다).

ICT 혁명은 아시아의 성장을 훨씬 촉진시켰을 뿐만 아니라, 서구 각국의 탈산업화에도 기여했다. ICT 혁명이란 굴뚝 산업을 비롯한 제조업 중심의 과거 산업 형태에서 탈피하고 새로운 유형의 기술 세계로 진입하는 것과 다름없다. 탈산업화는 과거 산업혁명 기간 동안 인도에서 벌어진 현상이다.

따라서 우리는 지금 역사적으로 두 가지 급속한 기술 변화, 즉 ICT 혁명과 소득 수렴 현상을 목도한다. 이는 세계적 불평등의 진화 과정(도표 1-1 참조)에서 획기적 사건이다. ICT 혁명의 효과는 아직도 진행 중이며, 훨씬 더 많은 기술적 진보를 보게 될 것이다. ICT 혁명은 여러 측면에서 산업혁명기의 변화와 유사하다. 그 변화란 어떤 국가 집단은 도약하고, 다른 집단은 쇠퇴하면서, 전 지구적으로 소득 순위가 대폭 뒤집히는 대개편 현상을 가리킨다. 그리고 이 변화는 중대한 지리적 변화와 집중이 일어남으로써, 그에 따른 승자와 패자가 갈리는 현상과 맞물려 진행된다.

이 두 가지 기술 혁명에 대해 서구와 아시아가 서로 반면교사로 여기는 편이 좀 더 유효하다. 하나는 서구의 풍요로움을 통해 세계적 불평등을 증가시킨 반면, 다른 하나는 아시아의 풍요로움을 통해 세계적인 소득 수렴의 큰 흐름을 불러왔다.

단언컨대, 결국 소득 수준은 서로 비슷해질 것이다. 유라시아 대륙 전체와 북아메리카 대륙을 가로지르면서 서로 유사한 소득 수준에 이를 것이다. 이는 세계적인 불평등 구조를 해소하는 데도 도움이 될 것이다(하지만 큰 문제가 남아 있다. 그 문제는 바로 그리 크게 쟁점화되지 않은 아프리카의 운명이다. 아직까지 아프리카 대륙은 부유해지는 세계와 급속히 인구가 느는 여타 국가들, 즉 아시아 각국을 따라잡지 못하고 있다).

전 세계적인 경제적 재균형은 지리적 요인에 의한 것만이 아니다. 그것은 또한 정치적 요인에 따른 것이기도 하다. 중국의 경제적 성공은 서구의 논리를 약화시킨다. 서구의 논리란 자본주의와 자유민주주의가 조합되어야 한다는 주장이다. 부유해지기 위해서는 자본주의와 자유민주주의가 한 몸이어야 한다는 논리다. 사실 이런 주장은 자유민주주의에 대한 포퓰리즘적이고 금권 정치적 도전으로, 서구 자체에서도 서서히 정당성을 잃어가고 있다.

전 세계적 재균형에 따라 얻어진 아시아인들의 경험은 경제 발전에 관한 사고방식에서 가장 중요한 요인으로 자리매김되고 있다. 아시아의 경제적 성공으로 말미암아 아시아의 발전 모델이 여타 대륙에 더욱 매력적으로 보일 것이다. 아시아의 경제적 발전과 성장에 관한 많은 시사점을 그렇지 못한 대륙에 제공할 수 있다. 이는 애덤 스미스의 생각과도 유사하다. 영국인의 경험과 그 영국적 경험을 토대로 하는 스미스가 지난 2세기 동안 우리의 사고방식, 즉 자본주의 경제 발전과 성장에 지대한 영향을 준 것과 같은 방식으로 말이다.

지난 40년 동안 아시아의 5대국, 즉 다섯 마리 용(중국 제외)은 모두 특정한 2년 동안을 제외하고 1인당 성장률이 서유럽 국가들보다 높았다. 그리고 이런 흐름은 변하지 않을 것으로 보인다. 지난 1970년의 경우 서구는 세계 생산량의 56%를 차지한 반면, 아시아(일본 포함)는 19%에 그쳤다. 하지만 오늘날 그 비율은 역전되어 서구가 37%이고 아시아가 43%를 차지한다.[1] 이 추세는 미국과 중국을, 그리고 독일과 인도를 비교해보면 명확하게 나타난다(도표 1-2 참조).

세계화 시대에 아시아의 놀라운 성장은 세계화에 대한 대중의 지지로 연결된다. 세계화는 아시아에서 가장 강한 지지를 받고 있다. 특히 베트남에서 가장 강한 지지세를 보인다(베트남 인터뷰 대상자의 91%는 세계화가 선善을 위한 힘이라고 생각한다). 반면 유럽, 특히 프랑스가 세계화에 대한 지지가 가장 약하다(프랑스는 응답자의 37%만이 세계화를 지지했다).[2]

세계화에 대한 서구 사회의 팽배해진 불만감은 엘리트들 사이의 격차에서 비롯된다. 그들 가운데 상당수는 나름대로 성공하고 잘살아왔지

도표 1-2 미국과 중국, 독일과 인도의 세계 GDP 백분율
(1950~2016년)

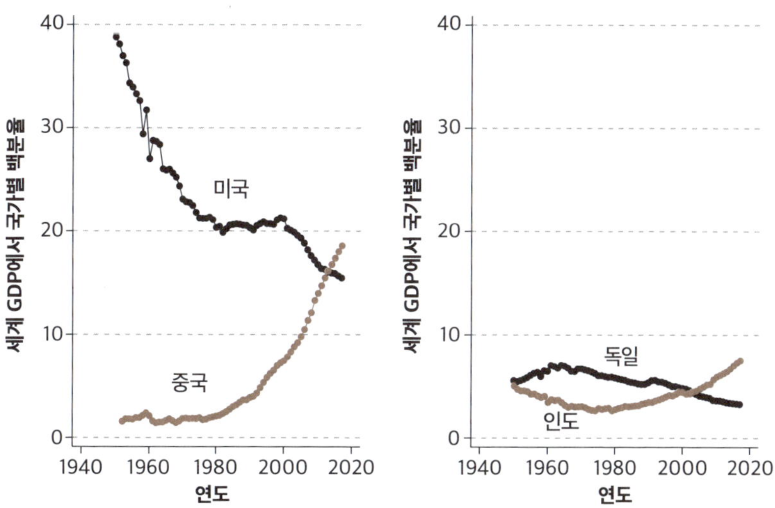

출처: 세계은행이 발표한 세계개발지수 2017년판을 기초로 산출했고, 1인당 GDP는 구매력평가지수 달러로 표시했다.

만, 세계화로는 별로 이득을 보지 못한 사람들이다. 그들은 세계화에 분개한다. 그리고 그들은 국제적 무역과 대규모의 인구 이동을 자신들 사회에 퍼지는 악의 근본 원인으로 간주한다(4부 참조).

서구 사회의 이런 상황은 기이하게도 1970년대 제3세계 사회와 닮았다. 1970년대 제3세계는 다음과 같은 이중적 특성을 나타냈다. 즉, 부르주아 계급은 세계적인 경제 체제와 연계해서 부를 쌓는 반면, 나머지 대부분의 사람은 뒤처지고 소외됐다. 이 같은 이중적 특성은 일종의 질병이라고 할 수 있다.

개도국에만 영향을 미치는 것으로 알려져온 이 같은 '질병'은 이제 북쪽으로 이동하며, 부유한 나라들을 강타하는 것으로 보인다(신마르크스주의 문헌에서는 이를 '탈구disarticulation'로 칭했다).

이와 동시에, 다소 아이러니한 상황이 전개된다. 많은 개도국에서는 이런 이중적 특성이 점차 사라진다는 점이다. 개도국은 세계화된 공급망 체제에 완전히 편입됨으로써 세계화되는 것이다.

이 책의 핵심

현재 두 유형의 자본주의, 즉 자유 성과주의적 자본주의와 국가자본주의는 서로 경쟁하는 것처럼 보인다. 그리고 미국과 중국이 각각 이 두 유형의 자본주의를 주도하고 있다. 그런데 정치적이면서 어느 정도 경제적이기도 한 자본주의의 대안적 형태를 사용 가능하게 만들어 '수출'하려는 중국의 의지와는 별개로, 국가자본주의는 그 자체로 아시아뿐 아니라 세계 다른 지역의 정치 엘리트들이 매력을 느낄 만한 특징을 가지고 있다. 그 특징이란 정치 엘리트들에게 상당한 재량권을 부여하는 것이다.

국가자본주의는 많은 평범한 사람들에게 매력적이다. 이미 국민에게 약속한 높은 성장률을 달성하기 때문에 그렇다. 한편으로 자유자본주의에도 익히 알려진 장점들이 많다. 여러 장점 가운데 가장 중요한 것은 민주주의와 법치가 지닌 가치다. 널리 알려진 대로, 민주주의와 법에 따른 통치는 둘 다 혁신을 촉진하고 계층 이동을 허용함으로써 더 빠른 경제 발전을 장려하고, 따라서 모두에게 거의 동등한 성공의 기회를 제공하는 것으로 인정받았다.

그러나 작금의 현상은 민주주의와 법치라는 절대적 가치 체계에 반한다. 특히 몇 가지 중대한 측면에서 그렇다. 민주와 법치 체제가 스스로 영속하는 상류층을 창출하고, 엘리트와 여타 사람들을 갈라놓는 사회 양극화를 심화시키는 쪽으로 작동한다는 것이다. 이런 움직임은 자유자본주의의 장기적 생존력을 위협하는 가장 중대한 요인으로 부상하고 있다. 이 위협은 자본주의 체제 자체의 생존에 대한 위험 요인이다. 특히 서구 이외의 여타 세계 사람들에 대해 자본주의의 전반적 매력을 손상시키는 위험 요인이 된다.

다음 두 부(2부와 3부)에서는 현대 자본주의에서 파생된 두 유형의 주요 특징을 설명할 것이다. 현대 자본주의에서 나온 두 유형에 대해, 일시적 일탈보다는 본질적 특성에 초점을 맞춰 설명할 것이다. 단순히 자유 성과주의적 자본주의와 국가자본주의의 일시적 변화상이 아닌 장기적 진화에 대해 알아보려면, 그 체계적 특징과 그에 따르는 부수적 특징의 차이에 주의해야 한다.

특히 이 두 체제로 말미암아 재생산되는 사회 구조와 경제 구조에 집중할 것이다. 사회·경제적 구조는 소득 불평등과 계층 간 갈등 구조 같은 문제에 절대적으로 영향을 미치기 때문이다. 그리고 소득 불평등과 계층 간 갈등 구조를 처리하는 방식에 따라 두 체제의 상대적 매력과 안정성이 결정된다. 나아가 그 처리 결과에 따라 두 체제 가운데 어느 쪽에서 살고 싶은지 우리의 욕구가 결정되는 것이다.

2부

자유 성과주의적 자본주의와 불평등

〔민주주의는〕 단기적으로 놀라울 정도로 유쾌한 실행 수단이다. 그렇지 않은가?

- 플라톤, 《국가》

◇

'자유 성과주의적 자본주의'에 대한 정의는 그렇게 복잡하지 않다. 마르크스와 베버의 해석 방식으로 풀이하면 다음과 같다. 자본주의는 대부분의 생산이 민간 소유의 생산 수단으로 이루어지고, 자본은 합법적으로 자유롭게 노동력을 고용하며, 조직 체계는 분권화되어 있다. 그리고 조지프 슘페터Joseph Schumpeter가 언급한 자본주의의 필요조건을 추가한다면, 민간 기업이나 개인 기업가들이 대부분의 투자를 결정한다.[1]

'성과주의적meritocratic'과 '자유주의적liberal'이라는 말은 롤스가 《정의론A Theory of Justice》(1971)에서 처음 제시한 다양한 형태의 평등에 대한 정의에서 비롯된다. '성과주의적 평등'은 '자연적 자유' 체제와도 같은데, '직업이 능력에 따라 열려 있다'는 의미다. 개개인이 사회에서 일정한 지위를 얻는 데 방해되는 어떠한 법적 장애물도 없다는 뜻이다. 이런 체제는 재산의 상속을 완전하게 인정한다. 따라서 '자유주의적 평등'은 더 평등하다. 왜냐하면 상속에 높은 세금을 부과해 부분적으로 재산 상속의 문제점을 바로잡기 때문이다. 그리고 자유주의적 평등이 자유롭게 교육받을 권리를 포함하기 때문인데, 이는 세대 간에 이권이나 기득권을 주고받는 행태를 줄이는 방법이다.

그러므로 '자유 성과주의적 자본주의'라는 말은 재화와 용역이 어떻게 생산되고 교환되는지(자본주의), 그리고 그것들이 개인들 사이에 어떻게 분배되는지(성과주의적), 또 얼마나 많은 사회적 이동성이 있는지(자유주의적)를 포괄한다. 여기 2부에서는 자유 성과주의적 자본주의에 내재한 체계적 힘이 어떻게 소득분배를 이뤄내고, 상류 엘리트층을 형성하는지에 초점을 맞추고자 한다. 그리고 3부에서는 국가자본주의에 관해 설명하고, 이와 유사한 문제들을 검토할 것이다. 또한 소득의 분배, 소득과 자본의 불평등, 그리고 계층 형성 과정이 어떻게 진행됐는지에 중점을 둘 것이다. 생산 분야에는 초점을 맞추지 않을 것이다.

자유 성과주의적 자본주의의 주요 특징

자유 성과주의적 자본주의의 기원

자유 성과주의적 자본주의는 19세기 고전적 자본주의Classical capitalism와 사회민주주의적 자본주의Social-democratic capitalism 특징을 비교·대조함으로써 가장 잘 이해할 수 있다. 고전적 자본주의와 사회민주주의적 자본주의는 시기적으로 제2차 세계대전이 거의 끝나갈 무렵부터 1980년대 초엽 사이, 서유럽과 북아메리카에 존재했다. 여기서는 이들 체제의 전통적 특징을 다룰 것이다. 그다음으로 국가 사이에, 그리고 시대별로 벌어졌던 다양한 세부적 기능이나 내용을 다룰 것이다. 자유 성과주의적 자본주의의 원형으로 받아들일 수 있는 나라는 미국이다. 이런 미국의 체제에 대한 세부 기능과 내용도 설명할 것이다.

〔표 2-1〕은 서구 경제가 역사적으로 거쳐 간 자본주의의 세 가지 유형의 특징과 차이점을 요약한 것이다. 일목요연한 설명을 위해 1914년 이전의 영국을 고전적 자본주의의 대표 사례로 들어 설명하고자 한다. 제2차 세계대전이 끝나갈 무렵부터 1980년 초엽까지의 사회민주주의적 자본주의의 대표적 유형으로는 서유럽과 미국을 표본으로 했다. 자유 성과주의적 자본주의의 대표 사례로는 21세기 미국을 선정했다.[2] 이 대목에서 지난 30년 동안 미국에서 상속세 과세와 전 국민이 누리는 공교육이 약화됐다는 점에 주목할 것이다. 이 두 가지는 자유자본주의와 자유 성과주의적 자본주의를 구분 짓는 핵심 특징이다. 따라서 아마도 미국은 좀 더 '성과주의적'으로, 그리고 덜 '자유주의적' 자본주의 모델로 옮겨갔다고 추정된다.

그러나 여기서는 미국을 모든 부유한 자본주의 국가 모델로 사용할 것이다. 미국을 자유 성과주의적 자본주의의 단일 모델로 삼는 것은 받아들여질 만하기 때문이다.

자본가(자본 소유자)와 노동자 사이의 소득분배

모든 자본주의 체제의 주요 특징을 설명할 때는 자본과 노동이라는 두 생산요소의 투입 결과에 이은 소득분배에서 출발해야 한다. 즉, 자본 소유자(일반적으로 재산 소유자)인 자본가와 노동자 사이의 소득분배에 관한 문제다.

자본가와 노동자가 언제나 뚜렷이 구분되는 것은 아니다. 자본가 계

표 2-1 고전적, 사회민주주의적, 자유 성과주의적 자본주의의 주요 특징

자본주의의 유형	고전적 자본주의	사회민주주의적 자본주의	자유 성과주의적 자본주의
대표적 경제 체제	1914년 이전 영국	제2차 세계대전 이후 미국과 서유럽	21세기 초엽의 미국
1. 순생산에서 자본소득 비중의 증가	있었다	없었다	있었다
2. 자본 소유권의 고도 집중	있었다	있었다	있었다
3. 자본이 풍부한 개인들은 부유하다	그렇다	그렇다	그렇다
4. 자본소득의 부자는 또한 노동소득의 부자다	아니다	아니다	그렇다
5. 부자(혹은 잠재적 부자)끼리 결혼한다(동형 배우자)	그렇다(어느 정도)	아니다	그렇다
6. 부모와 자녀들 소득의 높은 연관성(이득의 상속)	그렇다	그렇다. 그러나 일부 경우에서는 약하다	그렇다

참고: 부가적 형용사가 없는 '부자(Rich)'란 소득이 풍부한 개인을 의미한다.

층은 자본으로부터 수입을 얻고, 노동자 계층은 노동을 통해서만 수입을 얻는 경우가 지속되진 않았다.[3] 우리가 보다시피, 이 두 계층이 겹치는지 아닌지에 따라 다른 유형의 자본주의로 구별할 수 있다.

자본과 노동 사이의 총소득분배에 관한 1914년 이전 자료는 찾아볼 수 없다. 1914년에야 처음으로 경제학자 아서 볼리Arthur Bowley가 영국 경제에 관한 통계를 내기 시작했으며, 추정치는 1920년이 넘어서야 나오기 시작했다. 볼리는 이 통계를 바탕으로 다음과 같은 학설을 제기했다. 소득에서 차지하는 자본과 노동의 비율은 거의 일정하다는 것이다. 이 학설은 '볼리의 법칙Bowley's Law'으로 불리며 유행했다.

하지만 프랑스 경제학자 토마 피케티Thomas Piketty는 영국 및 프랑스와 관련된 자료를 근거로 볼리의 법칙에 심각한 의문을 제기했다(Piketty, 2014). 심지어 과거 시대의 해석에도 의문을 제기했다.

이를테면 1770~2010년 영국의 경우, 피케티는 국민소득에서 차지하는 자본소득의 비율이 20~40% 사이를 오갔다는 것을 발견했다. 그의 주장에 따르면 1820~2010년 사이 프랑스의 자본소득이 차지하는 비율은 훨씬 진폭이 크고 다양했다. 예컨대 1940년대 15% 이하에서 1860년대 45%까지 변화 폭이 컸다는 것이다.

그런데 제2차 세계대전 이후 그 비율이 일정하게 유지되면서, 볼리의 법칙에 대한 믿음도 다시금 강화됐다. 폴 새뮤얼슨Paul Samuelson은 영향력 있는 자신의 경제 학설을 통해 볼리의 법칙을 평가했다(Samuelson, 1976). 선진국 경제 발전의 6대 기본 트렌드에 법칙을 포함시켰다(새뮤얼

슨은 '소득에서 노동 비율의 상승'을 일부 허용하기도 했다).

그러나 20세기 후반 이후부터 다시 총소득에서 자본소득이 차지하는 비율이 증가하고 있다. 이런 경향은 미국에서 특히 강했다. 개도국뿐만 아니라 대부분의 선진국에서도 이런 경향은 두드러졌다. 다만 개도국에서 생산되는 통계는 불확실성이 개입됐을 수 있어 세심한 주의를 기울여야 한다(Karabarbounis & Neiman, 2013).

총소득에서 자본소득 비율이 증가한다는 것은 자본과 자본가가 좀 더 중요해짐을 의미한다. 자본이 노동과 노동자보다 더 중요한 사회적 요인이 된다는 의미다. 이는 자본가가 더 많은 경제적, 정치적 힘을 가진다는 것을 의미한다.

이런 경향은 고전적 및 자유 성과주의적 자본주의에서 모두 발생했지만, 사회민주주의적 다양성 사회에서는 발생하지 않는다(표 2-1 참조). 자본과 노동에서 나오는 총소득 요소 가운데 자본 비율이 증가하면, 일반적으로 ①자본으로부터 생성되는 소득의 비중이 큰 사람은 부유하며, ②자본소득은 상대적으로 소수에게 집중된다. 이는 개인 사이의 소득분배에 큰 영향을 미치는 요인이다. 그리고 이런 요인들 때문에 거의 자동적으로 개인 사이의 소득 불평등은 더욱 심화된다.

①과 ② 두 요인으로 말미암아 증대된 자본 비율은 필연적이고 자동적으로 개인 사이의 더 큰 불평등을 불러온다. 그 이유를 이해하기 위해 다음과 같이 추정해보자. 먼저 순소득에서 차지하는 자본 비율이 모두 증가한다고 가정하면서, 모든 개인은 자본과 노동으로부터 동일한

비율로 소득을 얻는다고 추정해보자.[4] 그러면 모든 개인 소득은 증대하고, 불평등은 변하지 않는다(불평등의 정도는 상대적이다). 이를 다른 말로 설명하면, '자본이 풍부한 사람(즉, 자본으로부터 많은 소득을 얻는 사람)'과 부유한 사람 사이에 고도의 상호 플러스적 연관성이 없으면, 총투입 자본의 비율이 증가한다고 해도 개인 사이의 불평등을 불러일으키지는 않는다. 만일 그렇다면 부유한 사람이나 가난한 사람이나 차이는 여전하다. 한 개인이 자본에서 얻는 수입의 비율과 전체 소득분배에서 차지하는 개인의 위치 사이에는 아무런 상관관계가 없다는 것이다.

다음으로 가난한 사람들의 상황을 가정해보자. 가난한 사람들의 자본소득 비율이 더 증가하는 경우를 가정해보자. 앞의 경우에서처럼 순소득에서 자본이 차지하는 비율을 증가시키면 어떻게 될까? 자본 비율을 증가시키면, 당연히 소득의 불평등을 줄일 수 있다. 자본 투입에 비례해서 소득분배의 밑바닥에 있는 저소득층에게 더 많은 소득 증가를 가져다줄 것이기 때문이다.

하지만 이 두 가지 상황은 모두 자본주의 사회에서 벌어질 수 없는, 즉 자본주의 현실을 반영하지 않은 것이다. 오히려 현실에서는 자본가와 부자 사이에 상호 플러스 쪽으로 강력한 유대가 형성된다. 부유한 사람일수록 자본에서 나오는 소득의 몫을 더 많이 가져가려고 한다.[5] 이는 앞에서 본 자본주의의 모든 유형에서 나타난 사실이다(표 2-1의 2와 3 참조). 이런 특별한 특징, 즉 자본이 풍부한 사람이 또한 부자라는 사실은 불변의 특성이다. 이는 적어도 우리가 지금까지 경험한 자본주의 형

태를 통해 알 수 있는 사실이다.[6]

자본가 '부자', 노동자 '부자'

다음으로 주목해야 할 특징은 부유함 사이의 관계다. 다시 말해 자본의 관점에서의 부유함(즉, 자본소득에 따른 부자)과 노동의 관점에서의 부유함(즉, 노동소득의 증대로 노동 수입이 많은 사람) 사이의 관계에 주목해야 한다. 일반적으로는 자본이 풍부한 사람, 돈 많은 사람은 노동 수입에서는 부자가 아니라고 생각할 수 있다.

그러나 전혀 그렇지 않다. 간단한 예로 두 집단에 속한 사람, 즉 '빈자'와 '부자'는 이런 관계를 분명히 드러낸다. 가난한 사람들은 대체로 수입이 적고, 그들의 수입 대부분이 노동에서 나오는 반면, 부유한 사람들은 그 반대다.

다음과 같은 상황 1을 가정해보자. 가난한 사람은 노동과 자본으로부터 각각 4단위와 1단위의 소득을 얻는다. 반면 부자는 노동과 자본으로부터 각각 4단위와 16단위의 소득을 얻는다. 실제로 부자는 풍부한 자본을 가진다. 그러나 부자의 노동 수입액은 4단위로 빈자와 똑같다.

이제 상황 2를 다음과 같이 가정해보자. 모든 것이 상황 1과 같은 상태에서 부자의 노동소득만 8단위로 증가시킨다. 이 가정에서도 부자는 여전히 자본이 풍부하다. 왜냐하면 부자의 전체 수입에서 자본(24단위 가운데 16단위=2/3)이 차지하는 몫이 빈자보다 더 많기 때문이다. 또한 부자는 노동 수입이 많아져서 노동력도 풍부하다(부자의 노동 수입은 8단위이고, 빈자는 4단위뿐이다).

상황 2는 자본을 많이 가진 개인이 부유할 뿐만 아니라, 노동 수입에서도 비교적 부유하다는 것을 나타낸다. 그 외 다른 조건이 같다면, 상황 2는 상황 1보다 더 불평등하다. 한편으로 이는 실제 고전적 자본주의와 사회민주주의적 자본주의의 중요한 차이점 가운데 하나다. 다른 한편으로는 자유 성과주의적 자본주의(표 2-1의 4 참조)가 갖는 중요한 차이점이다.

고전적 자본주의 시대에 통용되던 개념과 실제 상황은 다음과 같았다. 자본가(여기서는 돈 많은 개인이라고 칭한다)들은 모두 대단한 부자였지만, 일반적으로는 노동에서 그리 많은 소득을 얻지 못했다. 극단적인 경우, 돈 많은 사람은 노동으로부터 아무런 소득이 없었다.

그래서 유한계급론을 주창한 소스타인 베블런Thorstein Veblen은 그런 고전적 자본주의 시대의 자본가를 가리켜 '유한계급Leisure Class(사회에 유익한 생산 노동에 종사하지 않고 그 위에 기생하면서 자신의 부나 실력을 과시함으로써 사회적 명예와 존경을 얻고자 하는 인간 집단_옮긴이)'이라고 불렀다. 이에 반해 노동자는 자본에서 전혀 소득을 얻지 못했다. 노동자의 수입은 전적으로 노동에서 나왔다.[7] 이런 시대에서는 자본가와 노동자 사이의 사회적 구분이 확실했다. 이들 두 부류는 생산의 서로 다른 요소, 즉 자본과 노동으로부터 각각 한 푼의 수입도 없었다(만일 여기에 토지에서 100% 소득을 얻는 토지 소유자인 지주를 더한다면, 애덤 스미스가 제시한 대로 세 부류의 계층으로 구분된다). 이런 분절된 사회에서 불평등은 심화됐다. 자본가는 통상 돈이 많았고, 자본에서 받는 수익률이 높았다. 그러나 이런 부자가 높은 노동소득 또한 얻는다면 불평등은 절대 해소될 수 없다.

오늘날 미국처럼 자유 성과주의적 자본주의에서는 다른 상황이 펼쳐지고 있다. 지금은 자본이 풍부한 사람들이 노동력도 풍부한 경향이 있다(좀 더 현대적으로 표현하면 그런 사람들은 '인간 자본'을 많이 보유한 개인이다). 반면, 고전적 자본주의 아래에서 소득분배의 맨 위쪽에는 금융업자, 임대업자, 대규모 산업자본가(누구에게도 고용되지 않아 노동소득이 없는 사람)가 있었다. 오늘날 인간 자본을 가진 부류는 고액의 보수를 받는 회사 경영진, 간부급 엔지니어, 의사, 투자 은행가, 그리고 여타 엘리트 전문가들이 상당 부분을 차지한다. 이런 사람들은 고액의 급여를 받는 임금 노동자들이다.[8] 그런데 이런 사람들 또한 부자들이다. 상속을 통해서건, 아니면 자신들의 직장 생활에서 얻은 수입으로 많은 저축을 했건 간에, 대규모 금융자산을 소유하며 그 금융자산으로부터 상당한 수입을 얻는다.

소득 상위 1%의 사람들(또는 더 선택받은 집단으로 소득 상위 0.1%의 사람들)의 노동소득 증가는 현대 경제의 특징이다. 이는 피케티가 2014년 펴낸 《21세기 자본Capital in the Twenty-First Century》을 비롯한 여타 저서들에서 기록으로 잘 정리되어 있다.[9] 이에 대해서는 이 부의 후반부에서 다시 설명할 것이다.

여기서 깨달아야 할 중요한 것은 소득분배의 맨 위쪽에 고임금의 노동소득이 존재한다는 점이다. 만약 이런 고임금의 노동소득 계층이 높은 자본소득과도 결합된다면, 불평등은 더욱 확대될 것이다. 이는 자유 성과주의적 자본주의의 특색으로, 과거에 볼 수 없었던 중요한 부분이다.

결혼 양상

그렇다면 이제는 다른 형태의 자본주의(표 2-1의 5 참조) 체제 아래에서의 결혼에 대해 논의해보자. 경제학자들은 소득이나 부의 불평등을 연구할 때, 관찰의 수단으로 흔히 가정(가족)을 연구한다. 가족 구성원 개개인이 순탄한 환경에 있는지, 그렇지 않은지가 매우 유용한 연구 대상이기 때문이다. 대부분의 가정은 결혼을 통해 형성된다. 그렇기에 사람들이 어떤 식으로 짝을 이루는지(결혼하는지) 살펴보는 것이 중요하다. 〔표 2-1〕에서 예시한 두 자본주의 체제에서 자본소득과 노동소득의 양태가 달라진 것처럼, 자유 성과주의적 자본주의 역시 다른 두 자본주의 체제와는 다른 양상을 보인다.

이런 차이점을 설명하기 위해 1950년대와 21세기 미국의 결혼 유형을 비교해보자. 제2차 세계대전 이후 미국 남성들은 대체로 서로 비슷한 지위나 신분의 여성과 결혼하는 경향이 있다. 남편이 부유할수록 부인은 일하지 않으며, 또 부인이 자신의 수입도 가질 수 있다. 오늘날에도 마찬가지로 더 부유하고 교육을 더 받은 남성은 대체로 더 부유하고 교육을 더 받은 여성과 결혼하는 경향이 있다.

그러면 다음과 같은 간단한 두 예시를 통해 어떻게 불평등이 발생하는지 이해해보자. 먼저 각각 50단위와 100단위를 버는 두 명의 남자, 그리고 각각 10단위와 20단위를 버는 두 명의 여자를 가정해보자. 그리고 남편과 아내의 소득 사이에 긍정적 상관관계가 있는, 일종의 선택적 결혼assortative mating(일명 동질혼, 자신과 비슷한 사회경제적 지위의 사람과 결혼하는 경향_옮긴이)을 한다고 가정해보자. 그러면 100단위를 버는 남자는 20단위를 버는 여자와 결혼하고, 이보다 더 가난한 남자는 수입이 더 적은 여자와 결혼한다.

다음으로 부자 남자와 결혼한 여자는 1950년대처럼 노동을 하지 않는 반면, 다른 부부는 계속 일을 한다고 가정해보자. 그러면 두 가족의 소득비는 100(남자 100단위)대 60(남자 50단위+여자 10단위)이 될 것이다. 그런데 선택적 결혼이 계속 이어지는 조건에서, 만일 (오늘날처럼) 여성들이 모두 노동에 참여한다면 두 가족의 소득비는 120대 60이 될 것이다. 즉, 불평등이 증가할 것이다.

이 예시는 선택적 결혼이라는 조건 아래에서 여성의 노동 참여가 늘어나면, 불평등이 심화한다는 점을 보여준다. 만일 결혼이 무작위적이거나, (부자인 남자와 가난한 여자의 결혼처럼) 이형적이라면 불평등은 더 심화할 것이다.

어떤 이들은 선택적 결혼이 자유 성과주의적 자본주의에서는 훨씬 더 일반적이고 보편화되는 결혼 유형이라고 주장한다. 좀 더 많은 여성이 고학력자이며 더 많은 일을 할 정도로 사회적 기준이 바뀌었기 때문이다 (여성의 학교 졸업률은 이제 남성의 졸업률을 웃돈다). 또한 (전적으로 추정에 불과하지만) 다음과 같은 주장도 가능하다. 즉, 사람들의 선호도는 변화해왔고, 이제는 남녀 모두 서로 비슷한 사람끼리 결혼하는 것을 더 좋아한다.

이유야 어떻든 선택적 결혼, 즉 동질혼의 증가는 소득 불평등을 심화시키는 또 다른 요인이 된다. 비동질혼, 즉 비선택적 결혼 또는 부인이 직업을 갖지 않는, 노동에 참여하지 않은 결혼의 경우도 상정될 수 있다. 이는 선택적 결혼으로 이행하는 과도기적 과정으로 보인다. 일단 선택적 결혼과 여성의 노동 참여율이 한계치에 이르면 불평등 심화는 완화될 수 있다. 비록 만족할 만한 수준은 아닐지라도 불평등은 다소 완화될 것이다.

대물림되는 불평등

여기서 마지막으로 검토할 자본주의의 특징은 기득권적이고 후천적인 이점, 즉 재산과 인적 자본의 대물림이다. 이는 특히 부모 소득과 자녀 소득 사이의 연결성을 통해 종종 평가되고, 세대에 걸쳐 진행된다(표 2-1의 6 참조). 비록 앞선 시대에 대한 자료는 부족하지만, 이런 세대 간 대물림은 모든 형태의 자본주의에 걸쳐 심화됐다고 보는 것이 타당할 것이다.

더 나은 통계가 생성되는 지금 시대에서 보면, 좀 더 평등해진 현대 사회에서 세대 간 대물림의 정도가 훨씬 약화되었다는 점을 알 수 있다. 현대 사회에서는 교육에 대한 접근이 쉬워졌고, 교육비는 세금으로 충당되며, 상속세는 높아졌다. 특히 북유럽 사회는 소득의 세대 간 연관성(대물림)은 낮아지고 있다. 사회민주주의적 자본주의의 황금시대 기간에, 특히 서유럽에서 그런 소득 관련 연관성이 낮아지는 추세에 있다.[10]

이와는 대조적으로, 오늘날 미국은 높은 세대 간 대물림이라는 불평등과 고소득 및 저소득 불평등을 둘 다 안고 있다. 여러 나라를 비교·연구해볼 때 대물림과 고소득의 불평등 양자 사이에는 비교적 깊은 관련성이 있음을 알 수 있다. 이는 놀랄 일이 아니다(Corak, 2013; Brunori, Ferreira, & Peragine, 2013). 매우 불공평한 미국이 또한 세대 간 극심한 불평등을 대물림하는 모습을 우리는 마주하게 될 것이다.

자유 성과주의적 자본주의의 복합적 특성

지금까지 자본주의의 여러 형태에서 나타나는 불평등성을 비교해보았는데, 그렇다면 전체적으로 무엇을 발견할 수 있을까? [표 2-1]에서 살펴본 여섯 가지 항목 모두를 통해 볼 때, 자유 성과주의적 자본주의에서는 불평등을 심화시키는 특징이 두드러지게 나타난다. 자유 성과주의적 자본주의에서는 자본이 풍부한 개인, 즉 돈 많은 부자 역시 노동소득에서도 고소득자이며, 대체로 동질혼, 즉 선택적 결혼도 더 많아진다. 바로 이런 점들이 고전적 자본주의와 비교할 때 자유 성과주의적 자본주의의 가장 뚜렷한 차이점이다.

이 같은 자유 성과주의적 자본주의는 여러 측면에서 사회민주주의적 자본주의와도 현저하게 다르다. 먼저, 자유 성과주의적 자본주의 체제에서는 순소득 가운데 자본이 차지하는 비중이 늘어난다. 노동을 통해 고소득을 얻는 자본가 계층이 등장하며, 거의 확실히 선택적 결혼(동질혼)이 광범위하게 확산된다. 그리고 불평등은 세대 사이에 더 크게 전파될 것이다.

이와 관련해 앞의 〔표 2-1〕에서 적시한 여섯 가지 개별 항목을 상세하게 검토하기에 앞서, 세 가지 중요한 사실을 지적할 필요가 있다. 먼저, 자유 성과주의적 자본주의 체제가 여섯 가지 개별 항목 모두에 대해 '그렇다'고 평가됐다고 해서, 다른 형태의 자본주의보다 훨씬 더 불평등하다는 의미는 아니라는 점이다. 오히려 실제로 자유 성과주의적 자본주의는 분명히 고전적 자본주의보다 더 불평등한 체제가 아니다(Milanovic, 2016). 〔표 2-1〕에서는 소득 재분배가 가져올 갖가지 효과를 포함시키지 않았다. 소득 재분배란 직접세 같은 조세제도와 자본의 이전 등을 가리킨다. 재분배는 자유자본주의가 사회민주주의적 자본주의 체제로부터 '계승한' 것이며, 고전적 자본주의 체제에서는 존재하지 않았다. 이는 시장 논리에 따라 결정된 불평등을 경감한다.

둘째, 개별 항목에 대해 '그렇다'는 평가, 즉 긍정적 평가가 나타났다고 해서 그 항목들이 어느 정도로 불평등을 심화시키는지에 대해서는 알 수 없다는 점이다. 다시 말해 획일적으로 평가할 수 없다는 의미다.

예를 들면 〔표 2-1〕의 두 번째 항목에서 보듯이, 고전적 자본주의와 자유자본주의는 모두 자본소득의 집중도가 높다. 오히려 고전적 자본주의 형태에서 자본 집중도가 훨씬 높았다. 이를테면 1914년 무렵 영국인의 재산 70%가 재산 보유자 상위 1%의 손아귀에 있었다. 오늘날 그

1%라는 비율은 대략 20% 수준으로 확산되기는 했다(Alvaredo, Atkinson & Morelli, 2018). 여전히 부는 고도로 집중됐지만, 이전 시대보다는 훨씬 덜하다.

셋째, 자유 성과주의적 자본주의에서 드러난 좀 더 심화된 불평등의 특징 가운데 하나는 도덕적으로 수용될 수 있으며, 심지어 어떤 경우에는 바람직한 방향일 수도 있다. 그렇다. 고소득 금융 회사원이나 대기업 임원 같은 노동소득이 높은 자본가의 확산은 분명히 불평등을 심화시킨다. 그러나 다른 한편으로 노동에 참여함으로써 부자가 될 수 있다는 것은 사람들에게 좋은 일이 아닌가? 노동과 소유 둘 다에서 높은 수입을 얻는다면 더 좋지 않은가? 오로지 자본이나 토지를 소유함으로써 소득을 올리는 것보다는 말이다.

그리고 또 하나, 선택적 결혼이 불평등을 심화시킬 수 있다. 하지만 선택적 결혼은 여성을 노동에 훨씬 더 많이 참여하도록 해줄 수도 있다. 그리고 유급 노동이 중요하다는 사회 규범이나 자신과 유사한 배우자를 선택할 수 있다는, 선택권의 확대와 같은 이점이 적지 않기 때문에 바람직할 수도 있다.

사실상 선택적 결혼은 좀 더 극단적인 양면성을 가진다. 선택적 결혼이란 현대 자본주의의 몇몇 특징 가운데 불평등을 심화시키는 결과를 가져오지만, 한편으로 대부분의 사람은 그런 결혼을 바라고(불평등을 심화시킨다는 것은 제쳐두고) 있다는 사실에서 양면적이다. 선택적 결혼은 자유 성과주의적 자본주의의 특징과 그에 따른 사회에서의 심화된 불평등에 대한 대책을 논의하면서, 앞으로 좀 더 주의 깊게 검토해보아야 할 사안이다.

불평등 심화의 체계적·비체계적 요인

지금까지 자유 성과주의적 자본주의에서 불평등을 일으키는 여러 요인에 대해 설명하면서, 체계적Systematic 또는 근본적 요소들에 초점을 맞춰왔다. 사실상 이런 요소들은 실제 소득분배를 이끌어온 지배적 요인으로 작용해왔다.

그러나 여기에는 비체계적 또는 개별적으로 따라오는 부수적 요소들도 한몫한다. 예를 들면 미국과 여타 나라들의 소득 불평등 증대는 교육을 더 받은 노동자에게 주어지는 기술 프리미엄 증가로 생기는 일종의 결과물이다. 이런 기술 프리미엄은 자유자본주의의 체계적이고 구조적인 특징이 아니다. 기술 프리미엄이 증가하는 이유는 산업이 발전하면서 빚어지는, 고도로 숙련된 노동력의 공급 부족 때문이다. 그리고 숙련된 노동력을 더 생산적으로 만들고 더 큰 수요를 창출해내는 기술 변화 때문이다(Goldin & Katz, 2010).

그런데 자유자본주의의 근본 체제에는 고도로 숙련된 노동력의 공급 증가를 적절하게 억제할 그 어떤 것도 없다. 자유자본주의 체제에는 고급 학습 과정으로 진학하는 사람들을 막는 어떤 법적 장애도 없다. 게

다가 대부분의 서유럽 국가에서는 고등교육이 무료이거나 비교적 저렴하다. 만약 기술 변화, 즉 기술적 진보와 산업적 변화에 대한 노동 분야의 대응이 미흡하다면, 이는 자유자본주의에 내재한 체계적 요인에서 비롯된 것이 아니다.

체계적 요인과 비체계적 요인 사이의 차이를 더 잘 이해하기 위해서는 앞에서 논의한 자본주의의 첫 번째 특징인 자본소득 증가율을 살펴보아야 한다. 이 증가 현상은 자유 성과주의적 자본주의의 체계적인 특징이다. 그런 현상이 나타나는 이유는 노동계의 약화된 협상력 때문이다.

이런 약화된 힘은 결국 탈공업화 시대의 자본주의(후기 산업 자본주의)에서 노동 조직의 변화라는 결과로 귀결된다. 제조업 시대에는 노동자들의 축적된 거대한 물리적 힘이 있었다. 그러나 후기 산업 시대에는 실제로 서로 소통하지 않고, 쉽게 조직화할 수 없는 분산된 노동력으로 대체된다. 그리고 일반적으로 세계화, 더 구체적으로는 생산의 아웃소싱을 포함한 노동력의 전 세계적 공급 증가로 이어진다. 이런 특징들은 좀 더 진보된 자본주의와 세계화 가운데 노동 속성의 근본적 변화에서 비롯된다. 이런 추세는 앞으로도 바뀔 것 같지 않다.

불평등을 심화시키는 선택적 결혼 또한 어느 정도는 체계적 요인에 속한다. 선택적 결혼은 교육 기회의 남녀평등에서 비롯되는 측면이 있다. 그리고 그 자체가 성과주의적(그리고 더욱 자유주의적) 자본주의라는 체계적 특성에서 비롯된다. 체계적 특성이란 성이나, 인종, 성적 지향 같은 것들을 불문하고 모든 개인을 동등하게 대우한다는 약속이다.

또한 선택적 결혼이 자유 성과주의적 자본주의의 근본적 특징이라는 데는 좀 더 미묘한 이유가 있다. 적어도 공식적으로는 차별이 배제된 사회에서는 중매로 결혼이 성사되는 사회보다 자기 자신과 비슷한 사람을 배우자로 선택하는 행위가 더 자유롭게 표출될 수 있다. 다시 말하면 자기 자신과 비슷한 배우자든 다른 유형의 배우자든, 선택에 대한 선호도 자체는 역사적 내력이 있지만, 사람이 살아가는 사회의 유형에 따라 바뀐다.[11]

경제학자들이 공통적으로 체계적 요인과 부수적 요인을 구별하지 못하는 경우가 있다. 이는 토마 피케티의 몇몇 명확한 핵심 표현, 특히 r〉g(자본 수익률이 경제성장률보다 높다는 것을 나타낸다)에 대한 이해가 부족하기 때문이다. 예컨대 데브라즈 레이Debraj Ray는 2014년 이런 관계(r〉g)가 자본가의 저축 성향에 달려 있다고 지적했다.

만일 자본가들이 자본으로 벌어들인 수익 전부를 모두 쓴다면, r〉g는 후속 자본소득에 아무런 영향을 미치지 않을 것이다. 자본 투자에 따른 지분과 소득이 모두 그대로 유지될 것이기 때문이다. 이와 같이 레이는 자본 산출 비율도, 자본가들이 받는 소득 비율도 필연적으로 증가하지 않을 것이라고 주장한다. 이런 주장은 옳다. 하지만 합리적이지는 않다.

만약 자본가들이 정말로 자신들의 이익을 모두 소비한다면, 자본의 증가도 없고 불평등도 심화하지 않을 것이라는 점은 확실하다. 그렇다면 자본주의 또한 존재하지 않을 것이다!

실제로 자본주의의 주요 특징 가운데 하나는 성장 가능한 체제라는 점이다. 아마도 이것이 자본주의의 가장 중요한 특징이다. 자본가들이 과거 봉건 영주처럼 행동하지 않고, 잉여금을 소비하지 않으며, 오히려 잉여금을 투자하는 체제가 현대 자본주의의 특징이다.

애덤 스미스와 카를 마르크스에서 조지프 슘페터와 존 메이너드 케인스John Maynard Keynes까지 이론가들의 학설을 보면, 자본가 또는 자본가 겸 사업가의 역할을 항상 중요시했다. 이들의 역할이란 저축해온 자본의 축적과 이익의 재투자를 의미하는 것이다.

자본가들이 자본 축적과 재투자를 중단한다면, 피케티가 밝혀낸 규칙성은 일어나지 않을 것이다. 그렇다면 지금 설명하는 체제, 즉 자본주의가 아니라 다른 체제가 됐을 것이다. 이는 체계적인 것과 부수적 특징들 사이의 차이점에 주목해야 함을 강조하는 의미에서 하는 설명이다.

자유 성과주의적 자본주의와 (3부의) 국가자본주의의 진화를 연구하고자 한다면, 체계적 특성과 부수적 특징 사이의 차이점은 절대적으로 중요하다. 체계적 특징을 살펴보고자 한다면, 통상 부수적인 다양성과 국가적으로 나타나는 특이점에서 추출해내는 방식이 유효하다. 한 체제의 성격을 규정짓는 요소들과 그 요소들이 어떻게 그 체제의 발전에 영향을 미치는지에 초점을 맞춰야 한다.

집중되는 부,
폭증하는 불평등

국민소득 내 총자본소득의 증가

대략 10년 전부터 순국민소득에서 자본소득이 차지하는 비율이 두드러진 증가세를 보이고 있다. 경제학의 일반적 통념으로 보면, 소득을 올린 요인 측면에서 자본과 노동의 비율은 안정적이어야 한다. 예컨대 국민소득의 약 70%는 노동 분야에서, 30%는 자본에서 나와야 한다는 게 과거 경제학의 통념이다(앞에서 설명한 바 있는 볼리의 법칙). 게다가 왜 그래야 하는지를 둘러싸고 이론적 논쟁이 벌어지기도 했다.

이런 경제학의 통념에는 자본과 노동 사이에 이른바 단일한 대체 탄력성이 함축되어 있다. 투입된 자본에 대한 노동의 상대적 가격이 X%p(X퍼센트포인트) 증가하면(즉, 노동은 상대적으로 더 비싸진다), 자본에 대한 노동의 상대적 사용은 X% 감소한다는 것이다. 그러므로 더 비싼 생산요소 사용을 줄이면, 가격 상승분을 정확히 상쇄할 수 있다. 이에 따라 총소득에서 생산요소가 차지하는 비율은 (그리고 정의상 생산요소에는 자본과 노동밖에 없으므로) 변하지 않을 것이다.

이처럼 지금까지 순국민소득에서 차지하는 노동과 자본의 비율이 일정하게 지속한다는 견해가 지배적이었다. 그 결과 경제학자들은 소득이 자본과 노동 사이에 어떻게 분배되는지, 그리고 심지어 자본소득의 집중 과정에서 무슨 일이 벌어지는지에 대해 거의 관심을 기울이지 않았다. 경제학자들은 전적으로 노동소득, 그리고 교육 수준이 낮은 노동자에 비해 교육 수준이 높은 노동자의 증가하는 임금 프리미엄에만 초점을 맞춰왔다.

이제껏 노동소득과 임금 문제만으로도 불평등 증가의 전모를 설명할 수 있었다. 클로디아 골딘Claudia Goldin과 로런스 카츠Lawrence Katz는 2010년 자신들의 주목할 만한 저서 《교육과 기술의 경쟁The Race between Education and Technology》에서 이같이 주장했다. 이는 네덜란드 경제학자 얀 틴베르헌Jan Tinbergen의 이론을 상기시키는 주장이다. 그 이론에 따르면, 기술 변화가 고도로 숙련된 노동력의 생산성을 높이는 반면, 그런 노동력 공급이 충분하지 않으면 노동소득의 불평등이 증가하는 경향을 보인다.

그런데 이 이론에서 자본은 무시됐다. 이건 실수였다. 왜냐하면 미국의 경우, 마이클 엘스비Michael W. L. Elsby, 바트 호빈Bart Hobijn, 아이셰귤 아힌Ayşegül Şahin이 2013년에 제시한 것처럼, 국민소득에서 차지하는 자본소득의 비율이 증가해왔기 때문이다. 그리고 부유한 국가와 개도국 모두의 경우에서도 루카스 카라바부니스와 브렌트 니먼이 2013년에 제시한 대로 자본소득 비율이 증가해왔기 때문이다.[12]

이들 연구에 따르면 미국의 경우 국민소득 가운데 노동소득 비율이 1970년대 후반에는 대략 67%였는데, 2010년 무렵에는 4~5%p가 줄었다. 그 대신 자본소득 비율은 4~5%p 정도 상승했다. 이는 미국의 초기 자본소득 비율이 국민소득의 약 1/3을 차지했다는 점을 고려하면 상당한 액수다.[13] 다만, 마이 치 다오 등(Dao, Mitali, Koczan & Lian, 2017)이 밝힌 선진국, 신흥국, 개도국을 모두 포함한 연구에서는 선진국의 노동소득 비율이 대부분 감소했다. 이는 주로 중간 기술직 노동자의 노동소득 비율이 감소했기 때문이다.

자본소득 비율이 증가한 배경에 관해서는 지금까지도 갑론을박이 계속되고 있다. 하지만 이 논쟁은 이른 시간 안에 매듭지어질 것 같지는 않다. 심지어 그 배경에 관한 명확한 결론 도출조차 불가능할 수도 있다. 왜냐하면 그 배경 설명으로 제시한 요인들 가운데 만약 한 요인만 변하고 다른 모든 요인이 일정하게 유지된다면, 그 요인들은 제각각 예상된 자본소득 비율의 증가 효과를 낼 수도 있기 때문이다.

그렇지만 자본소득 비율의 증가 배경을 규명할 수도 있다. 자본소득 비율을 증가시키는 많은 요인이 상호 의존적이고, 동시에 모두 변했기 때문이다. 다만 계량경제학적 설명은 가능하지만, 그 요인들을 차례차례 분석하는 그런 설명이 만족스러울지는 알 수 없다.

루카스 카라바부니스와 브렌트 니먼의 주장에 따르면, 자본소득 비율의 증가는 생산요소 변화(이를테면 자본소득 비율이 높은 부문의 증가)의 결과가 아니다. 그들이 이렇게 주장하는 이유는 생산요소의 다른 부문에서뿐 아니라, 심지어 미국의 다른 지역에서도 제각각 자본소득 비율이 증가함을 발견했기 때문이다. 그들은 자본재의 가격 하락(예컨대 상대적으로 값싼 컴퓨터)이 자본소득 비율의 증가를 주도했다고 주장하기도 한다. 다시 말해 (저숙련 노동력을 테크놀로지, 즉 기술로 대체함으로써) 자본재 사용을 증가시켰고, 순생산에서 자본소득 비율을 빠르게 끌어올렸다는 주장이다. 그러나 이것으로 충분한 설명은 되지 못한다. 그래서 그들은 또 이렇게 주장한다. 자본소득 비율을 증가시키는 중요한 요인 가운데 하나는 독점권과 가격 인상이다. 이는 다른 연구자들도 확인한 내용이다.[14]

로버트 솔로Robert Solow에 따르면, 소득에서 차지하는 자본소득의 비율은 노동과 자본의 상대적 협상 능력에서 비롯된다. 이는 예컨대 1949년 디트로이트 협약Treaty of Detroit, 즉 자동차 회사(제너럴모터스)의 노사가 맺은 협약을 보면 쉽게 이해할 수 있다. 이 협약에서 볼 수 있듯이 조직화된 노동의 힘이 상대적으로 강력했을 때, 노동은 소득분배에서 유리하게 밀어붙일 수 있었다.[15]

반대로 조직화된 노동의 힘이 약해졌을 때는 노동의 힘도 약해지고, 소득분배도 기계적으로 자본에 유리하게 전개됐다.[16] 이런 때는 전 세계적으로 임금 노동자 수를 두 배 이상 늘린 글로벌 자본주의 체제로의 전환뿐 아니라, 서비스업으로의 전환도 함께 진행됐다.

이와 관련해서 흥미로운 하나의 사례를 소개하면 '기업가의 능력entrepreneurship'에 관한 것이다. 2016년 심차 바카이Simcha Barkai는 소득 비율에서 자본과 노동의 비중이 둘 다 줄어든 반면, 제3의 생산요소인 기업가의 능력이 좀 더 중요해졌다고 주장했다. 여기서 기업가의 능력이란 보통 자본과 똑같이 취급된다. 이런 관점에 따르면, 자본소득 비율(자본 소유자로서 받는 수입만 해당)은 줄어든 반면, 기업의 수익(기업가로서의 수익)은 급등했다.[17] 바카이에 따르면 그 원인은 치솟는 경제 독과점에 따른 것이다. 그런 현상은 특히 정보통신과 같은 가장 빠르게 성장한 부문에서 두드러졌다.[18]

제럴드 데이비스Gerald Davis는 2016년 자신의 저서 《미국 기업의 소멸The Vanishing American Corporation》에서 미국의 기업 구조와 규모의 변화 양상을 강조한다. 데이비스에 따르면 과거 수익을 많이 올린 기업들은 또한 많은 사람을 고용했다. 그러면서 그 기업들은 노동자들과의 암묵적 합의를 지켰다. 그 합의란 시장에서 결정된 임금보다 다소 높은 임금을 지불하는 것이다. 그들이 그렇게 한 이유에는 이기적인 동기가 있었을지도 모른다. 다시 말해 회사에 대한 충성심 촉진과 더 나은 업무 관계, 파업의 감소 혹은 더 줄어든 노사 대립을 위해 그렇게 했을지도 모른다.

하지만 데이비스의 주장에 따르면, 기업들이 아웃소싱을 했을 때 노동자들과의 관계는 다음과 같이 변했다. 외부의 아웃소싱 계약업체들은 회사 내 노동력의 일부가 아니기 때문에, 더 이상 충성심을 보상할 필요나 쾌적하고 적절한 작업 환경을 보장할 필요성이 없어졌다. 따라서 기업들은 시장에서 결정된 최저임금만 지불해도 문제될 게 없었다. 이런 이유로 노동소득 비율은 줄어들었다.

소득에서 차지하는 노동소득 비율의 감소(이에 따른 자본소득 비율의 증가)에 대한 다른 설명이 있을 수 있다. 하지만 흥미로운 사실은 총자본소득 비율의 증가가 개인 사이의 소득 불평등에 직접적인 영향을 미친다는 점이다. 왜냐하면 자본소득이 얼마나 집중되어 있는지, 그리고 소득분배에서 더 많은 자본소득을 받는 수혜자가 누구인지가 개인 사이의 소득 불평등에 직접적인 영향을 미치기 때문이다.

고도로 집중된 자본 소유권

부(재산)는 항상 소득보다 더 집중되어왔다(말하자면 더 불평등하게 분배되어왔다). 이것은 사실상 판에 박힌 표현이다. 부의 분배는 시간 경과에 따른 축적과 가계 안에서, 그리고 세대에 걸친 대물림의 결과물이다. 부의 분배는 또한 현명한 투자뿐만 아니라, 무위험 자산에 대한 투자로 말미암아 기하급수적으로 늘어나는 경향이 있다. 경험적으로 알 수 있듯이, 역사에서 고도로 집중된 부는 유일하면서도 심각한 충격, 예컨대 전쟁, 혁명, 그리고 어떤 경우에는 예상치 못한 초인플레이션에서 비롯

됐다.[19]

에드워드 울프Edward Wolff는 미국에서 벌어지는 부의 불평등을 수십 년 동안 연구했다. 그는 기념비적인 자신의 저서 《미국의 부유한 한 세기A Century of Wealth in America》에서 다음과 같은 사실을 보여주었다. 즉, 2013년 상위 1%의 부자들이 전체 주식과 뮤추얼 펀드의 절반, 금융 증권의 55%, 금융 신탁의 65%, 그리고 자기 자본의 63%를 가지고 있다는 것이었다. 어쩌면 좀 더 흥미로운 부분도 있는데, 상위 10%의 재산 소유자들이 모든 금융자산의 90% 이상을 소유한다는 사실이다(Wolff, 2017). 다소 단순화한 수치긴 하지만, 미국의 거의 모든 금융 분야에서 계량화되는 부는 부자 상위 10%가 소유한다.

게다가 이 같은 비율은 지난 30년 동안 조금씩 더 늘었다. 그리고 이 비율은 미국의 소득 상위 10% 사람들이 받는 가처분소득의 비율보다 훨씬 높다. 이들의 가처분소득은 전체 소득의 약 30%를 차지한다.[20]

'부'는 대체로 소득(통상적으로 임금 소득을 가리킴_옮긴이)보다 더 불평등하게 분배된다. 그렇기 때문에 그 부에서 나오는 수익 또한 대체로 임금 소득보다 더 불공평하게 분배된다(그리고 임금 소득이나 자영업 소득 같은 여타 소득원과 비교했을 때 특히 그렇다).[21] 또한 자본소득도 소득분배 상위 계층에 속한 사람들의 몫이 될 것이다. 바로 이런 이유들로 자본소득 비율이 증가함에 따라 불평등이 심화하는 것이다(자본소득의 증가는 곧 불평등 심화로 작용한다고 해도 과언이 아니다_옮긴이).

지난 30년 동안 미국, 영국, 독일, 노르웨이의 자본소득과 노동소득의 불평등 수준(도표 2-1)을 살펴보면, 두 가지 흥미로운 사실을 발견할 수 있다. 자본소득은 노동소득보다 훨씬 더 불평등하게 분배됐고, 자본소득과 노동소득 모두에서 불평등은 시간이 지남에 따라 점점 증가해왔다[22](여기서 불평등이란 고르지 않게 분배됐다는 의미를 내포한다_옮긴이).

〔도표 2-1〕에서 보듯이 자본소득에서의 불평등 증가는 그 진폭이 다소 미미하게 나타난다(지니계수 변동 폭이 매우 작다). 이미 불평등 수준이 엄청나게 높아져 있기 때문이다. 자본소득의 지니계수를 보면 미국과 영국은 대략 0.9이고, 독일은 0.85~0.9 사이, 노르웨이는 0.8~0.9 사이에 있다.[23] 이들 나라 모두는 이론적으로 1, 즉 최대 불평등에 가깝다

도표 2-1 미국, 영국, 독일, 노르웨이의 자본소득과 노동소득의 지니계수 (1970년대~2010년대)

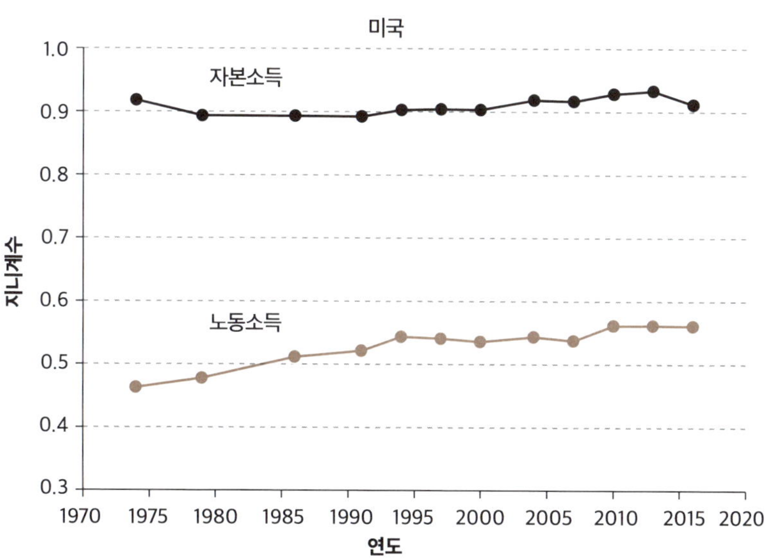

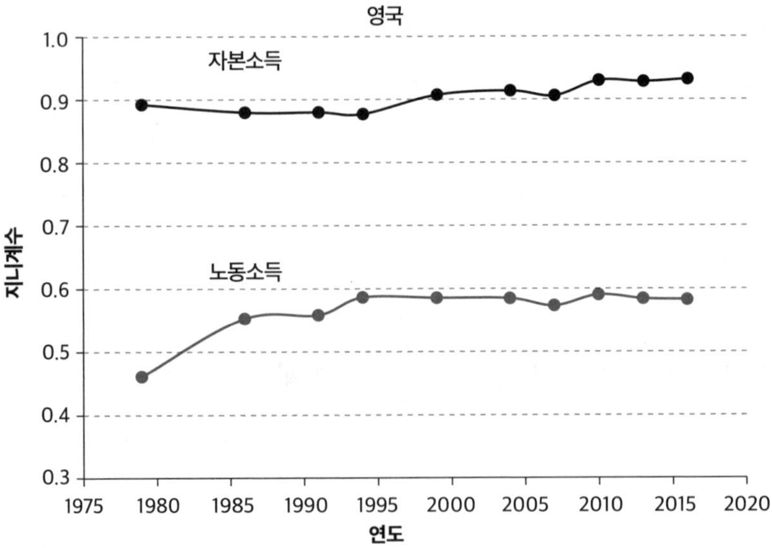

영국
자본소득
노동소득
지니계수
1.0
0.9
0.8
0.7
0.6
0.5
0.4
0.3
1975
1980
1985
1990
1995
2000
2005
2010
2015
2020
연도

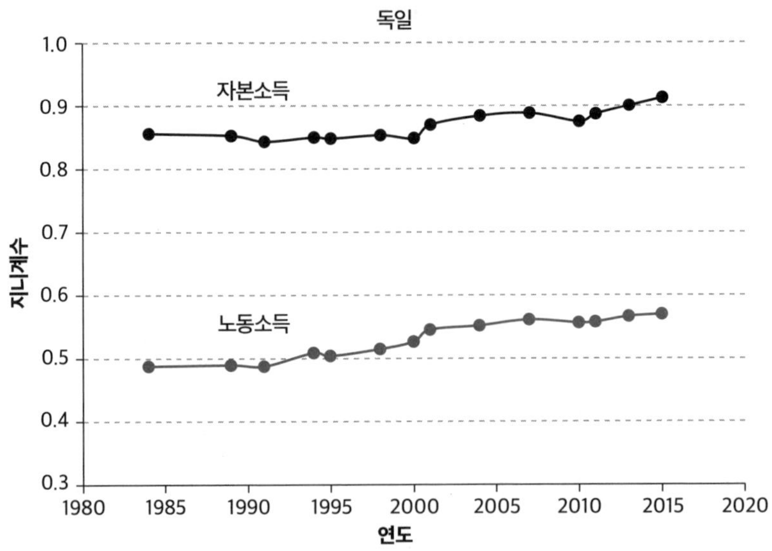

독일
자본소득
노동소득
지니계수
1.0
0.9
0.8
0.7
0.6
0.5
0.4
0.3
1980
1985
1990
1995
2000
2005
2010
2015
2020
연도

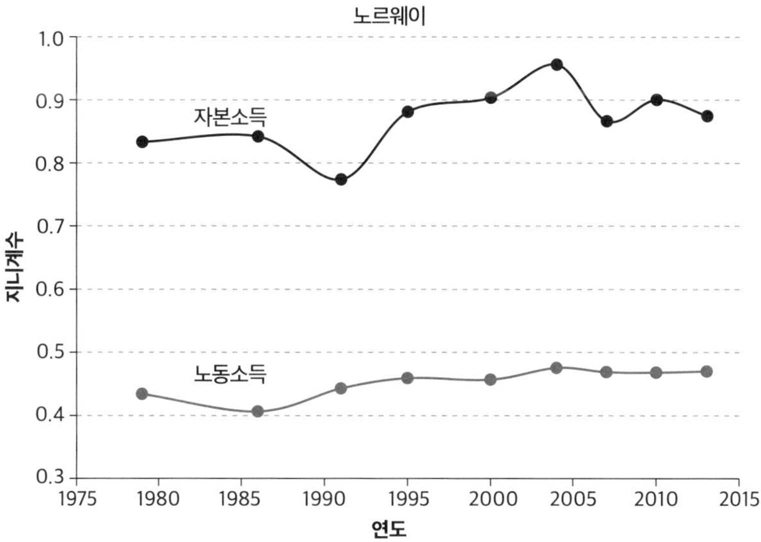

자본소득과 노동소득은 모두 세금 공제 이전의 수치다. 소득분배의 상위권 가운데 자본소득은 과소평가되는 경향 때문에[니산트 옌잔(Nishant Yonzan) 외, 2018년 참조], 진정한 자본소득 지니계수는 훨씬 더 높을 수 있다. 자본소득 및 노동소득의 정의에 대해서는 부록 C 참조.

출처: 룩셈부르크 소득연구(LIS, Luxembourg Income Study, https://www.lisdatacenter.org)의 자료에서 산출한 것이다(룩셈부르크 소득연구는 1983년에 설립된 민간 비영리 연구 단체다—옮긴이). 이 자료는 가계별 조사로부터 개별적인 수준까지 정보를 제공한다. 가변적 요인, 즉 변수도 정리되어 있다. 시간 경과와 함께 다양한 국가 간 자본소득과 노동소득이 일관되게 분류되어 있다.

(전체 자본소득을 한 개인 또는 한 가구가 벌어들였을 때).

또한 다음과 같은 주목할 만한 몇 가지가 있다. 먼저 이런 고도로 집중된 자본소득은 모든 서구 국가에 공통으로 존재한다는 점이다. 그리고 세후 소득에서 비교적 불평등 정도가 낮다는 미국과 영국에서도 자본소득의 고도 집중은 마찬가지다. 요컨대 자본소득이 극도로 집중됐고 주로 부자들이 자본의 혜택을 받는 것은 자유 성과주의적 자본주의의 제도적 내지 체계적 특징이다.[24] 아울러 이 기간 동안 이들 국가의

도표 2-2 부국들의 자본소득 및 노동소득 불평등(2013년 무렵)

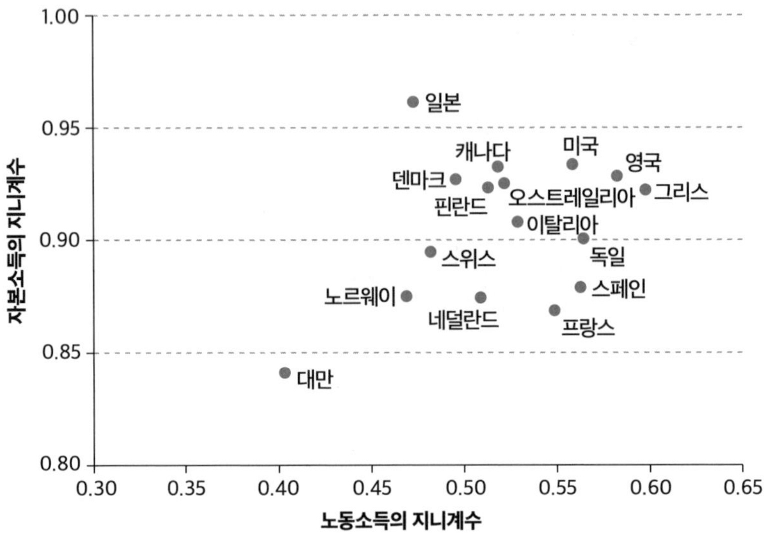

출처: 룩셈부르크 소득연구의 데이터베이스.

노동소득(세전) 불평등이 0.5 미만의 지니계수에서 약 0.6으로 증가했다는 점도 유의해야 한다.

2013년 무렵 부유한 나라들의 자본소득 및 노동소득의 불평등 현황을 살펴보자(도표 2-2). 대만을 제외한 모든 국가의 자본소득 지니계수가 0.86 이상인데, 자본소득이 극도로 집중되어 있음을 알 수 있다. 이에 비해 노동소득의 지니계수는 대부분 0.5~0.6 사이로 훨씬 낮다. 대만의 경우는 이보다 더 낮은데, 이 부 후반부에서 다시 살펴볼 것이다.

부의 폐해

증가하는 자본소득과 고도로 집중된 자본 소유권의 결합이 전체 소득 불평등에 얼마나 중대하게 작용하는지 이해하기 위해서는 다방면에 걸쳐 살펴봐야 한다. 국가가 더 부유해지면 (개인과 마찬가지로) 저축과 성공적인 투자로 더 많은 부를 얻게 된다. 더욱이 그런 국가의 자본은 소득을 추월해 증가하고, 점차 '자본 집약형' 또는 '자본이 풍부한' 국가가 된다.

이런 관계(자본과 소득 사이의 비율)는 피케티가 《21세기 자본》에서 말한 중심 요지다. 소득(1인당 GDP)이 더 높은 나라는 국민 1인당 재산

표 2-2 가계 내 성인 1인당 순재산 및 1인당 GDP(2013년, 미국 달러, 시장 환율)

	성인 1인당 재산	1인당 GDP	재산 대비 소득 비율(β)
스위스	513,000	85,000	6.0
미국	301,000	53,000	5.7
일본	217,000	40,000	5.4
중국	22,000	7,000	3.2
인도네시아	12,000	3,600	3.3
인도	4,700	1,500	3.1

출처: 크레딧 스위스 조사연구소(Credit Suisse Research Institute, 2013년)와 짐 데이비스(Jim Davies)의 개인 커뮤니케이션(pers. comm.), 세계은행 세계개발지표의 GDP 통계.

이 더 많을 뿐 아니라, 그 재산 대비 소득 비율(β로 표시됨)도 더 높다(표 2-2). 따라서 1인당 GDP 면에서는 스위스가 인도보다 53배 더 높지만, 성인 1인당 재산은 거의 100배에 이른다(이는 스위스에서 부의 집중도가 배 이상 심화했다는 것을 의미한다_옮긴이).

자본주의 국가들은 더 부유해지면 총 순소득에서 자본소득이 차지하는 비중도 반드시 증가할 수밖에 없다(재산 수익률이 공통적으로 낮아지지 않는 한 그럴 수밖에 없다). 그리고 재산이 고도로 집중될수록 불평등은 더욱 커질 것이다. 더욱이 훨씬 더 심화된 개인 사이의 불평등에 더해, 더 많은 부의 이전은 일반적으로 자본이 좀 더 풍부한 나라에서 두드러진다. 왜냐하면 자본을 많이 소유한다는 것과 소득분배에서 상위에 있다는 것 사이의 연관 관계가 더 강해지기 때문이다(Milanovic, 2017).

만약 더 많은 자본을 소유하는 것과 부자가 되는 것 사이의 연관 관계가 제로(0)에 근접한다(즉, 모든 사람이 자신의 소득에 비례해 재산을 가진다)고 가정해보자. 이럴 경우, 자본소득 비율이 증가한다고 해도 개인 사이의 불평등에는 영향을 미치지 않는다(불평등을 심화시키는 다른 요인이 없다면 그렇다는 말이다_옮긴이). 이는 단순하게 생각하면 모든 사람의 수입이 같은 비율로, 즉 정비례해서 증가한다는 것을 의미한다.

그러나 부자들이 대부분의 자본을 보유할 때, 자본 비율이 조금이라도 늘어나면 이에 비례해서 그 부자들의 소득도 증가할 것이고(자본소득이 기하급수적으로 늘어나는 한 단면이다_옮긴이), 불평등도 더 심화시킬 것이다.

국가 발전이 그 나라를 부유하게 이끄는 것은 당연하다. 이런 나라에서는 소득 증가보다 더 큰 폭으로 국가 발전이 이뤄진다. 분배의 관점에서 볼 때 이는 부의 저주다. 왜 그럴까? 더 부유한 나라들은 '자연적으로' 더 불평등해지는 경향을 보이기 때문이다. 그러므로 불평등 심화를 억제하기 위해서는 그런 국가 발전에 못지않은 더 큰 노력을 기울여야 한다.

만약 국가 발전을 앞지르는 더 큰 폭의 추가 조치, 특히 국가가 부유해짐에 따라 불평등을 심화시키는 세력을 상쇄하는 정책을 취하지 않으면, 그 나라의 불평등은 더욱 증가할 것이다. 재산에서 나오는 수익이 전반적으로 균일하지 않는 한편으로, 더 많은 재산을 소유한 사람들에게 더 많이 돌아간다면, 불평등은 더 심하게 증가할 것이다. 바로 이것이 다음 부분에서 다룰 주제다.

부유층 자산의 높은 수익률

부자들은 더 많은 재산을 소유할 뿐만 아니라, 그 재산에서 얻는 수입으로 더 많은 재산을 가진다. 게다가 그렇지 못한 사람들에 비해 다른 유형의 재산도 소유한다. 2013년 미국 가구의 20%가 순자산이 없거나 마이너스였다. 반면, 60%를 차지하는 중산층 가구는 그들 재산의 거의 2/3를 주택에, 16%를 연기금에 투자했다(Wolff, 2017).[25] 이처럼 중산층 재산은 다양하지 않다(대부분 주택에 묶였기 때문이다). 더구나 중산층은 순자산보다 높은 비율의 부채(빚)를 떠안는 채무 과다 상태에 있다(부채도 총자산의 실제 구성 요소다). 이는 제2차 세계대전 이후부터 지금까지 미국에서 진행되어온 현상이다. 모리츠 쿤Moritz Kuhn, 모리츠 슐라릭Moritz Schularick, 울리케 스테인스Ulrike Steins는 2017년 미국의 자산을 조사한 과거 자료를 이용해 이를 입증했다.

미국 경제가 금융 활성화, 즉 돈을 차입하기 쉬운 환경으로 진행됨에 따라 부채 총량도 증가했다. 2010년까지 채무 상태에 있는 중산층은 놀랍게도 중산층 가구의 80%에 이르렀다(이를테면 5달러의 총자산 가운데 4달러는 빚이라는 의미다. 1달러만이 순자산으로 표시됐다). 1950년대는 차입 과다 중산층 가구가 20%였다는 사실에 비하면 놀라운 수준이다(Kuhn, Schularick, & Steins, 2017).

이처럼 중산층의 재산은 변화 없이 매우 단순하고, 차입 과다 상태에 있다. 달리 말하면 중산층 재산은 집값 변동에 의존해 있고, 매우 불안정하다. 80%의 차입 과다 상태에서 주택 가격이 20%만 하락해도 중산층 전체 순자산은 제로(0), 즉 모두 없어지고 만다. 이는 2008년 금융위기 동안 실제로 벌어진 일이다.

그런데 상위 20% 이상의 부유층을 살펴보면, 그들 재산을 구성하는 자산의 종류, 즉 자산군asset class이 다음과 같이 변하고 있음을 알 수 있다. 상위 1% 부유층 재산의 거의 3/4은 가장 유력한 자산군인 주식과 금융 상품이다. 이에 비해 주택 관련 재산은 상대적으로 적다. 상위 1%의 주택 관련 재산은 총자산의 1/10 미만에 불과하다.

이런 재산 구성의 차이는 각기 다른 수단·방법으로 얻어지는 재산의 평균 수익률에 결정적 영향을 미친다. 만약 자산군 안에서 수익률이 일정하게 유지된다면(달리 말하면, 주택 수익률은 거대한 저택을 소유하든, 원룸형 아파트를 소유하든 거의 같다), 전체 수익률은 서로 다른 자산군 사이의 수익률 차이(예컨대, 주택 수익률이 금융자산 수익률과 다르듯이)에 따라 달라질 것이다.

아직까지는 특정 자산의 수익과 소유하고 있는 자산 총액 사이의 관계에 관한 연구가 거의 없다. 하지만 에드워드 울프(2017)의 결론에 따르면, 수익률은 같은 자산군 안에서는 서로 거의 달라지지 않는다. (앞의 예를 돌이켜보면) 대저택을 소유하건 방 한 칸짜리 아파트를 소유하건 수익률은 거의 같다는 의미다. 그리고 1천 달러짜리 채권을 가지건 100만 달러짜리 채권을 가지건 수익률은 얼추 같다는 것 또한 사실이다. 따라서 이 문제는 자산군 사이의 수익 차이로 귀결된다.

1983~2013년까지 30년 동안, 부유한 가구는 더 부유해졌다. 이는 금융자산이 주택자산을 능가했기 때문이다(Wolff, 2017). 금융자산의 연평균 실질(인플레이션 이후) 수익률이 6.3%였던 반면, 주택자산의 평균 실질 수익률은 0.6%에 불과했다(Wolff, 2017). 같은 기간 상위 1%의 총자산 수익률이 연평균 2.9%였던 반면, 인구의 약 3/5을 차지하는 중산층의 수익률은 단지 1.3%에 불과했다. 30년 이상 자본화된 결과로 빚어진 이런 차이는 약 60%의 부자들에게 이익을 안겨준다.

만일 자산에서 얻는 수익률이 중산층과 가난한 사람들보다 부자들에게 제도적으로 더 유리하게 보장된다면, 이는 더 큰 불평등을 불러일으키는 장기적인 중요한 원인을 제공한다. 이것을 개선하는 길은(그렇게 하고 싶다면) 앞으로 불어나게 될 이익에 대한 누진과세를 생각할 수 있다. 그러나 부자들이 보유한 자산이 항상 가치 있는 것은 아니라는 사실을 기억할 필요는 있다.

2001~2007년 미국에서 주택 거품이 발생했을 때처럼, 주택 수익률은 종종 금융자산을 능가하기도 한다. 비록 대불황기(미국에서 2008년부터 시작된 대규모 경기 침체_옮긴이) 첫 3년 동안(주택 수익이 금융 수익보다 더 안 좋았을 때)에는 그렇지 않았지만, 종종 주택 수익률이 금융자산을 능가했다. 증시가 곤두박질치는 반면 집값은 크게 변하지 않을 때, 부자들은 전체 수익률에서 중산층의 전체 수익률보다 낮은 현실에 부닥쳤다. 실상은 그 반대 현상이 지난 30여 년에 걸쳐 벌어졌다(지난 30여 년 동안 금융자산 수익률이 주택 투자 수익률보다 훨씬 높았다는 결론을 얻을 수 있다_옮긴이).

이론적으로 볼 때 부자들이 보유한 자산군은 더 위험하고 변동성도 더 크다. 그래서 그들이 더 높은 수익률을 얻었다면, 이는 부분적으로 그런 위험을 대비한 프리미엄(보험) 때문이다. 그러나 지난 30년은 위험이 닥친 이후 그 결과까지도 내다볼 만큼 긴 기간이었다. 그리고 장기적으로 부자들이 중산층보다 더 잘해왔다. 게다가 부자들이 보유한 자산들의 가치도 더 높아졌다. 이는 중산층의 자산보다 부자들의 자산에 세금을 더 적게 부과하는 경향 때문이다. 이처럼 미국에서는 자본 이득과 성과 보수(투자 펀드매니저가 받는 수입)에 대한 세금이 대부분 보통예금의 이자율보다 낮게 부과된다.[26]

부자들은 또한 규모의 이점을 누린다. 고수익을 내는 자산의 경우, 진입 비용(투자에 필요한 최소 비용)이 많이 들어간다. 이는 소규모 투자자를 좌절시킨다(소액 투자자에겐 그림의 떡이다_옮긴이). 반면, 부유한 투자자는 투자처로부터 훨씬 더 나은 조언이나 정보를 이용할 수 있고, 투자 단위당 수수료도 더 적게 지불할 수 있다. 마틴 펠드스타인Martin Feldstein과 슐로모 이츠하키Shlomo Yitzhaki는 1982년 부유한 투자자가 꾸준히 자산 수익에서 소액 투자자를 능가한다는 사실을 밝혀냈다.[27]

전반적으로 볼 때, 부자가 자신의 자산으로 높은 수익을 내는 방법은 다음과 같은 세 가지가 있다. ①장기적으로 수익을 많이 내는 자산을 비교적 더 많이 보유하는 것(자산 구성 효과), ②재산으로 벌어들인 이익에 부과되는 세금을 적게 내는 것(절세), 그리고 ③자산 단위당 진입 수수료와 관리 비용을 낮게 운용하는 것이다(진입 장벽 낮춤 효과).

고소득 자본가와 고소득 노동자가 동일인이라면?

고전적 자본주의 체제와 비교했을 때, 자유 성과주의적 자본주의는 독특하고 뚜렷하게 다른 다음과 같은 특징이 있다. 소득 상위 10% 또는 1%의 사람들 가운데 노동소득 또한 높은 이들이 존재한다는 것이다. 좀 더 흥미로운 점은 노동소득과 자본소득이 모두 높은 사람들의 비율이 늘어난다는 사실이다.

이런 특징에 대해 나는 그리스어에 어원을 두고 있는 '호모플루티아 homoploutia'라는 신조어를 만들었는데, 이 말은 동일한 가구(또는 개인) 안에서 높은 자본소득과 높은 노동소득이 결합되어 있다는 의미다('동일하다'는 의미에서의 homo와 '부'를 의미하는 ploutia를 합친 것이다). 지난 수십 년간 높은 노동소득(또는 자본소득)과 높은 자본소득(또는 노동소득) 모두를 가진 사람들의 비율이 증가해왔다(도표 2-3).

1980년의 경우를 보자. 당시에는 자본소득 상위 10%에 드는 사람들

도표 2-3 소득 상위 10%(또는 그 반대)에 드는 노동자 가운데 자본 소유 상위 10%에 드는 개인들 추이(1980~2017년, 미국)

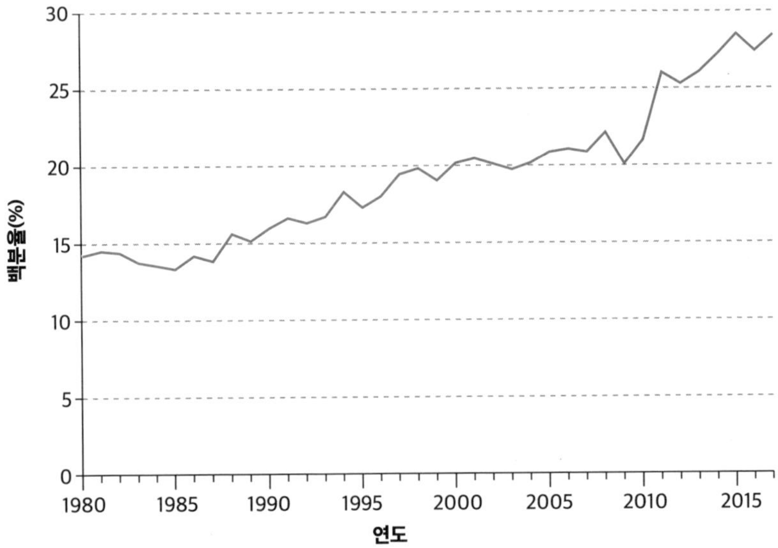

개인들은 1인당 노동력이나 자본소득에 따라 순위가 매겨진다. 가장 부유한 노동자 중에서 차지하는 최고 부자 자본가의 비율과 최고 부자 자본가 중에서 차지하는 가장 부유한 노동자의 비율은 같다.
출처: 미국현재인구조사(US Current Population Surveys)를 바탕으로 산출.

가운데 15%만이 노동소득 상위 10%에 들었다. 그 반대의 경우도 마찬가지였다. 그런데 15%라는 이 비율은 지난 37년간 두 배로 늘었다.

고전적 자본주의라는 과거 도식적 인식으로 볼 때, 이 같은 증가는 예상할 수 없었던 현상이다. 1980년 당시만 해도 최고의 자본가라도 노동소득은 대부분 높지 않았다. 고전적 자본주의 시대의 부자들은 어쨌든 자본 수입만으로 부자가 됐다. 이에 비해 고용된 노동자들은 두 배로 성장하려는 욕망도 시간도 갖지 못했을 것이다. 마찬가지로 고전적 자본주의 시대의 임금 노동자들은 자본소득 상위 10%에 들어갈 만큼의 높은 자본소득을 충분히 가질 수 없었다. 그러나 이제는 상황이 바뀌었다.

호모플루티아의 최종 목적지는(그런 지점을 상상할 수 있다면) 고소득 자본가와 고소득 노동소득자가 동일인일 때(이때 도표 2-3의 수직축 값은 100이 될 것이다) 드러난다. 고소득 자본가와 고소득 노동자 사이의 이런 상응 관계는 불평등을 가중시킨다. 그러나 더 중요한 게 있다. 이런 상응 관계로 말미암아 불평등을 줄이기 위한 경제 정책을 수립·시행하기가 훨씬 더 어려워진다는 점이다. 그 이유는 정치적인 데 있다. 고전 자본주의 체제에서는 대부분의 부자가 자신들의 지위를 얻거나 유지하기 위해, 일상적으로 많은 노력을 기울일 필요는 없다. 반면에 자유 성과주의적 자본주의 체제에서는 그 부자들 가운데 많은 수가 노동자들이며, 그들 수입의 대부분이 소유한 자본에서 나온다.

우리는 그들이 부자라는 것을 알 수는 있지만, 그들 총수입의 몇 퍼센트가 노동이 아닌 자본에서 나오는지 알지 못한다. 따라서 과거에 정치적으로 사용되었던 매우 높은 세율을 그들에게 적용하기가 더 어렵다. 왜냐하면 그들의 높은 소득은 더 마땅히 받을 만한 것으로 여겨지기 때문이다(즉, 그들의 노동에서 생긴 것이기 때문이다).

호모플루티아의 성장은 높은 수준의 교육을 받고 높은 임금을 받는 자본이 풍부한 사람들이나, 임금의 일부를 저축해 부유한 자본가가 된 고임금 노동자들의 산물일 수 있다. 추가 자료 없이는 그들의 자본소득 비율과 노동소득 비율 가운데 어느 것이 더 중요한지 판단할 수 없다.

그러나 알려진 대로 미국에서는 부의 집중이 극도로 높게 유지되어왔고, 직접적으로 주식을 소유하는 것도 크게 변하지 않았다. 1983년에는 인구의 13.7%가 적어도 일부 주식을 직접 소유하고 있었는데, 그 비율은 30년 뒤에도 변함이 없었다(Wolff, 2017). 뮤추얼 펀드와 연금 계좌를 포함한 주식 소유자는 미국 인구의 1/3 미만에서 절반 가까이 늘었다. 하지만 그들의 주식 보유 총액은 대부분 미미하다. 이는 호모플루티아가 이미 고도로 집중된 자본 소유와 극도로 높은 임금이 '합쳐진(똑같은 개인에게서)' 산물임을 암시한다.

'선택적 결혼'의 확산

한 일화를 통해 이 주제를 설명하는 것이 나을 것 같다. 약 10년 전 어느 날 나는 한 미국인 친구와 저녁 식사 후 와인을 마시면서 담소를 나눈

적이 있다. 그는 아이비리그에서 공부한 이후 유럽에서 교수로 지냈다.

우리의 대화는 결혼과 아이들 같은 삶의 문제로 자연스럽게 흘러갔다. 나는 그의 말에 소스라치게 놀랐다. 그가 누구와 결혼했든지 모든 게 지금과 똑같았을 거란 말이었다. 그들은 어디에 살고, 어떤 종류의 집에서 사는지, 휴일과 여가를 어떻게 즐기는지, 그리고 심지어 자녀가 어느 대학에 다니는지까지 말이다.

그는 그 이유를 말했는데 다음과 같았다.

> 내가 아이비리그 학교에 갔을 때, 나는 그곳에서 만난 여자와 결혼하기로 마음먹었지. 또한 여자들도 마찬가지였어. 우리 모두는 이런 바람직한 결혼 후보자 집단을 다시는 만나지 못할 것이란 것을 알았거든. 그리고 누구와 결혼하든 그 사람은 동질 집단에서 뽑아낸 표본이나 마찬가지였지. 그들은 모두 교육을 잘 받고 똑똑한 여성들이었어. 사회적으로 같은 계층 출신이며, 같은 소설과 신문을 읽고, 같은 옷을 입고 다녔어. 그리고 레스토랑, 하이킹, 거주지, 승용차, 그리고 사람들을 만나는 것에 대해 모두 같은 취향이었지. 심지어 아이들을 돌보는 방법뿐만 아니라 아이들이 어떤 학교에 가야 하는지도! 내가 이들 가운데 누구와 결혼해도 거의 차이가 없음을 나중에 알 수 있었어.

그러고 나서 덧붙였다.

당시에는 그런 사실을 몰랐지만 지금은 확실히 깨달았지.

이 이야기는 오랫동안 마음속에서 맴돌았다. 이런 사례는 인간이 안고 있는 소중한 신화 또는 믿음과는 모순된다. 그 신화 또는 믿음이란 이런 것이다. 우리 모두는 서로 너무 다르고 독특한 개인이고, 사랑이나 선호도와 관련된 결혼 같은 개인적 결정은 너무 중요하며, 우리 삶에 큰 영향을 끼친다는 것이다.

내 친구가 말한 것은 이런 믿음과는 정반대되는 유형이다. 그는 (같은 부류의) A, B, C 또는 D와 사랑에 빠졌을 것이다. 이들은 궁극적으로 같은 부류의 가정에서 똑같이 부유한 이웃과 실질적으로 짝을 맺었을 것이다. 워싱턴 D.C., 시카고, 로스앤젤레스 같은 곳에 있는 어떤 부유한 동네에서 살든지, 비슷한 친구들과 관심사를 가진 아이들이 비슷한 학교에 가서 같은 게임을 하는 것으로 결말지어졌다. 그의 이야기는 매우 일리 있는 말이었다. 이 얘기는 같은 대학에 다니는 사람끼리 서로 결합할 것이라고 가정한 것이었다.

대학을 중퇴했거나, 그곳에서 결혼하기에 적합한 사람을 찾지 못했더라면 결과는 달라졌을 수 있다(예를 들면 별로 부유하지 않은 동네에 있는 가정 출신의 경우).

그 미국인 친구의 이야기는 사회화의 힘을 극적으로 보여준 사례다. 최고의 학교에 다니는 모든 학생은 거의 똑같이 부유한 가정 출신이다. 거의 모든 사람은 거의 똑같은 가치와 취미를 선택한다. 그리고 그렇게 서로 구별하기 쉽지 않은, 동질적인 사람끼리 결혼하게 된다.

최근의 조사 연구는 이를 입증했다. 동류 짝짓기의 확산, 즉 선택적 결혼이 확연한 증가세에 있었다. 동일하거나 유사한 교육 상태 및 소득 수준의 사람끼리 결혼하는 경우가 많아지는 게 현실이다.

미국사회조사American Community Survey의 10년간 자료를 바탕으로 한 연구에 따르면, 1970년대에는 배우자 간 교육 수준의 연관성이 제로(0)에 근접해 있었다. 다시 말해 배우자 간 교육 수준의 유사성이 거의 없었다. 그 후 2010년까지 10년 단위로 끊어보면 그 백분율 계수는 모두 양수였으며, 계속 상승했다(Greenwood, Guner & Vandenbroucke, 2017. 배우자끼리 교육 수준 정도가 유사한 정도가 많아진다는 의미다_옮긴이).

다른 통계(Yonzan, 2018)는 이런 경향에 대한 또 다른 관점을 제공한다. 젊었을' 때 결혼한 미국 남녀의 결혼 통계를 보면, 결혼 연령은 대략 20~35세 사이에 있었다. 1970년에는 남성 소득 상위 10% 안에 드는 젊은 미국 남성 가운데 단지 13%만이 여성 소득 상위 10% 안에 드는 젊은 여성과 결혼했다. 2017년에는 그 수치가 거의 29%까지 상승했다(도표 2-4A). 이와 함께 남성 소득 상위 10%에 속하는 젊은 남성이 여성 소득 하위 10%에 속하는 젊은 여성과 결혼한 경우는 훨씬 줄어드는 현상을 보였다. 이 비율은 13.4%에서 11% 미만으로 계속 낮아졌다. 달리 말하면, 1970년대 미국의 고소득 젊은 남성들은 저소득 젊은 여성만큼 고소득 젊은 여성과 결혼할 가능성이 있었지만, 이제는 거의 3:1의 비율로 고소득 여성을 더 선호한다.

도표 2-4A 노동소득 상위 10%에 드는 20~35세 남성들 가운데, 노동소득 상위와 하위 10%에 드는 젊은 여성과 결혼한 남성의 백분율(1970~2017년 연도별 수치)

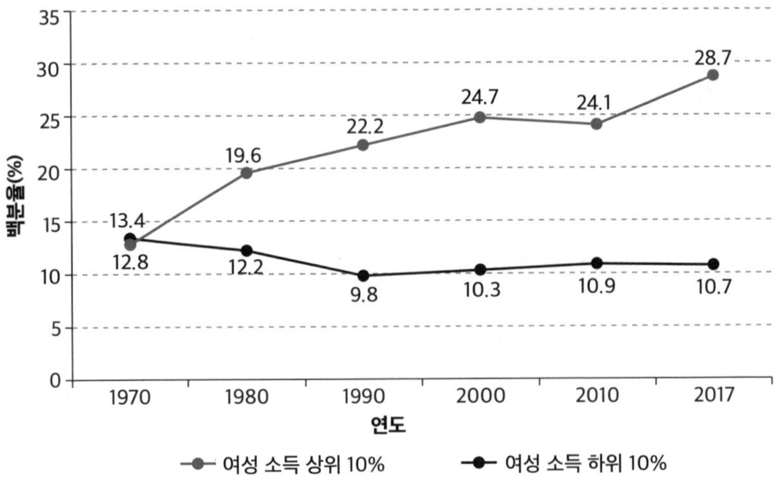

여성들에게는 훨씬 더 극적 변화가 일어났다. 즉, 고소득 젊은 남성과 결혼하는 고소득 젊은 여성의 비율이 13% 미만에서 26.4%로 증가했다. 반면, 가난한 젊은 남성과 결혼하는 부유한 젊은 여성의 비율은 절반으로 줄어들었다(도표 2-4B).[28] 부유한 남성과 가난한 남성에 대한 선호도 차이가 거의 없었던 1970년대와는 달리, 지금 여성들은 거의 5:1의 비율로 부유한 남성을 선호한다.[29]

결혼에 대한 교육 프리미엄

피에르-앙드레 치아포리Pierre-André Chiappori, 버나드 살라니에Bernard Salanié,

도표 2-4B 노동소득 상위 10%에 드는 20~35세 여성들 가운데, 노동소득 상위와 하위 10%에 드는 20~35세 남성과 결혼한 여성의 백분율(1970~2017년 연도별 수치)

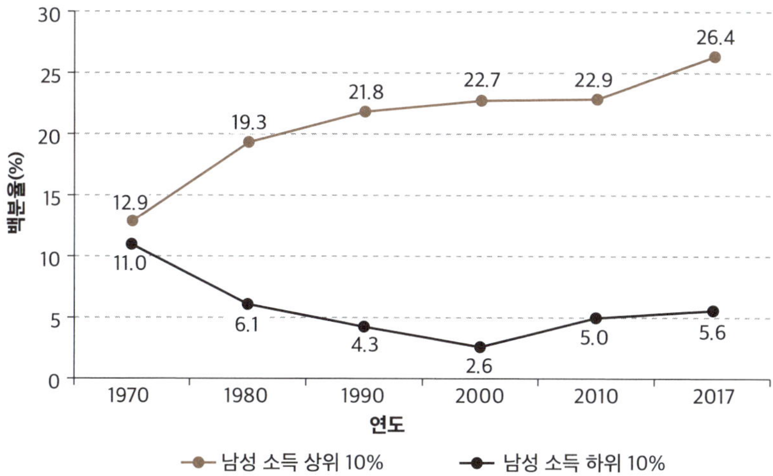

각 표본 조사는 조사 당시 (i)나이 20~35세, (ii)기혼자, (iii)피고용자(돈을 버는 긍정적 수입자)인 남성과 여성으로 구분된다. 기본 배우자 수(남성 소득 상위 10%부터 여성 소득 상위 10%까지, 그리고 그 반대의 경우)는 도표 2-4A와 2-4B가 같다. 그러나 백분율은 조금씩 다르다. 왜냐하면 남성과 여성의 상위 10% 규모가 다르기 때문이다.

출처: 니산트 옌잔(2018년), 미국인구조사(https://www.census.gov/programs-surveys/cps.html.)를 바탕으로 계산.

요람 바이스Yoram Weiss는 2017년 매우 야심 찬 연구 논문을 발표했다. 이 논문에서 저자들은 선택적 결혼의 증가와 여성의 교육 수준 향상(이는 증가하지 않는 남성의 교육 성과와 대조를 이룬다)을 설명하려고 노력했다.

이들의 주장에 따르면, 고학력 여성들이 더 좋은 결혼 상대를 만날 가능성을 가지고 있다. 이는 고학력 여성들이 교육이 제공해주는 일반적인 기술 프리미엄(우위성)만큼이나 중요한 '결혼에 대한 교육 프리미엄'

을 가진다는 의미다. 일반적인 기술 프리미엄은 원칙적으로 성별에 차별을 두지 않지만, 결혼에 대한 교육 프리미엄은 여성들에게 훨씬 더 유리하게 작용한다고 저자들은 주장한다(그만큼 더 많은 교육을 받은 여성이 결혼 시장에서도 유리하다는 의미다_옮긴이).

다만, 이런 결혼에 대한 교육 프리미엄의 밑바탕에는 선택적 결혼에 대한 좀 더 '순수한 선호'가 남성들 사이에 자리 잡고 있어야 한다. 만약 그렇지 않다면(남성들이 교육을 더 받은 여성들을 결혼 상대로 선호하지 않는다면_옮긴이), 교육 수준이 높은 여성들이 결혼 시장에서 매력적인 만큼 그 반대, 즉 선택받지 못하는 요인으로 작용할 수 있다.

한편으로는 선택적 결혼, 그리고 다른 한편으로는 자녀에 대한 투자 효과 증가 사이에는 더 많은 연관성이 있다. 여기서 자녀에 대한 투자는 교육을 더 많이 받은 부부들만이 제공해줄 수 있을 것이다. 예를 들면, 교육을 더 많이 받은 부부는 자신들의 자녀에게 학습에 도움이 되는 가정환경을 만들어줄 수 있다. 또한 교육을 덜 받은 부모들이 별반 관심을 안 가질 엘리트 스포츠를 포함한 콘서트, 도서관, 발레 같은 문화 체험도 접하게 해줄 수 있다.

이처럼 서로 무관해 보이는 새롭게 진전된 사실들, 즉 여성의 교육과 더 많은 노동 참여, 선택적 결혼 양식, 유아기 학습의 중요성 증가가 갖는 관련성은 중요하다. 왜냐하면 이런 사실들의 관련성은 같은 세대 안에서 발생하는 불평등과 그런 불평등을 세대에 걸쳐 대물림하는 핵심 기제(메커니즘) 가운데 하나를 이해하기 쉽게 밝혀주기 때문이다.

만약 좋은 교육을 받고, 고도로 숙련되고, 부유한 사람들끼리만 서로 결혼한다면, 그 자체가 불평등을 확산시키는 요인이 된다. 1967~2007년 사이 미국에서 불평등을 증가시킨 요인 가운데 대략 1/3은 이 같은 선택적 결혼에 따른 것으로 풀이할 수 있다(Decancq, Peichl & Kerm, 2013).[30] 경제협력개발기구OECD 국가들의 경우에는 1980년대 초~2000년대 불평등을 확산시킨 요인 가운데 선택적 결혼이 평균 11%를 차지했다.[31]

그런데 여기에 덧붙여, 만약 자녀들에 대한 조기 교육과 학습 효과가 급격히 증가한다면, 그리고 초기 단계의 이런 이점들을 오직 높은 교육 수준을 가진 부모들만이 제공해줄 수 있다면, 또한 앞의 자료에서 보았듯이 교육을 덜 받은 부모들보다 훨씬 더 많은 시간을 자녀들과 함께 보낸다면, 그런 이점들과 불평등은 세대에 걸쳐 강하고 폭넓게 대물림될 것이다.

이런 현상은 비록 상속세가 높다고 하더라도(이 점을 강조하는 것은 중요하다) 실제로 일어날 것이다. 왜냐하면 재원財源의 상속은 단지 교육 수준이 높고 부유한 부모를 가진 자녀들이 누리는 이점 가운데 하나에 지나지 않기 때문이다. 그리고 많은 경우 재원은 가장 중요한 부분이다.

뒤에서 설명하겠지만, 상속세 제도는 기울어진 운동장을 평평하게 만들고, 기회의 평등을 증대하기 위해 특히 좋은 정책 가운데 하나다. 하지만 그런 세제가 부자와 가난한 부모를 막론하고 태어난 자녀들에게 삶의 기회를 평등하게 만들어주기에 충분하다고 믿는 것은 환상에 불과하다.

더 확산 중인 소득과 부의 대물림

미국에서는 높은 소득과 부의 불평등이 종종 정당화되곤 했다. 집안 배경과는 무관하게 누구나 성공의 사다리를 오를 기회가 있다고 보기 때문이다. 이는 아메리칸 드림이라는 말로 널리 확산·회자됐다. 아메리칸 드림은 결과의 평등보다는 기회의 균등을 더 강조했다.[32] 사실 이는 역동적이고 미래 지향적 개념이었다.

조지프 슘페터는 소득 불평등을 논의했을 때 그 불평등을 설명하기 위해 다음과 같은 멋진 비유를 들었다.

> 우리는 1년 동안의 소득분배를 알 수 있는데, 이는 마치 호텔의 서로 다른 층에 머무는 투숙객의 분포와 같다. 그 호텔은 층이 높을수록 방이 더 고급스러워진다.
>
> 만약 투숙객들이 층 사이를 자유롭게 옮겨 다닌다면, 그리고 마찬가지로 그들의 자녀도 자신들이 태어난 층에 머물지 않는다면, 그 가족들이 미래에 어느 층에 거주할 것인지, 혹은 그들의 장기적 위치에 대해서 우리는 알 수 없을 것이다.
>
> 마찬가지로, 한 시점에 측정된 소득이나 부의 불평등은 정확한 불평등 수준에 대한 오해나 과장된 생각을 가지게 할 우려가 있다. 아울러 세대 간 이동성(대물림)을 설명하지 못할 수 있다.[33]

아메리칸 드림은 대중의 상상 속에서, 그리고 경제학자들 사이에서 강한 영향력을 유지해왔다. 그런데 관련 자료를 처음으로 이용할 수 있는 지난 10여 년 동안 심각한 의문이 제기되기 시작했다.

마일스 코락이 2013년 전 세계 22개국을 조사한 바에 따르면, 어떤 연도의 높은 불평등 사이에는 확실한 연관성이 있음을 보여주었다. 특히 부모와 자식의 소득(즉, 저소득의 대물림) 사이에 밀접한 연관성이 있었다. 이런 조사 결과는 타당해 보인다. 왜냐하면 오늘날의 높은 불평등은 부자들의 자녀가 가난한 사람들의 자녀보다 훨씬 더 큰 기회를 갖는다는 점을 의미하기 때문이다. 부자들의 자녀는 더 많은 상속을 기대할 뿐만 아니라, 자기 부모들을 통해 얻는 더 나은 교육과 사회적 자본, 그리고 부가 가져다주는 다른 많은 무형의 혜택을 받게 될 것이다. 가난한 사람의 자녀에게는 이런 혜택 가운데 어느 것도 주어지지 않는다.

이런 점들을 통해 볼 때, 아메리칸 드림은 어느 정도 위축됐다. 이는 소득의 이동성이 미국보다 더 평등한 나라에서 더 증가한다는 현실적 자각에 따른 것이다. 하지만 이런 결과는 세대 간 이동성이 시간이 지남에 따라 실제로 더 안 좋아졌다는 것을 의미하지는 않았다(아직 신분 상승의 사다리가 없어지지는 않았다_옮긴이).

상대적 이동성의 쇠퇴

최근 연구에 따르면, 세대 간 이동성이 실제로 줄어들고 있다(특히 자녀 세대에서 신분 상승의 사다리가 점차 사라지고 있다는 의미다_옮긴이). 2017년

조너선 데이비스Jonathan Davis와 바슈카르 마줌데르Bhashkar Mazumder는 부모와 아들 그리고 부모와 딸로 쌍을 이룬 표본을 사용해, 1949~1953년 사이에 태어난 집단과 1961~1964년 사이에 태어난 집단을 비교했다. 이를 통해 후자 집단에서 세대 간 이동성이 현저히 낮다는 사실을 발견했다. 두 연구자는 상대적으로 나타나는 세대 간 이동성을 조사하기 위해 두 가지 공통적 지표를 사용했는데, 순위 대 순위(부모와 자녀의 상대적 소득 위치 사이의 연관성)와 세대 간 소득 탄력성(부모와 자녀 사이의 소득 연관성)이 그것이다.[34]

이 두 지표 모두에서 부모와 자녀 사이의 소득 연관성이 시간이 지남에 따라 증가하는 것으로 나타났다(순위 대 순위는 딸의 경우 0.22에서 0.37로, 아들의 경우는 0.17에서 0.36으로 증가했다. 그리고 세대 간 소득 탄력성은 딸의 경우 0.28에서 0.52로, 아들의 경우는 0.13에서 0.43으로 증가했다). 1980년대에는 두 지표 모두에서 전환점이 생겨났다. 이 시기는 미국에서 소득 불평등이 증가하기 시작한 때와 같은 시기다.

실제 이 시기에 세 가지 변화가 동시에 발생했다. 불평등의 증가, 교육 투자에 따른 이점의 증대, 그리고 부모와 자식 사이의 소득 연관성 증가가 그것이다. 이와 같이 더 높은 소득 불평등과 더 낮은 세대 간 이동성은 국가와 시간을 가로질러 함께 나아가는 경향이 있다.

지금까지는 상대적 이동성만을 살펴보았다. 하지만 세대 간 절대적 이동성, 즉 세대 사이의 실질소득 변화도 고려해야 한다. 여기서도 감소 현상이 여실히 드러난다. 1940년대~2000년대 사이에 미국에서는 세대 간의 절대적 이동성이 현저하게 감소했다(성공의 사다리를 오를 기회가 점차 적어지면서 세대가 바뀌어도 신분 상승 기회는 줄어들었다_옮긴이). 이는 경제성장 둔화와 불평등 증가가 결합한 결과였다(Raj, Grusky, Hell, Hendren, Manduca & Narang, 2017b).[35]

여기서 유념해야 할 점이 있다. 절대적 이동성은 상대적 이동성과는 매우 다른데, 이는 (경제)성장률이 어떤가에 따라 크게 좌우되기 때문이다. 예를 들면 소득분배에서 부모와 자녀의 위치가 똑같더라도 모든 자녀의 소득이 부모의 소득을 초과한다면, 절대 이동성은 모두에게 긍정적이다(다시 말하면 부모 세대보다 자녀 세대에서 소득이 더 높아졌다는 데서 긍정적이다_옮긴이). 이 예에서 완전한 세대 간 절대 이동성은 세대 간 상대적 이동성의 완전한 결핍을 낳을 것이다.

이 책에서는 절대적 이동성보다 상대적 이동성에 더 주목하고자 한다. 왜냐하면 세대 간의 연관성이나 상관관계를 나타내는 상대적 이동성은 경제의 제도적 특징을 더 잘 반영하기 때문이다.

복지국가를 향한 새로운 사회 정책

여기에서는 자본 및 노동, 그리고 세계화라는 조건 아래에서 복지국가를 지향하는 새로운 사회 정책을 설명하고자 한다.[36]

지금의 소득 불평등을 20세기 수단으로 다룰 수 없는 이유

대략적으로 제2차 세계대전 말기부터 1980년대 초까지는 주목할 만한 시기인데, 부유한 나라의 소득과 부의 불평등이 계속 감소했다는 점에서 그렇다. 이 시기에 부유한 나라는 네 가지 핵심 축에 의존했다. 강력한 노동조합, 대중 교육, 높은 세금, 그리고 대규모 정부 이전이 그것이었다. 40년 전 무렵부터 소득 불평등이 증가하기 시작하자, 더 이상의 소득 불평등 증가를 막기 위한 시도가 있었다. 그 시도는 이 네 가지 핵심 축 가운데 일부 또는 전부를 착수하거나, 최소한 옹호하는 데 의존했다. 하지만 21세기에는 소득 불평등 증가를 막기 위한 이런 접근법이 성공하지 못할 것이다. 왜 그럴까?

먼저 노동조합부터 살펴보자. 노동조합의 구성원, 즉 노동조합원이 모든 부유한 나라에서 감소했는데, 특히 민간 부문에서 크게 줄었다. 이는 노조에 적대적인 정부 정책의 결과일 뿐만 아니라, 노동 조직의 밑바닥에서부터 변화가 일어났기 때문이었다.

이런 노동 조직의 변화는 제조업에서 서비스업으로의 전환과 더불어, 생산 현장이나 사무실에 묶인 존재에서 원격 근무로의 환경 변화에서 비롯됐다. 그 결과 상대적으로 작은 규모의 작업 단위가 늘었고, 물리적으로 같은 장소에서 함께 일하지 않는 경우가 흔해졌다. 이와 같은 분산된 노동자들의 조직화는 대규모 단일 공장에서 일하는 노동자들을 조직화하기보다 훨씬 더 어렵다. 대규모 단일 공장의 노동자들은 서로 끊임없이 교류하며, 급여 및 노동 조건에 관해 똑같은 사회적 환경과 이해관계를 공유한다(상호 결속력이 상대적으로 더 강하다_옮긴이).

게다가 노조의 역할 감소는 자본에 비해 노동 세력이 약해졌음을 나타낸다. 이는 냉전 종식과 중국의 세계경제 재편입 이후 자본주의 체제 아래에서 이용 가능한 노동력, 즉 노동력 풀pool의 대폭적인 확대에서 비롯된다. 중국의 세계경제 재편입은 비록 단 한 번의 충격이었지만, 그 영향은 적어도 수십 년 동안 지속될 것이다. 그리고 향후 아프리카의 높은 인구 증가율로 말미암아 그 영향은 더욱 커질 수 있다. 이에 따라 노동력은 줄어들지 않고 상대적으로 더 풍부해질 것이다.

다음으로 두 번째 축인 대중 교육을 살펴보자. 대중 교육은 서구에서 불평등을 줄이는 수단이었다. 학교 교육의 평균 연수는 1950년대 4~8년에서 오늘날 13년 이상으로 늘어났다. 대중 교육은 기술 프리미엄, 즉 대학 교육을 받은 사람과 받지 않은 사람 사이의 임금 격차로 이어졌다.

1969년 신설된 노벨 경제학상을 최초로 수상한 네덜란드 경제학자 얀 틴베르헌은 고도로 숙련된 노동력이 풍부하게 공급될 것이라는 믿음에서 1970년대 중반 다음과 같이 예측했다. 즉, 그는 20세기에서 21세기로 바뀔 무렵에 기술 프리미엄이 거의 제로(0)로 줄어들 것으로 예측했다. 그리고 더 많은 숙련 노동자가 필요한(수요가 있는) 기술과 그런 노동자 공급 사이의 경쟁에서 공급이 승리할, 즉 더 많아질 것으로 예측했다.[37]

그러나 한 나라의 평균 교육 기간이 14년이나 15년에 이르면, 더 이상의 대중 교육의 확대는 불가능하다. 왜냐하면 교육받을 수 있는 최고 단계의 상한선이 정해져 있기 때문이다. 학업 연수뿐만 아니라, 지식 습득이라는 인지적 측면에서도 제한받을 수밖에 없다. 한 나라가 엘리트 교육에서 대중 교육으로의 전환기에 접어들면, 더 길고 더 나은 교육으로 습득한 지식은 막대한 이득을 안겨주었다. 20세기 후반 대부분의 서구 국가들이 그랬다.

그러나 대부분의 사람들이 원하는 만큼 학교에 가고, 노력하는 만큼 또는 할 수 있을 만큼 배운다면, 사회는 극복할 수 없는 교육 한계치에 도달한다. 궁극적으로는 기술이 교육 공급과의 경쟁에서 승리한다는 말이다. 따라서 대중 교육이 한때 수행했던 임금의 평준화 효과를 지속하기 위해서는 평균적 교육 수준의 대수롭지 않은 증가에 의존할 수는 없다.

20세기 들어 경상 소득(급여와 같은 정기적인 수입_옮긴이)에 대한 높은 과세와 높은 사회적 이전은 소득 불평등을 줄이는 서너 번째 축을 이루었다. 하지만 그런 수단을 더 늘리는 것은 정치적으로 어렵다. 여기에는 두 가지 주된 이유가 있는데, 세계화와 더불어 더 높아진 자본과 노동의 이동성이 그것이다. 높은 세금은 자본과 고도로 숙련된 노동자 모두를 더 낮은 조세 수준을 가진 관할 지역을 찾아 나라를 떠나게 만들 것이다. 그 결과 이는 떠나기 전 원래 국가의 세수 손실로 이어질 수 있다.[38]

두 번째 이유는 정부 역할과 세금 및 소득 이전 정책의 역할에 대한 회의적 시각에 있다. 이런 시각은 현재 많은 부유한 나라의 중산층 사이에서 반세기 전보다 훨씬 더 널리 퍼져 있다. 이는 높은 세금이 없다면 사회 보장 체계, 무상교육, 최신 사회 기반 시설이 무너진다는 점을 사람들이 모른다고 말하는 것이 아니다. 하지만 사람들은 경상 소득에 부과되는 세금의 추가 인상으로 얻는 이득에 대해 회의적이다. 그리고 그런 세금의 추가 인상은 투표에 부쳐질 것 같지는 않다.

세금과 사회적 이전 정책의 한계

세금과 이전이라는 오래된 재분배 수단을 통해 할 수 있는 것과 남은 문제를 규명하려면, 지난 반세기 동안 미국과 독일의 사례를 검토해보아야 할 것이다. 〔도표 2-5〕에서 그 사례들을 볼 수 있다.

먼저 〔도표 2-5〕에서 시장소득의 불평등을 나타내는 선부터 살펴보

도표 2-5 미국(1974~2016년)과 독일(1978~2015년)의 시장소득, 총소득 및 가처분소득의 불평등 추이

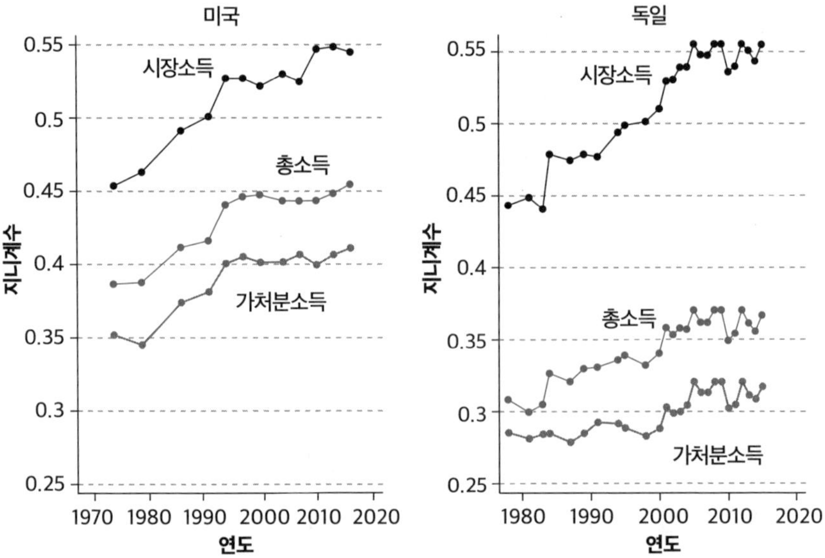

시장소득은 임금 및 기타 고용 관련 급료, 재산 소득, 자영업 소득을 포함한다. 총소득은 시장소득과 현금의 사회적 배분, 즉 공공 연금, 실업 수당, 복지 지급액(SNAP과 유사한 것: 과거 미국에서 식료품 구입권이라고 알려졌음)을 합친 것이다. 가처분소득은 총소득에서 직접세를 뺀 수치다. 정부가 제공하는 지원(건강 및 교육)은 포함되지 않는다. 모든 계산은 1인당으로 한다(즉, 지니계수는 가구당 소득으로 계산된다).
출처: 룩셈부르크 소득연구 자료에서 산출.

자. 이는 세금과 이전소득을 포함한 소득의 불평등을 측정한 선이다. 미국과 독일 두 나라에서는 앞서 설명한 요인으로 말미암아 시장소득의 불평등이 급격히 증가했다(실제 모든 선진국에서도 유사하다). 그런 증가 추세는 미국보다 독일에서 더 급격하게 나타난다. 두 도표의 중간선은 총소득의 불평등 추이를 보여준다. 즉, 이 선은 이전소득(예컨대 공적 연금과 복지 혜택)을 차감한 이후에 나타나는 불평등 수준의 변화 추이를 보여준다.

가장 밑에 있는 선은 가처분소득의 불평등을 나타낸다. 물론 가처분소득은 직접세를 뺀 수치다. 정부 정책 입안자나 국회의원이 가처분소득 수준에서 불평등을 억제하려고 한다면, 세금과 이전소득을 늘리거나 그 세금과 이전소득을 더욱 혁신해야 한다.

다시 말해 독일에서는 시장소득의 불평등 증가를 상쇄하는 데 거의 성공했다. 1980년대 초반 이후 가처분소득의 불평등(도표 2-5의 맨 아래 선)이 보통 수준으로 증가했다. 이는 대규모 사회적 이전을 통해 달성됐으며(도표 2-5의 맨 위 선과 가운데 선의 간격이 점점 벌어지는 것으로 알 수 있다), 누진과세를 더 높이거나 더 많이 부과하는 방식을 통해 달성됐다(도표 2-5의 가운데 선과 맨 아래 선 사이의 변화 폭이 1990년 이후 거의 같다).

이에 반해 미국의 소득 재분배는 조금 더 점진적인 움직임을 보였다. 가처분소득의 불평등이 시장소득 불평등과 비슷한 규모로 증가했다(도표 2-5에서 시장소득의 불평등을 나타내는 맨 위 선과 가처분소득을 나타내는 맨 아래 선이 거의 평행한 움직임을 보인다). 이와 같은 비교를 통해 국가 정책이 사회적 차이를 만들 수 있음을 알 수 있다. 하지만 그 정책의 한계도 분명히 드러난다.

그런 정책 수단으로 사회적 이전과 직접세를 더 높이면, 근본적 불평등이 더 높아지는 것을 상쇄시킬 수 있다. 그러나 그런 불평등이 계속 증가한다면, 이런 정책은 더 강력한 역풍에 부닥칠 것이다. 이런 추세라면 어느 순간 재분배 같은 오래된 정책 수단은 효력을 다할 우려가 있다.

원시공산주의 정책을 통해서만 도달할 수 있는 작은 국가의 자유주의 유토피아

만약 불평등이 계속 증가할 수밖에 없고, 그 증가를 막기 위해 지금껏 써온 오래된 수단이 더 이상 작동하지 않는다면, 지금부터 어떤 수단을 써야 할까? 여기서 우리는 어떤 새로운 수단을 찾기 위해 새로운 사고를 해야 할 필요가 있다. 이뿐만 아니라, 우리 스스로에 대해 다음과 같은 완전히 새로운 목표를 설정해야 할 것이다.

> 전 인구에 걸쳐 자본과 기술 둘 다를 기본 재산으로 거의 동등하게 부여하는 것에 바탕을 둔 평등주의적 자본주의를 목표로 나아가야 할 것이다.

이런 형태의 자본주의라면, 대규모 소득 재분배 정책이 없더라도 평등주의적 결과를 낳게 될 것이다. 만일 부자들이 가난한 사람들보다 자본과 기술을 단지 두 배 단위씩 더 가진다면, 그리고 자본과 기술의 단위당 수익률이 대략 같다면, 전체 불평등은 2:1 이상일 수 없다.

〔도표 2-5〕를 다시 보자. 자본과 기술을 기본 재산으로 균등하게 부여한다면, 근본적 시장소득의 불평등에 직접적 영향을 미친다. 자본과 기술을 균등하게 부여한다면, 도표 맨 위 선의 기울기를 낮추고(증가 속도를 늦추고), 심지어 역전시킬 수도 있다. 이는 전반적으로 가처분소득의 불평등에는 영향을 미치지 않고, 재분배의 총량(도표의 맨 위 선과 아래 두 선 사이의 간격)을 줄이는 정도까지 가능하다.

이런 유형에 가장 가까운 실제 사례는 대만이다. 대만에서는 노동소득과 자본소득의 분배가 모두, 다른 어떤 부유한 나라보다 더 뚜렷하게 평등하다(도표 2-2 참조). 그 결과 대만은 가처분소득의 불평등 수준이 캐나다와 유사한데, 이는 최소한의 재분배 정책으로 달성할 수 있었다. 이런 사례를 끝까지 계속 이어가려면, 자본과 노동을 절대적으로 동등하게 부여하는 가상의 세계를 생각해보아야 할 것이다. 그러면 시장소득의 불평등은 제로에 이를 것이고, 재분배 정책은 더 이상 필요 없을 것이다. 또한 가처분소득의 불평등도 제로가 될 것이다.[39]

그러나 어떻게 기본 재산으로서 자본과 기술의 분배를 덜 불평등하게 만들 수 있을까? 자본의 경우 자산 소유권을 분산시킴으로써, 그리고 기본 재산에 대한 지분을 균등하게 배분함으로써 불평등을 줄일 수 있다. 노동의 경우에는 거의 같은 수준의 기술에 대한 수익을 균등화함으로써 달성될 수 있다. 또한 수익을 균등하게 함으로써 불평등을 대부분 줄일 수 있다(교육의 경우도 그렇다).[40]

자본 소유권의 분산

먼저 자본에서 시작해보자. 앞('고도로 집중된 자본 소유권')에서 보았듯이, 모든 선진국에서 재산으로 형성되는 소득의 집중도는 1970년대 이후부터 계속 믿을 수 없을 정도로 높은 수준에 있다. 이는 노동에 견주어 자본의 힘이 상대적으로 더 세지고, 또 순생산에서 자본 비율이 증가한 핵심적 이유다. 이 현상은 앞으로도 계속될 것이며, 직접적으로 개인 사이의 더 높은 불평등으로 바뀌게 될 것이다.

국가 정책은 전체 순소득이 자본과 노동 사이에서 어떻게 분배되는지에 영향을 미칠 수 없을지도 모른다(종종 이런 추세는 기술 변화와 세계화가 주도하기 때문이다). 그러나 국가 정책은 한 국가의 경계 안에서 개인 사이의 자본 소유권 분배에 확실한 영향력을 미칠 수 있다. 만일 자본 소유권이 덜 집중됐다면, 순소득에서 자본 비율이 증가해도 개인 사이의 더 높은 불평등으로 이어지지 않을 것이다. 자본 소유권의 집중을 완화시키면, 개인 사이의 불평등 증가를 완전히 억제하거나 좌절시킬 수 있다.

자본 집중을 줄이는 방법은 새로운 것이거나 알려지지 않은 것이 아니다. 다만 진지하고 일관성 있게 사용된 적이 없을 뿐이다. 그 방법들은 다음과 같이 세 부분으로 구분할 수 있다. 첫째, 중소 주주에게는 더 호의적인 반면, 대주주에게는 덜 호의적인 지분 소유를 만들기 위한 조세 정책(현재 미국에서 시행 중인 것과는 정반대의 정책)을 시행하는 것이다. 현재 중산층은 상대적으로 적은 금융자산을 보유하지만, 이 자산은 장기적으로 볼 때 주택보다 더 나은 성과를 내는 자산이다. 만일 중산층과 부자들이 받는 수익이 동등해지도록 돕고자 한다면, 중산층이 더 많은 주식과 채권을 보유하도록 장려해야 한다. 이는 일반적으로 소액 투자자에게 위험을 회피하도록 하는 목적도 있다. 소액 투자자는 약간만 손해가 나더라도 그들 금융자산의 대부분을 잃어버릴 위험이 있기 때문이다.

이는 사실이다. 그런데 소액 투자자가 얻을 수 있는 수익을 개선하고, 그들에게 더 낮은 변동성을 보장해주는 두 마리 토끼를 잡는 방법이 있다. 현재 부유한 투자자만이 이용할 수 있는 많은 세금 혜택들을 소액 투자자에게도 적용되도록 확대하는 방법이다. 더 나아가 소액 투자자를 위한 새로운 세금 혜택 제도를 도입하는 것도 좋은 방안이다. 정부가 보증하는 보증보험 제도를 통해 변동성을 더 낮추고, 투자에 대한 안전성을 좀 더 강화할 수도 있다. 정부 보증보험 제도는 소규모 투자로 인정받는 일정 등급에 대해 기준을 설정(실제 수익은 제로)한 다음, 손실 보전을 담보해주는 방식이다. 소액 투자자는 납세 신고서를 제출했을 때를 기준으로 1년 동안 그 보증을 이용할 수 있다.[41]

자본 집중을 줄이는 두 번째 방법으로는 종업원 지주 제도ESOPs (employee stock ownership plans)나 여타 종업원의 주식 보유를 권장하는 회사

차원의 우대책을 통해 노동자의 자본 소유권을 확대하는 방안을 들 수 있다. 이에 대한 법적 규정은 미국을 비롯한 많은 나라에 이미 존재한다. 1919년 어빙 피셔Irving Fisher는 미국경제학회 회장 취임 연설에서 이런 방안을 제안했다. 1980년대 마거릿 대처 영국 총리도 '국민 자본주의'에 대해 거론했다. 그런데 종업원 지주 제도는 비교적 성공적으로 도입된 1980년대 이후 망각 상태에 빠져들었다. 종업원의 지분(주식)이 사용될 때, 이는 어떤 형태로든 노동자의 자본주의를 정착시키기보다는 최고 경영자에게 인센티브를 주는 맥락으로 작용했다.

이런 방안의 결점은 노동자들이 자신들의 임금과 재산 소득 모두를 한 회사의 실적에 의존하기보다는 다양화를 선호한다는 것이다. 다시 말해 노동자들은 자신들의 노동력은 한 회사에 투자하고, 자신들의 자본은 다른 회사 또는 국채나 주택에 투자하는 것이 더 나을 것이다.

이 같은 주장은 일종의 분산 투자로 이론적으로는 맞는 말이다. 여타 다른 모든 조건이 같다면, 고용된 회사보다 다른 회사에 자산을 투자하는 것이 더 이치에 맞다. 그러나 대부분의 일반 노동자들은 금융자산을 거의 소유하지 않기 때문에, 그들은 자신들이 가진 모든 것을 한 바구니에 담는다. 그것도 자신들이 몸담는 회사의 바구니에 말이다.

중산층이 금융자본에 투자할 기회가 좀 더 많아진다면, 종업원 지주 제도는 수준 낮은 전략일 수 있다(다른 더 좋은 투자 전략이 존재할 것이기 때문이다_옮긴이). 하지만 적은 금액을 수익성 있게 투자할 기회가 거의 없는 상황에서, 자산 소유권의 집중을 해소하기 위한 하나의 방안으로

종업원 지주 제도는 합리적 방책이다.[42]

자본 집중을 줄이는 세 번째 방법은 상속세나 부유세를 자본에 균등하게 접근토록 하는 하나의 수단으로 사용하는 것이다. 다만 이런 세금이 모든 젊은이에게 자본금 마련을 위한 보조금으로 주어진다면 말이다(이는 제임스 미드James Meade와 앤서니 앳킨슨Anthony Atkinson이 각각 1964년과 2015년에 제안했다).

상속세는 기본적으로 많은 장점이 있다. 소득에 부과되는 일반 세금보다 업무나 투자에 관한 결정에 미치는 영향이 적다. 그리고 다음 세대가 받을 (일하지 않고 얻은) 재산에 대한 세금을 미리 나타낸다. 더욱이 상류층의 영구적 승계, 즉 영속화는 양도 능력으로 가늠할 수 있다. 다시 말해 종종 비과세되는 수많은 자산을 후세대에 양도할 수 있는 능력을 통해 영속화가 이뤄진다. 따라서 상속세는 기회의 불평등을 줄이는 데 중요한 역할을 하는 정책 수단이다.

중요한 점은 상속세에 대한 개념을 이성적이고 사상적 틀 안에 두는 것이다. 존 롤스는 다양한 특징을 지닌 평등을 분류했는데, 법 앞의 평등에 대한 첫 번째(그리고 가장 기본적) 보완책으로 상속세 과세를 제시한다(Rawls, 1971). 롤스가 말한 가장 기본 상태의 평등(원초적 평등)에서는 사람들이 삶에서 같은 지위를 얻는 데 그 어떤 법적 제약도 없다. 이 평등의 개념은 롤스가 말한 정의正義의 제1원칙이다. 모든 사람은 경제적·사회적 계급과 관계없이 동등한 정치적 자유를 갖는다. 이것이 바로 롤스가 제시한 자연적(천부적) 자유 체제 또는 '성과주의적 자본주의' 체제다. 유럽, 러시아, 아메리카에서는 19세기 후반 이후부터, 그리고 인도가 독립하고 중국이 공산 혁명을 이뤄낸 20세기 중반 이후부터, 전 세계는 이 같은 천부적 자유 체제 아래 작동하기 시작했다.

그 이래로 여러 국가들은 롤스가 제시한 정의의 제2원칙, 즉 기회의 평등(기회균등)을 충족시키는 방향으로 다양한 움직임을 보여왔다. 기회의 평등을 성취하기 위해서는 '좋은' 가정에서 또는 '좋은' 유전적 자질을 가지고 태어난 사람들이 누리는 이점을 다른 모든 사람도 동등하게 누리도록 해야 한다. 하지만 이렇게 하려면 여러 가지 교정이 필요하다. 그리고 이런 교정은 완성될 성질의 것이 아니다. 왜냐하면 이는 재능의 차이를 교정하는 것과 더 부유하거나 더 많이 교육받은 가정에서 태어난 자녀들이 누리는 무형의 이점을 교정하는 것을 포함하기 때문이다.

그러나 의미 있는 상당한 수준의 교정은 가능하다. 롤스가 도입한 첫 번째 교정 정책이 바로 상속세 과세다. 이는 무료 학교 교육과 연결되어 있으며, 롤스가 제시한 자유주의적 평등(이 책에서는 '자유주의적 자본주의'로 칭한다) 체제의 일환이다. 따라서 그 자체로 바람직한(롤스와 기회의 평등을 중시하는 사람들에 따르면) 상속세는 부의 집중을 줄이는 데 사용할 수 있다. 다만 그 세수입이 모든 시민에게 분배된다면 말이다. 이와 같은 상속세는 현재의 평등과 미래의 기회라는 두 가지 이유에서 바람직한 세금 체계다.[43]

그러나 대부분의 선진국에서 상속세 수입이 줄어드는 것은 불행한 일이다. 엄연한 상속세 체계를 가지고 있고, 한계 세율이 높은 나라에서조차 그렇다(예를 들면 일본과 한국은 한계 세율이 50%이고, 영국, 프랑스, 미국은 40~45%이다). 이런 나라들의 상속세 세수입은 높은 세금 공제 때문에 현저하게 줄어들고 있다(여기서 세금 공제란 상속에 세금이 매겨지지 않는 수준으로, 상속액을 낮춰 신고해 면세받는 것을 말한다).

미국의 경우, 세금 공제액이 2001년 67만 5천 달러였으나, 2017년에는 549만 달러로 급증했다(결혼한 부부의 경우에는 2,200만 달러였다). 캐롤라인 프룬드Caroline Freund는 2016년 다음과 같이 지적했다.

> 2001년 부동산 관련 상속세 수입은 (미국) '식권 지급 프로그램food stamp program(정부가 저소득 계층에게 주는 일종의 식료품 할인 구매권_옮긴이)'의 비용을 14배 이상 감당할 수 있었다. 그런데 2011년에는 이 세수입으로 프로그램의 2/3밖에 충당할 수 없었다.

세금 공제의 증가와 한계 세율 인하를 통해 줄어들고 약화된 상속세는 본래 목적, 즉 기울어진 운동장을 평평하게 만든다는 의도된 역할을 제대로 수행하지 못할 수 있다.

존 롤스가 제시한 평등의 범주로 되돌아가보면, 많은 국가가 자유주의적 평등에서 후퇴할 것으로 보인다. 그리고 천부적 자유 체제로 되돌아갈지 모른다. 천부적 자유 체제란 법 앞에 평등은 제공되지만, 기회의 평등은 제공되지 않는 체제다.

동등한 교육, 공평한 기회

지금까지는 자본을 평등하게 부여하는 방안에 대해 논의했다. 이제는 노동 분야로 주제를 옮겨보자. 부유하고 좋은 교육 여건을 가진 사회에서, 문제는 교육에 좀 더 쉽게 접근하도록 하는 데만 있는 것은 아니다. 똑같이 교육받은 사람들 사이에서 교육의 수익, 즉 교육 이후에 받는 대가를 평등하게 하는 것이다.

임금 불평등 문제는 더 이상 개인이 받는 학교 교육의 햇수 차이(이 차이는 앞으로 더 줄어들 것이다)에서 비롯되는 문제가 아니다. 오늘날의 임금 불평등 문제도 (똑같은 교육 햇수와 경험, 그리고 기타 관련 변수 때문에) 역시 서로 다른 학교 교육의 질적 차이 속에서 이미 인지된, 혹은 실제적 차이에서 비롯된다. 이런 불평등을 줄이는 방법 가운데 하나는 교육 수준을 균등하게 하는 것이다. 미국에서 그리고 점차 유럽에서 그렇게 하고자 한다면, 공립학교의 질적 향상이 필요하다.

이는 공교육에 대한 대규모 투자와 더불어, 많은 사립 대학과 사립 중고등학교가 막대한 재정 기부금을 이용해 누리는 수많은 이점(면세 지위를 포함한 이점)을 포기하는 것을 통해서만 달성될 수 있다.[44] 사립학교와 공립학교 사이의 기울어진 운동장을 평평하게 하지 않는다면, 노동소득의 불평등을 줄이거나 기회 평등을 이룰 수 없다. 아무리 학교 교육의 연한을 늘린다고 하더라도 그럴 것이고, 중하층 가정 출신의 일부 학생들을 명문 대학에 입학시킨다고 하더라도 그럴 것이다.

세계화 시대의 복지국가

이미 알고 있는 것처럼, 세계화와 이주(인구 이동)의 영향으로 복지국가를 유지하는 데 압박을 받고 있다. 복지국가의 기원을 되새겨보면, 이런 압박의 본질을 이해하는 데 도움이 될 것이다.

에이브너 오퍼Avner Offer와 대니얼 소더버그Daniel Söderberg는 2016년 《더 노벨 팩터The Nobel Factor》에서 다음과 같은 사실을 상기시켜준 바 있다. 사회민주주의와 복지국가는 모든 개인이 아무것도 벌지 못하고 오로지 소비만 해야 하는 시기를 겪는다는 인식에서 출현했다는 것이다. 여기에는 어린이(아동 수당), 병자(건강 관리 및 병가 중 급여), 업무 중 부상자(노동자의 사고보험), 젊은 부모(육아 휴직), 실직자(실업수당)와 노인(연금)이 해당된다. 복지국가는 불가피하거나 매우 일반적 조건 아래에서, 보험 형태로 이런 혜택을 제공하기 위해 탄생했다. 이는 추정되는 행동의 공통성, 달리 표현하면 문화적 동질성과 때때로 민족적 동질성에 근거해 만들어졌다. 1930년대의 스웨덴이라는 동질적 세계에서 태어난 모범적 복지국가가 국가사회주의의 많은 요소를 가졌던 것은 우연이 아니다(여기서 국가사회주의는 비하의 의미로 사용되지 않았다).

복지국가는 공통의 행동과 경험에 의지할 뿐만 아니라, 일반 대중의 참여가 필요하다. 미국에서 의료보험 범위를 두고 벌어진 끝없는 논쟁으로 매우 잘 드러난 것처럼, 사회보험은 자연스럽게 역선택으로 이어진다. 그래서 노동이라는 한정된 분야에만 사회보험을 적용할 수 없는 일이다. 만약 사회보험 가입 여부를 선택할 수 있다면, 보험 가입이 필요하지 않은 사람들(예컨대 부자들이나 실업자가 될 것 같지 않은 사람들 또는 건강한 사람들)은 누구나 가입을 꺼릴 것이다. 왜냐하면 이런 사람들은 '다른 사람들'에게 보조금을 주는 것을 원하지 않기 때문이다. '타인'에게만 의존하는 제도는 그 자체가 요구하는 엄청난 보험료 때문에 지속 가능할 수 없다. 따라서 복지국가는 노동 분야나 전 시민에 관한 모든 것 또는 거의 모든 분야를 감당해야만 제대로 작동할 수 있다.

세계화는 복지국가의 이런 필요조건을 약화시킨다. 무역의 세계화는 대부분의 서구 국가에서 중산층에게 돌아갈 몫과 그 몫의 상대소득을 감소시켜왔다. 이는 소득의 양극화를 불러일으켰다. 소득분배의 양 끝에 더 많은 사람이 몰렸고, 중간층 사람은 더 적어졌다.[45]

소득의 양극화가 진행되면서 차츰 부유층 사람들은 자신들만의 사적(개인) 제도를 만드는 것이 더 낫다는 점을 깨달았다. 이는 대체로 더 가난하고 위험에 직면한 사람(이를테면 일자리를 잃거나 질병에 걸릴 확률이 더 높은 사람)과 사회 제도를 공유하는 것은 부유층의 상당한 소득 이전을 불러올 것이기 때문이다.

사적(개인) 제도는 또한 부유층 사람들에게 (비용 단위당) 더 나은 품질을 제공할 수 있다. 그 제도는 아직 닥치지 않은 위험에 들어갈 비용을 절약할 수 있기 때문이다. 만약 부자들 가운데 흡연자나 비만인 사람이 극소수라면, 부자들은 그런 사람들의 건강 관리를 위해 비용을 지불할 동기를 느끼지 못할 것이다. 하지만 이는 사회 체제를 분리시키는 상황을 불러올 것이고, 개인 의료보험이나 사교육, 그리고 개인연금의 중요성이 증가함을 방증한다.[46] 일단 이런 사적(개인) 제도가 형성되면, 부자들은 점점 더 고율의 세금을 부담하려고 하지 않을 것이다. 부자들은 자신들이 내는 세금으로부터 혜택을 거의 받지 못하기 때문이다. 이런 현상은 결과적으로 세수 기반을 깎아 먹는다. 여기서 핵심은 매우 불평등하거나 양극화된 사회는 광범위한 복지국가를 쉽사리 유지할 수 없다는 점이다.

이민과 복지국가

세계화의 또 다른 측면인 경제적 이주는 대부분의 부유한 사회에서 지난 50년 동안 진행되어왔다. 경제적 이주는 부분적으로, 특히 유럽에서 처음으로 복지국가를 향한 지지를 약화시키고 있다.

이런 현상은 사회 규범, 행동 또는 생활 주기의 경험이 서로 다르거나, 다르다고 여겨지는 이질적 집단이 다른 사회 체제에 편입됨으로써 발생한다. 원주민과 이주민들은 서로 다른 행동을 보일 것이고, 다른 선호도를 가질 것이다. 이런 차이는 본토박이 집단 사이에서도 존재할 것이다. 미국의 경우, 대다수 백인과 아프리카계 미국인 사이에 '친밀감'이 부족한 것으로 이미 인지되고 있다. 그래서 미국의 사회복지는 유럽 국가들보다 그 규모 면에서 더 작아졌다(Kristov, Lindert & McClelland, 1992).

미국에서 일어난 이런 변화 과정이 지금 유럽에서도 벌어지고 있다. 현재 유럽에서는 이질적 대규모 이주민 집단이 동화되지 않고, 본토인들은 이주민들이 부당한 혜택을 받는다고 믿는다. 유럽 본토인들이 이주민 집단에 대해 친밀감의 부족을 느낀다는 사실을 차별이라고 해석할 필요는 없다. 때로는 이런 차별이 복지국가를 약화시키는 한 요인에 불과할 수 있지만, 다음과 같은 증거도 존재한다. 본토인은 자신들의 생활 주기에서 이주민과 같은 종류나 횟수로 어떤 사건을 경험할 가능성이 낮고, 그 결과 이질적 사건에 대비한 보험에 기여하는 것을 꺼린다.

미국에서는 사실 아프리카계 미국인들이 실업자가 되거나, 체포될 가능성이 크다. 이런 사실은 아마도 백인들을 실업 수당 지원에 인색하도록 이끌었을 것이고, 제대로 기능하지 않는 교도소 제도를 지지하도록 유도했을 것이다. 마찬가지로, 유럽에서 이주민들은 사실 본토인들보다 자녀를 많이 낳을 가능성이 크다. 이런 사실은 아동수당 축소로 이어질 수 있다. 이유야 어쨌든, 예상되는 인생 경험의 차이는 지속 가능한 복지국가에 필요한 동질성의 밑바탕을 약화시킨다.

세계화 시대에 더 고도로 선진화된 복지국가는 덜 숙련되고 야망이 덜한 이주민들을 끌어들이는 왜곡된 효과를 경험할 수도 있다. 여타 조건들이 비슷하다면, 이주민들은 국가 사이의 예상 수입을 비교한 뒤 자신들이 이주할 나라를 결정할 것이다. 기본적으로는 좀 더 부유한 나라로의 이주를 선호할 것이다.

하지만 간과해선 안 될 게 있다. 즉, 이주민을 받아주는 나라의 소득

분배를 고려해야 한다. 이주민은 자신이 최종적으로 받게 될 소득분배를 예상할 것이다. 아마도 자신이 기술이나 의욕 부족으로 소득분배의 맨 아래에 있을 것으로 예상되면, 이민자는 더 큰 규모의 복지를 실행하는 국가를 선호할 것이다. 또는 자신을 받아줄 나라의 소득분배에서 더 높은 지점에 이를 것으로 예상한다면, 이민자는 정반대의 계산을 할 것이다. 이런저런 이유를 따져서 더 선진화된 복지국가를 선택하는 이주민 가운데 역선택을 하는 경우도 있다.

〔도표 2-6〕은 이민자들이 이민 수입국을 선택하는 데 소득 평등 정도가 얼마나 가치 있게 작용하는지를 경험적으로 보여준다. 이 도표는 2008년 118개국(Milanovic, 2015)을 대상으로 수행한 통계를 바탕으로 산출한 것이다. 그 결과는 다음과 같이 해석할 수 있다.

먼저, 비관적이거나(널 유망하거나) 저숙련자이면서, 이민 수입국에서 가장 가난한 5%에 속할 것으로 예상되는 이민자들의 경우를 살펴보자. 만약 그들이 선택한 나라가 1인당 GDP는 8% 더 적지만, 불평등 수준은 1지니포인트 낮다면, 그들이 받을 수입은 더 부유하지만 더 불평등한 나라에 갔을 때와 같을 것이다. 이것은 도표의 A지점이 보여준다. 〔도표 2-6〕에 있는 변곡점 이후 두 번째 칸의 경우, 소득 불평등 정도가 하위 5% 무렵까지는 거의 평등하지 않다.

그러나 이민 수입국에서 열여섯 번째 지점 또는 그 이상의 지점에 이를 것으로 예상하는 이민자들은 불평등한 나라를 더 선호할 것이다. 왜냐하면 그 지점에서 그들은 불평등으로부터 이익을 얻을 수 있기 때문

도표 2-6 이민 수입국의 소득 평준화와 평균 소득 사이의 균형점

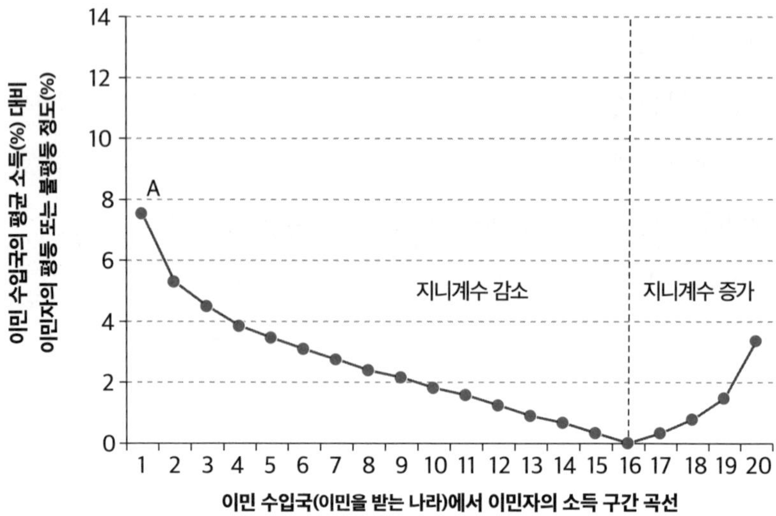

그래프는 소득 분배가 좀 더 평등한 국가(낮은 지니계수, 이민자가 이민 수입국의 소득분배에서 하위에 있을 것으로 예상되는 경우), 또는 불평등한 국가(높은 지니계수, 이민 수입국의 소득분배에서 상위에 있을 것으로 예상되는 경우)가 이민자에게 어느 정도 가치가 있는지를 보여준다. 좀 더 설명하면, 이민 수입국의 소득분배에서 1~16구간에 있을 것으로 기대하는 이주민의 경우, 더 불평등한 부유한 나라(예컨대 미국)보다는, 좀 더 가난하지만 덜 불평등한 나라(예컨대 스웨덴)로 이동하는 것이 나을 수 있다. 그 반대는 이민 수입국에서 4구간이 끝날 것으로 기대되는 이주민들이다.
출처: 브랑코 밀라노비치(2015)로부터 재산출.

이다. 이는 낙관적이거나(유망하거나) 숙련된 이민자들에 해당한다. 그들에게 불평등은 오히려 이익이 될 수 있기 때문이다. 따라서 그들은 비록 더 불공평한 대우를 받더라도 더 가난한 나라로의 이민을 기꺼이 받아들일 수도 있다. 이런 이민자들의 경우, 콜롬비아가 더 가난하더라도 스웨덴보다 콜롬비아로의 이주를 더 선호할 수 있다. 그들은 이민 수입국의 소득분배에서 더 좋은 대우를 받을 것으로 기대하기 때문에, 한 나

라의 평균 소득보다 불평등에 더 관심을 둘 것이다.

그 반대의 경우는 앞에서 살펴본 바와 같이 덜 유망하거나 저숙련 이민자에게 해당한다. 이들은 이민 수입국의 소득분배에서 낮은 위치에 놓일 것으로 예상되는 사람들이다. 이들은 소득이 좀 더 평등한 국가를 선택하려고 할 것이다. 이런 이유로 덜 유망한 이민자들이 더 발달한 사회안전망을 갖춘 나라로 이주하는 역선택이 있을 수 있다. 만약 덜 유망한 이민자들이 정말로 덜 의욕적이거나 저숙련자라면, 광범위한 사회복지제도를 갖춘 부유한 나라는 '잘못된' 종류의 이민자를 받아들일 수 있다.[47]

이런 역선택의 동력이 존재한다는 것은 우푹 아크시기트Ufuk Akcigit, 살로메 바슬란제Salomé Baslandze, 스테파니 스탠체바Stefanie Stantcheva가 2015년에 입증한 바 있다. 이 연구사들에 따르면, 고도로 숙련되거나 야망이 높은 발명가들은 세금이 높은 관할 지역에서 낮은 지역으로 이주하는 경향을 보인다. 세금이 낮은 관할 지역은 복지제도가 덜 발달한 곳이다. 조지 보르자스George Borjas도 1987년에 이민자의 출신 국가와 관련해 미국에서 똑같은 결과, 즉 역선택의 흔적들을 발견했다. 미국보다 경제적으로 더 평등한 나라에서 온 이민자들이 좀 더 숙련도가 높은 경향이 있었다.

최악의 문제에 직면하게 될 나라는 잘 발달된 복지제도와 낮은 소득이동성을 모두 갖춘 나라일 것이다. 이런 나라로 이주하는 이민자들은 자신들의 자녀가 소득 향상의 사다리를 타고 올라가기를 기대할 수 없다. 이런 파괴적 피드백의 순환 고리에 있는 나라는 가장 숙련되지 않거나 가장 의욕적이지 않은 이민자들에게 매력적일 수 있다. 그리고 일단 그 이민자들이 하위 계층을 형성하면, 그들 자녀의 신분 상승은 제한될 것이다.

이런 사회 체제는 자기 암시적 예언처럼 작동한다. 다시 말하면 사회에 동화되지 않는 더 많은 미숙련 이민자들을 끌어들인다. 이민을 받아들이는 국가의 국민, 즉 원주민들은 이런 이주민들이 기술과 야망이 부족하다고 보는 경향이 있다(바로 앞에서 주장했듯이, 이는 사실일 수 있다). 그래서 '다르다'고 볼 것이다. 동시에 이 같은 실패, 즉 공동체의 동등한 구성원으로 인정받지 못하는 것은 이민자들이 원주민들의 반이민적 편견을 확인하는 계기가 된다. 더 나쁜 것은 이런 상황이 종교적 차별이나 민족 차별로 비화되는 것이다.

그러므로 대규모의 복지제도를 갖춘 나라는 상호 보완적인 두 가지 유형의 역선택에 직면한다. 하나는 국내적 측면으로 빈부 격차, 즉 사회의 양극화다. 이는 사회복지에 대한 민간 부문의 공급을 부추길 것이며, 부자들이 정부가 제공하는 공공 서비스에서 점점 멀어지도록 유도할 것이다. 그 결과 높은 보험료를 감당할 수 없는 사람들만 사회복지제도 안에 남고, 부자들 가운데 다수는 그 제도 밖으로 완전히 떠날 수도 있다. 다른 하나는 국제적 측면으로, 숙련도가 낮은 이주민들이 유입되는 역선택이다. 이는 원주민들을 사회복지제도에서 탈퇴하도록 유도하는 과정으로 작동한다.

세계화 시대에 선진 복지국가가 직면한 이런 악순환에 대한 손쉬운 해결책은 없다. 하지만 다음과 같은 두 가지 주요한 방안이 있는데, 모두 큰 변화를 불러일으킬 수 있다.

① 기본 재산을 균등화하는 방향으로 유도하는 정책을 추진한다. 그러면 경상 소득에 대한 세금이 줄어들 수 있고, 복지제도의 규모도 축소된다(앞에서 이미 설명했다).

② 이주(이민)의 본질을 근본적으로 변화시킨다. 그러면 일시적 노동력 이동과 매우 유사해진다. 일시적으로 이동하는 이런 노동자에게는 시민권 및 전반적 복지 혜택이 자동으로 주어지지 않는다(4부에서 좀 더 자세히 설명할 것이다).

상류층의 지속 가능성

오랫동안 지속하는 상류층을 형성하기 위해서는 그 상류층이 행사하는 정치적 지배력이 전제되어야 한다. 상류층이 정상에 군림하도록 보장할 수 있는 것은 오로지 상류층 형성을 위한 목적으로 이용되는 정치뿐이다. 이런 행태는 원칙적으로 민주주의 체제에서는 불가능해야 한다. 투표권이 모든 사람에게 있기 때문이다. 그리고 대다수 일반 사람들이 권력과 부를 가진 자들이 그들 지위를 영구히 유지하지 못한다는 것을 보장하는 데 관심을 두기 때문이다.

그러나 많은 증거가 설득력 있게 제시되고 있듯이, 미국의 부자들은 정치에 일방적으로 영향력을 행사하고 있다. 정치학자 마틴 길렌스Martin Gilens(2012; 2015), 벤자민 페이지Benjamin Page(2014, 마틴 길렌스와 함께), 크리스토퍼 아헨Christopher Achen과 래리 바텔스Larry Bartels(2017)는 역사상 처음으로 이에 대한 실증적 증거를 제시했다.

이 학자들의 실증적 연구에 따르면, 부자들은 정치적 영향력을 더 강하게 가진다. 그리고 정치 체제는 민주주의에서 과두 체제로 옮겨갔다. 그 정치 체제란 아리스토텔레스의 정의를 빌리면 다음과 같다.[48]

> 정치권력의 소유는 경제력이나 부의 소유에서 비롯한다.

예컨대 마틴 길렌스는 다음과 같은 사실을 발견했다. 즉, 미국 의회의 구성원들은 중산층과 빈곤층을 위한 중요 정책보다는 부자들이 관심을 두는 사안에 대해 토론하고 투표할 가능성이 훨씬 높았다.[49] 길렌스는 중산층에 관련된 정책이나 문제는 부자들이 관심을 두는 것과 일치하는 경우에만 고려할 기회가 있었다고 결론 짓는다.

이런 연구 결과는 주목할 만하다. 그 이유는 연구자들이 행한 실증적 연구의 견고함과 정치적으로 던지는 함의 때문만은 아니다. 세계에서 민주주의가 가장 확실히 자리 잡았을 뿐만 아니라, 전통적으로 중산층이 정치와 경제 분야 모두에서 중요한 역할을 수행해왔다고 여겨지는 나라인 미국에서 벌어지는 현상이기 때문에 의미가 있다. 전 세계를 통틀어 중산층에 가장 우호적이라는 이 사회에서조차(적어도 이념적 담론의 관점에서) 부자들과 공유하는 사안일 때만 중산층이 정치적 힘을 가진다면, 나머지 세계의 중산층과 가난한 사람들은 정치적 관련성이 훨씬 덜할 것이다.

그러면 부자들은 민주주의 체제에서 어떻게 정치 과정을 지배할까? 이에 대한 설명은 간단치 않다. 부자들이 법적으로 특별한 권리를 가진 별도의 집단이 아닐뿐더러, 현대 민주주의 국가의 정치인들은 자동으로 국민의 특권층에서 선출되지 않기 때문이다. 어떤 사람은 다음과 같이 주장할 수도 있다. 과거에는 완전한 특권에 가까운 조건 아래에서만 정치 계급이 부유층에서 대부분 나왔는데, 이는 정치인과 나머지 부자들 사이의 특정한 공통 관점, 공통의 관심사, 그리고 상호 이해를 함축하고 있다. 그러나 오늘날의 민주주의 체제에서는 그렇지 않다. 정치인들은 다양한 사회적 계층과 배경에서 나오고, 그들 가운데 많은 이들은 사회학적으로 부유층과 공유하는 게 거의 없다. 미국의 빌 클린턴과 버락 오바마 대통령, 그리고 영국의 마거릿 대처와 존 메이저 총리 모두 그다지 대단하지는 않은 배경을 가진 정치인들이다. 그런데도 그들은 최상위 1% 사람들의 이익을 상당히 효과적으로 옹호했다.

상위 1%가 지배하는 정치

그렇다면 부자들의 영향력은 어디에서 오는 것일까? 답은 꽤 분명한데, 정당 활동과 선거운동 과정에서 이루어지는 자금 모금을 통해서다. 미국이 가장 대표적 사례다. 미국에서는 민간 기업이 정치인들에게 자금을 조달할 수 있고, 개인 기부는 사실상 제한이 없다. 이는 소득 또는 부의 분배에서 최상위에 있는 사람들이 기부하는 정치 후원금이 극도로 집중되는 결과를 낳는다.

예컨대 2016년의 경우를 보자. 최상위 1% 가운데서도 최상위 1%(이것은 정말이다)가 전체 선거 기부금의 40%를 차지했다.[50] 사실 정치 기부금의 분배 상태는 부의 분배 상태보다 훨씬 더 집중되어 있다.[51] 만일 정치 기부금을 지출로 생각한다면, 이는 부자에게만 가능한 지출 가운데 하나다. 부자들이 요트와 스포츠카를 구입하는 데 쓰는 지출과 같은 맥락이다.

이는 새로운 발견이 아니다. 선거와 그 선거의 확산에 영향을 미치는 데 필요한 돈의 총량을 제외하면, 새로운 것이 아니다(선거에 몰리는 돈의 총량은 매번 증가했다는 의미다_옮긴이). 1891년 존 스튜어트 밀은 자신의 정치 이론서인 《대의성부론Considerations on Representative Government》에서 이렇게 썼다.

> 정치인들 사이에서는 뇌물 수수를 막으려는 어떠한 실질적이고 진지한 시도를 한 적이 아직 없었다. 왜냐하면 많은 돈이 드는 선거는 절대 안 된다는 진정한 열망이 없었기 때문이다. 그런 비싼 선거 비용을 감당할 수 있는 사람들은 다수의 경쟁자를 배제하는 데 유리하다.

이런 문제, 즉 많은 돈을 쓰는 돈선거는 미국에만 국한된 문제가 아니다. 독일과 프랑스에도 이런 문제가 존재한다. 하지만 이들 나라는 원칙적으로 선거 비용을 더욱 통제하고 있다(Schäfer, 2017; Bekkouche & Cagé, 2018). 이런 문제는 아마도 많은 신생 민주주의 국가에서 좀 더 심각할 것이다. 그들 나라의 정치 자금에 관련된 법률은 훨씬 더 불투명할 뿐만 아니라, 종종 시행되지 않는 경우가 많다.

최근 벌어진 유럽의 정치 스캔들 대부분(예컨대 독일의 헬무트 콜 총리, 프랑스의 니콜라 사르코지 대통령, 이탈리아의 실비오 베를루스코니 총리를 포함)은 개인 비리가 아닌 정치적 동기에 따른 부패와 관계있다. 그런 정치인들은 불법적으로 받은 돈을 정치 운동에 사용했다는 혐의를 받았으며, 어떤 사람들은 유죄 판결을 받았다. 인도에서는 그런 문제가 엄청난 규모에 이르렀다. 인도에서는 비밀리에 대규모로 이루어지는 (정치) 기부가 일반적으로 흔하고, 후보자들은 그 기부금 가운데 일부를 착복하거나, 자신들 정당을 위해 따로 챙겨놓는다(Crabtree, 2018). 동유럽과 남유럽에서는 (여론조사원과 운동가들에게 돈을 지불하고 신문, 전자 매체, TV에 광고를 싣기 위한) 선거운동에 쓰이는 비용 총액과 법적으로 공인된 자금처에서 받은 것으로 보도된 총금액 사이에 현격한 차이가 있다. 이 문제는 대체로 침묵과 무시 속에서 간과된다. 승자는 자신이 어떻게 해서 선거에 이겼는지 질문을 받지 않을 수 있지만, 패자는 자신의 선거 자금과 관련해 같은 질문을 받는다는 사실을 안다.

다음 쟁점은 부자들이 기부한 뒤 그 기부에 대한 가치를 얻는지에 관한 것이다. 정치인들은 부자들이 원하는 대로 움직이는가? 앞에서 경험적 증거를 통해 언급한 것처럼, 정치인들은 부자들과 관련된 사안에 더 많은 관심을 기울인다. 그러나 경제학 또한 이 점에 대해 방법론적 통찰력을 제공한다. 해답이 얼마나 분명한지를 감안한다면, 아마도 이런 질문이 제기되는 것 자체가 이상할 것이다. 마치 이는 부자들에게 자신들이 산 큰 집을 정말 좋아하는지 어떤지를 묻는 것과 같다. 큰 집을 소유하는 데서 얻는 효용성이든, 정치인들의 호의적인 세금 정책이든 대가를 기대하지 않고 돈을 쓰는 사람은 아무도 없다. 부자들이 어떤 특혜도 기대하지 않고 정치 운동에 돈을 기부한다는 주장은 부자들의 정상적 행동과 완전히 상반되는 주장이다(그 부자들 대부분은 피고용자, 공급자, 고객들에게서 최대한의 잉여금을 쥐어짜서 부자가 된 사람들이다). 이 주장은 일반적 상식과 인간의 본성에 대한 우리의 이해를 역행하는 것이다.

이와 같은 비논리적인 주장은 정치인들만이 공개적으로 할 수 있다. 그런 정치인의 한 예로 힐러리 클린턴을 들 수 있다. 사람들은 골드만 삭스Goldman Sachs가 힐러리 클린턴의 선거운동에 상당한 금액을 제공하는 대가로 뭔가를 기대한다고 생각했을 것이다. 그러나 이런 사실에 대해 힐러리는 짐짓 자신은 몰랐다는 듯 놀라는 척했다.[52] 힐러리 클린턴의 이런 반응이 진심에서 나왔다고 믿으려면, 하나의 계급으로서 부유한 기부자들이 2년 혹은 4년의 간격을 두고 규칙적으로 한 번씩 정신을 잃는다는 것을 믿을 준비가 되어 있어야만 가능하다. 부자들은 (다른 모든 사람과 마찬가지로) 자신들의 돈에 대한 대가를 기대하면서, 채권을 통한 자금 조달이나 선거운동 자금을 기부한다. 이는 지극히 정상적인 행동의 일부분이다.[53]

권력과 부의 단단한 결속

부자들이 자신들의 정치 기부금을 통해 구매하는 것은 자신들에게 이익이 되는 경제 정책이다. 고소득에 대한 낮은 세금, 더 큰 세금 공제, 기업 부문 감세를 통해 주어지는 높은 자본 이득, 적은 규제 등이다. 결과적으로 이런 정책들은 부자들이 사회의 최상층부에 머물게 할 가능성을 높여준다. 이 정책들은 자유 성과주의적 자본주의 체제에서 다음과 같은 사슬의 궁극적 연결 고리 역할을 한다. 그 사슬이란 순소득에서 차지하는 자본 점유율을 더 높여주는 데서부터 상류층을 영구적이거나 최소한 지속적으로 창출하는 데까지 이어주는 것을 말한다.

상류층은 이런 사슬의 최후 연결 고리 없이도 여전히 자신들의 위치를 유지하는 데 도움을 주는 매우 강한 순풍을 탈 것이다. 그러나 정치적 연결 고리는 그들의 위치를 단단하게 만든다. 그리고 그런 사슬의 순환 구조는 폐쇄적이다. 그러므로 앞에서 말한 것처럼 정치적 통제는 상류층이 오랫동안 지속하기 위해서는 필수 구성 요소다.

엘리트를 위한 '그들만의 교육'

하지만 우리가 이 시대에 볼 수 있는 새로운 자본가 집단의 상류층은 과거 시대와 유사한 복사판이 아니다. 이미 설명했던 것처럼 그 구성원들은 다음과 같은 몇 가지 점에서 다르다. 그들은 더 좋은 교육을 받고, 더 열심히 일하며, 노동소득 비율이 더 높고, 자신들끼리 결혼하는 경향이 있다. 또한 그들은 자녀 교육에 훨씬 더 많은 관심을 기울인다. 현대의 '새로운 자본가' 집단의 상류층은 자신들의 자산이 자녀에게로 확실히 이전되도록 하는 데 주된 관심을 둔다. 그런 자산에는 연줄과 더불어 돈으로 살 수 있는 최고의 교육 같은 다양한 무형의 이점도 포함된다.

이런 맥락에서 값비싼 사립학교 교육의 역할을 전혀 새로운 시각으로 볼 수 있다. 미국에서는 사립 고등교육에 드는 비용이 가계의 일반 생활비나 실질소득보다 몇 배나 빨리 증가했다. 이 때문에 중산층 가정은 자녀들을 교육하기가 매우 어렵다.[54] 이는 미국의 최상위 38개 대학 학생들의 출신 성분을 보면 좀 더 분명해진다. 전체 소득분배에서 상위 1%에 속한 가정 출신의 학생이 소득 하위 60%에 속한 가정 출신의 학생보다 더 많다.[55]

이를 달리 설명하면 이렇다. 부잣집과 가난한 집의 가족당 자녀 수가 대략 같다고 가정하면, 매우 부유한 가정에서 태어난 자녀들이 최고의 학교에 다닐 기회는 가난한 가정뿐만 아니라 중산층 가정에서 태어난 자녀보다 대략 60배 이상 많다는 의미다.[56] 예컨대 미국 상위 100대 대학의 '기여 입학Legacy admissions(친척 한 명이 같은 학교에 다녔기 때문에 입학하는 학생)'은 전체 학생의 1/10에서 1/4 사이를 차지한다(Levy & Tyre, 2018).

게다가 미국의 고등교육제도에서 대학 입학은 그 자체로 대학 졸업과 마찬가지이기 때문에, 부모와 그 자녀가 가장 으뜸의 노력을 기울이는 부분이 바로 대학 입학이다. 그리고 부유층은 이 대학 입학에서 엄청난 이점을 누린다.[57] 또한 여기에는 사립 중등교육, 나아가 사립 초등교육, 심지어 유치원 교육의 문제가 있다. 왜냐하면 그런 사립 교육이 엘리트 대학으로 통하는 연쇄적 통로가 되기 때문이다.

그런데 일류 사립 대학에 드는 비용과 국립 대학의 비용을 단순 비교하는 것은 자칫 오해 소지가 있다. 대학 입학 이전 약 14~16년 동안의 자녀 교육 전반에 걸친 사교육과 공교육의 비용 차이를 살펴보아야 한다. 일단 자녀 교육에 대한 그런 투자가 대학 입학이라는 성과를 거두면, 입학한 학생은 대부분 거의 항상 졸업한다. 이는 좀 더 경쟁적인 환경에서는 결단코 졸업하지 못했을 부유층 자손들이 걱정할 필요가 없어졌다는 것을 뜻한다.[58] 하나의 예로 조지 W. 부시 대통령을 들 수 있는데, 그에게는 예일대에 들어가는 것이 가장 중요했고, 그의 가족은 그것을 위해 확실히 움직였다. 일단 입학한 뒤에는, 그는 형식적 노력만 기울이면 됐고, 중대한 스캔들을 일으키거나 중퇴만 하지 않으면 졸업할 수 있었다.[59]

명문 학교에서 제공하는 교육의 질이 실제 높거나, 높다고 인정될 때 높은 교육비는 두 가지 기능을 수행한다. 높은 교육비는 보통 사람들이 최고급의 교육을 독점하는 최상위 부자들과 경쟁하는 것을 불가능하게 만든다. 즉, 높은 교육비는 그런 학교에서 공부한 사람들이 부유한 가정 출신일 뿐만 아니라, 지적으로도 틀림없이 더 우수할 것이라는 강력한

신호이기도 하다.[60]

이런 두 가지 요소(높은 비용과 높은 교육 수준)는 모두 필요하다는 사실에 주목하자. 만약 비용이 적게 든다면, 부유층 자녀들은 더욱 치열한 경쟁에 직면하게 될 것이다. 또 만약 그런 명문 학교가 수준 이하라고 알려진다면, 그 학교는 부유층 자녀에게 단지 대학생이라는 합법성은 제공할 수 있겠지만, 현실 세계에서는 특별히 존중받지 못하는 겉치레용이라는 낙인이 찍히게 될 것이다.

하지만 이런 학교들은 (학비가) 비싸고(따라서 경쟁이 줄어들고), 동시에 질적으로도 훌륭하기(지적으로 우월하다는 신호) 때문에, 부자들은 이 두 가지 문제를 모두 피할 수 있다. 이는 다음과 같은 이점을 드러낸다. 대학이나 대학원 학위를 가진 사람들의 교육 프리미엄이 상승할 뿐 아니라, 똑같은 연한의 교육을 받은 졸업생 사이의 차이가 증가한다. 예컨대 미국에서 대학 입학 후 10년이 지난 뒤의 평균 연봉을 비교해보자. 전체 대학 졸업자 가운데 소득 상위 10% 안에 드는 사람들의 평균 연봉은 6만 8천 달러였다. 반면, 상위 10개 대학을 졸업한 이들의 평균 연봉은 22만 달러였다(Stewart, 2018).

이런 현상은 또한 다음과 같은 극적인 조치를 기대할 수 있는 이유가 된다. 그 극적 조치란 공교육의 질을 상대적으로 향상시키고, 일류 학교에 진학할 기회를 균등하게 하기 위한 조치를 말한다. 만약 이런 극적 조치를 취하지 않는다면, 현재 미국의 상황은 더욱 극단적이 될 것이며, 세계 여러 나라로 파급될 것이다. 역사적으로 강력한 공교육 제도를 유지해온 유럽에서는 아직 초기 단계에 있지만, 미국과 똑같은 과정이 벌써 진행되고 있다.

부자들은 값비싼 사립 교육의 이점을 깨달으면서, 고액의 등록금을 기꺼이 지불하려고 한다. 이런 그들의 의지는 사립학교가 최고의 교수들을 끌어들일 수 있게 하고, 점차 최고의 선생님과 부유한 가정의 자녀를 끼리끼리 묶어주는 일체화된 체제를 만들어준다. 더 나아가, 부자들은 스스로 계속 분리되면서 공교육에 들어갈 세금을 부담하려는 의지가 줄어든다. 궁극적으로 교육제도는 부의 분배가 복제된 것과 같이 두 갈래로 갈라진다. 다시 말해 교육제도는 부유층 대부분이 다니는 소수의 일류 학교와 모든 사람에게 개방되는 일반 학교로 나뉘게 된다.

따라서 최상류층은 자신들의 기득권적 이점을 다음 세대로 넘겨줄 수 있다. 그 자녀들은 부모가 살아 있을 때 돈을 받고 부를 상속받으며, 부모의 사회적 자본으로부터 혜택을 누린다. 더구나 그 자녀들은 사립 유아원에서 시작해 고급 학위로 끝나는, 훌륭한 교육의 엄청난 이점을 처음부터 누리게 된다. 2015년 예일대 로스쿨 졸업식 연설에서 대니얼 마코비츠Daniel Markovits는 부유층 자녀들이 추가로 받는 교육 투자를 (중산층 출신 자녀들과 비교해) 추정했는데, 그 추정치는 500만~1천만 달러의 상속재산과 맞먹었다. 그는 다음과 같은 결론을 내렸다.

> 빈곤층이나 심지어 중산층 가정의 자녀들도 도저히 그들과 경쟁할 수 없다. … 이 거대하고, 지속적이며, 계획적으로 실행된 투자를 태어날 때부

터, 심지어 자궁에서부터 흡수한 사람들과의 경쟁은 불가능하다.

아무리 편파적이지 않은 공평한 고용주라 하더라도 오로지 자신만의 이익을 따진다면, 이 특권 집단에 더 나은 일자리를 줄 수밖에 없을 것이다.

여타 많은 경우와 마찬가지로 두 가지 균형이 동시에 존재할 수 있다. 즉, 더 높은 수준에서는 부자들을 위한 하나의 균형이, 그리고 더 낮은 수준에서는 중간 계급을 위한 또 다른 균형이 동시에 존재할 수 있다. 만약 그렇다면, 이런 이중 균형을 강화하고(사회를 두 부류로 더욱 고착화하고_옮긴이), 그 역전을 더 어렵게 만드는 힘이 생겨날 것이다.

상속받은 재산

이제 상속재산으로 결론을 내보자. 금전 형태의 상속만이 지닌 중요성을 살펴보기 위해서는 다음과 같은 일종의 산출법을 검토해야 한다. 이 산출법은 프랑스에 적용하기 위한 것이었지만, 아마도 미국과 같은 부의 불평등이 심한 나라에 더 유용할 수도 있다. 《21세기 자본》에서 피케티는 다음과 같이 두 부분으로 나눠 문제를 제기했다. 먼저 한 부분은 연간 총재산 가운데 얼마가 상속되는지이다. 그리고 다른 한 부분은 상속재산을 취득한 사람이 특정 연도에 몇 %를 차지하는가이다. 다만 취득한 상속재산이 임금 분배에서 하위 절반에 속하는 평균 노동자가 평생 벌어들인 자본화된 소득보다 더 많은 경우에 해당한다(여기에서 평균 노동자는 단순하게 '중간 정도의 노동자'를 의미한다).

이런 문제 제기는 중요하다. 왜냐하면 그런 상속재산을 받는 인구 비율이 높을수록, (다른 모든 것이 똑같다면) 불로소득으로 생활하는 사람의 비율도 더 높아지기 때문이다. 하지만 논쟁점은 불로소득 생활자의 비율에 있기보다는, 그런 사람들의 수가 많아지면 부자들에게 돌아가는 이점이 더 커진다는 점에 있다. 그리고 불로소득 생활자는 단지 '쿠폰 클리퍼coupon-clipper(이자부 채권 소유자 또는 이자로 먹고사는 사람_옮긴이)' 이상이 되기를 열망하는, 즉 더 큰 자본가가 되기를 원하는 사람들이다.

GDP에서 차지하는 상속재산 비율을 도출해내는 공식은 μmβ이다. 여기서 m은 연간 사망률, μ는 살아 있는 사람의 재산에서 차지하는 고인(피상속인) 재산의 비율, β는 국가의 부-생산wealth-output 비율이다. 앞에서 보았듯이 국가가 더 부유해지면 β는 상승한다. 또한 사람들이 더 오래 살수록, 피상속인의 재산은 성인의 평균 재산보다 더 많아지는 경향이 있다(나이가 들수록 사람들은 더 많은 부를 축적하기 때문이다). 따라서 이 두 변수는 모두 시간이 지남에 따라 국민소득에서 일정 비율을 차지하는 상속재산의 흐름을 더 증가시키는 경향이 있다.

프랑스의 경우, 현재 GDP에서 차지하는 상속재산의 비율은 국민소득의 약 15% 수준이다(Piketty, 2014). 그렇다면 프랑스 인구의 몇 퍼센트가 평균 노동자의 자본화된 평생 소득과 같거나 그보다 더 많은 상속재산을 받을까? 대략 12~15% 사이이다. 여기에 속하는 사람들은 평생 하루도 일하지 않아도 평균 노동자의 생활수준을 영위할 수 있다. 부의 불평등이 심한 나라일수록 그 비율이 높아지는 경향이 있는데, 주로 μ 값이 더 높기 때문이다. 그리고 부의 불평등이 매우 심하고 상속재산이 부유층에게 매우 편중된 나라에서도 아주 높은 상속 비율(즉, 평균 노동자의 자본화된 평생 소득을 초과하는 가치를 지닌 상속 비율)은 더 낮아질 수 있다. 이런 사실에 적응할 때조차, 그런 상속을 받은 사람 가운데 영향력 있는 일부는 아무것도 또는 거의 상속받지 못한 사람들에 비해 엄청난 이익을 누릴 것이라는 점도 여전한 사실이다.[61]

상류층은 얼마나 개방적인가?

미국과 같은 자유 성과주의적 자본주의 체제에서 상류층이 갖는 특징 가운데 하나는 외부인outsider에 대한 상대적 개방성이다. 상류층은 (귀족 계층과 마찬가지로) 법적으로 여느 사람과 다르지 않으며, 상류층의 핵심이자 현실적으로 구별되는 특징은 오로지 돈이다. 그래서 상류층은 온갖 장애물에도 불구하고 기술이나 운을 통해 부자가 될 수 있었던 개인들과 단절되어 있지 않다. 과거와는 달리, 현대 상류층은 그런 개인들에게 개방되어 있고, 그 개인들을 자신들보다 낮게 평가하지 않는다. 심지어 그들이 정상에 도달하기 위해 갖가지 어려운 과정들을 넘어야 했기 때문에 오히려 존경할 수도 있다.

상류층으로의 새로운 진입에 대한 이 같은 개방성은 다음 두 가지 측면에서 상류층을 강화한다. 이런 개방성은 하위 계층의 가장 우수한 구성원을 끌어들인다는 것이다. 그리고 이는 다음과 같은 신호를 보낸다. 상위 계층으로의 신분 상승의 길이 완전히 막혀 있지 않으므로, 결국 상류층의 지배를 더 합리적이고 그만큼 더 안정되게 보이도록 한다.

지난 수십 년 동안 그래왔듯이, 기술의 발전이 빨라지고 거대한 재산이 빠르게 형성될 때 상류층으로의 새로운 진입에 대한 개방성은 좀 더 확대될 것이다. 새로운 억만장자들을 대충만 살펴봐도 다음과 같은 점을 충분히 알 수 있다. 그들 가운데 많은 이들이 부유한 가정 출신이지만, 상위 1% 출신이거나 비상식적으로 과도한 사회적 혜택을 누린 사람은 거의 없다는 점이다.

이는 미국의 억만장자들을 분석한 자료를 통해서도 확인된다. 미국의 억만장자 전체 재산 가운데 상속받은 재산 비율은 1976년 약 50%에서 2001년 35%로 지속적으로 줄어들었다. 2014년에는 30%를 약간 넘는 수준이었다(Freund & Oliver, 2016).[62] 대부분의 억만장자와 아마도 많은 백만장자는 자신들 부모보다 훨씬 높은 소득 수준과 상대적 지위를 누린다. 그들은 절대적 및 상대적 세대 간 상향 이동성을 모두 경험한 사람들이다.

이런 연구 결과는 한정된 기간에 걸쳐 한편으로는 급속한 경제 성장과 소득 불평등의 급속한 증가 사이에, 다른 한편으로는 높은 세대 간 이동성 사이에 긍정적 관련성이 있음을 암시한다. 그러나 이런 관련성은 앞에서 설명한 자료와 충돌하는 것처럼 보인다. 앞의 자료는 높은 수준의 불평등과 낮은 수준의 이동성 사이의 연관성, 즉 불평등이 높아질수록 세대 간 이동성은 낮아진다는 점을 보여주기 때문이다.

이 두 가지 변수(불평등과 이동성)를 모순되지 않게 조화시키는 방법은 일시적 변화와 더 오래 지속되는 변화를 구분하는 데 있을 수 있다. [도표 2-7]에서 분명하게 볼 수 있는 다음과 같은 상황을 검토해보자. 미국과 다른 나라의 장기간에 걸친 자료에서 확인할 수 있듯이, 이동성과 불평등은 서로 부정적 관계를 맺는다고 가정해보자. 이런 관계는 [도표 2-7]에서 A-A 선으로 나타난다.

그렇다면 이제 미국과 같은 나라는 Z 지점에서 시작한다고 가정해보

도표 2-7 불평등과 세대 간 이동성 사이의 장·단기적 관계성

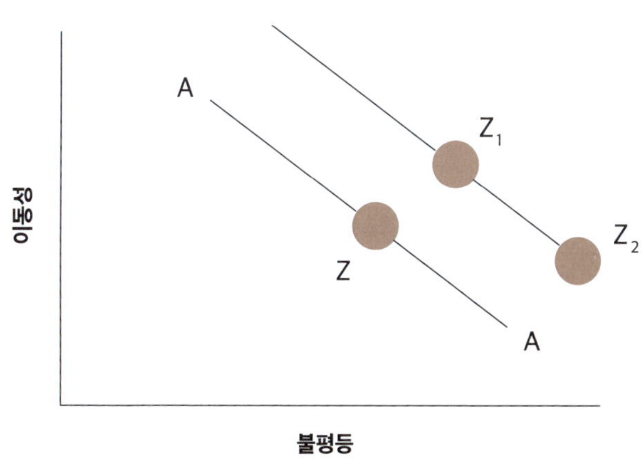

자. 하지만 이 지점에서는 급속한 기술 발전과 새로운 거대한 재산 형성에 따라 촉발된 불평등이 증가한다. 불평등과 이동성 모두 증가한 결과 Z_1 지점으로 이동할 것이다. 이 지점(Z_1)은 불평등과 이동성을 연결하는 새로운 (더 위의) 선에 놓인다. 그리고 불평등과 이동성은 장기적으로 여전히 상반되는 관련성을 보인다(더 높은 불평등은 더 낮은 이동성으로 이어진다).

이런 가정의 시나리오는 불평등과 이동성의 일시적 움직임이 왜 그 둘 사이의 장기적 관련성과 구별되어야 하는지를 보여준다. 그리고 긍정적 발전으로 보이는 것(세대 간 이동성의 증가)이 장기적으로는 불평등과 이동성 사이의 근본적인 '나쁜' 관련성을 유지할 수 있음을 보여준다.

현실적 측면에서 보면 이런 시나리오는 다음과 같이 해석된다. 기술 발전이 느려지고, 새로운 부의 창출이 점점 어려워지면, 상류층의 내구성(지속력)이 강화된다. 그러면 Z_2 지점에서 볼 수 있듯이 상류층의 개방성은 낮아지고, 불평등은 심해질 것이며, 사회적 이동성은 경직될 것이다. 이런 시나리오는 반영구적이거나 영구적인 상류층을 창출하는 방안이다.

자유 성과주의적 자본주의 속 엘리트의 의미

마르크스와 이탈리아의 경제학자 빌프레도 파레토Vilfredo Pareto가 가진, 지배계급(마르크스의 용어)이나 엘리트 계층(파레토의 용어)의 역할에 대한 견해가 얼마나 유사한지는 아마도 충분하게 제대로 인식되지 않고 있다. 두 사람 모두 모든 사회에는 별개의 상류층이 존재하거나, 존재했다고 믿었다. 그런 상류층은 자신들이 누리는 이익을 일반화시키기 위해, 그리고 그와 같이 사람들을 지배하는 자신들의 패권hegemony을 유지하기 위해 이데올로기를 도구로 이용한다고 믿었다.

그러나 두 사람은 계급 구분의 주된 근거로서 생산 수단의 소유권이 지닌 중요성에 대해서는 견해가 달랐다. 생산 체제를 조직화하는 방법의 중요성에 대해서도 견해가 달랐다. 마르크스는 이런 요소들을 사회와 지배계급의 특성을 결정하는 것으로 보았고, 반면 파레토의 관점은 좀 더 개방적이었다.

이런 파레토의 관점에 따르면 단 하나의 사회 구조 안에서도 엘리트 계층은 각기 다른 기준에 따라 형성될 수 있고, 서로 다른 방법으로 자신들의 지배권을 유지할 수도 있다. 파레토는 다음과 같은 두 유형의 지배계급을 제시했다. 하나는 '사자형lions'으로 폭력적 수단으로 자신들의 지위를 유지하는 군대화된 계급이고, 다른 하나는 '여우형foxes'으로 폭력 사용을 피하고 경제력과 이데올로기를 통한 지배를 선호하는 좀 더 세련된 지배계급이다.[63]

이 같은 파레토의 분류를 통해 다음과 같은 질문을 할 수 있다. 자유 성과주의적 자본주의의 체제에서 지배 엘리트의 본질적 특성은 무엇인가? 달리 말하면, 자유 성과주의적 자본주의 체제에서 엘리트 계층이나 지배계급(여기서는 이 두 계층을 유사하다고 본다)의 어떤 유형이 서로 연관되어 협력하고 번영하는가?

파레토의 용어를 빌리면, 자유자본주의 체제에서 지배계급은 여우형으로 구성됐다는 것에 의심의 여지가 없다. 지배계급은 권력을 유지하기 위해 군국주의적 수단을 사용하지 않는다. 그리고 그들은 이 부(2부)에서 설명한, 다른 독특한 특징을 보인다. 그 특징을 이해하는 데 도움이 되도록 아래와 같이 요약할 수 있다.

① 지배계급은 자국의 금융자본 대부분을 지배한다. 미국에서는 상위 10%의 재산 보유자들이 금융자산의 90% 이상을 지배함을 확인했다.

② 지배계급은 고학력자들이다. 지배계급의 많은 구성원이 각자 직업을 갖고 일하며, 그들의 노동소득은 높은 편이다(교육 수준이 높기 때문이다). 이에 따라 그 구성원들은 노동과 자본으로부터 나오는 고소득을 결합한다. 이 책에서는 이를 '호모플루티아'라고 했다.

③ 엘리트 계층은 자신들의 자손과 정치적 통제에 아주 많은 투자를 한다. 자녀 교육에 대한 투자로 말미암아 그들의 자녀는 대대로 높은 노동소득과 더불어, 전통적으로 지식 및 교육과 관련된 높은 지위를 유지할 수 있다. 정치적 영향력에 대한 투자는 엘리트 계층이 상속의 규칙을 스스로 정할 수 있도록 해주고, 금융자본이 쉽게 다음 세대로 이전될 수 있도록 만든다. 이 둘(후천적 교육과 상속된 자본)은 함께 지배계급의 재생산을 가능하게 한다.

④ 정치적 통제에 대한 투자는 지배계급의 경제력을 동시에 향상시키기 위한 목적뿐만 아니라, 시간이 지남에 따라 그들의 지배를 보장해주기 위한 목적으로 행해진다.

⑤ 남성과 똑같은 수준의 교육을 받을 수 있고, 상속과 관련해서도 똑같은 규칙을 누리기 위한 여성의 능력이 소득이나 권력으로 측정될 때, 여성과 남성을 구분하기란 점점 어려워진다. 따라서 자유 성과주의적 자본주의 체제의 지배계급은 아마도 전체 역사에서 남녀의 성적 특징이 가장 적게 반영된 지배계급일 것이다.

⑥ 남성과 여성 사이의 경제적, 교육적 유사성이 증가한 결과, 비슷한 교육을 받고 부유한 부부(선택적 결혼)로 이루어진 가족이 형성된다. 이런 형태의 가족 또한 세대 간 이전되는 이점들을 유지하는 데 기여한다.

⑦ 이 상류층은 '개방형' 상류층으로 정의할 수 있다. 왜냐하면 이 상류층은 세습이나 직업 기준에 따라 정해지는 것이 아니라, 재산과 교육에 바탕을 두기 때문이다. 상류층은 하층 계급 가운데 부유하고 고학력자가 될 수 있는 최고 구성원들을 끌어들인다.

⑧ 지배계급의 구성원들은 부지런히 일하지만, 도덕 관념이 없는 인생관을 가지고 있다(5부 참조). 이 계급은 법의 테두리 안에서 자신들의 지위를 유지하고 강화해줄 수 있는 모든 것을 사실상 열망한다. 이 계급의 윤리는 기존의 법률 체계에 따라 정의된다. 그리고 자신들의 돈을 이용해 정치적 의사 결정 과정을 통제하고, 법을 바꾸

는 데까지 개입한다. 이런 유연한 법률 해석을 통해, 법 실행이 일반적인 윤리 기준에서 점점 벗어나더라도 상류층은 법의 테두리 안에 머무를 수 있다.

3부

국가자본주의의 부상

과두정치는 질서정연함을 강제해야만 그 체제의 안전 보장을 기대할 수 있다.

- 아리스토텔레스, 《정치학》

◇

3부는 국가자본주의 연구에 대해 역사적 접근법, 더 정확히 말하면 계보학적 접근법을 취할 것이다. 여기에서 논하는 국가자본주의는 많은 경우 중국처럼 식민 지배를 받았거나, 사실상 식민지화된 사회가 이끈 공산주의 혁명의 산물이다. 이를 설명하기 위해 세계사에서 공산주의가 차지하는 위치와 공산주의 혁명이 식민지 사회에 미친 영향에 대한 논의부터 시작하려고 한다. 그런 다음 중국을 예로 국가자본주의를 좀 더 추상적으로 정의하고, 그것의 세계적 역할뿐만 아니라 주요 특징과 모순에 대한 설명과 논의를 이어갈 것이다.

여기 3부에서 예로 든 중국은 자국의 경제력과 정치력 때문에 2부에서 설명한 미국과 유사한 전형적 역할을 한다(공산주의에 대한 전통적 관점과는 다른, 이런 특별한 재해석의 의미를 더 자세하게 살펴보려면 부록 A 참조).

공산주의의 역사적 위치

마르크스주의와 자유주의 세계관이 설명하지 못하는 공산주의의 역사적 위치

세계사, 특히 현대사에서 공산주의와 그 흥망성쇠를 자리매김하는 데는 어려움이 있다.[1] 마르크스주의 사상은 그런 어려움이 매우 크다. 왜냐하면 마르크스주의는 공산주의를 역사에서 이루고자 노력하는 인류 진화의 정점으로 평가하기 때문이다. 그런 어려움은 인류 역사에 대한 자유주의적 관점 또는 이른바 휘그Whig식 역사관에 비해 절대 덜하지 않다(휘그식 역사관이란 인류가 역사적 단계를 거쳐 공산주의가 열망하는 계급 없는 평등 사회로 이동한다는 것을 전제로 하는 마르크스주의 역사관과 유사하다_옮긴이).

사실 플라톤에서 헤겔, 프랜시스 후쿠야마까지 모든 역사 이론은 사회 변화를 발견할 수 있는 몇몇 법칙에 따라 사회경제적, 정치적 제도의 흥망성쇠를 드러내 보여준다. 러시아 철학자 니콜라이 베르댜예프Nikolai Berdyaev는 사회 변화를 발견할 수 있는 그런 법칙을 '아테네'와 '예루살렘' 두 유형으로 분류했다. 설명하자면 아테네 유형은 순환 법칙(플라톤의 '아테네' 사상에서처럼 제도의 유형이 주기적으로 오가는 것)을 대표하고, 예루살렘 유형은 목적론적 법칙('더 낮은' 혹은 덜 발달된 상태에서 '더 높은' 혹은 더 발단된 상태로 진화한 사회, 즉 '예루살렘'을 향해가는 사회와 함께한다)을 대표한다.[2]

자유주의와 마르크스주의의 역사 개념은 모두 예루살렘 유형과 유사하다. 이는 역사의 규칙성을 매우 넓은 캔버스에서 다루는지, 아니면 더 작은 규모로 다루는지와 같다. 역사의 규칙성을 매우 넓은 캔버스에서 다룬다는 것은 예컨대 자본주의 이후 무엇이 도래할지 묻는 것과 같다. 그리고 그 규칙성을 더 작은 규모로 다룬다는 것은 예컨대 (경제 이론이 예측하는 것처럼) 나라 사이에 소득 집중이 있다는 실증적 증거나, 경제 발전은 더 민주적인 사회와 관련되는 경향이 있다는 실증적 증거를 찾는 것과 같다.

이런 모든 추론을 통해 기대하는 점은 어떤 단일 방향성의 발전, 즉 '더 나은' 것을 향한 진화를 발견하는 것이다. 사회 진화는 무작위적이지 않을 뿐만 아니라 주기적이지도 않다. 오히려 더 부유하고 더 자유로운 사회를 향해 일직선으로 발전해나가는 것으로 보인다.[3]

이 지점에서 공산주의를 이해하는 데 어려움에 직면할 수 있다. 만약 사회경제적 체제가 제멋대로 작동한다고 믿는다면, 설명할 것이 아무것도 없다. 만약 이를테면 자유와 폭정 사이에 주기적 변동이 있다고 믿거나, 플라톤의 4대 순환, 즉 명예 지상 정치timarchy, timocracy, 과두정치, 민주 정치, 참주 정치 사이에 주기적 변동이 있다고 믿는다면, 비록 아직 아무도 공산주의를 발전 순환의 질서 안에 두려고 시도하지 않았더라도 문제가 적을 수도 있다(만일 그렇다면 역사 발전이 그만큼 단순화하고 예측 가능하기 때문이다_옮긴이). 하지만 목적론적 관점을 취할 때는 상황이 더 어려워진다.

'공산주의'와 '사회주의'라는 용어 설명

우선 용어부터 명확히 설명할 필요가 있다. 공산주의라는 용어는 갖가지 의미로 사용된다. 마르크스주의의 엄밀한 해석을 제외하면 이 공산주의라는 용어는 일반적으로 정당에 사용되고, 나아가 그 정당이 지배하는 사회에도 적용된다. 그런 사회의 특징으로는 단일 정당의 정부, 자산의 국가 소유, 중앙 계획(중앙집권적 계획 경제), 그리고 정치적 억압을 꼽을 수 있다.

하지만 마르크스주의에서 사용하는 공산주의는 인류 발전의 가장 높은 단계다. 마르크스주의 관점에서는 앞 문장에서 공산주의로 묘사한 사회, 즉 일반적 의미의 공산주의 사회를 '사회주의'로 여긴다. 사회주의 사회는 자본주의에서 공산주의로 이행하는 과도기적 사회다.

여기서는 대부분 전자(비마르크스주의)의 정의를 고수하는데, 좀 더 간

단명료해 보이기 때문이다. 그러나 공산당이 지배하는 경제의 성과를 논의할 때는 '사회주의 경제'라는 더 흔한 명칭을 사용할 것이다. 그 이유는 '공산주의 경제'라는 용어가 다음과 같은 한정된 기간이나 가상 경제Hypothetical Economy에 더 적합하기 때문이다. 즉, 한정된 기간이란 소비에트 정권 초기 전시戰時 공산주의 치하에서 시장이 완전히 억압된 시기에 해당한다. 그리고 가상 경제는 노동의 비상품화 및 일반화된 상품의 풍부함과 아울러, "모든 사람은 자신의 능력과 필요에 따른다"는 기본 원칙에 바탕을 둔 경제다.

그러나 후자, 즉 공산주의 경제는 결단코 존재하지 않았다. 그리고 전자, 즉 사회주의 경제는 미국 남북전쟁 당시 추진된 매우 구체적인 실험으로 3년간 지속했다. 이 때문에 제2차 세계대전 이후 정상적으로 작동한 동유럽과 소련, 그리고 중국의 경제에 '공산주의'라는 용어를 쓰는 것은 오해의 소지가 있다. 그보다는 '사회주의 경제'가 더 정확할 뿐만 아니라, (불합리하지 않은) 소련이 후기 브레즈네프 시대 같은 사회를 '실제 존재하는 사회주의(흔히 약칭해서 '현실 사회주의')' 사회로 묘사하는 것과도 일치한다.[4]

마르크스주의 및 자유주의 역사 서술에 나타난 공산주의의 역할

역사적 공산주의를 마르크스 사상 안에 배치하는 문제는 특히 어렵다. 이는 마르크스주의가 원래(그리고 오늘날까지 여전히) 공산주의를 인간 사회 발전의 가장 높은 단계로 여기기 때문만은 아니다. 마르크스주의는 사회주의가 갑자기 사라진 이유를 다음과 같이 설명하는데, 그런 설명 방법에 문제가 있기 때문이다. 사회주의는 표면상 가장 높은 단계의 인류 진화를 위한 전주곡으로, 몇몇 국가에서 승리하고 나서 확산됐으며, 더욱 확실한 자리를 잡았다. 그런데 그 이후 사회주의는 공식적으로 (소련과 동유럽에서처럼) 자본주의로 탈바꿈하거나, 사실상 (중국과 베트남에서처럼) 자본주의로 진화하면서 갑자기 사라졌다. 마르크스주의 안에서 이런 진화는 상상할 수도 없다.

문제는 '현실 사회주의'가 이론적으로 갖추어야 할 특성을 모두 갖추지 못했다는 점에 있다(마르크스주의 사회학자들은 마르크스주의의 무계급적 특성을 의심했기에 이 또한 문제지만). 그런 문제 가운데 마르크스주의 역사학은 핵심적이면서 겉으로 보기에는 해결할 수 없는 다음과 같은 문제에 대해 설명할 필요가 있다. 사회주의 같은 우월한 경제적 사회구성체가 어떻게 열등한 쪽으로 퇴보할 수 있었는가? 이는 마르크스주의 안에서 다음과 같은 방법으로 설명하려고 애쓰는 것과 같다. 즉, 어떻게 해서 한 사회가 자본주의와 산업혁명을 거치고, 부르주아와 노동자 계급을 형성하며, 그 뒤 이전의 자유롭던 노동과 함께 봉건적 질서로 갑자기 퇴보하고, 이제 또다시 토지에 속박될 뿐 아니라, 강제 노동을 강요하고 세금도 내지 않는 귀족에 속박되어가는지 설명하려고 애쓰는 것과 같다. 그런 새로운 사태가 일어날 수 있었다는 것은 마르크스주의자들뿐만 아니라 거의 모든 다른 사람에게 터무니없어 보일 수 있다. 하지만 전통적인 마르크스주의 틀 안에서 보면, 공산주의가 자본주의로 되돌아가는 '몰락'도 터무니없고 설명할 수도 없다.

이에 비해 자유주의 틀 안에서는 완전하지는 않지만, 더 잘 설명할 수 있다. 프랜시스 후쿠야마가 《역사의 종언》에서 꽤 잘 포착한 것처럼, 자유주의 관점에서 볼 때 자유민주주의와 자유방임주의적 자본주의는 인류가 발명한 경제적 사회구성체의 종착역을 상징한다. 마르크스주의자들은 이를 이해할 수 없는 훨씬 저급한(열등한) 체제로의 반전으로 여긴다. 반면, 자유주의자들은 이를 열등하고 막다른 체제(공산주의)에서 일직선의 경로로 이어지는 인간 진화의 종점, 즉 자유자본주의로 회귀하는, 완벽하게 이해할 수 있는 움직임으로 여긴다.

이쯤에서 잠시 멈춰, 자유주의 관점에서는 공산주의와 파시즘을 얼마나 유사하게 다루는지 주목해보자. 그럴 만한 가치가 있기 때문이다. 파시즘은 분명히 짧은 기간 동안 사회경제 체제의 매우 강력한 대안이기도 했다. 자유주의 관점에서 볼 때, 공산주의와 파시즘은 모두 두 개의 잘못된 방향 전환을 상징한다. 하나는 왼쪽으로, 다른 하나는 오른쪽으로 과도한 방향 전환을 했다. 따라서 전쟁 패배의 결과(독일, 이탈리아, 일본)이든, 내부 진화의 결과(스페인, 포르투갈)이든 파시즘의 몰락은 공산주의의 몰락과 거의 대칭을 이루는 것으로 여겨졌다. 다시 말해 두 개의 방향 전환, 즉 파시즘과 공산주의는 극복됐고, 이를테면 바로잡혔다(자유자본주의로 들어섰다는 의미다_옮긴이).

그리고 앞에서 열거한, 방향 전환을 거친 나라들은 엄청난 물적·인적 손실을 감수해야 했다. 그렇지만 이들 나라는 결국 정상 경로로 회귀해 더 높은 사회경제 체제, 즉 자유자본주의로 발전할 수 있었다. 따라서 자유주의는 20세기 역사에서 차지하는 공산주의의 위치를 어느 정도 일관성 있게 설명한다. 그리고 이런 자유주의적 해석은 일직선의 경로를 벗어난 모든 일탈을 대칭적으로 다뤄, 인류를 최고의 체제로 이끄는 이점이 있다.

그런데 이런 해석은 '어느 정도'만 일관성이 있을 뿐이다. 왜냐하면 일직선의 경로를 따르지 않는 실패에 대해서는 명확한 설명이 없기 때문이다. 파시즘과 공산주의는 실수인 것으로 드러났지만 결국에는 수정할 수 있다. 하지만 애당초 이런 실수를 왜 저질렀는지에 대한 이해나 설명은 전혀 없다. 만약 1914년 인류가(그리고 의심할 여지 없이 선진적 자유자본주의 국가들도) 올바른 길을 갔다면, 무엇 때문에 파시즘과 공산주의가 강해졌을까? 여기서 우리는 자유자본주의 역사관이 직면하는 근본적 문제와 맞닥뜨린다.

그런 근본적 문제는 예컨대 인류 사회를 조직하는 방법 가운데 가장 훌륭하고 가장 선진적이면서 평화로운 방법에 전적으로 부합하는 체제 안에서, (그때까지) 역사상 가장 파괴적 전쟁이 왜 일어났는지 자유주의 관점에서 설명하는 것이다.[5] 자유주의적 국제 질서가 결국 대학살 상태로 끝난 것을 어떻게 설명할 것인가? 그런 자유주의적 국제 질서에 참여한 모든 주요 국가들은 자본주의 국가이자 세계주의 국가였으며, 게다가 민주주의를 실제적이고 부분적으로 혹은 전적으로 열망했다(서방 동맹국은 확실히 그런 국가들이었으며, 독일과 오스트리아-헝가리 제국, 러시아도 모두 그런 방향으로 움직였다).

휘그식 역사 해석으로는 실제로 일어난 제1차 세계대전을 설명할 수 없다. 휘그식 역사 해석에 따르면 제1차 세계대전은 일어나지 말았어야 했다. 국내적으로 그리고 당시 국제관계에서 자유주의가 꽃이 핀 전성기에 전쟁이 발발했다는 사실은 미래에도 자유주의 질서가 유사한 결과로 이어질지 모른다는 가능성을 열어놓은 셈이다.

그리고 다음과 같이 주장하는 것은 분명히 불가능하다. 즉, 주기적인 전 세계적 전쟁으로 끝맺을 수도 있는 체제가 번영과 자유를 추구한 결과이자, 인간 존재의 정점을 상징한다고 주장할 수는 없다. 20세기 역사를 자유주의 관점에서 해석할 때 이는 치명적인 장애물이다. 그리고 이로 말미암아 파시즘과 공산주의의 부상에 대한 설명이 빈약해진다(또는 설명이 전혀 없다). 자유주의 역사관은 전쟁의 발발을 설명할 수가 없다. 그래서 마찬가지로 파시즘과 공산주의의 존재(실제로 둘 다 전쟁의 결과)를 호방하게 '실수'라고 취급한다. 역사적 사실을 설명할 때 실수라고 하는 것은 만족스러운 설명이 아니다.

이처럼 자유주의 이론은 20세기 전체를 간단히 무시하고, 1914년에서 베를린 장벽이 무너진 1989년으로 직행하려는 경향이 있다. 마치 그 사이에 아무 일도 일어나지 않았다는 것처럼 말이다. 다시 말해 1989년의 세계가 실수로 미끄러지기 전인 1914년에 있었던 길로 되돌아간 것처럼 말이다. 이는 전쟁 발발에 대한 자유주의적 해석이 존재하지 않는 이유다. 이미 제시된 자유주의적 해석은 그 기초를 정치학(프리츠 피셔Fritz

Fischer, 니얼 퍼거슨Niall Ferguson), 귀족 사회의 남아 있는 영향력(조지프 슘페터), 가장 설득력 없는 개별 행위자의 특이성, 실수, 그리고 사고(A. J. P. 테일러A. J. P. Taylor)에 두고 있다.

마르크스주의는 전쟁과 파시즘의 부상을 훨씬 더 잘 설명할 수 있다. 마르크스주의 지지자들은 전쟁을 '자본주의의 가장 높은 단계'의 결과라고 확신한다. 다시 말해, 자본주의는 가장 높은 단계에서 카르텔(기업연합)과 국가 독점권을 만들어내고, 세계 여타 지역을 지배할 목적으로 서로 싸웠다는 것이다. 반면 파시즘은 결국 약화된 부르주아의 사회 혁명에 대한 대응이라고 보았다. 따라서 자본주의에서 사회주의로, 그리고 궁극적으로는 공산주의로 이행하는 일직선의 문명 발전 경로가 유지된다. 비록 부르주아가 때때로 역사의 수레바퀴를 일시적으로 멈추게 하는 파시즘 같은 치명적 운동을 조직하기도 하지만 말이다.

전쟁과 파시즘의 부상에 관한 마르크스주의 관점은 역사에 실재하는 사실과 일치한다. 하지만 다음과 같은 문제는 20세기 역사에 대한 마르크스주의 해석이 역사적 사실과 일치하지 않고, 아마도 극복할 수 없는 걸림돌이자 큰 장애물로 남아 있다. 어떻게 해서 공산주의는 더 많은 선진국으로 확산하지 못했는지, 그리고 왜 공산주의 국가들이 결국 자본주의 체제로 회귀했는지와 같은 것들이 그런 문제다. 이미 언급했듯이, 그런 문제는 마르크스주의 역사관 안에서는 설명될 수 없을 뿐만 아니라, 심지어 헤아릴 수조차 없다.

따라서 다음과 같은 결론에 도달할 수 있다. 20세기 세계 역사에서 가장 중요한 두 사건, 즉 제1차 세계대전과 공산주의의 몰락에 대해서는 자유주의 또는 마르크스주의 패러다임 안에서 일관된 논리로 설명할 수 없다. 자유주의 패러다임은 1914년과의 문제가 있고, 마르크스주의 패러다임은 1989년과의 문제가 있다.

광범위한 공산주의를 다루는 어려움

공산주의를 다루는 어려움은 이론적, 개념적으로 광범위하다는 점이다. 두 권의 영향력 있는 저서(《독재와 민주의 경제적 기원Economic Origins of Dictatorship and Democracy》과 특히 《국가는 왜 실패하는가Why Nations Fail》)를 통해 대런 애스모글루Daron Acemoglu와 제임스 로빈슨James Robinson은 설득력 있는 하나의 이론을 제시한다. 그런 이론을 제시한 이유는 왜 민주주의가 발전하고 실패하는지를 설명하고, 정치적 불평등과 경제적 불평등 사이에 얼마나 밀접한 관계가 있는지 보여주기 위해서다. 그들의 견해는 특히 2008년 글로벌 금융 위기 이전 시기에 매우 큰 영향을 미쳤다. 당시 자유주의 사상에서 지배적인 다음과 같은 두 요소를 통합했기 때문이다. 그 두 요소는 (국내 민영화와 함께 대외적으로 세계화를 촉진하는) 워싱턴 컨센서스Washington Consensus와 자유민주주의에 대한 후쿠야마식 칭송이다.

애스모글루와 로빈슨의 중심 개념 가운데 하나는 '착취적extractive' 제도 개념이다. 이 착취적 제도는 정치 및 경제 권력이 함께 작동하고 서로를 강화하면서, 경제 자원을 착취하고 정치권력을 집중시키기 위해 엘리트가 지배하는 정치 및 경제 제도를 말한다. 그러나 이 개념은 정치

권력과 경제 권력이 기껏해야 매우 약한 관계를 맺는 공산주의의 경우는 다룰 수 없다. 애스모글루-로빈슨의 개념 틀 안에서 볼 때, 다음과 같은 점을 예상할 수 있을 것이다. 공산주의 국가에서 발견되는 고도로 집중된 정치권력 또한 고도로 집중된 경제 권력으로 귀결되어야만 한다. 그러나 공산주의 아래에서의 실정은 명백히 그렇지 않았다. 예컨대 일단 한 번 획득한 경제적 이익도 세대에 걸쳐 의미 있는 방식으로 전달되지 않았다.

그러므로 공산주의는 애스모글루와 로빈슨이 말한 제도(착취적 제도)에서 거의 완전히 빠져 있으며, 그 제도로 설명할 수도 없다. 공산주의 체제 아래에서 20세기 대부분 동안 1/3에 이르는 세계 인구가 살았는데도 말이다. 그 제도는 중국과 베트남이 달성한 경제적 성공에 대해서도 설명하지 못한다. 중국과 베트남 사회는 애스모글루와 로빈슨이 제기한 '포괄적' 제도를 가지고 있지 않다(두 저자에 따르면 이 '포괄적' 제도는 광범위한 참여를 허용하고, 법의 지배, 즉 법치주의 아래에서 작동하며, 경제 성장에 본질적 요소다). 그런데도 중국과 베트남의 경제 성장 기록은 세계 최고에 속한다. 그리고 중국이 최근에 달성한 기록은 인류 역사상 최고다.

따라서 애스모글루와 로빈슨은 자신들의 저서 《국가는 왜 실패하는가》에서 했던 다음과 같은 주장에 따라 이들 나라의 성공을 무시해야 한다.

> 중국은 민주화하지 않는 한 영원히 지속할 수 없다. 또는 더 정확히 말하면, 착취적 제도를 가진 나라들은 도달할 수 없을 것으로 추정되는 기술

> 혁신 수준에 이르면 반드시 실패한다.

아무것도 영원히 지속할 수 없다는 소박한 생각을 제외하면, "궁극적으로 중국은 반드시 실패한다"는 이런 역사 이론은 매우 빈약하다.

공산주의를 20세기 역사 안에 자리매김하는 방법

지금까지의 자유주의 이론과 마르크스주의 이론이 가진 주목할 만한 하나의 특징이 있는데, 그 이론들의 유일한 관심이 서구 세계에 있다는 것이다. 이른바 '제3세계'의 경제나 사회는 거의 나타나지 않는다. 다만 제3세계는 마르크스주의의 높은 제국주의 개념에서 깜짝 등장한다. 거기에서 제3세계는 선진 자본주의 국가가 맞서 싸우는 대상이다. 그리고 제3세계는 《자본론》 제1권 서문에 나오는 다음과 같은 마르크스의 논평에서처럼 때때로 암암리에 존재하기도 한다.

> 산업적으로 더 발전한 나라는 덜 발전한 나라에 자국의 미래상을 보여줄 뿐이다.

따라서 마르크스주의자들에게 비서구 세계는 자본주의 사회로 비쳐질 것이며, 궁극적으로는 잠재적 사회주의 사회로 보일 것이다. 그렇지 않으면 특별한 것이 아무것도 없다. 표준적 마르크스주의 관점에 따르면, 그런 사회는 선진 사회에 뒤처져 있지만 같은 경로를 따른다. 여기서 말하는 경로는 원시 공산주의에서 노예제, 봉건제, 자본주의로 이어지는, 이른바 서구식 발전 경로WPD(western path of development)다. 이런 견해에 동의하는 사람들은 선진국의 미래 발전을 논의할 때, 사실상 향후 개도국의 미래 발전에 대해서도 논의할 것이다. 각기 다른 차량(칸)이 있는 한 열차를 상상해보자. 열차의 미래 궤도를 결정하기 위해서, 앞에 있는 일부 개별 차량에 집중할 필요는 없다. 기관차가 어디로 향하는지를 알면, 결국 전체 열차가 어디로 갈지 충분히 알 수 있기 때문이다.

마르크스주의에서 서구식 발전 경로 사슬이 '끊어진' 곳은 두 군데뿐이다. 이른바 아시아적 생산 양식에서, 그리고 마르크스가 1881년 러시아 혁명가 베라 자술리치Vera Zasulich에게 보낸 편지 가운데 조심스럽게 언급한 부분에서 나타난다. 이 편지에서 마르크스는 러시아에서의 사회주의는 자본주의 발전 단계를 건너뛰어 곧장 농민 공동체peasant commune에서 발전할 수 있다고 언급했다.[6] 이 편지는 매우 큰 영향력이 있었는데, 후진적 사회가 사회주의로 직행할 수 있다는 가능성을 제기했기 때문이다(러시아의 '합법적' 마르크스주의자들은 이를 터무니없다고 생각했다. 하지만 이런 생각은 러시아에서의 자본주의 발전을 위해 노력해야 한다는, 똑같이 터무니없는 실행 지침을 견지하도록 그 마르크스주의자들을 이끌었다. 그렇게 해서 이른 시일 내에 러시아에서 자본주의가 완전히 꽃피면, 그 자본주의를 전복시킬 만큼 충분한 규모의 노동자 계급이 만들어진다고 믿었다).

아시아적 생산 양식(아주 명확하게 정의된 적이 없다)의 도입으로 말미암아, 사회 구성체의 발전 과정이 어느 정도는 비선형성, 즉 직선형이 아니라는 점을 가능하게 해준다. 그러나 이 아시아적 생산 양식이라는 개념은 여기에서의 관심 주제인 사회주의의 몰락을 마르크스주의 도식으로 설명하는 데는 아무런 도움이 되지 않는다. 그 개념은 예전처럼 그저 이해할 수 없는 상태로 남아 있다.[7]

후진국의 지위에 대한 자유주의적 관점은 후진국의 특성을 무시하는 표준적 마르크스주의 관점과 매우 유사하다. 이처럼 두 관점이 비슷하기 때문에, 실제로 마르크스가 자유롭게 다음과 같이 논평한 것으로 볼 수 있다. 즉, 마르크스는 좀 더 발달한 선진국이 자국의 미래 경로를 후진국에 보여준다고 논평했다.

영국의 수많은 선언은 이런 직선적인 휘그식 역사관을 표출했다. 그 선언에 나타난 주장에 따르면, 대영 제국은 식민지 주민들이 다니는 일종의 학교였고, 그곳에서 그들은 자신들 미래의 민족 자결권과 자본주의 경제 창출을 준비했다. 이런 많은 선언은 사실 식민 지배를 지속하기 위한 얄팍한 정당화로 여겨질 수 있는데, 그런 사례로 다음과 같은 선언을 들 수 있다. 민족 자결권이 '오랜 세월에 걸쳐 … 여러 세대에 걸쳐' 실현되는 것을 보았다는 영국의 국무장관 에드윈 몬터규Edwin Montagu(1879~1924)의 선언이나, 이집트가 자치 정부를 '곧' 준비할 것이라고 1882~1922년 사이 66차례 확인한 영국의 선언이 그런 사례다(Tooze, 2014; Wesseling, 1996).

하지만 그런 선언을 모두 얄팍한 정당화로만 여기는 것은 틀린 생각일 수 있다. 그 선언들은 널리 공유된 다음과 같은 의견을 표명하기도 했기 때문이다. 즉, 덜 '문명화된' 국가는 더 문명화되거나 선진 국가를 이룩하기 위한 길 위에 있으며, 이미 문명화됐거나 선진화된 국가는 그렇지 못한 국가를 도와야 한다는 의견을 표명하기도 했다.[8] 식민주의에는 정확히 이런 문명화 사명mission civilisatrice이 필연적으로 포함되어 있었다. 그러므로 마르크스주의 관점과 마찬가지로 자유주의적 세계관에서도 제3세계의 문제나 행로에 대한 것은 분명히 없었다. 사실 이런 세계적 역사 이론에서 제3세계는 결단코 존재하지 않았다.

공산주의의 세계사적 역할

세계사 안에서 우리가 찾아야 할 공산주의의 위치는 바로 도외시된 제3세계의 역사에 있다. 여기서는 공산주의를 다음과 같은 사회 체제라고 주장할 것이다. 공산주의는 후진적이고 식민화된 사회가 봉건주의를 타파하고, 경제적·정치적 독립을 되찾으며, 토착 자본주의를 구축할 수 있도록 해주는 사회 체제다. 또는 달리 말하면, 공산주의는 덜 발달하고 식민화된 사회에서 사용되는, 봉건제에서 자본주의로 이행하는 체제다. 서구에서 공산주의는 부르주아의 부상과 동등한 기능을 한다. 이런 해석은 식민지화됐을 뿐 아니라 공산주의 혁명을 겪은 제3세계 일부에 세계사에서의 고유한 위치를 제공하지만, 이에 대한 자유주의와 마르크스주의의 인상적 서술은 부족하다.[9]

공산주의를 서구의 영향을 받은 역사의 표준 개념 안에서 생각하는 것은 잘못됐거나 무의미하다. 그 이유는 이미 보아온 것처럼, 그런 개념으로는 공산주의의 부상(자유주의 안에서)뿐 아니라 몰락(마르크스주의 안에서)도 설명할 수 없기 때문이다. 또 다른 이유도 있는데, 서구 사회가 봉건제에서 자본주의로 발전하도록 촉진시킨 조건이 제3세계에서 우세했던 조건과 근본적으로 다르고, 서구 사회가 스스로 봉건제 또는 '소상품 생산(생산자가 소유권을 가지거나 사실상 생산 수단을 소유하는 생산 형태를 가리키는 마르크스주의 개념_옮긴이)'에서 자본주의로 이행하도록 이끌었기 때문이다.

16세기 이후부터 서양 제국은 경제와 군사 발전 수준이 낮은 대부분의 제3세계 나라들을 정복하기 시작했다. 정복하기 가장 어려운 지역은 아시아였다. 아메리카와 아프리카에서 했던 것과 달리, 아시아에서는 주민을 마구 죽이거나 노예로 만들 수 없었다. 그리고 아시아는 경제와 문화의 발전 수준이 상대적으로 높았다. 서구식 발전 경로의 관점에서 볼 때, 아시아에서의(그리고 아프리카에서도) 제국주의는 다음과 같은 이유로 옹호될 수 있었다. 제국주의는 이 지역 국가들을 봉건제에서 자본주의로 이행하도록 만들고, 나아가 마르크스주의 목적론에 따라 사회주의로 이행하도록 길을 열어주는 방법 가운데 하나였다.

이런 논리는 마르크스 못지않은 한 권위자가 최초로 만들어냈다. 그리고 좀 더 최근에는 빌 워런Bill Warren이 1980년에 펴낸 자신의 저서 《제국주의: 자본주의의 선구자Imperialism: Pioneer of Capitalism》에서 마르크스주의 관점으로부터 제국주의를 옹변하는 방어 논리로 만들어냈다.[10] 달리 말하면, 제3세계가 서구식 발전 경로를 따르기 위해서는 개도국(제3세계)이 자본주의 바깥에서 자본주의 사회로 탈바꿈해야 하고, 동시에 이런 변화를 가속화하면서 세계화된 자본주의 경제에 끌려 들어가야 한다는 논리다.[11] 만약 제3세계 전체를 홍콩으로 축소할 수 있다면, 이것이야말로 정확히 서구식 발전 경로를 따르는 길이 될 것이다.

그러나 그 세계는 홍콩이 아니었다. 그런 접근법에는 다음과 같은 문제가 있었다(그 접근법의 문제는 제2차 세계대전이 끝난 후 명확해졌다). 즉, 외부로부터의 자본주의 도입은 오직 작은 규모에서만 가능하다는 문제였다. 자본주의는 홍콩과 싱가포르 같은 작은 중계무역 국가를 세우고, 통합할 수 있었으며, 서남아프리카 해안의 도시들(이를테면 가나의 아크라, 코트디부아르의 아비장, 세네갈의 다카르, 남아프리카공화국의 케이프타운)을 개발할 수 있었다.

그러나 자본주의는 대부분의 제3세계 경제를 개조하는 데는 완전히 실패했다. 마찬가지로 만족스러운 성장 실적도 이끌어내지 못했다. 제3세계 경제는 실제로 선진 자본주의 경제에 계속 더 뒤처졌고, 나아가 경제를 집중시키기 위한 방안도 조작했다. 또한 국내 생산 관계도 명확하게 자본주의적 방향으로 발전하지 않았다. 이들 제3세계 국가에서는 서로 다른 생산 방식이 계속 병존했다.

그런 문제보다 대도시 위주의 발전은 제3세계 경제의 이중 구조를 만들어냈다. 대도시 위주의 발전은 또 이런 이중 구조에 대한 신마르크스주의의 해명이 증가하는 결과를 불러왔다. 같은 시기 남아메리카에서는 구조주의와 종속이론(모두 신마르크스주의의 변종_옮긴이)이 정점을 이루고 있었다. 구조주의자들은 선진 경제('중심부' 혹은 '핵심부'로 불렸다)와의 모든 관계를 단절해야만 저개발을 극복할 수 있다고 생각했다. 그들의 주장에 따르면, 선진 경제는 제3세계 경제에 대해 자원에 바탕을 둔 수출 지향적 부문의 생산을 자극하고, 나머지 경제를 침체시킴으로써 이중 구조를 자연스럽게 강제했다. 따라서 제3세계는 핵심 주도형 발전보다는 국내 성장을 촉진하는 데 초점을 맞춰야 했다.

구조주의자들은 정통 마르크스주의자가 아니었기 때문에, 제3세계의 그런 새로운 국내 경제가 어떻게 조직되어야 하는지는 모호한 상태로 방치했다. 그러나 그들은 그 제3세계 국가가 유사한 발전 단계에 있던 서구의 국가보다 더 중요한 역할을 한다고 할지라도, 제3세계 국가에서는 (개인 소유 자본과 임금 노동으로 이루어진) 자본주의화가 계속 진행될 것이라고 암묵적으로 생각했다. 구조주의 정책은 결단코 실행되지 않았다. 브라질에서 페르난두 카르도주Fernando Cardoso 같은 구조주의자들이 권력을 잡았을 때, 그들은 완전히 다른 친자본주의 또는 친세계화 정책을 시행했다.

우리는 이런 구조주의 이론, 즉 주변부-중심(핵심)부 이론을 다음과 같이 여겨야 한다. 즉, 그 이론은 제3세계 경제를 완전히 발달한 자본주의로 탈바꿈시킬 수 없는 글로벌 자본주의의 무능력에 대한 단순한 반작용이라고 여겨야 한다. 만약 제3세계 경제를 서구 자본주의 경제의 복제판으로 개조할 수 있는 능력을 갖춘 제국주의와 글로벌 자본주의에 대해 낙관적인 마르크스주의자들의 견해가 옳았다면, 식민주의는 제3세계 경제를 영국과 프랑스 경제와 매우 흡사하게 만들었을 것이고, 구조주의의 설명은 필요 없었을 것이다(구조주의에 따르면 각 국가의 현실은 그 국가의 내부 구조에 따른 특유한 결과로, 외부로부터의 변화가 불가능하다_옮긴이).

구조주의와 종속이론의 이론가들은 이런 틈을 메우기 위해 단지 다음과 같이 설명하려고 노력할 뿐이었다. 즉, 그들은 글로벌 자본주의가 더 성공적이지 못한 이유를 설명하는 동시에, 발전 방안의 하나로 제시한 완전한 사회주의 경제(이를테면 생산 수단의 공공 소유)를 꺼린 이유를 설명할 뿐이었다. 왜냐하면 구조주의자들이 제3세계 현장에 도착했을 때, 발전 방안으로서 소련 모델은 완연한 노쇠 조짐을 보였기 때문이다.

구조주의자들은 현장에 너무 늦게 왔다. 그리고 그들이 옹호하는 것과 실제로 실행한 것(그들이 그렇게 할 기회가 있었을 때) 사이의 큰 격차는 물론, 그들의 접근법도 그런 늑장을 나타낼 뿐이었다. 제3세계의 많은 나라가 봉건제에서 자본주의로의 진정한 전환을 이루기 위해서는 공산주의 혁명이 필요했다.

식민지로 전락한 제3세계에서의 공산주의 혁명은 서구의 국내 부르주아들이 했던 기능적 역할을 똑같이 수행했다. 다음과 같은 빌 워런의 주장은 옳다. 빌 워런의 주장에 따르면, 1920년대 이루어진 코민테른의 '동방으로의 방향 전환(선진국에서의 혁명보다 반제국주의 투쟁으로 강조점을 전환)'은 마르크스주의의 역할 변화를 가져왔다. 다시 말해, 이런 방향 전환은 "마르크스주의의 역할을 민주적 노동자 계급의 사회주의 운동(부유한 나라에서의)에서 후진 사회의 근대화를 위한 운동으로 변화시켰다."[12] 빌 워런은 그 변화를 실수로 여겼지만, 실제 그 변화는 결국 저개발 국가를 자생적 자본주의 경제로 탈바꿈시킬 큰 진전이었다. 바로 다음 부분에서 왜 공산주의가 다음과 같은 변화에 유일하게 영향을 줄 수 있었는지를 설명할 것이다. 그 변화는 제국주의와 그 제국주의가 실패한 임무 또는 구조주의자들과 그들이 결단코 착수하지 않은 임무가 불러올 변화였다.

공산주의 혁명이 일부 제3세계 자본주의화에 필요했던 이유

제3세계에서 공산주의 혁명의 역할

제3세계 국가들의 실제 위치와 서구식 발전 경로에 따라 이론화됐다고 여겨지는 위치 사이에는 핵심적인 차이점이 있다. 이를 이해하기 위해서는 1920년대 제3세계 국가들의 다음과 같은 특징을 인식할 필요가 있다. ①서구와 비교해 저개발 상태였고, ②봉건제적 또는 그와 유사한 생산 관계, ③외세의 지배가 그런 특징이다.

외세의 지배는 평판이 안 좋았지만, 제3세계(중국이 대표 예)가 자신들의 저개발과 허약함을 자각하도록 만들었다. 만일 그들이 그렇게 쉽게 정복되고 지배당하지 않았다면, 그들은 자신들이 얼마나 뒤처져 있었는지 깨닫지 못했을 것이다. 따라서 ①과 ③은 저개발 국가들만의 특징으로 한정할 수 있다. 서구에는 제3세계와 유사한 단계에서 이런 두 가지 특징이 없었다.[13] 이런 이유로 제3세계 국가들은 서구식 발전 경로를 따르는 발전을 할 수 없었다.

그렇다면 제3세계에서의 어떤 사회운동이든 그 운동이 직면한 과업은 다음과 같은 두 가지였음이 명백해진다. 지배적 생산 관계를 변화시켜 국내 경제를 완전히 바꿔놓는 것, 다시 말해 지주와 여타 부호들의 숨 막히게 하는 힘을 제거하는 것이 하나다. 그리고 다른 하나는 외세의 지배를 타도하는 것이다. 따라서 다음과 같은 두 혁명, 즉 사회 혁명과 정치 혁명은 하나로 합쳐졌다. 사회 혁명과 정치 혁명의 궁극적인 목적은 각각 발전과 민족 자결권이었다. 그리고 이 두 혁명에 영향을 줄 수 있는 유일한 조직화된 세력은 공산당과 여타 좌파 및 민족주의자로 이루어진 정당들이었다. 공산당의 여타 장점(예컨대 그들 조직의 수준, 지도자와 추종자들의 자질, 그리고 그들 가운데 많은 사람은 교육을 잘 받았으며, 기꺼이 희생하려고 했다)은 제쳐두더라도, 오로지 공산당과 그 계열 조직들만이 사회 혁명과 국가 혁명을 결합시키는 데 이념적으로 헌신했다.

마오쩌둥의 어록에는 다음과 같은 부분이 있다.

> 두 개의 큰 산이 중국 인민 앞에 막중한 무게로 놓여 있다. 하나는 제국주의고, 다른 하나는 봉건제다. 중국공산당은 오랫동안 그것들을 파헤치기로 마음먹었다.[14]

따라서 "마오쩌둥의 사회주의는 근대화의 이념이면서, 동시에 유럽-아메리카의 자본주의 근대화에 대한 비판"이었다(Hui, 2003). 독립을 지향하는 다른 정당들은 당연히 민족주의자였지만, 막상 독립운동이 사회 변혁 운동으로 확산했을 때는 비틀거리며 동요했다(예컨대 힌두교 계열뿐만 아니라 이슬람교 계열의 인도 국민회의파). 그들은 혁명의 한 부분은 수행할 수 있었지만, 다른 부분은 그러지 못했다. 그리고 농민들과 노동자들의 일상생활을 위해서는 국가 혁명보다 사회 혁명이 아마도 훨씬 더 중요했을 것이다.

중국과 베트남은 사회 혁명과 국가 혁명을 결합한 가장 좋은 사례다. 두 나라가 권력을 장악하기 위해 극복했던 장애물은 위압적이면서 너무도 강력했다. 그리고 그런 장애물로 말미암아 이들 나라에서 제정신인 사람은 아무도 1925년 혹은 1930년에 자신들의 나라에서 궁극적으로 무슨 일이 일어날지 예측하지 못했다. 중국에서 가장 중요한 지역은 중국 법률이 적용되지 않는, 다수의 외세가 지배하는 지역으로 나뉘었다. 반면 명목상 중국이 지배하는 나머지 지역은 다양한 군벌이 통치했는데, 그 군벌들은 이합집산을 거듭했고, 더러는 공공연히 외세에 부역하기도 했다. 그러는 사이 가난은 끔찍해졌고, 질병과 유아 살해가 만연해졌다.

제1차 세계대전이 끝날 무렵, 우드로 윌슨Woodrow Wilson의 가장 가까운 조언자 에드워드 ('콜로넬') 하우스Edward ('Colonel') House는 다음과 같이 중국을 '문명에 위협적 존재'로 묘사했다.

> [중국은] 처참한 상태에 있다. 만연한 질병, 부족한 위생 시설, … 노예제, 유아 살해, 그리고 잔인하고 타락한 다른 관행은 전체적으로 중국을 문명에 위협적 존재로 만든다.

하우스에 따르면, 그 해결책은 중국을 국제적 '신탁통치' 아래에 두는 것이었다.[15] 국공 내전(국민당과 공산당 사이의 내전)과 세계 대공황으로 중국이 빈곤의 나락으로 더욱 빠져들 무렵, 중국 면방직공장 소유주 협회는 직물 옷감 추정을 위해 시골 마을 조사를 착수했다. 그 조사에 따르면 "처참한 상황을 발견했다. 쓰촨성 여성들은 치마를 입지 않았는데, 지방의 황폐화로 농부들이 옷감을 살 수 없었고, 많은 가정에서는 가족 구성원들이 하나의 옷을 돌려가며 입었기 때문이었다(Shiroyama, 2008)."

같은 시기 베트남은 프랑스 손아귀 안에 있었다. 프랑스는 효율적이면서도 수탈적이며 억압적 행정으로 베트남을 지배했다.[16] 베트남에서 민족 해방, 국토 통일, 그리고 사회적 관계의 변혁이라는 이상은 너무나 멀고 약했다. 그래서 다음과 같이 말하는 것은 과장된 것이 아니라고 생각한다. 100만 명 가운데 그 누구도 합리적으로 그런 이상이 현실이 된다는 데 내기를 걸 수 없었을 것이다. 그런데도 베트남은 너무나 멀고 약했던 그런 이상을 현실화했다.

사회 혁명과 국가 혁명

제3세계에서 공산당이 승리한 배경에는 사회와 국가라는 두 가지 측면이 있다. 여기서는 가장 중요한 사례, 즉 중국공산당의 승리를 통해 그 두 측면을 설명할 것이다.

중국공산당은 1920년대~1930년대 자신들의 통제 아래 있던 지역에서 처음으로, 그리고 1949년 중국 전역에서 승리한 이후 다음과 같은 조치를 지지하고 실행했다. 즉, 포괄적인 토지개혁과 시골 지역의 유사 봉건 관계 청산, 그리고 씨족 기반의 사회관계를 약화시키는 조치를 지지하고 실행했다. 이런 조치는 좀 더 현대적인 핵가족 구조와 남녀평등으로 이어졌다.

또 이는 농민과 노동자 가정의 자녀들을 위해 교육과 고용에서의 '차별 철폐'와 함께, 문해력文解力과 교육을 폭넓게 촉진시켰다. 이것은 역사적으로 이어져 내려온 위계질서를 완전히 뒤엎는 것이나 다름없었다.[17] 이 모두는 유교에 대한 거부와 함께 진행됐다. 유교는 효도, 권위에 대한 절대적인 존경, 온순함을 강조함으로써 그런 대단히 부당한 구조가 수 세기 동안 지속하도록 묵인했다.

민족주의 정당인 국민당은 놀랍게도 이런 대대적 변화에 전혀 관여하지 않았다. 만일 그럴 수 있었다고 할지라도 결단코 관여하지 않았을 것이다. 게다가 1920년대 국민당과 중국공산당이 '협력한' 시기(1924~1927년의 제1차 국공합작 시기_옮긴이) 동안이나 일제 강점기 동안, 중국공산당은 국민당을 만족시켜 공동 전선을 유지하기 위해, 가장 중요한 일부 개혁 조치를 보류하는 데 동의했다. 그런 개혁 조치 가운데 토지개혁이 특히 논란이 가장 많았다.

두 번째 국가적 측면은 중국공산당과 마오쩌둥의 지도력에서 잘 드러난다. 마오쩌둥은 1935년에 당 권력을 잡았다. 비록 마오쩌둥과 중국공산당은 스탈린과 코민테른의 지시에 말로만 동의를 표시했지만, 사상적으로 그리고 미래 국가 조직에 대한 그들의 계획으로 미뤄볼 때 그들은 분명히 스탈린주의자였다. 그런데도 모스크바나 심지어 국제 공산주의 internationalism와도 거의 관련이 없는 국가 혁명을 추진했다.

마오쩌둥과 중국공산당은 사회주의 혁명을 불러일으킬 핵심 세력인 도시 노동자 계급과 대립하는 소농(또는 소작농) 계급의 역할을 강조했다. 마르크스주의 의미에서 이는 정통이 아닐 뿐 아니라, 상하이 노동자를 소비에트라는 미래 국가의 핵심으로 보았던 코민테른이 오랫동안 견지해온 정책에도 반하는 것이었다. 마오쩌둥은 이런 코민테른의 정책을 무시했다. 그리고 1935년에는 모스크바가 승인한 왕밍王明(본명은 천사오위陳紹禹)이 이끈 중국공산당 지도부를 자신과 자신의 민족주의 핵심 그룹으로 대체했다.

여기서 마오쩌둥에 대한 왕환시王凡西의 평가를 인용할 만한 가치가 있다. 중국공산당 초기 지도자 가운데 한 명이었던 그는 훗날 자신의 트로츠키주의 성향 때문에 축출됐지만, 마오쩌둥과 중국공산당에 대해 감정적일 이유가 없는 사람이었다.

> [중국공산당 내에서] [스탈린주의자가 속하는] 파벌의 측면에서, 마오쩌둥은 스탈린주의자였던 적이 한 번도 없다. 스탈린주의자들은 마오쩌둥 같은

> 자기 견해를 고집하는 사람을 결단코 영입하지 않았을 것이다. … 그는 중국 고전 문헌으로 자신의 이념적 기초를 쌓았다. … 특히 마르크스-레닌주의를 통해 근대 유럽 사상에 대한 지식을 습득했다. … 중국이라는 견고한 토대 위에 외래 양식의 대략적 상부구조를 구축할 때까지 … [그는] 또한 옛 중국학자에 대한 특유의 강한 자부심을 절대 버리지 않을 것이다.[18]

사실, 중국공산당은 '고문'으로 온 외국 공산주의자들과 아무런 이의 없이 그들을 따르는 중국인을 '적색 매판買辦(이전 중국에서 외국 상사 같은 곳에 고용되어 외국과의 중개 매매를 한 중국인_옮긴이)[19]'으로 보았다.

이는 중국 혁명이 민족주의에 개방적임을 드러낸다. 그런 개방성은 중국 혁명으로 중국공산당이 권력을 장악하는 방식과 그들이 대표하는 계급의 이익(이는 마르크스주의 이론을 무시하는 것)에서만 드러나는 것이 아니다. 전 세계 공산주의의 중심이라고 여겨졌던 곳(모스크바)으로부터 사상적 독립에서도 드러난다. 다만 중국공산당은 다른 나라 공산당과의 관계에서만 민족주의를 드러내지 않았고, 점령군 일본과 중국을 분할한 서구 열강에 대해서는 민족주의 태도와 행동을 취했다. 따라서 중국에서 민족주의는 고전적 마르크스주의의 서구식 발전 경로와 코민테른의 정책에 대한 거부뿐 아니라, 일본과 서구 제국주의에 대항하는 투쟁에서 나타난다.

중국의 좌익 세력과 공산주의 정당들은 사회 혁명과 국가 혁명을 동시에 착수했다. 이를 통해 모든 이데올로기와 관습을 '백지상태'로 만들 수 있었다. 그 이데올로기와 관습은 경제 발전을 더디게 만들고, 사람들 사이에 인위적 분열을 조장하는 것(훨씬 덜 급진적이었던 인도 혁명이 결코 없애지 못한 카스트 제도와 같은 것)으로 여겨졌다. 또 이를 통해 외세 통치를 끝낼 수 있었다.

동시에 일어난 이 두 혁명은 국내 발전을 성공적으로 이루기 위한 전제 조건이었다. 그리고 더 장기적으로는 서유럽과 북미에서 그랬던 것처럼 경제를 발전시킬 토착 자본가 계급의 형성을 위한 전제 조건이기도 했다. 토착 자본가 계급은 서유럽과 북미에서 그랬던 것처럼 중국 경제를 발전시킬 것이었다.

하지만 여기서 유념할 점이 하나 있다. 중국의 봉건제에서 자본주의로의 이행은 유럽과 북미의 과정과는 달리 극도로 강력한 국가 통제 아래 이루어졌다는 점이다. 유럽과 북미에서는 국가의 역할이 훨씬 덜 중요했고, 외국의 간섭에서도 자유로웠다.[20] 이는 (중국과 서구의) 근본적인 차이점이다. 그리고 이런 국가 역할의 차이는 자본주의가 국가에 대해 권위적 우위를 가진 이유를 설명해준다. 그런 자본주의는 과거(한국)나 현재(에티오피아, 르완다)뿐만 아니라, 중국과 베트남 그리고 여타 많은 나라에서 볼 수 있다.

공산주의는 어떤 점에서 성공했나?

후진국에서 공산주의가 더 성공적이었다는 사실은 다음과 같은 주장을 뒷받침해준다. 공산주의는 서구 식민지였거나 서구의 지배를 받은 나라가 봉건제에서 토착 자본주의로 이행할 수 있도록 만든 체제였다. 공산주의의 성공은 대략적인 성장률이나, 발전 수준이 같은 자본주의 국가와 공산주의 국가의 실적 비교를 통해 측정해볼 수 있을 것이다. 이런 방법으로 공산주의의 성공을 측정할 때, 공산주의 국가가 된 당시의 국가 소득 수준과 그 이후의 절대 성장률 또는 자본주의 상대국에 대한 상대적인 성장률 사이에는 부정적인 상관관계가 있음을 발견할 수 있다. 이것이 의미하는 바를 간단히 말하면 다음과 같다. 공산주의가 동독과 체코슬로바키아 같은 선진 산업국에서는 덜 성공적이었던 반면, 중국과 베트남 같은 가난한 농업 사회에서는 가장 성공적이었다.

더 발전된 나라에서 드러나는 이 같은 공산주의의 상대적 실패는 1970년대 중반부터 더욱 두드러졌다. 그 이후부터 중부 유럽의 공산주의 국가와 비슷한 자본주의 국가(오스트리아 같은) 사이의 격차가 벌어지기 시작했다. 이는 공산주의의 역사적 경제 성과와 더불어, 몰락 이유를 고찰한 중요한 문헌 창출로 이어졌다. 그 가운데 일부는 공산주의 몰락 이후 출판됐다. 공산주의 몰락에 대한 가장 일반적 설명으로는 다음 두 가지를 들 수 있다. 공산주의 체제의 혁신 능력 부재와 자본을 노동으로 대체하지 못한 무능이 그것이다. 둘 다 기술적 변화를 창출하고 관리하지 못한 무능력으로 볼 수 있다.

첫 번째 설명, 즉 공산주의 체제의 혁신 능력 부재(Broadberry & Klein, 2011)는 다음과 같은 사실을 강조한다. 공산주의 국가들은 비교적 단순한 수준의 네트워크 산업을 뛰어넘어 대규모 경제(댐과 전기 발전, 통합된 철강공장, 철도 등)로 나아가는 데 성공하지 못했고, 이 때문에 뒤따르는 기술 혁명을 완전히 놓쳤다. 브로드베리와 클라인은 이렇게 말했다.

> 중앙집권적 계획 경제는 대량생산 시대에는 만족스러운 생산 실적을 낼 수 있었다. 그러나 생산 기술의 유연성이 필요했던 1980년대에는 적응할 수 없었다.

공산주의가 먼저 무너지지 않았다고 하더라도, 아마도 공산주의 국가들은 ICT 혁명을 놓쳤을 것이다.

두 번째 설명, 즉 자본을 노동으로 대체하지 못한 무능(Easterly & Fischer, 1995; Sapir, 1980)은 자본과 노동을 서로 대체할 수 없다는 대용 가능성의 부재를 더 강조한다. 이 대용 가능성의 부재가 의미하는 것은 최종 생산물이 거의 고정된 두 요소(자본과 노동)의 비율에 따라 생산된다는 뜻이다. 이런 상황에서 생산 수준은 자본과 노동 가운데 덜 풍부한 요소에 따라 결정(제한)된다. 인구가 증가하지 않으면 노동력이 부족해지는데, 이 노동력 부족은 더 많은 자본으로 대신 메꿀 수 없다(공산주의 체제는 노동력 부족을 더 많은 자본 투입으로 벌충할 수 없다_옮긴이). 그 저자들에 따르면, 이는 소련과 동유럽에서 벌어진 일이다.

선진국에서 최소한의 성공을 거둔 콘트라 마르크스, 사회주의

앞의 두 설명은 모두 다음과 같은 의미를 함축하고 있다. 경제가 더 복잡하고 정교해질수록 사회주의 경제 체제는 그 효율성이 떨어진다는 것이다. 최근의 증거들은 이를 확인시켜준다. 타마스 보뇨Tamas Vonyó는 2017년 동유럽에서 사회주의가 존재했던 전후(제2차 세계대전 이후)의 전 기간을 다룬 상세한 연구를 통해 세 가지 중요한 결과를 발표했다. 그

도표 3-1 유럽의 사회주의 대 자본주의 경제 실적(1950~1989년)

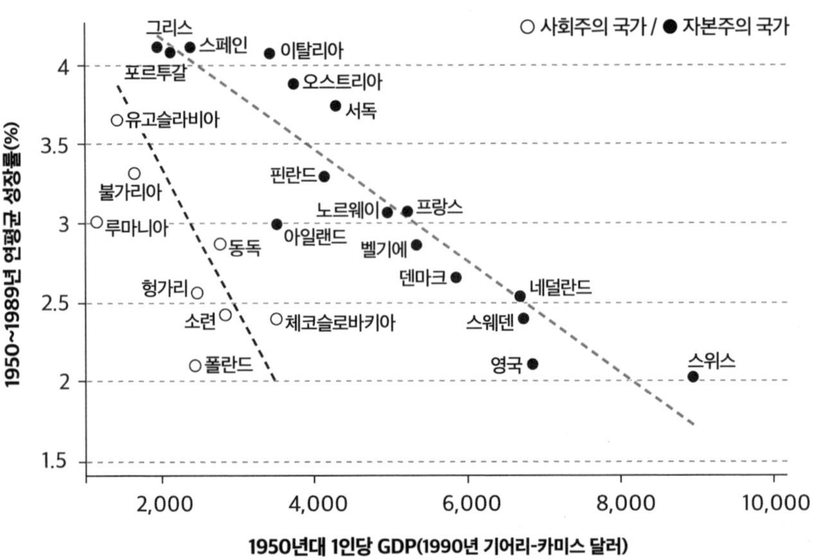

출처: 타마스 보뇨(2017년, 255). 승인하에 재인용.

결과는 〔도표 3-1〕에서 볼 수 있다.

첫째, 1950년을 기준으로 좀 더 발전된 선진국들은 이후 39년 동안 평균 성장률이 더 낮았다. 이 결과는 소득 수렴 현상을 암시하는데, 유럽의 사회주의 국가와 자본주의 국가 모두에 해당되는 것이다. 그리고 이는 〔도표 3-1〕에서 두 선, 즉 '1950~1989년 연평균 성장률(%)'과 '1950년대 1인당 GDP'를 나타내는 선이 모두 아래로 경사져 있는 이유다.

둘째, 사회주의 국가는 어떤 (초기) 소득 수준에서도 자본주의 국가보다 더 나쁜 성과를 보였다. 이 때문에 〔도표 3-1〕에서 사회주의 국가들이 모인 지점을 지나는 선이 자본주의 국가들이 모인 선보다 아래쪽에 있다.

셋째, 초기 소득 수준이 높아질수록 두 유형의 국가 사이의 실적 격차도 커진다(즉, 선진국일수록 격차는 더 커진다). 이 때문에 〔도표 3-1〕에서 두 선 사이의 거리, 즉 1950년 더 부유했던 나라의 선과 더 가난했던 나라의 선 사이의 거리가 점점 더 벌어진다.

이 같은 자본주의 국가와 사회주의 국가(공산당이 운영) 사이의 비교는 매우 중요하다. 왜냐하면 사회주의 국가의 열등한 실적을 보여줄 뿐만 아니라, 더 부유한 사회주의 국가의 열등한 경제적 성과를 다음과 같이 두 부분으로 분류할 수 있도록 해주기 때문이다. ①경제적 수렴에서 비롯되는 부분(이를테면 영국의 성과를 스페인과 비교하든, 체코슬로바키아의 성과를 불가리아와 비교하든 간에 존재하는 비제도적인 특정 부분), 그리고 ②제도마다 다르고, 부유한 자본주의 국가보다 훨씬 뒤처지는 부유한 사회주의 국가의 실적에서 나타나는 부분이다.

여기서 중요한 핵심 부분은 두 번째 부분이다. 사회주의는 가난한 나라보다 부유한 나라들에서 경제적으로 훨씬 덜 성공적이었다. 결국 이 두 번째 부분은 정확히 그 반대를 주장하는 마르크스주의나 서구식 발전 경로의 직선적인 접근법을 약화시킨다. 사회주의의 실패는 잘사는 서구 국가가 아닌 러시아 같은 주변국에 적용됐던 것에서 비롯하지만 사실은 그 반대다. 만약 사회주의가 서유럽에 적용됐다면, 동유럽에서보다 훨씬 덜 성공적이었을 것이다. 마르크스주의의 목적론을 단순하게 위조하는 것은 부유한 나라에서 사회주의 실패로 이어질 수 있다.

웬디 칼린Wendy Carlin, 마크 샤퍼Mark Shaffer, 폴 시브라이트Paul Seabright(2012)도 같은 결론에 도달했는데, 사회주의 국가의 실적은 소득 수준에 따라 서로 달랐다. 그들은 상대적으로 가난한 나라가 중앙집중 계획의 이점(개선된 인프라와 더 나은 교육 같은)으로부터 더 많은 이익을 보았음을 보여주었다. 그 이익은 그런 나라가 시장 유인책의 부재로 겪었던 것보다 컸다. 따라서 장기적 성장률 측면에서 볼 때, 가난한 사회주의 국가는 자본주의 상대국에 비해 이익이 더 많았다. 그러나 부유한 사회주의 국가는 그 반대였다. 그런 나라는 시장의 부재로 장기적 성장률이 자본주의 상대국보다 낮았다.

그러므로 이론과 경험에서 드러난 증거로 미뤄볼 때, 후진국(즉, 공산주의가 봉건제에서 토착 자본주의로의 이행을 가능케 했던 바로 그 나라)이 공산주의가 불러온 변화로부터 이익을 얻을 가능성이 가장 높다. 일부 공산주의 국가가 국가자본주의 국가로 탈바꿈한 지난 30년을 포함한 훨씬 더 오랜 기간에 걸친 그들의 성과를 살펴보면, 그 이점이 확산되어왔음을 알 수 있다.

〔도표 3-2〕는 1990~2016년까지 중국, 베트남, 미국(자유 성과주의적 자본주의를 대표한다고 볼 수 있음)의 1인당 연간 GDP 성장률을 보여준다. 중국의 성장률은 평균 약 8%고, 베트남은 약 6%인데, 미국은 겨우 2%다. 성장률 격차가 클 뿐 아니라, 1990~2016년까지 모든 해에 걸쳐 그 격차가 일정하다. 26년에 걸친 기간 동안 베트남과 미국이 같은 성장률

도표 3-2 중국, 베트남, 미국의 1인당 GDP 실질 성장률 변화(1990~2016년)

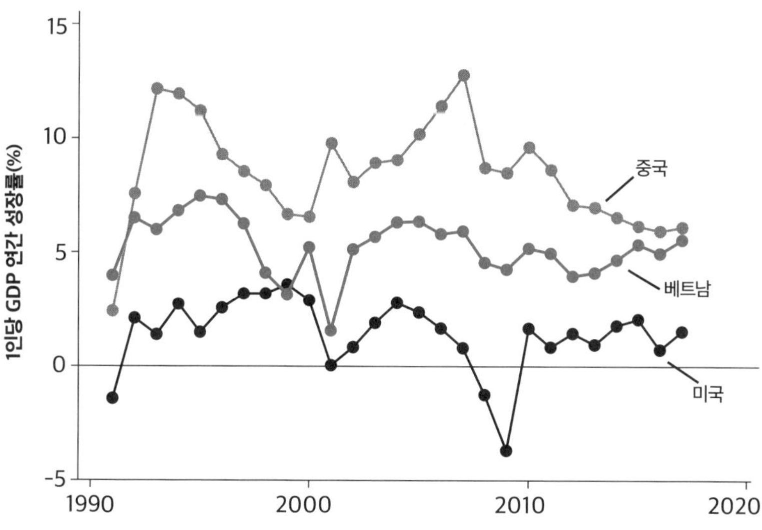

실질 성장률의 변화를 나타낸 것으로, 2011년 구매력 평가 지수를 바탕으로 한다.
출처: 세계은행 2017년판 세계개발지수.

을 보인 기간은 단 1년밖에 되지 않는다(바로 1997년인데, 아시아 금융 위기가 몰아닥친 해였다).

그리고 중국의 성장률을 보면 미국의 성장률과 같거나 낮은 연도는 없다. 뒤에서 자세히 볼 수 있겠지만, 국가자본주의 국가가 보여준 이런 놀라운 성과는 사회를 조직하는 최선의 방법을 가지고 국가자본주의가 자유자본주의와 경쟁할 수 있는 중요한 요소로 작용한다. 적어도 번영을 핵심 기준으로 본다면 그렇다. 하지만 실적의 격차가 앞으로도 계속 이어질지는 분명하지 않다는 점은 알아야 한다. 중국과 베트남 같은 국가가 생산 가능성의 한계에 접근함에 따라 그리고 이 나라들의 성장이 혁신에 더 의존함에 따라서 성장의 속도가 느려질 수도 있다(자세한 내용은 부록 C 참조).

그러나 그런 성장 속도의 둔화 정도가 오늘날의 부유한 국가 수준과 같아질지, 아니면 그런 둔화로 말미암아 그 나라들이 뒤따라오는 다른 나라의 본보기로 되기에 부족하게 될지 모두 정확히 알 수는 없다(두 세대에 걸쳐 매우 가난한 나라에서 매우 부유한 나라를 향해 나아가는 이 나라들의 그야말로 진정한 놀라운 여정에도 불구하고 말이다).

중국은 자본주의 국가인가?

그런데 중국은 정말 자본주의 국가일까? 이는 종종 때로는 수사적으로, 때로는 진지하게 묻는 물음이다. 2부에서 소개한 자본주의에 대한 마르크스-베버의 표준적 정의를 사용하면, 이 질문에 대해 빠르게 답변할 수 있다. 한 사회가 자본주의 체제로 평가받기 위해서는 다음과 같은 조건을 갖춰야 한다. 먼저, 생산의 대부분은 개인 소유의 생산 수단(자본, 토지)을 사용해 수행되어야 한다. 그리고 대부분의 노동자는 임금노동자여야 한다(법적으로 토지에 얽매이면 안 되고, 자신의 자본을 이용한 자영업자로 일해도 안 된다). 또 생산 및 가격에 대한 대부분의 결정은 분권형 방식이어야(즉, 기업의 생산 및 가격 결정을 강요하는 사람이 없어야) 한다. 중국은 이 세 조건 모두에서 분명한 자본주의에 속한다.

1978년 이전까지 중국 국영(국유)기업SOEs(state-owned enterprises)의 산업 생산량 비율은 100%에 가까웠다. 이는 대부분의 산업 기업이 국가 소유였기 때문이다. 그 국영기업은 중앙계획경제의 테두리 안에서 기업 활동을 했다. 그 기업들은 옛 소련의 국영기업보다 더 유연하고 훨씬 적은 상품을 다루었지만, 그럼에도 주요 산업 생산(석탄 및 여타 채굴 원료, 철강, 석유, 실용품 등)은 모두 포함했다. 그중 일부 품목은 여전히 국영기업이 대부분 공급한다. [도표 3-3]에서 보듯이 1998년까지 산업생산량에서 차지하는 국가의 점유율은 50%를 약간 웃도는 수준으로 이미 절반으로 줄었다. 그 이후로 매년 꾸준히 감소했으며, 현재는 20%를 약간 웃도는 수준이다.

농업 부분에서는 이런 상황이 더욱 분명하게 드러난다. 중국의 개혁·개방(1978년) 이전에는 대부분의 생산이 마을 공동체에서 이뤄졌다. 그

도표 3-3 중국 국영기업이 생산한 산업생산량 비율(1998~2015년)

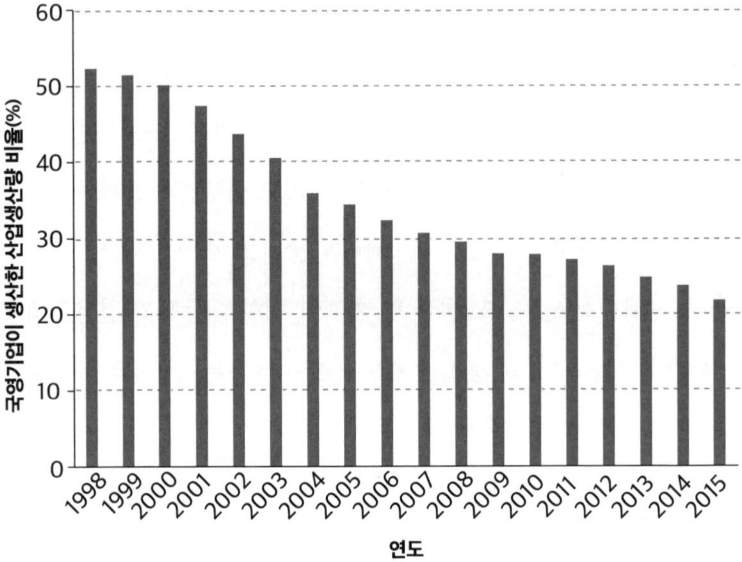

출처: 세계은행 베이징사무소 천린 장(Chunlin Zhang)이 제공한 중국 공식 통계.

러던 것이 1978년 이후 사유지 임대를 허용한 '책임제'가 도입되면서, 거의 모든 농업 생산이 사적(개인적)으로 이루어졌다. 물론 농민 대부분은 임금 노동자가 아닌 자영업자다. 이런 생산 방식은 마르크스주의 용어로 '소상품 생산'이라 불린다. 이는 역사적으로 중국 농업을 조직하는 전형적 방식이다. 그래서 농촌 지역의 현재 소유 구조는 과거로 약간 회귀한 것으로 볼 수 있다(한 가지 중요한 차이는 지주의 부재다).

하지만 농촌에서 도시로의 이탈(농촌 이탈) 현상이 계속됨에 따라, 농업 부분에서도 자본주의적 관계가 더욱 정착될 가능성이 높다. 이와 함께 향鄕(중국의 5급 행정구 가운데 제4급 행정구_옮긴이) 및 마을 기업(집단 소유 기업)도 떠올릴 수 있다. 이런 기업 형태는 지금은 과거보다 덜 중요하지만, 농촌의 잉여 노동력을 활용해 비농업 상품을 생산하면서 급성장했다. 이런 기업은 임금 노동력을 사용한다. 하지만 그 소유 구조는 매우 복잡한데, 국가와 일부 기업, 그리고 순수한 민간의 소유권이 다양한 비율로 결합해 있으며, 지역마다 다르다.

민간 기업은 단지 숫자만 많은 게 아니다. 규모가 큰 민간 기업도 많다. 공식 자료에 따르면, 전체 부가가치 생산 순위에서 상위 1% 기업 가운데 민간 기업이 차지하는 비율은 1998년 약 40%에서 2007년 65%로 증가했다[Bai Chong-En, Hsieh Chang-Tai & Song (Michael) Zheng, 2014].

중국에서의 소유권 형태는 복잡하다. 이는 종종 중앙정부, 지방정부, 공동, 민간, 외국인의 소유권이 다양한 비율로 포함됐기 때문이다. 그러나 생산 측면에서 계산된 전체 GDP에서 국가의 역할은 20%를 넘지 않을 것 같다.[21] 반면 국영기업과 집단 소유 기업에 고용된 노동력은 전체 농촌 및 도시 고용의 9%를 차지한다(2017년 중국 노동통계연보China Labor Statistical Yearbook). 이 비율은 1980년대 초 프랑스의 비율과 비슷하다(Milanovic, 1989).

이어지는 다음 부분에서 설명하겠지만, 국가자본주의의 특징 가운데 하나는 실제로 국가가 다음과 같은 중요한 역할을 하는 데 있다. 국가는 자본 소유권을 공식적으로 대리하면서 쉽게 그 역할을 넘어선다. 하지만 여기서 말하고자 하는 요점은 단순히 중국 경제의 자본주의적 성격에 대한 약간의 의구심을 없애자는 것이다. 그 의구심은 경험적 근거에 바탕을 두고 만들어지지 않는다(자료가 그 근거를 명백히 무효로 만들기 때문이다). 그 의구심은 집권당을 '공산당'이라고 부르는 그럴듯한 근거에서 생기는 것이다. 마치 공산당이라고 부르는 것만으로도 경제 체제의 성격을 단정하기에 충분한 듯이 말이다.

소유 부문별 고정 투자 분포도 민간 투자 비율이 더 높아지고 있다는 추세를 매우 뚜렷하게 보여준다(도표 3-4). 민간 투자는 이미 고정 투자의 절반 이상을 차지한다. 반면 국가의 투자 비율은 약 30% 수준이다(나머지는 집단 부문과 외국인 민간 투자로 구성되어 있다).[22]

이런 변화는 또한 전체 도시 고용에서 국영기업 노동자가 차지하는

도표 3-4 중국의 소유 부문별 고정 투자(2006~2015년)

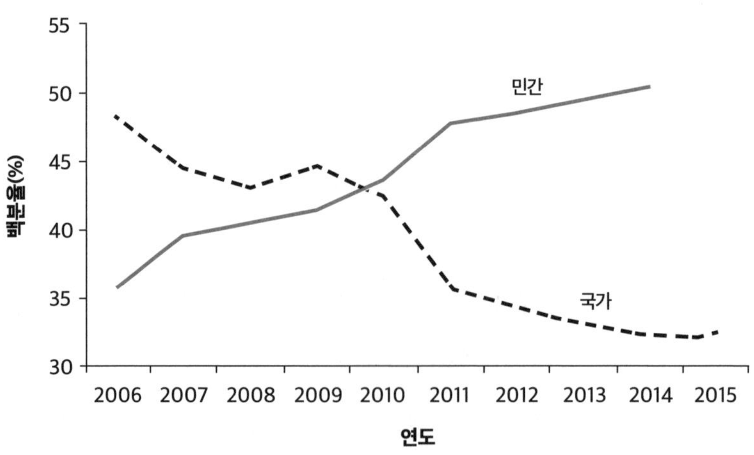

출처: 세계은행(2017, 도표 1.6).

도표 3-5 중국 전체 도시 고용에서 국영기업 노동자가 차지하는 비율(1978~2016년)

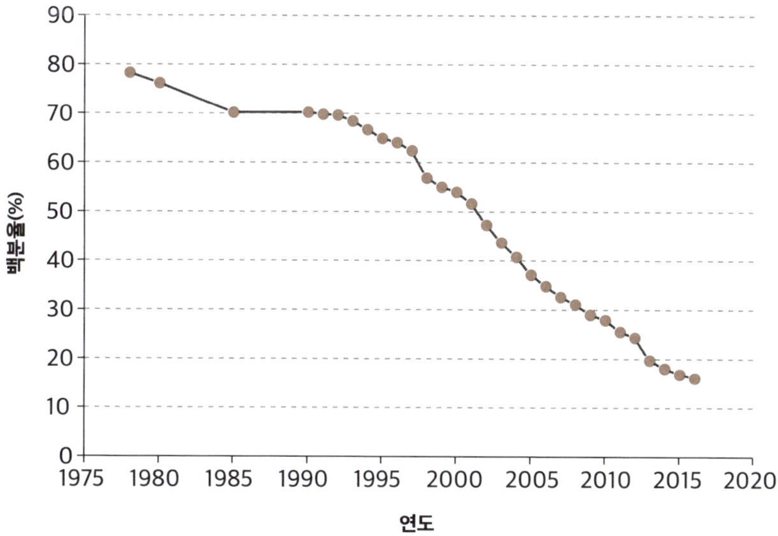

자료 원본: 중국 국가통계청, 각 연도별 통계 연보, 하이얀 딩(Haiyan Ding)이 제공한 통계 등을 바탕으로 작성.

비율에서도 매우 뚜렷하게 드러난다(도표 3-5). 개혁·개방 이전에는 거의 80%의 도시 노동자가 국영기업에 고용됐다. 그 비율은 매년 계속 하락했는데, 지금은 16%도 안 된다. 농촌 지역에서는 앞에서 말한 책임제 아래 사실상의 토지 사유화로, 거의 모든 농촌 노동력이 민간 부문의 농업인으로 완전히 탈바꿈했다.

결론적으로, 사회주의와 자본주의 생산 방식의 차이는 분권화된 생산과 가격 결정에서 가장 극적으로 나타난다. 이를테면 개혁·개방 초기에는 국가가 농산물의 93%, 공산품의 100%, 소매품의 97%의 가격을 결정했다. 그러던 것이 1990년대 중반에는 그 비율이 뒤집혔다. 소매 상품의 93%, 농산물의 79%, 생산 자재의 81%에 대한 가격이 시장에서 결정됐다(Minxin Pei, 2006). 오늘날에는 심지어 더 높은 비율로 가격이 시장에서 결정된다.

국가자본주의의 주요 특징

세 가지 특성, 두 가지 모순

베버는 자신의 저서 《프로테스탄트 윤리와 자본주의 정신The Protestant Ethic and the Spirit of Capitalism》에서 정치적 동기에 따른 자본주의를 다음과 같이 정의했다.

> 정치적 동기에 따른 자본주의는 경제적 이익을 얻기 위해 정치권력을 사용하는 것이다.

또 그는 이렇게 말했다.

발기인, 대규모 투기꾼, 이권에 급급한 사람들의 자본주의도 있고, 심지어 평화 시에도 현대 금융자본주의가 많이 있지만, 무엇보다 전쟁을 이용하는 데 특별한 관심이 있는 자본주의는 이런 특징, 즉 [무력(武力), 정치적 관계 또는 투기를 통한 부의 획득]이라는 특징을 보인다. 심지어 현대 서구 국가에도 이런 특징이 있다. 그리고 일부 … 대규모 국제무역도 이런 자본주의와 밀접한 관계가 있다.

베버는 《경제와 사회Economy and Society》에서 이런 생각을 다음과 같이 더 발전시켰다.

국가자본주의는 … 조세 징수 도급tax farming(국가가 현금 지불의 대가로 승인한 개인의 세금 징수_옮긴이), 정치적 필요에 따른 국가의 수익성 공급, 전쟁, 해적 행위, 대규모 고리대업, 식민지 개척이 있는 곳이면 어디에나 존재했다.

오늘날 국가자본주의를 실행하는 나라, 특히 중국, 베트남, 말레이시아, 싱가포르는 매우 효율적이고 기술적으로 정통한 관료들에게 이 제도를 책임지도록 함으로써 이 모델을 수정했다. 이는 국가자본주의의 첫 번째 중요한 특징이다. 이런 관료 체제(이 제도의 명확한 주요 수혜자)의 주된 임무는 높은 경제 성장을 실현하고, 이 목표를 달성할 수 있는 정책을 실행하는 것이다. 경제 성장은 국가 통치의 합법화를 위해 필요하다. 특히 법치가 부재하기 때문에 만약 그 관료 체제가 성공하려면, 테크노크라시technocracy(과학·기술 분야의 전문가들이 많은 권력을 행사하는 정치 및 사회 체제_옮긴이)가 되어야 할 필요가 있고, 그 구성원을 선택할 때는 성과에 바탕을 둘 필요가 있다. 구속력 있는 법치가 없다는 점이 국가자본주의의 두 번째 중요한 특성이다.

현대 국가자본주의의 창시자 덩샤오핑

덩샤오핑은 1970년대 후반부터 1990년대 중반까지 중국의 탁월한 지도자였다. 그는 현대 국가자본주의, 민간 부문의 역동성을 결합한 접근법(이데올로기를 초월한), 관료주의의 효율적 통치, 그리고 일당 정치 체제의 창시자로 여길 수 있다. 중국 총리이자 짧은 기간 공산당 총서기를 지냈던 자오쯔양趙紫陽(1989년 천안문 사태 이후 실각)은 2009년 자신의 회고록에서 덩샤오핑의 정치관을 다음과 같이 묘사했다.

> 그는 특히 다당제, 서구 국가의 삼권 분립과 의회 제도에 반대했으며, 단호히 거부했다. 정치 개혁을 언급할 때는 거의 언제나, 그는 서구 정치 체제를 절대로 채택할 수 없다고 분명히 말했다.

덩샤오핑은 경제 개혁의 바탕을 '사실에서 배우는 것'과 민간 부문의 폭넓은 재량을 허용하는 것에 두었다. 하지만 민간 부문의 재량이 국가와 공산당에 대해 우선권을 요구할 만큼 결코 그렇게 넓거나 강력하지는 못했다. 정치 개혁은 체제의 효율성 향상을 의미하지만, 단지 '행정

개혁'에 지나지 않는다고 자오쯔양은 썼다.

경제 분야에서 덩샤오핑의 관점은 보수파 '원로'였던 천윈陳雲(중국 최초 5개년 계획을 수립한 인물)의 관점과 크게 다르지 않았다. 천윈은 민간 부문의 알맞은 역할을 새장 속의 새라는 은유를 사용해 다음과 같이 설명했다. 만약 민간 부문이 너무 엄격하게 통제되면, 갇힌 새처럼 질식할 정도로 답답할 것이다. 하지만 반대로 완전히 자유롭게 내버려두면, 멀리 날아가 버릴 것이다.[23] 그래서 가장 좋은 방법은 새를 넓은 새장에 넣어두는 것이다.

이 은유는 중국의 개혁·개방에 대한 보수적인 해석과 관련이 있지만, 덩샤오핑의 관점은 단지 그가 민간 부문을 에워싸고자 하는 새장의 크기 측면에서만 다르다고 할 수 있다(덩샤오핑은 공산당이 통제하는 범위 이내에 민간 부문을 묶어두고 싶은 것이라고 풀이할 수 있다_옮긴이). 그러나 덩샤오핑이 제한하고 싶었던 것은 민간 부문의 크기가 아니라, 그 민간 부문의 정치적 역할이었다. 다시 말해, 덩샤오핑이 제한하고 싶었던 것은 국가 정책에서 민간 부문의 우선권을 강요할 수 있는 민간 부문의 능력이었다.

밍샤Ming Xia의 적절한 요약에 따르면, 덩샤오핑은 '국가사회주의에서 자본주의로의 부드러운 이행, 즉 연착륙을 설계한 핵심 건축가'였다. 그러나 또한 덩샤오핑은 "그 어떤 사상이라도 위험하다고 여겨지면 파괴하는 데 주저하지 않았다. … 그는 〔1986년에〕 '부르주아 자유화' 풍조를 중단시켰고, 〔1989년에〕 학생 시위를 아주 잔인하게 진압했다(Ming Xia, 2000)." 덩샤오핑의 중국뿐만 아니라 더 넓게 국가자본주의 모델을 규정했던 것은 바로 이런 이중의 유산이다.

덩샤오핑의 접근 방식은 조반니 아리기Giovanni Arrighi가 2007년 《베이징의 애덤 스미스: 21세기의 계보Adam Smith in Beijing: Lineages of the Twenty-First Century》에서 스미스식 경제Smithian를 '자연적' 시장의 발전이라고 한 것과 유사하다. 그곳에서는 자본가의 이익이 최고로 군림하는 것을 결단코 허용하지 않으며, 국가는 국익 정책을 따라가기 위해, 그리고 필요하다면 민간 부문을 통제하기 위해 중요한 자치권을 유지한다.

국익(매우 중상주의적 특징)에 따라 유도되고 민간 부문을 통제하는 국가의 이런 이중적 능력은 현대 국가자본주의의 가장 중요한 특징이다. 이 특징은 국가자본주의의 세 번째 중요한 특성이라고 할 수 있다. 이는 국가가 결정적으로 행동할 수 있도록 하기 위해 법적 제약으로부터 독립을 요구한다. 한마디로 말하면, 법률에 따른 의사 결정이 아닌(두 번째 특성에서 언급), 사람에 따른 임의적 결정이 필요하다는 것이다.

모든 국가와 마찬가지로, 국가자본주의 체제의 국가에도 법은 분명히 존재하며, 그 법은 대부분의 사례에 적용된다. 그러나 법의 지배가 보편적으로 작동하지는 않는다(즉, 그 법은 정치적 연관성이나 정치적 협력 관계와 상관없이 모두에게 적용하기 위해 만들어졌다). 왜냐하면 법의 지배는 국가자본주의 체제의 근본적 설정을 파괴하고, 주요 수혜자에게 영향을 미치기 때문이다.

엘리트들은 독단적으로 이익을 얻는다. 법이 불편할 때, 필요한 경우에는 간단히 그 법을 엘리트 자신이나 그 지지자에게 적용되지 않도록 할 수 있기 때문이다. 반면에 '달갑잖은' 정치 행위자나 사업 경쟁자를 처벌할 필요가 있을 때, 엘리트들은 온 힘을 다해(그리고 심지어 조금 더 추가해서) 법을 적용할 수 있다. 예를 들면, 시진핑이 통상적으로 두 번의 임기를 넘겨 국가주석의 임기를 연장할 필요가 있었을 때, 공산당 규약은 적용되지 않았다(여기서 저자는 당 규약과 헌법을 혼동한다. 중국공산당의 실질적 규범은 공산당 규약이며 아직 바꾸지 않았다. 헌법만 개정했다_옮긴이). 혹은 블라디미르 푸틴이 네 차례나 러시아 대통령 선거에 출마함으로써 법의 정신을 피해야 할 필요가 있었을 때도 법은 적용되지 않았다.

반면에 정치적으로 불편한 행위자가 소유한 회사를 곤경에 빠뜨리는 데 법이 가진 모든 힘을 사용할 수 있다. 그 행위자가 반드시 결백할 필요는 없다(예컨대, 망명한 러시아의 억만장자 미하일 호도르콥스키Mikhail Khodorkovsky도 아마 결백하지 않았을 것이다). 법이 선택적으로 이용되기 때문이다. 중국공산당 지도부와 복잡한 관계를 맺던 중국인 재벌 샤오젠화肖建华는 홍콩의 가장 호화로운 호텔에서 갑자기 납치됐을 때, 미하일 호도르콥스키와 비슷한 운명에 직면했었다. 이런 자의적 권력 행사는 정상적 법의 운용이 중단된 '무법 지대'라고 할 수 있다. 이 '무법 지대'라는 용어는 플로라 사피오Flora Sapio(2010)가 사용한 용어다(Creemers, 2018에서 인용). 그런 무법의 영역은 일탈이 아니라, 국가자본주의 체제의 필수적 부분이다.

여기에서 현대 국가자본주의 체제에 존재하는 첫 번째 모순을 볼 수 있다. 기술적으로 고도로 숙련된 엘리트의 필요성과 엘리트는 반드시 법치주의를 선택적으로 적용하는 환경 아래에서 움직여야 한다는 사실 사이에 존재하는 모순이다.[24] 이 두 가지는 상반된다. 기술 관료 엘리트는 국가의 규칙을 따르고, 합리적 체제 안에서 움직이도록 교육받는다. 그러나 규칙을 적용할 때의 임의성은 직접적으로 이런 원칙을 훼손한다.

고질적 부패

국가자본주의 체제의 두 번째 모순은 다음과 같은 불평등을 증가시키는 부패와 불평등을 억제해야 할 필요성 사이에 존재한다. ①불평등을 증가시키는 부패는 국가자본주의 체제에 만연했다. 왜냐하면 다양한 관료들이 자신들에게 부여된 재량권을 금전적 이득을 얻기 위해 사용하기 때문인데, 지위가 높을수록 그 이득은 더 커진다. ②국가자본주의 체제의 정당성을 확보하기 위해 불평등을 억제해야 할 필요성이 있다. 바로 여기서 국가자본주의에 대한 베버의 더 상세한 정의를 온전히 적용할 수 있다.

과세, 규제의 시행, 차입 및 대출, 그리고 공공사업으로 누가 이익을 볼 것인지와 같은 문제에 관한 결정은 종종 자유재량에 따른다. 이런 결정은 부분적으로 객관적 기준에 바탕을 둘 수도 있고, 부분적으로 잠재적 수혜자의 정체성과 엘리트에게 금전적 이득이 될 것인가에 바탕을 둘 수도 있다. 엘리트를 단순히 관료로 보아서는 안 된다. 관료주의가 끝나는 곳과 비즈니스가 시작되는 곳 사이의 경계가 모호하기 때문이다. 엘리트 개인은 이 두 역할 사이를 옮겨다닐 수 있다. 혹은 똑같은

'조직' 안에서 다른 역할이 필요한 경우에는 다른 개인의 역할을 유지할 수 있다. 이 조직에는 분리된 '대표자'가 있는데, 일부는 비즈니스를, 일부는 정치를 대표한다. 경멸적 용어를 사용한다면, 이런 조직은 마피아와 별반 다르지 않다. 이 조직은 정치-기업가의 족벌을 만들어내고, 다른 모든 것이 걸려 있는 국가자본주의의 골격을 상징한다. 이 같은 족벌이 쌓이면 이른바 정치 자본가 계급이 만들어진다.[25]

부패는 국가자본주의의 고질적 병폐다. 자유재량적 의사 결정이 필요한 모든 체제에는 반드시 고질적 부패가 자리 잡는다. 엘리트의 관점에서 보면 도가 지나치다고 할 수 있지만, 부패 문제는 관료주의의 청렴성과 높은 성장을 이룰 수 있는 경제 정책의 수행 능력을 약화시키는 경향이 있다. 국가자본주의를 유지하는 사회적 합의의 핵심 부분은 부패로 관료주의나 정책 수행 능력이 약화될 때 깨진다.

한편 일반 국민은 다음과 같은 경우에 자신의 발언권 부재를 용인할 수도 있다(어떤 경우에는 자신들이 발언권을 가졌는지 그 여부조차도 상관하지 않는다). 엘리트가 국민의 생활수준을 가시적으로 개선해주고, 견딜 만한 수준의 행정을 공정하게 제공하며, 확연한 불평등을 허용하지 않을 경우에 그럴 수도 있다.

그러나 부패가 일정 선을 넘어서면 그 사회적 합의는 더 이상 유지되지 않는다. 부패가 극심한 환경에서는 높은 성장도 유지될 수 없고, 행정의 공정성도 더 이상 용인될 수 없으며, 과시적 소비도 억제할 수 없다. 모든 것이 훨씬 더 나빠진다.

이런 체제는 항상 불안정한 평형상태를 이룬다. 만일 부패가 걷잡을 수 없으면, 그 체제는 붕괴할 수도 있다. 그러나 법치주의가 완전히 실행된다면, 그 제도는 급진적으로 변화해 한 정당이나 한 명의 엘리트 지배에서 엘리트가 경쟁하는 체제로 바뀐다. 따라서 그 체제가 제대로 작동하기 위해 엘리트는 두 경로 사이에서 중간 경로를 찾아야 한다. 물론 두 경로 가운데 어느 것도 완전히 구현할 수 없다. 어떤 때는 한쪽으로 기울기도 하고, 어떤 때는 다른 쪽으로 기울기도 할 것이다. 하나의 경로는 법치주의를 강화하는 것이다. 물론 앞에서 살펴본 바와 같이, 재량권이 엘리트 권력의 본질적 요소이기 때문에, 이 경로가 온전히 실행되지 않을 수 있다.

이는 2003~2013년까지 중국의 국가주석이었던 후진타오가 채택하려 했던 전략이다. 일부 분석가들은 이 전략을 나쁘게 보았는데, 그들은 이 전략을 자유자본주의의 궁극적 목표를 향한 첫 번째 움직임으로 보았던 것이다. 비록 그것이 목적은 아니었지만, 법을 더 잘 준수하는 국가자본주의가 훨씬 더 자유자본주의와 비슷하게 보이기 시작한 것은 사실이다.

시진핑은 후진타오가 시도한 전략의 대안으로 부패와의 전쟁에 역점을 두었다. 이 반부패 전쟁은 의사 결정에서의 재량권 원칙을 다루는 것이 아니라, 가장 터무니없는 재량권의 오남용을 단속하는 것이었다. 이 때문에 논객들은 일반적으로 이 전략을 이전 전략보다 더 보수적이라고 보았다. 국가자본주의의 기본적 특징을 바꾸지 않고 그대로 남겨둔 채,

관료주의의 힘도 축소하지 않았으며, 국가자본주의와 자유자본주의 사이의 이념적 차이도 이전처럼 넓게 유지했다. 그러나 시진핑의 반부패 정책은 국가자본주의를 안정화시키고 있다.

부패는 국가자본주의의 고질적인 것이기 때문에, 그 뿌리를 뽑기는 불가능하다. 부패 근절을 위해서는 국가자본주의 체제가 자유자본주의 방향으로 변화하거나, 경제적 자급자족 체제가 되어야 할 것이다. 4부에서 그 이유를 설명하겠지만, 경제적 자급자족 체제는 부패를 억제하는 데 효과적일 수 있다(그러나 또 다른 문제가 분명히 있다).

국가자본주의 체제 요약

이 시점에서 지금까지 파악한 방식으로 국가자본주의의 체계적 특성과 주요 모순을 요약하는 것이 유용할지도 모르겠다. 체계적 특성은 다음과 같이 세 가지로 정리할 수 있다.

① 효율적 관료주의(행정)
② 법치주의의 부재
③ 국가의 자율성

이어 주요 모순을 정리하면 다음과 같다.

첫째, 체계적 특성인 ①과 ② 사이의 충돌이다. 훌륭한 관료에게 불가피한 비인간적 직무 관리의 필요성과 자유재량에 따른 법률 적용 사이의 모순이다.

둘째, 법치주의의 부재로 발생하는 고질적 부패와 체제의 정통성을 떠받치는 기반 사이의 모순이다.

어떤 의미에서 이런 모순들은 체제 자체의 주요 특성에서 파생되는 것으로 보인다.

어떤 나라가 국가자본주의 체제인가?

중국과 베트남은 국가자본주의의 전형적 사례로 꼽을 수 있다. 하지만 국가자본주의 체제를 가진 나라가 이 두 나라만 있는 것은 아니다. 〔표 3-1〕에서 볼 수 있듯이, 적어도 9개국이 국가자본주의의 요건에 맞는 체제를 갖추고 있다. 이 목록에 포함되려면, 국가 정치 체제는 다음과 같이 구성된 단일 정당 체제 또는 사실상의 단일 정당 체제여야 한다. 이 정당 체제는 여타 정당, 다시 말해 존재는 허용되지만 선거에서는 이기지 못하는 여타 정당과 수십 년간 정권을 유지하는 하나의 정당으로 구성된다.[26]

이 정치 체제는 또한 성공적 국가 독립 투쟁 이후에 '탄생'하는데, 독립 이전의 상태가 공식 식민지나 식민지에 가까운 상태였는지와는 아무 상관이 없다. 〔표 3-1〕에 열거된, 아마도 싱가포르를 제외한 모든 나라가 매우 격렬한 투쟁 끝에 독립했다는 점에 주목해야 한다.[27] 게다가 내전을 겪은 나라도 있다. 〔표 3-1〕에 열거한 나라는 또한 공산주의자나 명백한 좌파 정당을 통해 토착 자본주의로의 이행이 이루어진 나라들이다(이들 나라는 자본주의로의 이행에 영향을 미친 공산주의의 역할을 논의하는 데 적합한 나라들이다).[28] 11개국 가운데 7개국이 이 마지막 요건에 들어맞는다. [표 3-1]은 또한 지난 30년 동안 이 나라들의 성장률과 현재 부패 순위를 보여준다.

앙골라와 알제리를 제외한 나라들은 지난 25년 동안 1인당 성장률이 세계 평균을 웃돌았다. 이 표에 열거된 11개국은 2016년 17억 명 이상의 인구(세계 인구의 24.5%)와 세계 생산량의 21%(2011년 구매력평가지수로 산출)를 차지했다. 1990년만 해도 세계 인구에서 이들 나라가 차지한 비율은 26%였고, 세계 생산에서 차지한 비율은 5.5%에 불과했다. 달리 말하면, 세계 생산량 가운데 그 나라들이 차지한 비율은 30년도 채 안 되어 거의 4배나 증가했다. 이런 사실은 여타 세계 다른 나라에 대해 이들 나라, 특히 중국이 가진 매력과 무관하지 않을 수도 있다.[29]

부패 부분을 보면, 11개국 가운데 6개국이 중위권 국가(2016년 176개국에 대해 순위를 매긴 이후 중위권 순위는 88위)보다 훨씬 더 안 좋은 순위를 기록했다. 중국의 부패 순위는 세계 중위권보다는 약간 양호한 편이다. 여기서 보츠와나와 싱가포르의 순위는 매우 이례적인데, 국제투명성기구Transparency International가 측정한 것과 같이 이들 국가가 인지하는 부패가 매우 적기 때문이다.

중국은 11개국 가운데 단연코 가장 중요한 국가로, 국가자본주의 체제의 원형으로 꼽힌다. 중국은 또한 다른 나라들이 모방해야 할 본보기로 중국 체제의 장점을 내세운다. 따라서 특히 불평등 같은 중국 체

표 3-1 국가자본주의 체제의 나라들

국가	정치체제	집권 기간 (2018년까지)	1990/1991~2016년 1인당 GDP	2016년 기준 부패 순위[4]
중국[1]	1949년 이후 단일 정당 집권	69	8.5	79
베트남[1]	1945년 이후 단일 정당 집권/1975년 남베트남으로 확산	73	5.3	113
말레이시아	1957년 이후 일당 집권 (2018년 5월까지)	61	3.7	55
라오스[1]	1975년 이후 단일 정당 집권	43	4.8	123
싱가포르	1959년 이후 일당 집권	59	3.4	7
알제리[1]	1962년 이후 단일 정당 집권	56	1.8[2]	108
탄자니아[1]	1962년 이후 일당 집권	56	3.5	116
앙골라[1]	1975년 이후 단일 정당 집권	43	1.1	164
보츠와나	1965년 이후 일당 집권	53	2.8	35
에티오피아[1]	1991년 이후 단일 정당 집권	27	4.1	108
르완다	1994년 이후 단일 정당 집권	24	2.6[3]	50
세계 전체 평균			2.0	88

1. 집권당은 공산주의자 또는 유사 공산주의자.
2. 2002년 내전 종결 이후부터 계산.
3. 1993년 내전 종결 이후부터 계산.
4. 가장 부패하지 않은 국가(1위)부터 가장 부패한 국가(176위)까지 순위를 나열.

참고: '단일 정당 집권'은 다른 정당이 존재하지 않거나 무관하다는 것을 의미하며, '일당 집권'은 다당제이지만 한 정당이 항상 선거에서 승리한다는 것을 의미.

출처: 2017년 세계은행 개발지표에 나온 GDP 통계. 부패 순위는 국제투명성기구 통계에 따름(https://www.transparency.org/). 부패 지수는 '전문가와 기업인이 인지하고 있는 공공 부문의 부패 수준'으로 측정.

제의 일정한 특징을 다음과 같은 방식으로 주의 깊게 살펴볼 가치가 있다. 2부에서 자유 성과주의적 자본주의의 상징 국가인 미국의 불평등을 자세히 살펴본 것과 같은 방식으로 말이다. 하지만 한 가지 다른 점이 있는데, 중국의 불평등에 대해 아는 것보다 미국의 불평등에 대해 아는 것이 훨씬 더 많다는 점이다. 미국의 자료는 더 풍부하고 더 긴 기간 동안 이용할 수 있을 뿐만 아니라, 더 신뢰할 수 있다. 미국 자료는 또한 중국에는 거의 존재하지 않는 많은 측면(매우 중요한 세대 간 불평등의 이전을 포함하는)을 강조한다. 그러므로 여기서는 중국의 특성에 대한 논의가 필요에 따라 더욱 제한될 것이다.

중국 사회의 불평등 들여다보기

곳곳에서 폭발하는 불평등

중국의 소득과 부의 불평등에 관한 지식은 미국을 비롯한 부유한 나라나 중산층 국가보다 훨씬 더 제한적이다. 중국에 존재하는 수많은 소득 조사는 오로지 중국인들의 불신에 부응할 뿐이다. 그나마 가장 신뢰할 만한 정보의 출처는 농촌과 도시 지역의 공식 가계 조사다. 이는 1954~1955년 이후부터 국가통계국NBS(National Bureau of Statistics)에서 실시했는데, 문화 대혁명(1966~1976년) 때 중단됐다가 1982년부터 재개됐다.

2013년까지 농촌과 도시 조사는 기술적으로 서로 달랐다(설문도 달랐다). 그래서 중국의 전체 상황을 얻기 위해 결과물을 종합하기가 쉽지 않았다. 전체 중국에 대한 첫 번째 전수 조사가 이루어진 2013년까지,

실제로 중국에서 나온 공식 출판물들은 농촌과 도시의 조사 결과를 종합한 적이 없다. 그때까지는 중국 전역의 경제적 분배 상황을 나타낸다고 알려진 분위수fractile(일련의 관측치를 각각의 비율로 나누는 기준으로, 10분위수, 5분위수, 4분위수 등이 있다_옮긴이)도 발표된 적이 없다.

이런 조사에서 가장 어려운 점 가운데 하나는 도시 거주 허가, 즉 후커우户口 없이 도시에 사는 사람들을 처리하는 문제였다(그리고 여전히 이 문제는 어느 정도 존재한다). 일부 조사는 이런 사람들을 농촌과 도시 주민 사이에 있는 독특한 '유동적' 인구로 분류했다. 다른 경우에는 이런 유동 인구가 조사에 포함되지 않았다. 또한 이 유동 인구의 구성원들은 공식 거주자가 아니었기 때문에 도시 지역의 면접 대상이 아니었다. 그들은 농촌 지역에 거주하는 것도 아니었기 때문에 면접 대상이 아니었다. 선전深圳과 상하이에서처럼 일부 극단적 경우에는 실제 거주 인구와 거주 허가증을 가진 인구 사이의 격차가 수백만 명을 넘는다.[30]

중국의 소득분배에 대한 연구는 훨씬 더 어려워졌다. 왜냐하면 중국 당국이 농촌과 도시 조사의 마이크로데이터microdata(개별 가구 특성과 소득)를 공개한 적이 없고, 소득 분위수의 표 형태로 단편적 자료만 발표했기 때문이다. 중국 당국은 기껏해야 중국사회과학원Chinese Academy of Social Sciences과 베이징사범대를 통해 국가 조사 원본에서 나온 마이크로데이터의 부표본(부수적 표본)을 제공했다.

2013년 이후부터는 도시와 농촌 조사가 단 하나의 전 중국 조사로 합쳐지면서 원칙적으로 큰 진전을 보았다. 그러나 공개된 자료는 훨씬 더 축소됐고, 마이크로데이터는 아예 공개되지 않았다. 현재 정부 통계청은 전체 인구의 5분위수만 발표하고 있다. 도시와 농촌 지역은 가구별 소득으로 순위가 매겨진다. 이처럼 대표적 국가 조사가 방법적으로 개선됐지만, 훨씬 더 빈약한 자료 공개로 이어졌다.

이런 문제점에도 불구하고, 이 조사 자료는 여전히 중국의 불평등을 연구하는 데 가장 많이 사용되는 자료다. 그리고 이 조사 자료의 부표본판[중국 가구 소득 프로젝트CHIP(China Household Income Project)]은 룩셈부르크 소득연구의 데이터베이스에 포함되어 있다. 이 룩셈부르크 소득연구의 데이터베이스는 전 세계적으로 조화된 조사(즉, 의미 있는 국제간 비교가 가능하도록 각양각색의 변수를 국가마다 비슷하거나 같도록 정의한 조사)를 위한 최고의 자료 공급지다. 더 최근에는 중국에 대한 완전한 조사가 이뤄지지 않은 몇몇 학술 조사와 민간 조사도 이용 가능해지기는 했다. 하지만 어느 정도 인정받은 조사는 중국 가계 금융 조사CHFS(China Household Finance Survey) 단 하나뿐이다.

중국의 소득 불평등에 관한 자료는 불만족스럽다. 이뿐만 아니라 중국의 경우, 부유한 국가와 중간 소득 국가를 위해 검토할 수 있는 다른 많은 주제(예컨대 자본소득과 선택적 결혼 및 세대 간 이동성의 중요성)는 의심스러운 출처의 자료나 매우 짧은 시계열 자료만을 이용해 연구되거나, 전혀 연구될 수 없다.[31]

중국의 자료가 이런 심각한 문제를 가지고 있다는 점을 언급하는 이유는 중국 당국이 좀 더 개방적이고 솔직해지기를 촉구하는(희망하는)

의미가 있기 때문이다. 이뿐만 아니라 중국의 불평등에 대해 논할 때, 선진국의 불평등을 논의할 때와 거의 같은 수준의 자신감으로 이야기할 수 없다는 사실을 강조할 필요가 있기 때문이다. 중국의 주요 불평등 추세를 연구할 때는 이런 경고에도 주의를 기울여야 한다.

[도표 3-6]은 1980년대부터 2015년까지 중국에서 진행된 소득 불평등의 진화 단계를 보여준다. A도표(도표 3-6 위)는 두 조사(도시와 농촌)에서 산출한 불평등을 나타낸다. 반면 B도표(도표 3-6 아래)는 이 두 조사를 합한 것인데, 전체 중국의 불평등 추정치를 얻기 위한 하나의 방법을 보여준다. A도표에는 다음과 같은 몇 가지 주목할 만한 점이 있다.

첫째, 중국 도시의 불평등 수준이 일반적으로 농촌의 불평등 수준보다 더 높다. 이런 현상은 특히 급속한 산업화와 도시화를 겪는 나라에서는 매우 드문 일이다. 이는 도시의 매우 낮은 초기 불평등 수준(달리 말해 전반적으로 소득 수준이 낮았다_옮긴이)과 후커우 제도, 인구조사 실패로 설명할 수 있다. 도시에서는 대부분의 기업이 국영기업이었고, 임금 분배가 통제되고 있었다. 그리고 후커우 제도는 급속히 진행되는 도시화를 억제했다(급속한 도시화는 도시를 빈곤층과 실업자의 거대한 저수지로 만드는 결과를 불러올 수 있기 때문이었다). 이에 더해서 후커우가 없는 사람들을 불분명하게 처리했기 때문에, 인구조사는 실제 모든 도시 거주자를 정확하게 포착하지 못했을 가능성이 있다. 만약 모든 거주자가 포함됐다면, 도시의 불평등 수준은 더 높게 나타났을 것이다.

둘째, 농촌의 불평등은 1980년대 한 차례 증가세를 보인 이후 거의

도표 3-6 중국의 소득 불평등 추이(1980년대~2015년)

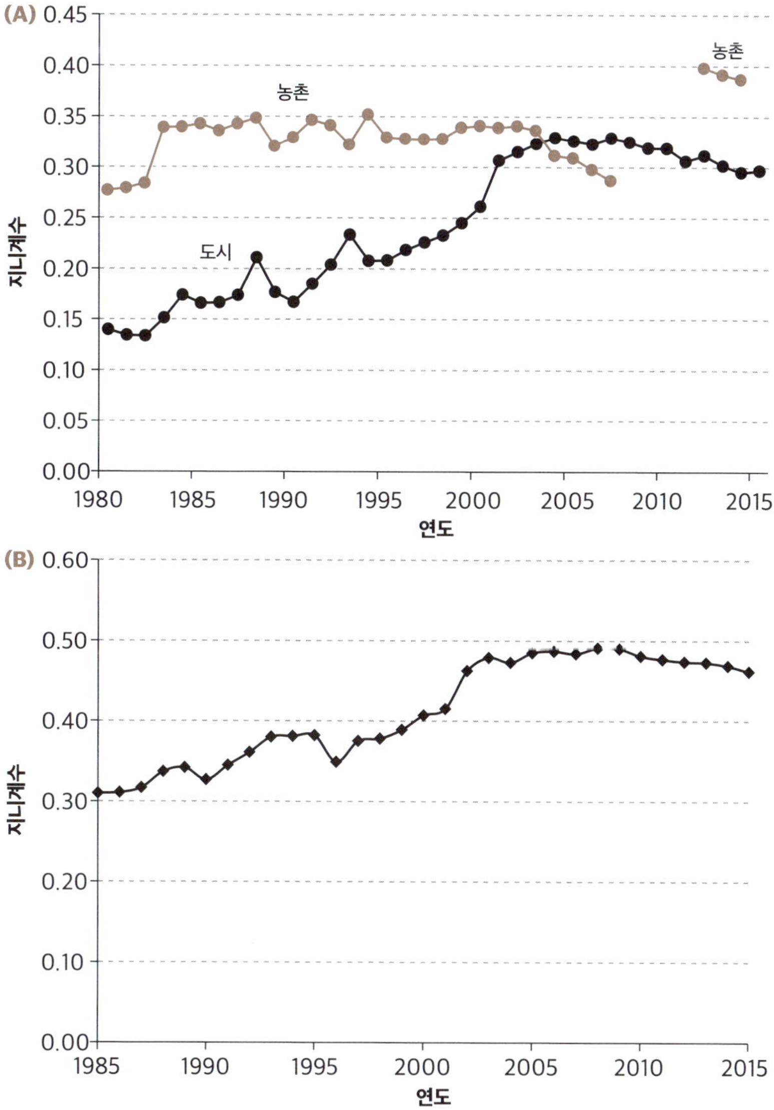

(A)는 도시와 농촌, (B)는 전 중국.

출처: 도시와 농촌의 지니계수는 각종 연차통계연보에 제시된 소득 분석을 통해 산출했다. 1985~2001년 전 중국 지니계수는 우시밍(Wu Ximing)과 제프리 펄로프(Jeffrey Perloff)(2005)로부터 나왔고, 2003~2015년은 공식적으로 공개된 지니계수[좡주 중(Zhuang Juzhong)과 리시(Li Shi), 2016]에 근거했다.

같은 수준에 머물러 있다. 반면 도시의 불평등은 상당히 증가했다. 그 결과 농촌과 도시의 불평등 수준의 격차가 처음으로 줄어들었고, 2000년대 초반까지는 그 격차가 분명히 사라졌다.

셋째, 최근 도시의 불평등 증가에서 때때로 일시 정지라고 불리기도 하는 뚜렷한 둔화 현상이 나타난다. 이는 내가 다른 곳에서 이름 붙인 '쿠즈네츠 파동Kuznets waves(쿠즈네츠는 우크라이나 출신의 유명한 미국 경제학자 사이먼 쿠즈네츠_옮긴이)', 즉 다음과 같은 사실로 설명할 수 있다. 중국은 값싼 노동력 공급을 확대하는 데 한계에 이르렀고, 그 결과 기술 수준이 높은 노동자와 기술 수준이 낮은 노동자 사이의 임금 격차가 줄어들어, 소득 불평등을 억제하거나 심지어 감소시켰다(Milanovic, 2016).[32]

이런 광범위한 추세는 다음과 같은 문제가 있었음에도 의미가 있다. 2007~2012년 사이 농촌에 대한 일련의 조사가 중단됐고, 그 후 농촌 관련 자료는 이전보다 상당히 더 높은 수준의 불평등으로 다시 나타났다(그 결과 농촌과 도시 지역 사이의 불평등이 특이한 격차를 유지했다).

도시 소득이 농촌 소득보다 훨씬 높다(차등을 둔 생활비 조정을 한 뒤에도)는 점을 고려해 농촌과 도시의 자료를 종합한다면, 중국 전체의 불평등은 각각의 농촌 불평등이나 도시 불평등을 합친 것보다 더 클 것으로 예상할 수 있다. 이는 실제 사실이다. 2010년대 농촌과 도시의 불평등은 30~40지니포인트 사이였다. 반면, 중국 전체의 불평등은 거의 50지니포인트였는데, 2009년 무렵부터 약간 감소하는 경향을 보이기 시작했다(도표 3-6의 B).[33]

이런 중국의 불평등 수준은 미국의 불평등 수준을 크게 뛰어넘어, 라틴아메리카에서 볼 수 있는 불평등 수준에 근접해 있다. 이런 불평등 수준은 또한 1980년대 중국의 불평등 수준보다 훨씬 높다. 고용과 부가가치 모두에서 국가 부문이 차지하는 비중으로 볼 때, 1980년대에도 중국은 여전히 사회주의 국가였다. 이처럼 농촌과 도시 모두에서 불평등이 극명하게 증가했고, 중국 전역에서는 더더욱 그랬다(도시와 농촌 사이의 소득 격차가 증가했기 때문이다).

중국의 불평등 증가를 살펴볼 때, 미국과 같은 나라의 불평등과 비교해보는 것이 유용할 수 있다. 미국의 경우 가처분소득의 불평등 수준은 1980년대 중반에서 2013년 사이에 거의 4지니포인트가 증가했다(대략 41지니포인트 수준에 이르렀다). 반면, 중국의 경우 같은 기간 동안 거의 20지니포인트 증가했다(도표 3-6의 B).

또한 쿠즈네츠 파동의 맥락에서 중국의 불평등 증가를 살펴보는 것도 유용하다. 이는 불평등의 증감 동향(움직임)에 대한 것으로 2016년 《글로벌 불평등Global Inequality》에서도 언급한 바 있다. 이 맥락에서 보면 중국의 불평등 증가는 고전적 쿠즈네츠 이론Kuznetsian의 메커니즘에 조응하는 것으로 볼 수 있다. 쉽게 말해 중국의 불평등 증가는 저소득 농업에서 고소득 제조업으로의 노동력 이동(그 자체로 불평등이 생긴다)으로, 그리고 농촌에서 도시로의 이동으로 발생한다고 볼 수 있다. 중국의 경우 이런 이동의 증가세가 여느 나라보다 더 강했다. 그 이유는 농촌에 바탕을 둔 사회주의에서 도시에 바탕을 둔 자본주의로의 구조적 전환이 제도적 변화 또한 내포하고 있다는 사실 때문이다. 따라서 이 두 가지 전환은 모두 불평등을 증가시켰다.

그렇다면 중국의 불평등을 증가시키는 주요 동인은 무엇인가? 자본주의 경제를 향해 나아가면서 임금 불평등은 분명히 증가했다. 그리고 더 효율적이거나 더 숙련된 노동자의 임금은 저숙련 노동자의 임금보다 훨씬 더 많이 올랐다[적어도 최근까지는 그랬다(Luo Xubei & Zhu Nong, 2008; Zhuang Juzhong & Li Shi, 2016)].

매우 희귀한 논문 가운데 하나를 통해 이런 도시의 임금 불평등이 증가했음을 확인할 수 있다. 이 논문은 중국 국가통계국이 실시한, 통상적으로 접근하기 어려운 대규모 조사에서 얻은 마이크로데이터를 사용했다. 딩하이옌Ding Haiyan, 푸저Fu Zhe, 허후이He Hui가 2018년 작성한 이 논문에 따르면, 1986~2009년 사이에 도시의 국영기업과 민간기업 모두에서 임금 불평등이 증가했다. 중국 민간기업의 임금 불평등은 국영기업보다 항상 더 컸다(1970년대 유럽의 불평등 연구로 거슬러 올라가는 표준 결과). 그리고 이 두 기업 부문 사이의 불평등 격차는 2004년 무렵부터 5개년 계획이 끝나는 2009년까지 5년 동안 훨씬 더 크게 벌어졌다.

중국의 불평등 역시 대체로 '구조적'이다(일시적 사회 변화가 아니라, 구조적으로 불평등을 불러일으키는 쪽으로 변화한다는 의미다_옮긴이). 도시 지역은 농촌 지역보다 훨씬 더 빠르게 발전했다(그래서 두 지역을 결합한 결과로 발생하는 불평등이 매우 높다). 그리고 유사한 방식으로 성공을 거둔 해안 지방이 서부 지역을 앞질렀다(그리고 다시 그것들을 종합하면 전체적으로 불평등이 높게 나타난다). 중국과 미국의 불평등을 비교한 흥미로운 하나의 사례를 통해, 셰위와 저우시양(2014)은 중국 불평등의 22%가 두 가지 구조 특징(도시 대 농촌, 지역 간 격차) 때문이라는 점을 보여준다. 미국의 경우 이런 구조적 요인에 따른 격차는 겨우 2%에 불과하다.

중국의 폭발적 성장 역시 불평등 급증의 주요 동인이 됐다. 따라서 파이를 어떻게 썰든, 즉 지역 간, 도시와 마을 간, 도시 노동자와 농촌 노동자 간, 민간과 국가 간, 고숙련 노동자와 저숙련 노동자 간, 혹은 남성과 여성 사이의 불평등을 살펴본다고 해도, 그런 모든 사이사이에는 불평등이 증가했다.

불평등이 개혁·개방 이전보다 더 높은 수준으로 증가하지 않은 부분을 찾는 것은 불가능하리라 생각한다. 최근에 가장 흥미롭고 이 책의 목적에 부합하는 가장 중요한 진전이 있었다. 바로 민간 소유 자본으로부터 나오는 소득의 비율이 증가하고 있다는 것이다. 이는 선진 시장경제 못지않은 중국의 자본 집중 현상으로 보인다. 따라서 중국도 미국과 같은 특징이 일부 나타나는데, 그 특징은 자본(소득) 비율의 증가가 개인 사이의 불평등을 증가시키는 것에서 비롯된다.

자본소득 비율의 증가

자본소득 비율 및 집중도에 관한 중국의 자료는 전반적으로 선진국에 비해 너무 부족하고 신뢰성도 떨어진다. 그러나 다른 출처로부터 수집한 증거는 자본소득 비율의 증가와 부자들 손에 들어가 있는 매우 높은 단계의 자본소득 집중을 나타낸다. 피케티, 양리Yang Li, 가브리엘 주크먼Gabriel Zucman(2017)에 따르면 개인(사유) 재산은 대폭 늘었다. 1980년대의 국민소득을 100%라고 할 때 2015년의 국민소득은 450%로 늘었다(대략 30년 동안 개인 재산이 무려 4.5배 증가했다는 의미다_옮긴이). 이처럼 사유재산이 급증한 이유는 대규모 주택 민영화(현재 주택 공급 물량의 90% 이상이 개인 소유)와 사모펀드private equity의 중요성이 커지고 있기 때문이다. 사모펀드의 중요성이 커지는 이유는 국영기업의 민영화와 신규 민간기업의 성장 때문이다.

이에 관한 선구적인 연구가 있다. 치웨이Chi Wei(2012)는 중국의 도시에서, 특히 부유한 개인에게 자본소득의 증가가 얼마나 중요한지 보여준다. 그는 일반적으로 접근할 수 없는 국가통계국 도시 조사에서 나온 개인 수준의 자료를 이용해 다음과 같은 사실을 찾아냈다. 먼저, 전체 소득 가운데 하위 95%의 도시 주민이 차지한 자본소득 비율이 거의 제로(0)였다는 사실이다(여기서 자본소득은 투자 소득, 임대 소득 및 기타 재산 소득을 모두 합친 것이다). 그리고 도시 백분위의 95~99번째 사이에 있는 주민들이 차지한 자본소득 비율은 약 5%에서 맴돌았다. 이어 1%의 주민들이 차지한 자본소득 비율은 대략 1/3에 이르렀다. 글로벌 금융 위기 1년 전인 2007년에는 도시의 소득 상위 1%가 자신들이 소유한 자본으로부터 전체 수입의 37%를 벌어들였다.

그런데 이런 수치는 과소평가될 가능성이 높다. 실현되지 않은 자본소득이 포함되지 않았기 때문이다. 이를테면 아직 분배되지 않은 기업

이익이 이런 미실현 자본소득에 해당하는데, 중국에서 이는 특히 높은 수준이다. 그리고 인출되지 않고 계좌에 남은 이자 같은 '무형의' 자본소득도 이런 소득에 해당한다. 비교를 위해 다음과 같은 점을 주목할 필요가 있다. 2000년대 첫 10년 동안 미국의 소득 상위 1%는 실현된 자본 이득을 포함해 약 35%의 소득을 자신들의 자본에서 얻었다. 이는 중국에서 발표한 것과 비슷한 비율이다(Lakner, 2014).[34]

중국에서는 부모와 자식 사이(적어도 지난 2세대에 걸쳐)의 세대 간 소득 연계성, 즉 부의 대물림뿐만 아니라, 부의 불평등이 지속해서 진행되어왔다. 이런 점에서 중국은 미국과 유사한 특징을 보인다. 다만 중국에서의 전환, 즉 부의 대물림이 매우 빠르게 진행됐다는 점을 제외하면 그렇다.[35]

일반적으로 예상할 수 있듯이, 자본소득의 증가는 중국에 새로운 계층 구조의 출현과 일치한다. 중국 중산층을 대상으로 한 연구에서 리춘링Li Chunling은 중산층을 다음과 같이 세 부류로 분류했다. 자본가 계층(기업가)과 '신新'중산층(공공 부문이나 민간 부문을 막론하고 관리자와 전문가 집단), 그리고 '구舊'중산층(소규모 자산가)이 그것이다.[36] 비록 자본가 계층은 이 세 중산층 가운데 가장 적지만, 그 수가 가장 빠르게 증가했다. 1980년대 도시 인구에서 자본가 비율은 거의 제로에 가까웠지만, 연구가 끝난 2005년에는 1.6이었다. 주 수입이 자본에서 나오는 소규모 자산가들도 자본가 계층과 비슷하게 그 숫자가 증가했다. 1980년대 초에는 존재감이 거의 없을 정도로 미미했으나, 2005년에는 도시 인구의 약

1/10로 늘어났다. 중국에서 자본가-기업가 계층은 전문가 집단의 신중산층(도시 인구의 대략 20% 미만)과 함께 뚜렷하게 증가했다. 그들은 또한 저축으로 형성된 자신들의 재산에서 어느 정도 수입을 얻을 가능성이 있었다.

새로운 자본가 엘리트 계층의 부상은 양리, 필리프 노보크메트Filip Novokmet, 브랑코 밀라노비치(2019)의 좀 더 최근 연구에서 확인할 수 있다. 이들은 가구 조사를 이용해 중국 상위 5%의 직업 구성이 어떻게 변했는지 실증했다. 1988년에는 노동자, 사무직 직원, 정부 공무원들이 상위 5%의 4/5를 차지했다. 25년 뒤 이들의 비율은 거의 절반으로 줄었고, 기업주(20%)와 전문직(33%)이 우세해졌다(도표 3-7).

새로운 자본가 계층에는 주목할 만한 특징이 있는데, 땅(흙)에서 나왔다는 점이다. 다시 말해, 그 구성원의 거의 4/5가 농부나 육체노동자인 아버지를 둔 것으로 발표됐다. 이런 세대 간 이동성은 놀랄 일이 아니다. 1949년 공산 혁명 이후, 그리고 1960년대 문화 대혁명 기간 동안 자본가 계층이 거의 완벽하게 소멸됐다는 점에서 그렇다. 그러나 부와 권력의 세대 간 이전이 서양에서 관찰되는 것과 유사하기를 기대할 때(자본 소유권의 집중, 증가하는 교육 비용, 그리고 가족 연대의 중요성을 고려해볼 때), 그런 세대 간 이동성은 미래에 대해 아무것도 말해주지 않는다.

중국의 이런 새로운 자본가 계층은 서구의 유사 집단과 비교했을 때 자신의 이익을 대변하는 계층이라고 보긴 어렵다. 중국에서는 국가와 국가 관료의 역할이 자유자본주의보다 정치적 조건에 더 큰 영향을 받

도표 3-7 중국 상위 5%의 직업별 구성비(1988~2013년)

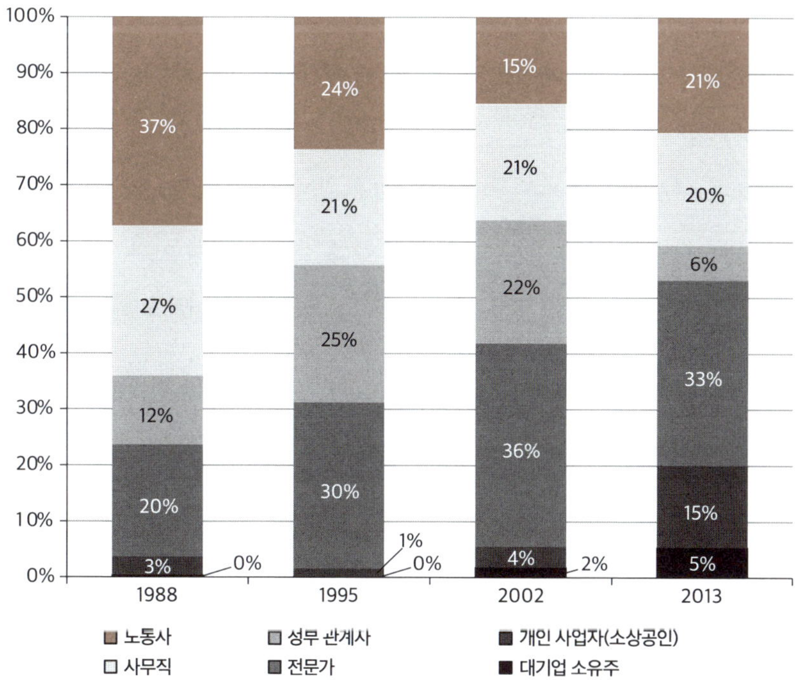

출처: 양리, 필리프 노보크메트, 브랑코 밀라노비치(2019); 중국 가구별 소득 프로젝트(CHIP)로부터 산출.

는다. 이런 중국의 자본가들은 정치적으로 중요하지 않은데, 이는 중국의 중세 사회 구조의 측면들을 반영하고 있다.

자크 제르네Jacques Gernet(1962)에 따르면, 송나라 시대의 부유한 상인들은 이익을 공유하는, 자의식을 가진 '계층'을 창출하는 데 결코 성공하지 못했다. 국가는 상인들의 힘이나 권력의 경쟁자가 될 만한 근원을 억누를 준비를 항상 하고 있었기 때문이다. 과거 중국 상인들은 개인으로서(오늘날의 중국 자본가들이 대부분 그렇듯이) 계속 번창했지만, 그들은 결코 일관된 계층을 형성한 적이 없었다. 그들은 자신들의 정치적·경제적 의제나 이익을 강제적으로 방어하고 확산시킬 수 있는 일관된 계층을 형성한 적이 없었다.

자크 제르네에 따르면, 이는 동시대(13세기) 이탈리아의 상업 공화국이나 저지대 국가들의 상황과 매우 달랐다. 이들 나라의 자본가들은 정치적 힘을 행사하지 않고도 자신들을 부유하게 만들었다. 이런 과거 이탈리아 유형의 국가 형태는 중국에서도 계속될 것으로 예상할 수 있다. 왜냐하면 중국은 의미상으로 볼 때 국가자본주의 사회에서, 그리고 다른 국가자본주의 나라에서 창출되는 권력 구조를 가지기 때문이다.

구조적으로 만연한 부패와 불평등

부패는 국가자본주의 체제와 중국에서 구조적으로 만연해 있다. 앞에서 지적했듯이, 부패는 국가자본주의 체제의 법치주의가 의도적으로 유연하게 해석되어야 하는 이유가 되기도 한다. 부패가 만연한 환경은 통치자들이 체제를 좀 더 효과적으로 통제하는 수단으로 작용할 뿐만 아니라, 여타 사람들(엘리트 포함)도 횡령에 가담할 수 있도록 만든다. 중국에서 부패를 심각하게 만들고 더욱 악화시키는 두 가지 특징이 있다.

첫째, 오늘날의 부패는 공산 혁명 이전의 군벌 시대와 장제스蔣介石 통치 시대를 특징짓는 부패와 인플레이션의 혼란에 대한 기억(세대에 걸쳐 전달되는)을 되살린다. 이런 기억은 공산당 엘리트에게 유쾌한 일도, 위안거리도 될 수 없다. 왜냐하면 이런 기억으로 말미암아 엘리트들은 애초 공산당 전임자들이 맞서 싸웠고, 대중의 지지를 이끌었던 몇몇 조건들이 되살아났다고 깨닫기 때문이다.

둘째, 4부에서 논하겠지만, 세계화는 도둑질한 자산을 쉽게 숨길 있도록 해줌으로써 전 세계적으로 부패를 조장했다. 이는 결국 중국에서의(다른 곳에서와 마찬가지로) 부패가 더 매력적으로 보이도록 만들었다. 중국의 부패는 또한 다음과 같은 특정한 국제적 조건에서 비롯됐다. 먼저, 개인이 훔친 이득을 숨겨주는 일을 도와주는 전문화된 다수의 집단이 존재한다. 다음으로, 미국과 캐나다 당국은 반공산주의 정서가 아직 남았기 때문인지는 몰라도, 훔친 것을 가지고 해외로 도피하는 중국 시민들을 뒤쫓지 않는다. 이들 나라 당국은 다른 나라에서 온 유사한 범죄자들을 대하는 만큼의 경계심과 엄격한 잣대로 도피한 중국 시민을 다루지는 않는다.[37]

중국의 부패 수준은 세계적 기준으로 볼 때 놀랍다. 그렇지만 정치적으로 더욱 눈에 띄는 점이 있는데, 마오쩌둥주의 기준에서 볼 때도 중국의 부패가 극도로 심하다는 사실이다. 중국의 저명한 사회학자인 허칭롄He Qinglian은 1990년대 중국에서 베스트셀러가 된 자신의 저서에서 이렇게 썼다. 덩샤오핑의 개혁은 '불평등과 일반화된 부패, 그리고 사회의 도덕적 토대의 침식'을 불러왔다.[38]

국제통화기금IMF의 재정 담당 수석 이코노미스트를 지낸 비토 탄지Vito Tanzi가 대중화시킨 멋진 비유를 사용하면, 중국의 부패한 관행은 인민공화국의 토대를 갉아먹는 '흰개미'다. 이런 재앙에 대해 기본적으로 두 가지 대응 방안이 있다. 하나는 서구를 비롯한 일부 중국 논평가들이 자주 주장하는 방안으로 법의 지배, 즉 법치주의를 강화하는 것이다.[39] 앞에서 언급했듯이, 이는 관료의 재량권을 없앨 것이기 때문에 국가자본주의 체제에 대한 의미 있는 권고가 아니다. 국가자본주의 체제 아래에서 그런 재량권은 자본가를 통제하기 위해, 일부 자본가는 처벌하고 다른 일부 자본가에게는 보상을 제공하기 위해 사용된다. 법치를 강화하는 것은 직접적으로 그 체제와 상반된다. 그리고 적어도 그런 법치 강화가 어떤 결과를 불러올지 충분히 인식하는 사람들이 그것을 수행할 것 같지 않다. 게다가 이런 권고는 최근의 현실을 무시하는 것이다. 또한 이런 권고는 훨씬 더 오랜 기간에 걸쳐, 그리고 매우 다른 환경에서 법치로 이행한 국가들의 사례에서 영감을 받은 것이다.

예컨대 러시아와 중앙아시아에서 법치주의를 도입하려는 시도가 있었다. 하지만 이런 시도는 오히려 심각한 역효과를 불러왔고, 과거보다 훨씬 더 심각한 부패로 이어졌다. 러시아의 경우는 과두정치가 지배하는 사회로 이어졌다. 러시아는 10년 동안(1990~1999년) 급속한 경제적, 법률적 변혁을 거치면서 해체되거나 과두제 집권층의 일원이 지원하는 내전 직전까지 몰렸다. 법치를 강화하는 것은 중국이나 여타 국가자본주의 체제하의 합리적 지도부가 매력을 느낄 유망한 방법이 아니다.

또 다른 하나의 대응 방안은 중국이 선택한 것으로, 체제 내 수단을 동원해 부패한 관료들을 색출해내는 방안이다. 공식적으로 이 방안은 권력을 체제 내부의 '새장' 안에 가둬놓는 운동으로 불린다. 여기에는 무엇보다도 마오쩌둥주의가 선호했던 '재교육' 운동으로의 복귀나 도덕적 압박, 엄격한 처벌(총살형 처형에 이르기까지)이 포함됐다. 그리고 이 운동을 추진해나가는 과정(부패에 대한 책임을 요구하는 과정)이 어느 정도 높은 수준에서 멋대로 멈추지 않도록 한다는 결정도 포함됐다.

이는 '파리'뿐만 아니라 '호랑이'에게도 죄를 묻는다는 결정도 포함됐다(지위고하를 막론하고 부패를 척결한다는 의미다_옮긴이). 최근 반부패 운동이 시작된 이래로, 100만 명 이상의 공산당원이 각기 다른 수준으로 처벌됐는데, 이 수치는 전체 공산당원의 약 1%에 해당한다.[40] 따라서 어떤 사람은 다른 사람보다 더 '손댈' 수 있지만, 원칙적으로는 손댈 수 없는 사람은 아무도 없었다.[41] 하지만 중앙정치국 상무위원회의 상무위원이 처음으로 기소됐다. 이뿐만 아니라, 2012년 당대회(중국공산당 제18차 전국대표대회_옮긴이)에서 선출된 중앙위원 205명 가운데 20명과 지방 수장을 포함한 차관급 인사 160여 명, 그리고 다수의 군 고위 지도자들이 기소됐다(Li Cheng, 2016).

밝혀진 부패 사례 가운데 일부는 횡령한 액수와 회수된 액수가 놀라울 정도였다. 예컨대 쉬차이허우徐才厚는 2014년 체포 당시 중앙군사위원회 부주석이었고, 그때까지 기소된 최고위급 간부였다. 그는 약 1,860제곱미터나 되는 자신의 집 지하실 전체에 1톤이 넘는 현금(인민폐, 유로,

달러)을 비축해두고 있었다. 그의 집에서 압수된 값비싼 예술품들은 군용 트럭 열 대를 가득 채웠다. 중화인민공화국 건국 이후 최대 규모의 현금 압수 사례도 있다. 국가에너지국의 석탄부 부부장은 현금 2억 위안(약 2,600만 달러) 이상을 보유하던 채로 발견됐다. 그 현금을 세기 위해 16대의 현금 계산기를 동원했는데, 돈을 세는 과정에서 4대가 불타기도 했다. 또 다른 관리는 현금 1억 2천만 위안과 37킬로그램의 금을 저장했으며, 중국 여러 도시에 68곳의 부동산을 소유했다(Xie Chuntao, 2016). 부패 명단은 계속 이어지고 있다.

중국공산당이 현재 진행하는 반부패 운동은 정말로 지금의 부패를 뿌리 뽑고, 미래에는 부패가 발생하지 않도록 하려는 의도로 추진하는 것이 아니라고 생각한다.[42] 국가자본주의 일부로 기능하는 조직적 세력은 항상 부패를 불러일으킬 것이다. 따라서 반부패 운동의 진정한 목적은 이 세력을 잠시 뒤로 밀쳐내는 데 있다.

다시 말해, 부패의 발생 빈도를 낮추면서 부패를 억제하기 위해 횡령에 드는 비용을 올리는 것이다. 만일 이 반부패 운동이 약화되면, 반드시 그렇듯이 부패는 다시 더 흔해질 것이다. 그리고 10년 혹은 20년 후에는 똑같은 제한된 목표를 가진 또 다른 반부패 운동이 전개될지 모른다. 이런 운동의 목표는 부패의 강물을 그 강의 바닥에 유지하면서, 그 오염물이 사회의 나머지 부분에 너무 많이 퍼지지 않도록 하는 데 있다. 일단 부패가 홍수처럼 범람하면, 사회를 더 지속 가능한 수준으로 되돌리기는 매우 어렵기 때문이다.

부패에 따른 분배 효과

중국의 부패는 더 심각해질 것이다. 부패가 이미 상당한 수준의 불평등을 증가시키기 때문이다. 따라서 부패에 따른 고소득의 부당함은 갑절로 사회적 분개심을 촉발시킨다. 예를 들면 중동 혁명(이른바 아랍의 봄)을 이끈 세력들에게서 이런 역동성을 볼 수 있다. 중동 지역의 기록적 불평등은 지난 수십 년 동안 거의 변하지 않았지만, 그 불평등에 대한 인식(부패라는 불공평이 주도했다는 인식)은 높아졌다(세계은행, 2011).

중국의 부패 문제를 극도로 세밀하게 분석한 민신 페이는 부패의 여러 부정적 영향을 강조하면서, 풍부한 경험적 세부 내용을 제공한다(Pei, 2006; 2016). 중국에서는 부패에 따른 분배 효과를 다른 나라보다 훨씬 더 정밀하게 측정할 수 없다. 우리는 그 효과에 대한 그림을 그리기 위해 정보의 조각들을 사용할 수 있다. 민신 페이가 발표한 자료에는 부패한 관리들의 직위, 부패가 발생한 기간, 그리고 판매된 관직 수에 관한 정보가 담겨 있다. 이 자료를 이용하면 행정단위별로 각기 달리 판매되는 직위(사무실)당 금액을 계산할 수 있다.

또한 정부에서 일하는 공무원과 공산당 조직 안에서 일하는 공무원을 구별할 수 있다.[43] 예상할 수 있듯이, 판매되는 직위당 이득은 행정(지역) 수준이 올라감에 따라 증가한다. 현縣(중국의 제3급 행정구_옮긴이) 수준에서 가장 낮았고, 성이나 특별시 단계에서 가장 높았다(도표 3-8). 이는 판매된 직위에서 순소득이 발생하고 있음을 분명히 말해준다. 또한 행정 부서나 당의 계층 구조에서 좀 더 상위 직급의 사람들이 부패로부터 더 많은 돈을 벌 수 있음을 보여준다(이 가설에 따르면, 직위를 판매하는 사람은 적어도 해당 직위보다 높은 지위에 있어야 한다).

부패에 연루되는 직위별 금액이 다양하게 매겨지는 양태에 추가해 민신 페이의 자료에서는 두 번째 특징을 볼 수 있다. 각기 다른 행정단위에 있는(당내에서 일하는 사람과 정부에서 일하는 사람으로 또다시 구별되는) 관리들이 부패로 벌어들인 돈의 총액은 행정단위가 높아질수록 규모가 더 커지는 부패와 정확하게 같은 양상을 보인다(그 결과는 여기에 표시되지 않지만). 따라서 두 개의 결과는 이미 앞에서 했던 주장, 즉 부패가 불평등을 증가시킨다는 주장과 일치한다.

민신 페이의 자료에는 흥미로운 측면이 하나 드러난다. 직위당 판매되는 가치, 즉 금액은 정부나 기업에서 일하는 사람들이 판매하는 것보다 당 관료들이 판매하는 것이 훨씬 더 높다(특정한 행정단위에서)는 사실이다(도표 3-8). 지地(중국의 제2급 행정구_옮긴이)급 수준의 행정단위에서는 당 관료들이 판매하는 직위가 '말단' 정부 관리들이 판매하는 직위보다 거의 3배나 더 비싸다. 짐작건대 이는 더 수익성 있는 자리에 사람을 임명할 수 있는 당 관료들의 능력을 반영한다. 당 관료들이 똑같은 행정단위에 있는 여타 공무원들보다 더 잘사는지는 명확하지 않다. 비록 당 관료들이 자신들 스스로 충분한 보수를 받지 못하지만, 힘 있는 직위에 오를 수 있고, 따라서 획득한 자신들의 직위를 판매에 이용해 부족한 보수를 벌충할 수도 있다. 만약 누군가 귀중한 공직을 팔 수 있는 자신의 능력과 자신의 소득을 하나로 합칠 수 있다면(즉, 능력과 소득에 확실한

도표 3-8 중국 공산당원과 비당원이 각급 행정 단위에서 직위당 벌어들인 액수 비교

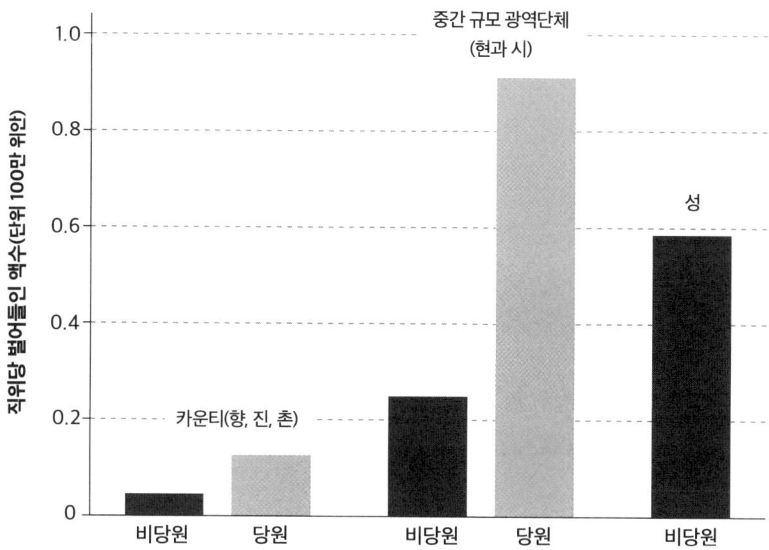

출처: 페이(Pei, 2016, 부록 표 A1과 A2) 자료를 바탕으로 산출.

상관관계가 있다고 가정한다면), 누구나 그렇게 하려고 할 것이다.[44]

민신 페이의 자료에는 다수의 개인이 연루된(그리고 범죄 네트워크) 50건 이상의 정교한 부패 사례들이 나오는데, 대부분 비슷한 결론이다. 부패 연루 수장(두목)들은 이전과 마찬가지로 자신들이 일하는 행정단위에 따라, 그리고 당 관료인지 아닌지에 따라 차등적으로 구별된다(이전 분석보다 비당원 그룹에 사업가가 더 많이 포함됐다). 지금은 성급 당 관료들이 연루된 부패 사례가 여러 건 있다(이전의 부패 유형에는 성급 수준의 고위직이 연루된 사례는 없었다). 그리고 '부패로 돈벌이하는 기간'은 변동이 심한데, 이 사례들에서 특히 심한 것으로 나타난다(도표 3-9). 당 관료들은

도표 3-9 돈(단위 100만 위안 현재 위안화 가치)과 다수 공직자가 관련된 사건의 연수를 곱한 수치

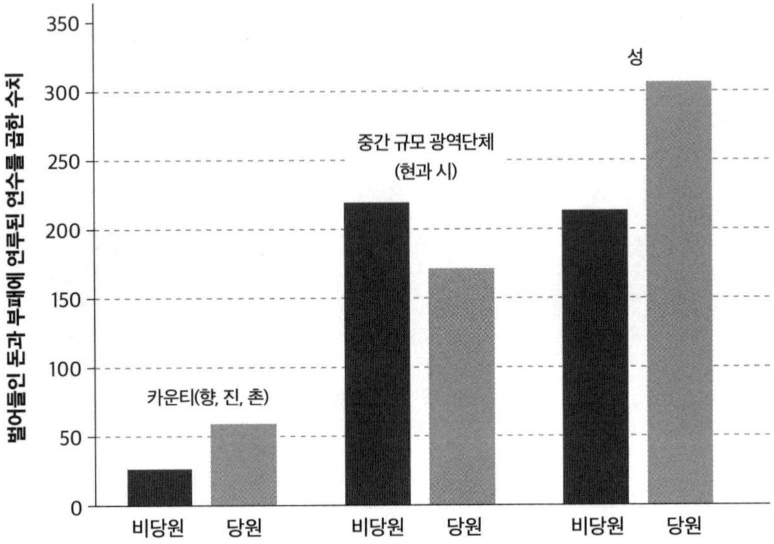

출처: 페이(2016, 부록 표 A1과 A2) 자료를 바탕으로 산출.

다시 부패에 가담해 성급과 현급 행정단위에서 비당원 공무원보다 더 많은 돈을 긁어모은다.

국가자본주의의 지속성과 매력

여기서는 국가자본주의의 미래에 대해(항상 위험한 일이지만) 살펴볼 것이다. 첫째, 중국 자체에 국가자본주의의 지속성이 있는지를 포함한 내구성을 전망해볼 것이다. 이어 그 체제의 본질적 매력에 대해 논할 것이다. 우드로 윌슨 시대 이후, 미국이 자유자본주의를 '수출'했던 방식대로 국가자본주의를 홍보하고 '수출'하려는 중국의 의지도 함께 논할 것이다. 명심할 점은 체제의 매력은 기획자와 상관없이 그 자체의 가치에 따라 논의되어야 한다는 것이다.

그러나 역사적으로 볼 때, 어떤 체제든 이 확산의 배경에는 강력한 권력이 존재했다. 그 체제를 도입하도록 촉진하거나 다른 나라에 강요함으로써 체제 확산을 촉진시키고 뒷받침했다. 나폴레옹은 정복한 나라마다 이전의 봉건적 제약의 사슬을 깨고, 교회 권력의 개입을 반대하는 법을 제정했다. 또한 민법전을 도입했고, 자신을 지지하는 귀족 그룹을 만들었으며, 종종 통치자도 임명했다.

미국 헌법과 행정·입법·사법의 3권분립은 실질적으로 모든 라틴아메리카 헌법에 영향을 미쳤다. 미국이 대륙의 주도권을 장악하는 패권국이었기 때문이다. 제1차 세계대전 이후 프랑스는 동유럽 국가들에 대해 의회 민주주의라는, (불안정한) 일종의 저지선을 만들었다. 동유럽 국가들의 소비에트화를 저지할 목적이었다. 제2차 세계대전 이후 소련은 동유럽 국가들에 대해 나치 해방과 동시에 그들 국가를 점령한 데 이어, 소련식의 정치·경제 체제를 이식시켰다. 마찬가지로, 그리고 훨씬 더 큰 규모로, 미국은 쿠데타와 군사 행동을 통해 자본주의 체제를 추진하고 부과했다. 중국도 이와 똑같이 행동할 준비가 됐는가?

그러나 무엇보다도 먼저 덩샤오핑이 정의한 대로, 국가자본주의가 중국 자체에서 오랫동안 존속해 살아남을 가능성이 있는지부터 따져봐야 한다.

중국에서 부르주아 통치는 계속될 수 있을까?

중국은 서구가 아니다. 장기적 맥락에서 중국과 서구의 차이는 정확히 무엇일까? 이는 상당히 거대한 질문이다. 지난 20년 동안 중국의 부상, 경제 체제 측면에서 중국과 서구의 뚜렷한 차이, 그리고 지금까지 이어져온 훨씬 더 나은 역사적 경험에 비춰볼 때 그 중요성은 작지 않다. 이 질문에 답하고 국가자본주의의 전망을 살펴보기 위해서는 조반니 아리기가 자신의 저서 《베이징의 애덤 스미스: 21세기의 계보》에서 제시한 흥미로운 접근법을 생각해보는 것이 유용할 수 있다.

스미스형 자본주의와 마르크스형 자본주의

조반니 아리기는 다음과 같은 이분법에서 출발한다. 그는 자본주의의 발전 경로를 스미스 유형의 '자연적' 경로와 마르크스 유형의 '비자연적' 경로로 분류했다. 이 분류법은 아리기가 일련의 논문을 통해 처음 제시한 것으로 알려져 있다.

먼저 스미스의 '자연적 경로'란 소규모 생산자들의 시장경제를 가리키는데, 스미스의 기념비적 저서 《국부론》에서 나오는 '부유함의 자연적 진보the natural progress of opulence'라는 용어에서 유래한다. 노동의 분업을 통해 농업에서 제조업으로 성장하고, 그 후 국내 무역에서 원거리 해외 무역으로 발전하는 것이다. 이 경로는 인간의 필요(식량에서 의류나 사업까지, 마을에서 도시나 먼 나라까지)에 따르고, 단계를 뛰어넘지 않기 때문에 '자연스러운' 것이다.

스미스는 일관되고 신중하게 이렇게 말한다. 국가는 시장경제와 자본가들을 번창하게 하고, 재산을 보호하며, 감당할 수 있는 세금을 부과하지만, 경제 및 외교 정책에 관해서는 상대적 자치권을 유지한다(스미스는 《국부론》의 한 부분에서 오로지 국가 안보, 즉 국가 자치권에 관한 주장을 바탕으로 항해조례를 칭찬한다. 하지만 이 책의 다른 부분에서는 독점을 이유로 항해조례를 암묵적으로 맹렬히 비판한다).[45]

조반니 아리기는 스미스 유형의 '자연적' 경로를 다음과 같이 요약한다(Arrighi, 2007).

> 스미스 유형의 특징은 … 사회적 분업을 확장하고 개선하려는 목적으로 행하는 점진적 개혁과 국가 조치, 교육의 거대한 확대, 자본가 수익의 국부로의 종속, 그리고 자본가 간 경쟁의 적극적 장려로 요약할 수 있다.

이와 대조적으로 마르크스의 접근 방식은 유럽에서 관찰한 것을 바탕에 둔 방식이었다. 스미스 이후 한 세기가 지난 자신의 시대에 마르크스는 유럽에서 관찰한 것을 '정상적 자본주의 발전 경로(앞에서 말한 서구식 발전 경로)'로 보았다. 그러나 마르크스가 '정상적'이라고 생각한 체제는 다음과 같은 체제였다. ①상업을 먼저 발전시키고 마지막에 농업을 발전시킴으로써 자연적 진보를 거스르는 체제였고, 그에 따라(아리기의 말에 따르면) '부자연스럽고 역행하는' 체제였다. 그리고 ②국가가 부르주아에 대한 자치권(통제권)을 상실한 체제였다.[46]

사실 자본가의 이익은 마르크스 시대부터 오늘날까지 서구에서 국가를 운영하는 지배적 요소가 됐다. 그 이익이 경제적 측면(트럼프 대통령 아래에서 감세를 생각해보라)이든 외교 정책(이라크 전쟁에서 취한 부당 이익을 생각해보라)에 관한 것이든 상관없다. 자본주의자들은 국가를 장악했고,

마르크스와 엥겔스가 《공산당 선언》에서 쓴 유명한 말대로, 정부는 '부르주아 전체의 공동 업무를 관리하는 위원회'가 됐다. 말하자면 이런 경로는 스미스의 '자연적' 발전을 뒤집은 것이다. 국내 생산을 공들여 충분히 개발하기도 전에 단계를 뛰어넘어 원거리 무역과 식민주의로 진입한 꼴이다.

그러나 가장 중요한 점은 이것이다. 마르크스가 묘사한 유럽의 발전 경로에는 부르주아에 대한 국가의 통제권이 없다는 점이다. 스미스가 말한 경로와는 다르다. 유럽의 자본주의자들은 정복, 노예제도, 식민주의라는 조건에서 번창했다. 그래서 이런 '외향적' 발전, 즉 해외에서 힘을 투사하기 위해 자본주의자들에게는 국가가 필요했고, 따라서 그 국가는 다른 나라를 '정복'해야 했다. 이는 유럽의 경로를 공격적이고 호전적으로 만들었다.

조반니 아리기는 다음과 같이 믿고 있다. 오늘날 우리가 견지하는 표준적 자본주의 발전 경로는 마르크스가 묘사한 경로다. 이런 생각과 똑같이 피어 브리즈는 2013년 자신의 저서 《빈곤 탈출Escaping Poverty》에서 자본주의를 다음과 같이 정의한다. 즉, 자본주의는 합리적 이익 추구, 노동의 상품화, 국가와 자본가들 사이의 정치적 담합, 외부로의 힘의 투사가 합쳐진 것이다. 이 가운데 뒤의 두 가지는 스미스적 해석이 아닌, 명백한 마르크스적 해석이다. 그러나 이런 자본주의적 경로는 유럽에 국한된 특징이고, 일반화하거나 '신성시'할 수는 없다.

조반니 아리기는 이렇게 주장한다. 중국은 송나라에서 청 왕조에 걸쳐 스미스 유형의 발전 경로에 훨씬 더 가까운 대안적 경로를 따랐다. 중국의 시장경제는 서유럽보다 훨씬 더 발전했다(대략 1500년 무렵까지). 하지만 상업적 이익은 국가 정책에 밀접한 영향을 미칠 정도로 충분히 조직화되지는 못했다. 과거 중국의 권위주의 국가들은 부유한 상인들이 국가를 위협하지 않는 한, 한마디로 그 상인들이 너무 커지지 않는 한 평화롭게 내버려두었다. 하지만 항상 그들을 경계했다.

자크 제르네(1962)는 중국 송대에 관해 이렇게 주장했다. 많은 상인이 부자가 됐지만, 그들은 '계급'을 만들어내지 못했다. 이와는 달리 프랑스의 제3계급(평민)이나 서유럽의 다른 곳에서 비슷한 재산을 가진 계급은 처음에 정치적 대표성을 획득하고, 나중에 권력을 잡는 데 성공했다. 이에 반해 중국에서는 처음부터 상인이나 다른 누구의 권력도 감시할 수 있는 강력한 중앙정부가 존재했다.

데빈 마(2011)는 중국의 국가 재정 능력에 관한 논문에서 이와 유사한 주제를 다음과 같이 반복한다.

> 중국에서는 어떠한 대표 기관도 없는 상태에서 절대주의(위계적으로 조직된 관료주의에 기초한 중앙집권 국가)가 때 이르게 피어올랐다. 이런 절대주의는 폭력적 통제로부터 나오는 경제적 초과 이윤이 정치적 이익 집단의 손에 확고히 쥐어져 있다는 것을 보장했다. 이 정치적 이익 집단은 상업 및 재산에 관련된 이익 집단과는 별개였다.

이런 중국은 확실히 부르주아의 명령대로 움직이는 국가가 아니었다.

프랜시스 후쿠야마는 2011년 자신의 저서 《정치 질서의 기원The Origins of Political Order》에서 국가의 무한한 힘 때문에 대항력을 갖춘 상인 계층이 형성되지 못했다고 설명한다. 이런 설명은 중국의 국가 형성 단계로 거슬러 올라간다. 후쿠야마의 주장에 따르면, 중국은 국가 건설에서 모든 주요 세력보다 앞서 있었다. 다른 어떤 조직화된 비국가 행위자(독립적 부르주아, 자유 도시, 성직자)들이 만들어지기도 전에 이미 국가 건설이 이뤄졌다. 따라서 이 국가는 그 어떤 것보다 더 강력했고, 이런 '때 이른 국가 형성'은 진나라에서 마오쩌둥주의의 중국에 이르기까지 대안 권력의 중심을 계속해서 억눌러왔다.

불분명한 재산권과 법치의 부재는 이례적인 것이 아니다

이와 같은 논의를 바탕으로 오늘날의 중국을 살펴보자. 현재 공산당이 지배하는 정부와 이미 형성된 자본가 계층 사이의 정치권력 분배는 과거의 전통적 유형을 연상시킨다. 정부는 부르주아 이익에 도움을 주지만, 부르주아가 국가의 목표(즉, 국가를 운영하는 정치 엘리트의 목표)에 반하지 않을 경우에만 그렇게 한다. 왕후이(2003)는 다음과 같은 이매뉴얼 월러스틴Immanuel Wallerstein의 말을 긍정적으로 인용한다.

> 국가의 지원 없이 또는 국가와 반대되는 위치에서도 자본가가 될 수 있다고 생각한다면, … 이는 터무니없는 추정이다.

오늘날 중국에서는 다양한 재산을 배열할 때 그 사이의 구별이 상당히 모호하다. 그 재산이 국가 소유든, 순수 민간 소유든, 그 사이의 무수한 소유권 협약(예컨대, 주식거래소에서 민간 자본을 조달하는 국영기업, 사유 재산이 혼합된 공동 자산, 외국의 민간인이 참여하는 국영기업)에 따른 것이든 그렇다. 그리고 이런 모호함은 이른바 '정치 자본가' 계층 또는 한스 오버벡Hans Overbeek(2019)이 언급한 '핵심 자본가' 계층의 출현에 적합한 환경을 제공한다.[47]

이처럼 다양한 소유권 사이의 구별이 모호한 것은 일종의 '실수나 오류'가 아니다. 또는 일시적인 것이거나 '교정'이 필요한 것이 아니다. 이는 국가자본주의의 존재를 위한 아주 기본적인 필수 조건이다. 이를테면, 이런 구별이 모호한 소유권을 통해 공산당 조직(세포, 즉 기초 조직)은 완전히 개인 소유의 기업 안에 스며들어 포진한다. 이런 조직은 일정 정도까지는 자본가에게 유용할 수 있다.

자본가들이 자신들을 대신해 당-국가에 로비하기 위한 수단으로 내세울 수 있는 정도까지는 이런 조직이 자본가에게 유용할 수 있다. 그러나 이 공산당 기초 조직 또한 위축될 수 있다. 왜냐하면 그 조직은 앞으로 비위를 맞추거나 뇌물을 줘야 할 또 다른 후원 단체이거나, 정치적 분위기에 따라 자본가에게 반기를 들 수 있는 조직이기 때문이다. 그리고 이런 조직은 공식 소유 구조와 권리에 상관없이 그렇게 될 수 있다.

중국의 공식 통계조차 이런 모호한 소유권을 구분하는 데 어려움이 있다. 소유권 형태가 너무나 다양하기 때문이다. 그리고 소유권에 포함된 다른 권리도 많기 때문인데, 자산을 처분하거나 매각할 수 있는 권리에서 이용권만을 갖는 권리까지 다양하다. 이런 수많은 소유권과 복잡한 기업 구조는 워싱턴 컨센서스의 무조건적인 열렬 지지자들에게 주된 골칫거리 가운데 하나였다. 그들은 재산권을 명확히 구분 짓는 것이 경제 성장에 매우 중요한 요인이라고 주장했기 때문이다. 따라서 다양한 재산 관계를 가진 중국을 신자유주의에 억지로 끼워 맞추는 것은 불가능했다. 게다가 가장 모호한 소유권 유형에 속하는 향 및 마을 기업 가운데 일부는 가장 눈부신 성장률을 기록했다(Weitzman & Xu, 1993).

이 시점에서 다양하게 결합해 있는 소유권과 법치의 고르지 못한 임의 적용(앞에서 언급한 '무법 지대') 사이의 유사점을 찾는 것이 유용할 수 있다. 자유자본주의의 시각에서 볼 때 이 둘은 이례적이다. 소유 구조는 누가 무엇을 소유하는지가 명확하도록 바로잡아야 하고, 법은 모두에게 동등하게 적용되어야 한다. 만약 이례적인 이 두 가지를 바로잡지 못하면, 그 체제는 다소 불완전하다고 여겨질 수 있다.

그러나 이는 국가자본주의의 관점에서 보면 전혀 그렇지 않다. 이는 정확히 수많은 소유권 형태에 내재된 명확성의 부재와 정치 자본가 계층의 출현을 허용하는 규칙 적용에서의 자유재량을 의미한다. 무질서 또는 혼란함이나 자의적으로 보이는 것은 정확히 국가자본주의가 출현하고 번성할 수 있는 환경이다. 우리가 재산과 법에 대해 관찰하는 것은 비정상이 아니라, 체제의 특징이다.

중국의 민주주의는?

중국의 자본가들은 이런 정글 같은 소유권 형태와 불분명한 재산권에서도 존재하고 번창한다. 그렇다면 이 중국의 자본가들은 자신들의 특별한 역할을 영원히 용인할 것인가? 그들의 공식적 권리는 언제라도 제한되거나 폐지될 수 있고, 그들은 끊임없는 국가 지도 아래 있을 것인데도 그럴 수 있을까? 아니면 그들이 더 강해지고 그 수가 많아지면서 유럽이나 미국에서 벌어진 것처럼 조직화하고, 국가에 영향력을 미치면서 마침내 국가를 인수할 것인가?

마르크스가 스케치한 유럽과 미국의 역사 발전 경로는 많은 점에서 일종의 확고한 논리를 가진 것처럼 보인다. 경제력은 스스로를 해방시키고, 자신의 이익을 돌보거나, 강요하는 경향이 있다. 만약 자본가들이 경제력을 손에 쥔다면, 어떻게 그들을 막을 수 있을까? 그러나 한편으로는 중국 지배 세력과 중국민 사이의 불안하고 불평등한 동반자 관계가 거의 2천 년 동안 존재해왔다. 이런 관계는 전통과 타성에 젖은, 뛰어넘기 힘든 장벽이 되어 계속 유지될 가능성이 높다.

따라서 중국의 민주화에 대한 문제는 통상적인 방식과는 매우 다른 방식으로 제기될 필요가 있다. 문제의 핵심은 중국의 자본가들이 중국을 지배하게 될 것인지, 그리고 그렇게 하기 위한 도구로 대의민주주의를 사용할 것인지 그 여부다. 유럽과 미국에서는 자본가들이 그 도구, 즉 대의민주주의를 매우 신중하게 사용했다. 대의민주주의는 종종 아주 느린 속도로 확산됐고, 어느 때건 후퇴하기도 했다. 재산 소유 계층에 잠재적 위협이 있을 때마다 대의민주주의는 철회됐다(프랑스 혁명 이후 영국 또는 왕정복고 이후의 프랑스에서, 1867~1918년의 오스트리아-헝가리 제국을 거친 이후의 헝가리와 그런 위협이 다소 덜했던 오스트리아에서 그랬다).

그러나 1918년에 와서는 유권자를 배제하기 위한 정치적 목적으로 문맹 시험(읽기와 쓰기 능력 검사)이나, 소득과 세금 조사를 계속 시행하는 것이 불가능했다. 심지어 미국 남부 주들은 1964년이 되어서야 공민권법Civil Rights Act(인종이나 피부색, 종교나 출신국에 따른 차별을 철폐할 목적으로 제정된 미국 연방법_옮긴이)의 압력을 받았다. 이 법은 유권자들의 선거권을 박탈하기 위한 다양한 수단 사용을 중단시키기 위한 것이었다.

만일 대의민주주의가 실행에 옮겨진다면, 중국의 민주주의는 법적 의미에서 1인 1표로, 오늘날 세계 다른 나라와 비슷할 것이다. 하지만 중국의 유구한 역사와 앞날을 예측할 수 없는 상황을 고려할 때, 그리고 여전히 한정된 유산 계급의 규모를 고려할 때, 부르주아 계층이 그런 통치를 유지할 수 있을지는 확실하지 않다.[48] 20세기의 첫 20년 동안 중국은 실패했다. 100년 후에는 더 큰 성공을 거두면서 그동안 실패했던 것을 다시 추진할 수 있을까?

중국은 국가자본주의를 '수출'할 것인가?

국가자본주의는 권력을 가진 사람들에게 확실한 이득을 제공한다. 그들은 여론의 즉각적인 압력으로부터 단절된 채, 자신들의 정치권력을 경제적 이득으로 전환할 기회를 가지고 있지만, 자신들의 통치에 대해 일상적 시간 제약에 직면하지는 않는다. 그러면서도 국가자본주의는 또한 국민에게 확실한 이익을 가져다준다.

만약 국가자본주의가 효율적 행정을 제공하고 사회가 용납할 수준의 부패에 그친다면, 수많은 법적·기술적 장애를 좀 더 효과적으로 극복할 수 있다. 더 민주적인 국가에서는 법적·기술적 장애 요인들이 성장을 더디게 한다. 이를테면 중국의 도로와 고속철도 건설 능력은 사회적·경제적 측면에서 명백한 강점을 보인다. 더 민주적인 국가에서는 이런 건설 사업이 법적 논쟁으로 수십 년은 아니더라도, 수년이 걸린다(심지어 추진 과정에서 일부 시민의 권리가 무시된다고 하더라도 말이다).

오랜 시간이 걸리고 때로는 끝없는, 공공 정책의 많은 측면에 관한 협의는 결국 아무것도 실행되지 않는 결과를 불러올 수 있다. 일부의 반대를 거칠게 다루는 것은 나쁜 결정으로 이어지거나, 소수의 이익에 국한된 결정을 선택하도록 만들 수도 있다. 하지만 많은 경우(그리고 아마도 인프라 프로젝트에서 중국의 성공은 가장 좋은 사례일 것이다), 이런 국가 정책은 사회를 발전시킨다.

시민들 스스로가 긴 협의보다는 빠른 결정을 선호할 수도 있다. 성공한 대부분의 자본주의 사회에서는 많은 국민이 자신들의 일과 일상생활로 너무 바빠서 정치 문제에 세심한 주의를 기울이지 못한다. 그들은 종종 정치 문제에 큰 이해관계가 없기 때문에, 그들이 그런 정치 문제에 시간을 투자하는 것은 합리적이지 않다. 이에 대해 세계에서 가장 오래된 민주주의 국가 가운데 하나인 미국에서는 다음과 같이 말한다. 많은 면에서 선출된 왕의 특권을 가진 사람에 대한 선거는 유권자 절반 이상을 투표소로 보낼 만큼 충분히 중요하다고 판단되지 않는다.

오늘날과 같은 상황에서 다음과 같은 주장은 잘못된 것이라 여겨진다. 아리스토텔레스가 묘사한 대로, 사람은 여전히 일반 원칙으로서 공공의 문제에 관여하는 것을 높이 평가하는 '정치적 동물'이다. '정치적 동물'이란 그리스 도시 국가들의 토론장인 아고라에 국한된 얘기일 수 있고, 그때조차도 부유한 소수의 자유 시민들에게만 해당되는 것이었다. 상업화되고 정신없이 바쁜 오늘날의 세계에서, 시민들은 자신들과 직접적으로 관련되지 않는다면 공공의 문제에 관여할 시간도, 지식도, 열망도 없을 것이다.

돈 벌기와 개인 영역 확대(5부에서 논의된다)라는 본질적 속성을 바탕으로 하는 자본주의의 확산으로 말미암아, 좀 더 폭넓은 정치적 숙고에 할애할 시간은 거의 없다. 나아가 이런 여건에서는 많은 민주주의 이론들이 거론하는 교양 있고 사려심 깊은 시민의 이상을 생산해낼 수 없다. 심지어 그런 시민은 초상업화된 자본주의와 공존할 수 없다는 주장까지 나올 수 있다. 따라서 시민 참여를 고집하는 민주주의의 정의는 현실과 상충한다. 로버트 달Robert Dahl과 조지프 슘페터의 다두정치多頭政治와 민주주의에 대한 기술적인 정의가 더 정확하다.

로버트 달의 견해를 평가한, 비평가 가운데 한 명인 리처드 크라우즈

Richard Krouse(1982)는 다음과 말했다.

> 민주주의와 다두정치는 … [로버트 달에게] 둘 다 순전히 [시민의] 우선적, 사적 욕구의 만족을 극대화하기 위한 도구적 장치에 불과할 뿐이다.

이 말은 틀림없는 사실이다. 자유자본주의가 그런 욕구를 충족시킬 수 있다면, 국가자본주의도 마찬가지일 것이다. 어느 방식이 더 나은지는 실증적 차원의 문제다.

적당한 부패의 수용

나는 국가자본주의 사회는 정말로 부패가 붙박이 수준인 사회라고 주장해왔다(부패는 관료 집단을 행정적 중립성으로부터 멀어지게 하기 때문에, 효율적 행정과 본질적 부패 사이의 평형을 유지하는 것이 어려운 일이 된다). 그러나 부패가 사회적 여건이나 수준과는 무관하게 항상 골칫거리로 여겨진다고 생각하는 것은 옳지 않다. 적당한 부패와 심각한 부패 속에서 생존하거나 번창하는 방법을 터득한 사회는 많이 있다. 그런 사회에서는 부패가 체제 전체에 스며들어, 오직 반부패적 체제에 사는 사람들보다 삶을 더 쉽게 만들기도 한다. 체계적으로 서로 호의를 교환하는 관행에 익숙해진 사람들은 체제가 완전히 다른, 투명한 체제에 적응하는 데 어려움을 겪는다.

바이칭언, 세창타이, 송 (마이클) 정(2014)은 중국에서는 지방분권화된 '정실 자본주의'가 일정한 역할을 한다는 논리를 편다. 정실 자본주의란 자본주의의 부상 과정에서 유럽의 여러 국가들이 채용했던 것과 유사한 유형의 자본주의다. 지방정부는 정실 자본가들을 보호하는 조치를 취하면서도, 다른 지방정부가 더 유능한 정실 자본가들을 빼앗아가는 것을 저지할 수는 없다. 따라서 지역 사이에 경쟁적인 결탁은 슘페터가 말한 대로 창조적 파괴의 역할을 한다.

북유럽 국가들이 상위권을 차지하는 투명성(인지된 부패에 관한 전문가 조사에 근거한다)이 세계 다른 나라에서도 쉽게 적용될 수 있다고 순진하게 믿어서는 안 된다. 혹은 여타 세계 각국의 국민이 그런 수준의 정부의 '청렴함'을 열망한다고 믿어서도 안 된다. 많은 나라의 정부들은 그런 환경에서 기능을 수행하기란 어렵다는 것을 발견할 것이다. 후쿠야마가 국가의 '참여'라고 부르는 그런 힘은 거의 모든 나라에서 강력하다. 대부분의 사회에서는 자동차 등록을 신속히 하거나, 새로운 신분증을 손에 넣거나, 자신의 회사 장부를 너무 자주 들여다보는 것을 피하려 한다. 이를 위해 상의해야 할 사람을 사촌이나 친구에게 소개해주는 것은 대부분의 사회가 작동하는 정상적인 일면이다. 친척이나 친구를 돕지 않는 사람은 그 사회에서 배척될 수 있다.

이 같은 부패는 실제 돈의 이동을 수반하지 않을 수 있다(비록 일종의 선물일지라도 돈과 다르지 않다). 그러나 한편으로 특혜를 주는 것은 분명하다.

유럽으로 유입되는 많은 이민자는 점점 이해하기 어렵고 비호감적인 체제에 적응하는 데 어려움이 있다. 그에 따라 이민자들은 자신들의 체제를 만들어 그 속에서 '삶'을 이어가려는 경향이 있다. 이런 경향이 북유럽 복지국가의 청렴성에 위협이 된다고 주장하는 것은 불합리하다. 앞의 사례와 마찬가지라는 의미다. 이는 문화적 차이에서 오는 관행의 결과다. 현실적으로 규칙의 적용과 공정한 집행에서 개인적인 것 대 비개인적인 것의 선호로 요약할 수 있다. 또한 다른 말로 하면 느슨한 법치주의란 이와 같은 것이다.

이탈리아를 하나의 사례로 들 수 있다. 이탈리아는 부패 현상이 모든 사회 계층에 걸쳐 널리 퍼져 있지만 일종의 균형도 존재한다. 이론적으로는 누구든 부패를 없애는 것이 바람직하다고 본다. 하지만 부패를 없애려는 시도가 자신의 처지를 더 악화시킨다는 점도 알고 있다. 그러나 이것이 집단 행동으로 단순하게 이어져서는 곤란하다. 물론 모두가 부패를 제거하는 데 동의하면, 상황은 좀 더 개선될 수 있을 것이다. 하지만 많은 사람은 새로운 체제에서 어떻게 움직여야 하는지 알지 못할 것이고, 오히려 구체제로 회귀하는 것을 바랄 수 있다. 2018년 《이탈리아 쇠퇴에 대한 정치경제학The Political Economy of Italy's Decline》에서 안드레아 로렌초 카푸셀라Andrea Lorenzo Capussela는 이탈로 칼비노Italo Calvino가 제시한 균형적 부패에 대한 견해를 다음과 같이 인용한다.

> 한때 불법으로 움직인 나라가 있었다. 법이 부족하지도 않았다. 정치 행위는 모든 사람이 공유해야 한다는 원칙에 기반을 두었다. 하지만 중앙 집중

> 화된 그 체제는 실질적으로 무제한 금융 자원이 필요했다. … 그리고 사람들은 불법적인 대가를 주고 가진 자들에게서 돈을 얻을 수 있었다. 불법적인 대가를 받은 사람들은 자신들이 앞서 받은 그 대가를 무기로 돈을 벌었다. 결과적으로 경제 체제는 어느 정도는 순환적이고, 일종의 조화가 없으면 안 된다.

따라서 국가자본주의가 가진 고유한 장점들 속에는 다음과 같은 것들이 포함된다. 통치자들의 자율성, 형식적인 절차를 줄이고 더 빠른 경제 성장을 달성하는 능력, 그리고 일부 또는 심지어 많은 사람의 선호에 맞는 널리 퍼진 온건한 부패가 그것이다. 그러나 국가자본주의의 매력을 좌우하는 가장 중요한 것은 경제적 성공이다. 그리고 중국이 지난 반세기 동안 경제적으로 가장 성공한 나라였다는 사실을 통해, 이미 성공한 선진국들과 동렬 선상에 중국을 놓을 수 있다. 중국의 경제적·정치적 제도들은 다른 나라가 모방할 수도 있고, 중국은 합법적으로 그 제도를 '수출'할 수 있다. 하지만 중국이 그렇게 하려는 의도가 있는지는 의문이다.

중국의 고립

중국이 자신들의 제도를 밖으로 이식할지에 관한 문제는 전통적·역사적 관점에서 논의되어야 한다. 그 문제는 중국의 자기중심성과 제도에 대한 무관심, 그리고 '정신없고' '날것'의 야만인 같은 국가의 행동에서

유래한다.[49] 15세기 명나라가 파견한 엄청난 규모의 해상 원정대와 콜럼버스의 작은 규모의 탐험을 비교하는 것은 접근 방식의 차이를 보여주기 위해 자주 인용된다(중국인이 비교한 것을 포함해서). 우선 명나라가 파견한 정화鄭和 함대의 목표는 무역로를 안전하게 확보해 무역을 강화하는 것이었지만(정화 함대의 선원들은 여러 차례 해적들과 싸웠다), 무엇보다도 평화로운 방법으로 세계의 나머지 국가에 중국의 우월성을 보여주기 위한 목적이 컸다. 정화 함대에는 무역로 확보의 목표도 있었지만, 다른 한편으로 이민족을 개척하고 영토를 확장해 이데올로기적 개종을 진행하는 데 있었다. 이런 해석에 따르면, 한 손의 힘은 기본적으로 초연하고 평화로우며 무관심하지만, 다른 한 손은 호전적이며 이익과 영향력 확산에 굶주려 있기도 했다.[50]

무심함은 19세기 사건들이 보여주듯이 중국의 발전을 약화시키는 요인이 됐다. 하지만 중국 엘리트들은 무심함 자체에 부정적 속성이 있다는 점을 깨달았음에도 여전히 생각을 고칠 수 없었다. 마틴 자크Martin Jacques는 2012년 《중국이 세계를 지배할 때When China Rules The World》에서 다음과 같이 주장했다. 중국은 스스로를 하나의 국민국가가 아니라 문명체 또는 아시아의 버팀목으로(그리고 세계의 팽창에 따라) 인식하기 때문에, 고립된 채 존재하기를 바라는 경향이 있다. 반면, 문화적으로 뿌리 깊은 인종차별이나 '타자'를 깨닫지 못하는 무능함을 종종 드러낸다.[51]

마르크스주의를 채용함으로써 중국이 이념적으로 서구의 일부가 됐다는 사실에도 불구하고, 심지어 마오쩌둥 시대에도 계속해서 일정 부분 고립을 고수했다는 사실은 흥미롭다. 한때 중국은 소련의 보호에서 벗어났지만, 국제사회에서 지속적으로 자신의 덩치에 걸맞지 않게 행동했다(20세기 후반 영국 외교를 특징짓기 위해 만들어진 말을 뒤집어놓은 문구). 중국은 비동맹운동과도 멀리 떨어져 있었다. 비동맹운동은 다방면에서 마오(쩌둥)주의를 선전했음에도, 그 어떤 운동과도 강력한 연대를 구축하거나 도움을 제공하지 못했다.

가장 중요한 것은 중국이 동맹의 연대를 구축하는 데 실패했다는 점이다. 이는 특히 미국이나 소련과 비교해볼 때 인상적이다. 미국과 소련은 각각 다수의 동맹국, 위성국 또는 가신 국가를 거느렸다. 하지만 알바니아를 제외하고 중국에는 아무도 없었다. 심지어 중국은 이른바 사회주의 동료들로부터 '수정주의자'로 비난받았는데, 덩샤오핑이 개혁에 나섰을 때는 알바니아와도 헤어졌다. 게다가 지금 중국에는 북한 이외의 동맹이 하나도 없다는 사실에서, 오늘날도 과거와 마찬가지다. 이는 장래 세계적 패권국이 될 가능성이 있는 행보가 아니다.

중국 국가자본주의 모델의 이식 가능성

중국이 국가자본주의 모델을 '수출'할 의도가 있는지에 대한 문제와 함께, 중국 모델이 과연 이식 가능한지도 살펴보아야 한다. 앞에서 언급했듯이 국가자본주의의 핵심적 특징(기술 관료주의, 법치의 부재, 그리고 뿌리 깊은 부패)은 실제로 갖가지 다양한 측면에서 발견할 수 있다. 그러나 중국에서 주로 특화된 것으로 보이는 일부 요소의 경우 다른 나라로 이식하기 어려운 것도 있다.

쉬청강許成鋼은 일련의 영향력 있는 기사와 저서를 통해, 중국 정치 체제를 '지역적으로 분권화된 권위주의 체제'라고 정의한다.[52] 중국 정치 체제의 두 가지 필수적인 특징은 외견상 역설적으로 들릴지 모르지만, 중앙집권화(권위주의)와 분권화다. 최근 쉬청강이 언급한 대로 '대약진 시대'부터 시행된 지방분권화 정책은 지방정부와 지역 행정단위가 다양한 경제 정책을 시행할 수 있도록 허용해주었다. 그에 따라 중앙이 정한 규칙과 공산당 이데올로기를 뚜렷하게 위반하지 않는 한, 그들은 최선의 길이 무엇인지 찾아낼 수 있었다(후자, 즉 이데올로기가 무시될지라도, 잘 '위장되고', 정책이 성공적인 경우에는 현실적으로 용인됐다).

쉬청강은 다음과 같이 설명한다. '가계책임제(토지개혁, 1978~1984년 사이 덩샤오핑은 '가계책임제'를 도입하면서 농촌 경제 발전에 주력해 크게 성공했다_옮긴이)'의 도입부터, 국영기업의 민영화에 이르기까지 모든 결정적 발전은 행정의 낮은 단계에서 시작됐다. 종종 알려진 웅대한 실험의 계획도 최상층부에서 고안된 것이 아니다. 전적으로 조직 하층부의 창안에 따른 것이었다.[53]

만약 개혁 방안이 성공하면, 지방정부 책임자는 정부와 당내에서 더 높은 자리를 얻으며, 중앙부의 정책 결정 조직에 진입할 수 있다. 그리고 권력이 집중된 중앙부에서 효과를 보면, 다른 지역에서도 그 방법을 똑같이 적용하려고 노력한다. 이 과정에서 핵심 요소는 동기(인센티브) 제공이었다. 이는 지역 책임자들이 사회 환경을 보존하면서 지역 경제를 개선하도록 유도하는 역할을 했다. 중국 체제의 중추는 중앙집권적 조직(중국공산당)이며, 이 조직은 성공적인 지역 책임자에게는 보상을 해주는 반면, 실패한 자에게는 처벌을 내린다.

이런 동기 부여는 정치적이라는 데 주목할 필요가 있다. 그런데 문제는 개별 행위자(노동자, 농민 또는 지역 단위의 기업가)에게는 이런 동기 부여가 주어지지 않는다는 것이다. 이 동기 부여는 계층 조직에서 출세하기 위해 성공적인 지역을 '만들어내는' 행정 우두머리에게 주어진다. 여기서 성공은 GDP 증가나 외국인 투자자 유치와 같이 비교적 쉽게 수치화할 수 있는 목표에 따라 계량화된다. 지역 지도자들은 중앙 당국의 권한을 부여받은 준자치적 전권 책임자다. 이는 세금 징수 도급제와 다르지 않지만, 지역 지도자들의 의무는 중앙정부에 세수를 제공할 뿐만 아니라, 자신들의 지역이 반드시 경제적으로 발전하도록 보장하는 데 있다.

이런 관점에 따라 중국의 성공을 설명할 수 있다. 중국의 성공에는 정치적으로 단일 정당에 의한 중앙 집중화와 지역 경제 정책에 대한 의미 있는 재량권이 독특하게 혼합되어 있다. 그러나 그로 말미암아 갖가지 문제가 불거지기도 한다. 다차원적인 감시망이 없어 지역 지도자들의 행위를 감시할 수 없다는 점(예를 들어 지도자의 승진이 지역 성장률에 따라 달라진다면 환경 보호, 국민 건강과 같은 여타 목표들은 희생될 것이다), 또는 자기 지역의 시장 지배에 관여하려는 시도(예컨대 자기 지역 생산자의 자동차나 트럭만 구매하기)와 그에 따라 중국 시장을 분열시키는 것을 포함한 수

많은 문제가 제기될 수 있다.

이제 경제 발전이 일정 수준에 도달한 후 더욱 압박을 받게 될 여타 문제들을 제쳐두고도, 중국 체제를 다른 나라에서 실행하는 것은 명백히 어렵다. 중앙 집중화와 분권화가 동시에 필요한 이런 모델은 구현하기가 쉽지 않다. 중국의 정치 모델은 과거 청나라와 같은 제국에서도 유사한 형태로 존재했다. 전통적인 지역 분권화에 기반을 두고 있는데, 여타 다른 국가에서는 보기 드문 모델이다. 또한 다른 국가들이 이 모델을 실험하기는 녹록지 않다. 지역 지도자들을 성과에 따라 보상하거나 처벌할 수 있고, 필요할 때 지방분권화의 특권을 철회할 수 있는 강력한 기구가 필요하다는 점에서 그렇다.

결과적으로, 지방정부가 의사 결정권을 갖는 지역 분권화의 경우, 중소 규모 국가보다는 중국 같은 광대한 영토와 거대 인구를 가진 국가에서 훨씬 더 의미가 크다. 이런 경우 많은 위험이 불어닥칠 수도 있다(중국도 이런 위험에서 자유롭지 않다). 그 위험이란 광범위한 지역 분권으로 지역 지도자들이 강력한 지역 권력 기반을 창출할 수 있고, 궁극적으로 분열로 이어질 수도 있는 위험이다.

중국의 경우 간부들의 지속적인 순환 보직을 통해 이런 위험성을 미리 방지했다(어느 누구도 5년 이상 지방정부 책임자 자리에 머무를 수 없다). 그러나 여타 다른 나라에서는 그런 정책을 지속시킨다는 보장이 없을뿐더러, 중앙 정치기관들이 순환 보직을 제대로 이행할 것이라는 명백한 보장도 없다.

따라서 '지역적으로 분권화된 권위주의'는 전적으로 국가자본주의의 원초적 특성을 드러내면서 중국에 특화되어 작동하지만, 여타 다른 나라에는 이식하기 어려운 특징을 가진다. 여기에서 국가자본주의 모델의 약점이 분명히 드러난다. 원론적으로 대부분의 상황에 평등하게 적용할 만한, 일반화가 가능한 규칙이 없다는 점이다.[54]

중국은 왜 지금보다 더 세계와 관계 맺어야 하는가?

고립이라는 단점과 일반화가 가능한 제도의 결핍을 설명하기에 앞서 우리는 세 가지 요소를 설정할 필요가 있다. 첫째, 오늘날 중국은 거대 규모의 무역과 외국인 투자로 말미암아 역사상 유례없을 정도로 세계경제와 통합되어 있다. 고립은 더 이상 정치, 경제, 심지어 문화적으로 독자 생존이 가능한 선택이 아니다. 그리고 외국과 다방면의 접촉, 중국 어디에서나 볼 수 있는 영어의 존재(호구 등록을 안내하는 소책자 표지조차 중국어와 영어로 되어 있다), 수많은 중국 유학, 해외로의 비즈니스나 여행, 그리고 점점 더 많아지는 중국 거주 외국인으로, 그 어느 때보다도 중국은 세계의 필요불가결한 일부분이 되고 있다.[55]

둘째, 역사적으로 가장 성공적인 국가 모델을 그렇지 못한 여타 나라들이 모방하는 경향이 있다. 성공한 나라들은 그들이 원하든 원하지 않든, '객관적인' 중요성에 상응하는 세계적인 역할을 맡는다.

셋째, 중국은 시진핑 체제(그리고 그의 거취와 관련된 정책은 좀 더 파급 효과가 크기 때문에, 훨씬 더 광범위하다)에서 좀 더 적극적인 국제적 역할을 맡을 준비가 되어 있고, 전 세계적으로 자신의 성공과 경험을 내다 팔 준비가 되어 있는 것으로 보인다. 최근 이를 입증하는 주도적 계획은 잘 알려져 있다. 가장 중요한 것은 중국이 아프리카에서 수행하는 역할의 증가와 그것에서 파생되는 아프리카 개발 전략의 재정비다. 국가자본주의 국가들이 대부분 아프리카에 몰려 있고, 모두 중국과 강력한 경제적 유대를 맺고 있는 것은 놀라운 일이 아니다(앞의 표 3-1 참조).

짐바브웨의 로버트 무가베Robert Mugabe를 권력에서 축출하는 작전을 주도했을 때, 중국이 처음으로 성공적이고 신중하게 외국 정부의 전복을 꾀했다고 주장할 수 있다. 무가베 정권 축출 작전은 일종의 성공 신호였다. 무혈의 처리 방식과 중국의 배후 역할 및 행동에 대한 세계적 지지가 있었고, 무가베 정권이 얼마나 국내외적으로 인기 없는 정권이었는지가 다시 드러났다. 이 작전의 성공은 리비아에서 유사하게 행해진 서방측의 실패와 비교될 수 있다. 리비아에서 서방측의 참담한 결과는 내전의 장기화로 이어졌고, 거의 모든 현대 사회 문물의 파괴를 불러왔으며, 파괴적 행위가 줄어들거나 끝날 징후를 보이지 않았다.

또 다른 중요하고도 야심 찬 프로젝트는 BRIBelt and Road Initiative(일대일로 이니셔티브)이다. 이는 여러 대륙을 훨씬 더 강화된 중국의 금융 체제로 연결시키는 것이다. 유라시아 육로(해상운송보다 훨씬 빠르다)를 통한 중국 상품의 정기적이고 대규모인 운송은 이미 시작돼 유럽 대륙과 영국 대륙으로 연결되어 있다.[56]

BRI는 중국의 서구에 대한 일종의 이념적 도전이다. 이제껏 서구는 후진국에 대해 물리적 투자를 하는 대신, 탈물질적 제도 수립에 초점을 맞춰 경제 발전을 다뤄왔다. 그러나 BRI는 중국의 영향력을 멀리 넓게 투사하고, BRI 관련 국가들을 중국 영향력이 미치는 영역으로 연결시킬 것이다. BRI에는 발생할 수 있는 투자 분쟁에 대해 중국 법원의 관할권 내에서 처리한다는 계획도 있다(《이코노미Economy》, 2018). 이는 이른바 '굴욕의 세기'라는 기억을 가진 중국으로선 상당한 반전이다. 과거 중국에 진주한 외국인들은 중국 땅에서 중국 법의 지배를 받지 않는 치외법권을 누렸다.

많은 나라가 BRI 일원이 되는 것을 환영할 것이다. 왜냐하면 중국이 투자하면 얻을 수 있는 실질적 혜택(도로, 항구, 철도) 때문이기도 하지만, 중국은 타국의 국내 정치에 영향을 미치는 데 무관심하다고 인식되어 있고, 그런 투자에 정치적 조건을 붙이지 않기 때문이다.[57] 마틴 자크가 쓴 것처럼, 해당 국가에 대해 국내적으로 민주주의를 강조하면서도 국제적으로는 위계적 관계를 요구하는 미국과 달리, 중국은 피원조국의 국내 정책에는 관심이 없다. 슘페터가 20세기 미국의 표준 정책에 대한 비평에서 명명한 이른바 '윤리적 제국주의'를 미국이 실천하지 않는 것이다.[58] 그 대신 중국은 모든 국가에 대해 공식적인 평등 대우를 강조하는, 국가 사이의 민주주의를 강조한다.[59] 이 같은 두 문제(국내 정치에 대한 불간섭과 국제적으로 공식적인 평등 대우)는 많은 소규모 국가에 매력적이다.

저스틴 린Justin Lin은 BRI 계획의 하나로, 가난한 국가에 이익이 되는 또 다른 잠재적 이득이 있다고 본다(Lin & Monga, 2017). 앞으로 중국은 점차 제조업의 이전을 추진할 것이며, 제조업은 저개발국에 '자연적으로' 인계될 것이다. 하지만 저개발국에 적절하게 갖춰진 좋은 인프라가 없다면, 제조업을 이전받을 수 없다. 실제로 중국의 발전 과정에서 얻은 교훈 가운데 하나는 경제 특구의 사례에서 본 것처럼, 외국인 투자 유치에서 인프라의 중요성이다.

발전 과정에서의 강조점(인프라 대 제도 구축)의 차이는 국가자본주의와 자유자본주의의 차이와 정확히 일치한다. 각자 선호하는 발전 전략을 통해 강점이 있는 쪽에 서려고 노력한다. 국가자본주의의 큰 장점은 국가의 효율성이다. 국가자본주의 체제의 국가는 국민의 일상생활이 구체적이고, 실질적인 방식으로 개선되는 무언가를 구축할 수 있도록 민간 행위자들을 유도한다. 자유자본주의의 장점은 국가가 제도적 얼개를 설정한다는 데 있다. 그 얼개 안에서 민간 행위자는 (어떤 경우이든) 최선을 구축하도록 그들 스스로 결정한다. 전자(국가자본주의)의 경우, 국가는 역동적이고 직접적인 행위자다. 반면 후자(자유자본주의)의 경우, 국가는 '조력자'이며 수동적인 행위자다. 물론 이는 일반적으로 국가가 이상적 역할을 할 때를 상정한 것이다.

마침내 중국은 다시 한 번 과거 '구성주의자'들이 했던 접근 방식에 따라 아시아인프라투자은행AIIB을 설립했는데, 2018년 중반 현재 회원국이 80개국 이상이고, 베이징에 본사를 두고 있다. 그 목표는 명백하다. 아시아의 '주변국'들에 중국의 경제력을 투사하는 것이다. 중국의 새로운 국제경제기구 설립은 제2차 세계대전 이후 미국 주도 아래 진행된 세계은행과 국제통화기금의 설립과 흡사하다. 이는 중국이 국제무대에서 좀 더 능동적 위치에 설 수 있도록 하는 또 다른(넷째) 요소일 수 있다. 이는 중국 내 정책과도 연계되어 있다. 만약 중국이 자국의 체제를 '홍보'하지 않는 수동적 역할에 그치고, 서방측이 중국을 향해 자유자본주의의 가치를 계속 진척시킨다면 어떻게 될까? 이런 서구 제도들이 점점 더 인기를 얻고 중국민의 폭넓은 지지를 받을 가능성이 높다.

그러나 중국이 국가자본주의의 이점이 무엇인지 분명히 밝힐 수 있다면, 중국에 미치는 서구의 영향력에 맞설 수 있을 것이다. 다만 수동적 태도보다는 그 반대로 영향력을 확대한다면 말이다. 그런 의미에서 중국의 국제적이고 능동적인 활동은 국내 정치적 생존의 문제이며, 국내의 잠재적 약점을 상쇄하기 위해서라도 활성화될 것이다.

이런 요인들과 최근의 실제 움직임은 중국을 추동시킬 것이다. 이에 따라 중국은 국가자본주의의 '수출'과 함께, 자국과 유사한 체제를 가진 일련의 국가군을 창출하는 데 훨씬 더 적극적인 역할을 할 것으로 보인다. 다만 그런 국가들이 어떻게 중국과 공식적인 동맹이나 협정으로 연결될지는 아직 알 수는 없다. 그러나 비공식적 영향력이 중국의 역사와 선호에 훨씬 더 잘 맞을 수 있다. 이런 비공식적 구조에도 불구하고, 중국은 국제기구에 점점 더 많은 영향력을 행사하게 될 것이다. 이 기구들은 지난 2세기 동안 서구 국가들이 독점적으로 건설했고, 서구의 이익과 역사가 반영되어 있다.[60] 하지만 이제는 더 이상 이런 일은 일어나지 않을 것이다. 2012년 마틴 자크는 다음과 같이 썼다.

강대국으로서의 모습을 드러낸 중국은 모든 것(서구 일변도의 절대적 상황_옮긴이)을 상대화할 것이다. 이제껏 서구는 세계가 자신들의 세상이라는 생각에 익숙해져 있다. 국제 공동체는 서구의 공동체이고, 국제기구는 서구의 기구다. … 인류 보편적 가치는 서구의 가치다. … 이런 일은 더 이상 일어나지 않을 것이다.

결론: 국가자본주의의 생존력

성공적 모델로서 국가자본주의의 생존력은 다음과 같은 두 가지 능력에 달려 있다. ①국가가 본질적으로 경제활동에 중요한 역할을 하는 중국에서, 정치를 경제로부터 분리시키는 능력, ②좁은 의미의 비즈니스 이익뿐만 아니라, 국가적 이익에 도움이 되는 결정을 할 수 있는 비교적 부패하지 않은 중앙집권화된 '중추'를 유지할 수 있는 능력이 그것이다. ②는 종종 혁명 투쟁의 결과, 즉 혁명을 실행한 과거와 그것에 맞는 중앙 집중화를 이룬 정치 체제에서 좀 더 쉽게 실현될 수 있었다. 그러나 시간이 흐르면서 감당할 만한 수준의 부패를 안고 가는 것이 점점 어려워질 것이다. 자칫 중국의 여타 체제의 강점을 망칠 수 있으며, 심지어 뒤엎을 수 있다. 앞에서 확인한 중국 체제의 두 가지 모순에 대한 언급은 부패와 그 부패가 불러온 불평등과 관련이 있다.

국가자본주의의 '수출 잠재력'은 제한적이다. 왜냐하면 ①과 ② 항목, 즉 경제와 정치의 절연, 그리고 비교적 부패하지 않은 정부는 매우 극소수의 국가에서만 유지될 것으로 보이기 때문이다. 더 명확히 말하면, 중국적 체제가 수출되거나 복사될 수는 있지만, 많은 경우 경제적으로 실패할 수 있다. 이는 결과적으로 중국 체제의 세계적 매력을 손상시킬 것이다.

4부

세계화,
얻는 자와 잃는 자

원시 역사에서 모든 발명은 매일 새롭게, 각각의 지역에서 독립적으로 이뤄져야 했다. … 무역(상업)이 세계 무역이 되고, 그 근간인 거대 산업을 가지게 될 때만, 그리고 모든 나라가 경쟁적인 투쟁 속으로 빠져들 때만, 획득한 생산력의 영속성이 보장된다.

- 카를 마르크스, 《독일 이데올로기》

◇

이 4부에서는 세계화라는 관점에서 자본과 노동의 역할을 살펴볼 것이다. 세계화가 자본과 노동에 미치는 주요 특징은 이동성이다. 세계화는 넓은 의미에서 주로 국경을 넘나드는 자본의 이동을 의미했다. 그러나 노동 역시 최근 들어 이동성이 높아졌다. 그리고 이런 노동의 이동성 증가에 대한 반작용이 있었는데, 그중 하나가 국경에 새로운 장애물, 즉 장벽을 세우는 것이었다. 한 나라 안에서 똑같은 품질과 양의 노동을 제공하더라도, 노동자들이 받는 임금은 큰 차이가 날 수 있다. 노동의 이동성은 이런 임금 격차에 대한 반응이다.

이런 격차는 내가 말하는 '시민권 프리미엄citizenship premium'과 '시민권 패널티citizenship penalty'로 귀결된다. 뒤에서 설명하겠지만, 시민권 프리미엄(또는 시민권 지대citizenship rent(시민권이 주는 혜택_옮긴이). 이 두 용어는 교대로 사용된다]은 부유한 나라의 시민으로서 단순히 얻을 수 있는, 수입 증가를 말한다. 반면 시민권 패널티는 가난한 나라의 시민이기에 감수해야 하는 수입 감소를 말한다. 가난한 나라의 낮은 임금 수준에 맞춰 조정한 후에도, 이 프리미엄(또는 패널티)의 격차는 5배에서 최대 10배에 이른다.

이런 소득 격차는 주로 19세기와 20세기의 유산이다. 19~20세기 동안, 서구 국가들과 몇몇 다른 나라들(일본과 최근의 한국)은 1인당 소득에서 나머지 국가들에 앞섰다. 이런 소득 격차에도 노동자들이 이동하지 않는다면 놀랄 일이다. 이는 마치 자본 소유주들이 낮은 수익을 내는 곳에 자산을 투자하는 것처럼 이상할 것이다. 따라서 노동의 이동성은 세계화의 본질적인 부분으로서, 자본의 이동성과 같은 방식으로 볼 필요가 있다.

이 4부는 세계화라는 조건 아래에서 노동에 대한 논의로 시작하려고 한다. 그다음에 자본에 관한 설명으로 옮겨갈 것이다. 아마도 자본의 이동성은 이른바 글로벌 가치 사슬global value chain을 통해 가장 잘 반영된다. 그리고 이 자본의 이동성은 가난한 나라의 성장을 가속화하며, 중장기적으로는 이주(이민)를 유도하는 시민권 지대를 서서히 잠식한다.

따라서 국경을 넘는 이동, 즉 자본뿐만 아니라 노동의 이동은 궁극적으로 균형을 맞추게 될 것이다. 그 결과(아마도 균형점에 결코 도달할 수 없겠지만), 1인당 평균 소득의 국가 간 차이가 최소한으로 줄어드는 세계로 발전할 것이다.

왜 여기서는 세계화의 특징 가운데 하나로 글로벌 가치 사슬을 지목할까? 그 이유는 다음과 같은 글로벌 가치 사슬의 두 가지 혁명적인 충격 때문이다. 첫째, 아래에서 설명하겠지만, 글로벌 가치 사슬은 역사상 처음으로 생산을 관리와 통제로부터 분산시키는 것을 가능하게 했다. 이는 경제활동의 공간을 넓히는 데 큰 영향을 미친다. 둘째, 글로벌 가치 사슬은 구조주의자와 신마르크스주의자의 견해를 뒤집는다. 이들은 북반구 세계(자본주의 세계)와의 연계를 끊는 것이 발전의 방법이라고 주장해왔다.

분명하게 말하지만, 나는 중국의 경제 성장이 대부분 더 전통적인 방식으로 설명될 수 있다는 생각에 반대하지 않는다. 그 설명에 따르면, 중국은 수십 년 전 일본이, 그다음에 한국과 대만이 이룬 한층 더 정교한 수출 주도형 발전과 똑같은 경로를 계속 따라간다는 것이다. 여기서는 중국의 총체적 변화를 설명하기보다는, 바로 앞에서 말한 이유 때문에 글로벌 가치 사슬에 초점을 맞출 것이다.

다음으로 세계화, 즉 자본과 노동의 국가 간 이동이 복지국가에 어떻게 영향을 미치는지 살펴볼 것이다. 이어 전 세계적인 부패를 살펴보는 것으로 이 4부를 끝맺을 것이다.

자본과 노동이라는 생산의 두 요소의 이동 및 복지국가의 운명을 설명하는데, 왜 부패 문제를 끌어들이는지, 처음에는 이상하게 보일지도 모른다. 그러나 부패를 변수 또는 이례적인 것으로 보아야만 이상할 것이다. 그런 관점은 잘못된 것이다. 부패는 자본과 노동의 자유로운 이동에 못지않게 세계화와 관련이 깊다. 부패는 이데올로기가 된 돈벌이로 촉발되고, 자본주의 세계화의 밑바탕을 이루는 이데올로기이며, 자본의 이동성 덕분에 가능해졌다.

그러나 여기에 더해, 국가자본주의와 금권 통치로 기울어진 자유자본주의는 부패를 '일상적인 것'으로 만들어놓는다. 이미 3부에서 부패는 국가자본주의의 본질적인 부분임을 입증했다. 부패를 정상화해야 할 때가 왔다. 우리는 자본주의의 두 유형 모두에서 부패 문제를 바라보아야 한다. 두 유형 모두에서 부패는 생산에 투입되는 특별한 요소, 즉 정치권력에 대한 대가(임대료와 유사)이다. 일부 개인은 이런 정치권력을 소유하지만, 다른 개인은 그렇지 못하다.

부패는 세계화, 국가자본주의, 그리고 금권 통치로 증가할 수밖에 없다. 경제학자는 도덕주의자가 아니기 때문에, 부패를 다른 어떤 종류의 소득처럼 다루어야 한다. 이에 대해서는 4부 마지막 부분에서 설명할 것이다.

시민의 노동 그리고 이주

시민권 프리미엄(시민권 지대)

동일한 교육과 동기 부여를 받은 사람들이 같은 노력을 해도, 국적이 다르면 그 사람들 사이에는 체계적으로 소득의 차이가 발생한다. 이를 이른바 '시민권 프리미엄' 또는 '시민권 패널티'라고 할 수 있다. 설명을 좀 더 명료하게 하기 위해 여기서는 전자, 즉 시민권 프리미엄에 초점을 맞출 것이다. 실제로 이 같은 프리미엄은 분명히 존재한다. 하지만 경제적 관점에서 정말로 중요한 문제는 시민권 프리미엄을 지대(임대료), 즉 일종의 소득에 비유할 수 있는지 그 여부다. 이 소득은 엄밀하게 말하면 생산에는 필요 없다(생산의 직접적인 요소는 아니다_옮긴이).

이해를 돕기 위해 일종의 심리 실험을 한다고 가정해보자. 선진국에서 특정한 기술 수준을 가진 사람들을, 똑같은 기술 수준을 가진 더 가난한 나라 출신의 사람들로 대체할 수 있을까? 그리고 직무와 관련한 모든 측면이 선진국 사람들과 똑같은 조건에서, 그 가난한 나라 출신 사람들은 더 낮은 임금을 받고서도 똑같은 결과물을 낼 수 있을까?[1] 이런 가상의 심리 실험과 거의 같은 결과를 얻으려면, 국가 간 노동력 이동의 자유가 완전히 허용되어야 한다.

시민권 프리미엄은 일종의 임대료, 즉 지대인가? 심리 실험에서 알 수 있듯이, 답은 '그렇다'이다. 고임금 노동자는 저임금을 받고도 기꺼이 일할 의향이 있는 동일한 집단의 노동자로 대체될 수 있기 때문에, 생산원가가 절감되고, 국가 차원에서 혹은 세계적 차원에서 수익(순소득)은 증가할 것이다. 대략 추정하면 시민권 지대는 존재한다. 왜냐하면 현 거주자가 세계의 특정 지역에 대한 접근을 통제할 수 있기 때문이다.

이 시민권 지대는 결과적으로 평생 소득이라는 큰 흐름과 연관이 있다. 시민권 지대에는 엄청난 규모의 자본의 총량, 첨단 기술, 그리고 좋은 제도가 존재하기 때문이다. 가장 중요한 요소는 토지에 대한 통제다. 하지만 이 토지 통제권은 시민권의 '관념적인' 한 부분에 대한 통제로 해석된다(다른 말로 하면, 가장 적절하게 토지를 점유할 수 있는 시민의 권리다_옮긴이). 시민권은 토지 보유자에게 시민권이 적용되는 해당 지역에서 생산된 산출물에 참여할 권리를 부여한다(그리고 어떤 경우에는 그 나라 시민들이 다른 곳에서 생산한 산출물에도 적용된다).[2]

그래서 언뜻 보면, 시민권 지대는 토지나 천연자원에 대한 지대(임대료)와 유사해 보이기도 한다. 이런 유사성은 두 경우 모두 다음과 같은 사실에서 비롯된다. 즉, 지대를 창출하는 요소는 부동산에 대한 통제라는 사실이다.

그러나 이런 비유는 부분적으로만 옳다. 토지 사용료, 즉 지대는 다양한 토지의 생산성에서 차이가 나기 때문에 발생한다. 최종 생산물(옥수수 또는 석유)의 가격은 한계(가장 비싼) 생산자의 생산 비용에 따라 결정된다. 다만 그 생산자의 생산품에 대한 수요는 여전히 충분하게 있어야 하지만 말이다. 결과적으로 모든 한계 생산자들은 지대를 받는다.

앞으로 살펴보겠지만, '관념적인' 범주에 있고 '가치가 하락'할 수 있는 시민권의 경우에는 토지의 물리적 통제와의 연관성이 미약하다. 나아가, 모든 국가의 모든 시민은(공동 '소유자'로서) 시민권 지대의 자기 몫을 받을 수 있다. 하지만 최악의 조건을 가진 국가에 거주하는 시민들은 그 지대를 받지 못한다.

시민권 지대와 토지 임대료(지대)의 두 번째 차이점은 지대를 발생시키는 물건(토지)에는 시장성이 있다는 점이다. 즉, 토지 임대료는 사고팔 수 있는 것이다. 반면 시민권은 원칙적으로 그럴 수 없다(예외가 있다는 것을 뒤에 설명하겠지만). 따라서 시민권에서 파생되는 지대(혜택)는 무역을 제한하는 길드와 같은 조합이 획득한 독점 지대와 더 유사하다. 이런 길드와 마찬가지로, 시민권은 공동 선택이나 출생으로 취득할 수 있다. 출생으로 취득한 시민권의 경우, 부모에서 자녀로 이어지는 상속된 직업과 유사하다.

시민권은 관념적인 범주다

시민권은 여전히 대부분 현실에 바탕을 둔다. 즉, 특정 국가의 지리적 경계 안에 사는 사람들에게 주로 적용된다. 그리고 그 나라에서 대부분 발생하는 시민권 지대는 일종의 소득으로 지급된다. 이뿐만이 아니다. 이는 시민권을 가진 국가(예컨대, 미국 국외 거주자), 즉 자기 나라에 살지 않는 시민들의 사례에서 잘 드러난다. 이들은 시민권 프리미엄의 일부인 모국의 복지 혜택을 받을 수 있다. 그런 복지 혜택 지급에 필요한 소득을 창출하는 데 사용되는 자원은 그 모국 소유이고, 대부분 그 모국에 근거를 둔다.

이탈리아에 사는 미국 시민은 미국의 사회보장 및 다른 복지 혜택을 받을 수 있다. 하지만 미국인 남녀의 혜택을 위해 쓴 돈은 대부분 미국이 벌어들인 돈일 것이다. 세계화가 진전됨에 따라 이런 자원은 고갈될 수 있다. 그렇지만 우리는 다음과 같은 세상을 상상할 수 있다. 미국의 수입(소득) 증가분은 미국 밖에서 생산될 수 있고, 이는 해외에 투자한 자본에서 발생하는 이익을 통해 미국으로 돌아올 것이다. 이런 상황은 해외에 사는 필리핀 시민이 필리핀 시민권의 혜택을 주장하는 것과 비슷하다. 이런 혜택을 위해 필요한 수입(소득)은 필리핀 이주 노동자들의 송금에서 나온다.

이런 추세를 미래로 확장하면, 우리는 시민권이 완전히 현실성이 없는 상황을 상상할 수 있다. 대부분의 시민은 자신의 시민권이 있는 국가에 살지 않을 수 있다. 그리고 그 나라의 수입 대부분은 다른 나라에 고용된 노동력이나 자본이 벌어들일 수 있다. 그렇지만 시민권의 혜택은 현재와 같은 방식으로 계속 주어질 것이다.

따라서 시민권은 분명히 '관념적인' 범주로 보인다. 이 시민권은 한 조각의 토지에 대한 사유 재산과 같은 의미의 공식적인 재산권이 아니다. 심지어 시민권은 그곳에 사는 사람들 곁에 있는 세계 표면의 한 부분에 대한 공동 재산권도 아니다. 시민권은 오히려 우리 마음속에만 존재하는(그런 의미에서 '관념적'이다), 합법적 건축물에 비유할 수 있다.

> 경제적 의미에서 시민권은 인간 집단이 행사하는 공동 독점이다. 그 집단은 시민권 지대를 발생시키는 일정한 법적 또는 정치적 특성을 공유한다.

앞에서 살펴보았듯이, 특정한 시민권을 가지면 기존의 시민권 국가에서 살아야 할 필요는 없다. 게다가 시민권 프리미엄을 얻기 위한 비용을 그 시민권 국가에서 벌 필요도 없다. 시민권에 따라붙는 혜택을 받기 위해 들어가는 돈은 시민권에 공식적으로 따라붙는 특정 지역에서 이루어지는 생산을 통해서만 얻을 필요도 없다. 혹은 그 돈을 그 지역에 사는 사람들이 받는 것에서만 얻을 필요도 없다(왜냐하면 국가는 그 자체로 외국인을 포함할 수도 있기 때문인데, 그 외국인은 마찬가지로 다른 나라에서 시민권 지대를 받을 수도 있다). 따라서 경제적 자산으로서의 시민권은 원칙적으로 그것이 적용되는 땅에서 이탈하거나, 비물질화될 수 있음을 알 수 있다.

경제적 자산으로서의 시민권

시민권 지대 역시 자산으로 변환할 수 있다. 일정 기간 동안 받는 모든 임대 소득과 마찬가지로, 시민권 지대도 예상되는 미래 수익을 할인해 자산으로 변환할 수 있다(시민권의 경우, 이 기간은 일반적으로 보유자가 사망할 때까지 지속되지만, 어떤 경우에는 유족 연금과 마찬가지로 더 오래 지속될 수 있다).

A국가의 시민권이 B국가의 시민권보다 연간 소득에서 X단위만큼 더 많이 나온다고 가정해보자. 그러면 A국가 시민권의 자산 가치는 그 자산 보유자가 살아 있을 동안 예상되는 모든 X단위의 합계(적절한 할인율로 할인된)와 같을 것이다(시민권 보유자가 예상하는 가치를 뛰어넘는 수준일 경우도 있다_옮긴이). 그리고 주어진 시민권에서 나오는 이득은 상황에 따라 달라질 것이다. 다시 말해 그 이득은 한 개인이 보유하는 시민권의 기능, 그 사람의 나이, 그리고 교육 수준 같은, 여기에서는 우리의 관심이 덜한 다른 많은 상황에 따라 달라질 것이다.

개인의 관점에서 시민권 지대는 다양한 상호 비교를 통해 추산된다. 그에 따라 시민권의 현재 가치도 다른 모든 기존 시민권과 비교된다.[3] 이 가치는 어떤 계산에서는 0(제로)보다 크고 다른 계산에서는 0보다 작다. 잠재적 소유자의 나이를 고려한다면, 그 시민권이 자산임은 매우 명확해진다. 그 밖의 모든 것이 똑같다면(자녀 출산과 그 자녀에 대한 관심을 포함해서), 자산으로서의 시민권은 노인층보다 젊은이들에게 더 가치가 있을 것이다. 젊은이들이 '더 나은(소득을 더 많이 얻을 수 있는_옮긴이)' 시민권 지역으로 옮겨간다면, 그들이 차지하는 소득의 격차는 더 커질 것이다.[4]

시장성 있는 자산으로서의 시민권

지금까지의 논의를 현실 세계에 더 가까워지도록 할 두 가지 추가적인 문제를 고려할 필요가 있다. 첫째, 시민권이라는 자산은 시장에서 사고파는 거래의 대상이 될 수 있는가? 둘째, 시민권의 범주에 차등이 있을 수 있는가? 두 가지 모두에 대한 답은 '그렇다'일 것이다. 이런 결과는 지금까지 끌어온 ①시장성 있는 자산과 시민권 사이의, 그리고 ②시민권과 비시민권 사이의 매우 첨예한 이분법을 완화해줄 것이다. 지난 20년 동안 시민권은 합법적으로 시장성 있는 자산이 됐다(즉, 돈으로 환산할 수 있었다_옮긴이). 예컨대 시민권을 얻게 해주는 거주 허가증은 캐나다와 영국을 포함한 많은 나라에서 개인적으로 상당한 돈을 들여야 구입할 수 있다.

이렇게 해서 시민권을 보호하는 길드 같은 구조는 다소 완화되어왔다. 그리고 어떤 경우에는 시민권이 매우 적당한 규모로 시장성 있는 상품이 되기도 했다. 정부는 시민권이 실제로 일종의 자산이며, 그 시민권을 매각하면 현재 시민에게 이득이 된다는 사실을 분명히 알고 있었다. 타국민에게 시민권을 부여해주고, 정부는 금전적 이익을 얻는다. 이를 통해 시민권을 공유함으로써 파생되는 사회적 손실을 상쇄할 수 있다. 다시 말해 시민권을 배타적으로 보유하는 것보다는, 일정한 금액을 받고 시민권을 이민자에게 부여함으로써 정부는 수익을 얻어 그 수익을 시민에게 되돌릴 수 있다. 시민권 가격을 높게 책정하는 것은 현재 시민에게 이득이 된다. 따라서 시민권은 부유한 개인에게만 판매될 수밖에 없다.

직접 또는 처음 거주 허가를 취득하는 데 드는 비용은 비싸다. 그리스에서는 25만 유로(약 3억 3,840만 원)이고, 영국에서는 200만 파운드(약 30억 원)인데, 그 범위가 넓다. 하지만 이는 순자산이 많은 개인(금융자산이 100만~500만 달러, 즉 약 12억~60억 원인 사람)이 감당할 수 없는 비용은 아니다. 이런 부유한 개인 가운데 약 1/3, 즉 전 세계적으로 약 1천만 명의 사람들이 두 개의 여권을 가지고 있거나, 이중 시민권을 가지고 있는 것으로 추정된다(Solimano, 2018).

하급 시민권

시민권이라는 주제를 좀 더 현실감 있게 파악하기 위해서는 다른 범주 또는 다른 수준이 존재한다는 것을 먼저 인식할 필요가 있다. 물론 여기서 우리의 관심사는 시민권을 경제적 범주로 인식하고 다루는 것이다. 따라서 수입이 많은 쪽으로 향하는 것은 당연하다. 대부분의 경우 시민권은 시민인가 아닌가 하는 이분법적 범주에 있다. 그리고 경제적 이득에 접근하기 위해서는 시민권에 부여하는 공식적인 법적 권리가 필요하다.

하지만 좀 더 미묘한 다른 상황이 존재한다. 이른바 '하급 시민권 subcitizenship'인데, 시민권이 부여하는 경제적 이득과 대부분 관련이 있지만 그렇지 않은 것도 있다. 가장 잘 알려진 사례는 미국 영주권자(그린카드 소지자)의 경우다. 대부분의 유럽 국가에서도 비슷한 제도가 존재한다. 영구 거주자, 즉 영주권자는 시민들이 이용할 수 있는 거의 모든 혜택에 접근할 수 있다. 다만 일부 연금 같은 사회적 이전소득이나 투표권에서는 제외된다(유럽과 미국, 캐나다에서는 주와 지역에 따라 예외가 있으며 다양하다).

그러나 영주권 같은 하급 시민권의 존재는 중요하다. 왜냐하면 시민권과 비시민권이라는 이중적 구별이라는 엄격한 체제가 어떻게 더 유연하게 운용되는지를 알 수 있기 때문이다. 영주권이란 발상은 대부분 노동 수요 대응 차원에서 도입됐다. 하급 시민권은 시민권의 혜택을 받기 위해 이주한 사람들에게만 주어지는 것은 아니다. 다른 계층에게도 가능하다. 하급 시민권을 얻기 위해서는 이전 단계를 얼마 동안 거친다. 최근까지 타국 출신 부모에게서 태어난 자녀는 시민권의 범위와 혜택을 이용할 수 없었다. 그래서 그들은 대안으로 하급 시민권을 받는다.

이스라엘에 사는 아랍인들의 상황도 비슷하다. 일부 거주자들은 자신들의 자녀가 시민권을 취득하거나 영주권 지위를 받을 희망이 없는 상태에서 영구적으로 거주하기도 한다. 그러나 이스라엘에 거주하는 아랍계 시민들은 훨씬 더 특이한 위치에 있다. 그들은 군 복무 같은 일부 의무에서 제외된다. 따라서 그들은 역설적인 입장이 된다. 다시 말해, 군

복무 의무가 비용으로 여겨진다면(군 복무 중 소득을 포기하는 것을 포함한 여러 가지를 비용으로 여긴다면), 그들의 지위는 혼합된 위치의 하급 시민권자가 된다. 공식적으로는 한 국가에 거주하는 다른 국민이나 초월적 시민이 되는 것이다. 즉, 그들은 대부분 혜택을 받는 권리를 가지지만, 군대 비용은 일부 절약할 수 있다. 이처럼 다양한 경우에서 차별적인 시민권 사례가 존재한다.[5]

생산요소의 자유로운 이동

생산요소의 자유로운 이동에 대한 태도 변화

역사적으로 상기해볼 때, 그리고 생산요소의 자유로운 이동이라는 측면에서 볼 때, 부유한 나라와 가난한 나라의 현재 위치는 예전과는 정반대라는 점에 주목할 필요가 있다. 전형적인 자본 수출국이었던 부유한 나라들은 자유로운 이동을 지지했다. 아웃소싱에 대한 우려가 드러났던 아주 최근까지도 그랬다. 그들 나라는 이주에 대해 특별한 입장이 없었는데, 제2차 세계대전이 불러온 혼란이 종료된 이후 소수의 사람만 이동했기 때문이다.[6] 반면, 그즈음 가난한 나라들은 외국 자본을 환영하는 한편으로, 항상 착취당하거나 소외당하는 것을 경계했다. 다음 부분에서 논의하겠지만, 이런 태도로 말미암아 가난한 나라들은 상전벽해와도 같은 변화를 경험한다. 그 변화란 바로 글로벌 가치 사슬의 출현이다. 이 글로벌 가치 사슬은 신흥 시장을 찾는 나라들이 지금 열렬히 추구하는 것이다.

지금도 그렇듯이 과거의 가난한 나라들은 사람들의 자유로운 이동에 찬성했다. 이런 태도는 가끔 두뇌 유출brain drain(우수한 기술과 자격을 가진 이들이 더 나은 보수와 근무 조건을 찾아 다른 나라로 빠져나가는 것_옮긴이)이라는 우려 때문에 때때로 완화되기도 했다. 하지만 전반적으로 두뇌 유출에 대한 걱정은 다음과 같은 이점에 비하면 사소해 보였다. 그 이점이란 자유로운 이동으로 많은 가난한 나라들은 인구 증가에 대한 압박을 줄일 수 있고, 더 많은 국내로의 송금을 받을 수 있다는 이점이다. 따라서 이주(이동)에 무관심하거나 심지어 찬성했던 부유한 나라들(라인강의 기적이라 불렸던 1950년대와 1960년대의 경제 '기적' 시절의 독일이 그랬던 것처럼)은 이제 이주를 경계하고 있다. 반면, 외국 자본을 경계하던 가난한 나라들은 이제 외자 유입을 열망하고 있다.[7]

경제적인 관점에서 보면, 국가 사이의 노동력 이동을 막는 것은 비효율적이라는 데는 거의 의심의 여지가 없다. 각 생산요소의 이동성은 고정성, 즉 이동하지 않고 그대로 있는 것보다 더 낫다고 여겨진다. 왜냐하면 각 생산요소는 수익률이 가장 높은 지역이나 사업 부분으로 자연스럽게 흘러가는 경향이 있기 때문이고, 따라서 그런 지역이나 부분에서 수익률이 가장 높기 때문이다. 수익률이 가장 높은 이유는 생산요소의 기여도(생산된 산출물의 가치)가 다른 어느 곳보다 더 높기 때문이다. 이런 일반적인 명제는 자본과 노동에 동등하게 적용된다.

이 명제가 무엇을 의미하고 무엇을 의미하지 않는지, 분명히 하는 것이 중요하다. 이 명제는 생산요소가 새로운 위치나 장소로 이동하면, 이전보다 그 새 위치나 장소가 더 나을 수 있음을 의미한다. 이는 결과적으로 간단히 다음과 같은 사실을 나타낸다. 즉, 머무름과 이동이라는 두 가지 선택권을 가진다는 사실과 이 가운데 이동을 선택한다는 사실이다. 이 명제는 또한 이동성을 선택하지 않을 때보다 이동성을 선택할 때 총생산량이 더 많아질 것임을 의미한다. 하지만 이는 관련된 다른 모든 것이 더 나아진다는 것을 의미하지는 않는다(여러 가지 변수가 내재되어 있기 때문이다_옮긴이). 노동이나 자본이 원래의 위치에서 다른 위치로 이동하면, 그 새 위치에서 원래의 노동과 자본을 파괴하거나, 대체하거나, 더 나쁘게 만들거나, 노동 조건을 악화시킬 수 있다. 이런 문제 요소는 마찰의 주요한 원인이고, 아마도 노동의 국제적 이동성이 제한되는 주요 이유 가운데 하나일 것이다. 정치적 관점에서 볼 때, 부유한 나라가 이민을 반대하는 이유가 바로 여기에 있다.

세계화라는 조건 아래에서의 이민

이민이란 무엇인가? 이민은 세계화라는 조건 아래에서 다음과 같이 정의할 수 있을 것이다. 즉, 이민은 국가 사이의 평균 소득이 불균등한 세계화가 일어났을 때, 생산의 한 요소(노동)가 이동하는 것으로 정의할 수 있다. 이런 정의는 복잡해 보일지 모르지만, 이 정의의 각 부분은 필수 요소다.

첫째, 노동 또는 노동력은 (엄밀한 경제적인 관점에서) 생산의 한 요소일 뿐, 자본과 다르지 않다. 원칙적으로 생산의 한 요소를 다른 요소와 달리 취급해서는 안 된다. 그런 이유로 이 정의는 대략 처음으로 볼 때 노동에 대한 특별한 것이 없다는 점을 강조한다.

둘째, 세계화는 사람들의 이동(또다시 자본의 이동과 같은)을 가능하게 한다. 만일 전 세계가 세계화되지 않고, 경제가 자급자족 형태로 이뤄지고, 자본과 노동의 유출과 유입에 강력한 통제가 가해진다면, 자본이나 노동 어느 한 요소도 국가 간 경계를 넘어서는 움직임이 불가능할 것이다.

셋째, 세계화가 나타나더라도 세계 각 지역 사이의 소득 격차가 크지 않은 조건이라면, 노동의 이동을 유인할 체계적인 동기는 없을 것이다. 그래도 분명 이민은 있을 것이다. 왜냐하면 특정한 기술을 가진 사람들은 좀 더 좋은 기회를 찾기 위해 이동할 것이고, 혹은 다른 사람들의 경우에는 더 쾌적한 기후를 찾거나, 더 취향에 맞는 문화를 찾아 이동할 것이기 때문이다. 그러나 이런 이동은 규모가 작고 특이할 것이다.

이런 사람들의 이동은 미국 내에서 관찰할 수 있다. 예를 들면, 소프트웨어 엔지니어들은 실리콘밸리로, 광부들은 사우스다코타로 이동할 가능성이 더 높다. 혹은 EU(유럽연합) 15개국(2004년 이전의 EU 회원국 수) 내에서도 이런 이동을 찾아볼 수 있다. 이를테면 영국의 은퇴자들은 더 좋은 날씨를 즐기기 위해 스페인으로 이주하기도 하고, 독일인들은 이탈리아 토스카나에 빌라를 구입해 이주하기도 한다. 하지만 이런 이동은 사회 전반에 걸쳐 이루어지는 체계적인 이동과는 다르다. 체계적인 이동이란 더 가난한 나라에 사는 모든 연령대와 직업을 가진 사람들이 더 부유한 나라로 이주함으로써 소득을 얻을 수 있는 이동을 가리킨다.

오늘날 펼쳐지는 세계화의 맥락에서 이민이라는 주제를 살펴보자. 그런 맥락에서 보면 사람들이 이동하는 원인과 논리를 쉽게 이해할 수 있다. 또한 ①세계화와 더불어, ②세계 각 지역 사이에 큰 소득 격차가 존재한다면, 노동자들은 자신들이 태어난 곳에 머물러 있지 않을 것이라는 점도 명백해진다. 그 노동자들이 믿는 것이 기본적인 경제적 목적, 즉 사람들은 자신들의 생활수준을 향상시키기를 원한다는 것과 어긋날 수도 있다.

그러나 사람들이 국가 사이를 이동하지 말아야 한다고 믿는다면(이는 돌아볼 만한 가치가 있는 말이다), 세계화를 되돌려야 한다고 논리적으로 주장할 수 있다(즉, 자본과 노동력의 자유로운 이동을 막는 장애물을 도입해야 한다는 주장). 또는 가난한 국가와 부유한 국가 사이의 소득 융합을 가속화하는 엄청난 노력을 기울여야 한다고 주장할 수 있다. 전자의 접근 방법, 즉 자본과 노동력의 자유로운 이동을 막는 장애물을 도입하는 방법은 즉시 이민을 차단할 수는 있다. 하지만 후자의 접근 방법, 즉 선·후진국의 격차를 줄여 이동을 늦추는 방법은 수십 년이 걸리지만, 결국에는 그렇게 될 것이다.[8]

이처럼 이민을 저지하는 가능한 접근 방법은 두 가지뿐이고, 그 가운데 하나만 빠르게 작동한다. 이런 사실은 이민을 반대하는 사람들이 왜 논리적으로 일관된 하나의 방안만 가지고 있는지를 설명해준다. 이 방안은 국가들이 세계화를 늦추도록 하기 위한 것인데, 자본과 노동의 이동에 장벽을 세우는 것을 의미한다. 이 방안은 일관성이 있지만, 몇 가지 문제에 직면할 수 있다. 또 이 방안을 통해 세계화의 극적인 반전이 가능할 수 있다. 그러나 지난 70년 동안 구축되어온 세계화를 지지하는 매우 복잡한 조직 구조 때문에, 이런 반전은 실현될 것 같지는 않다. 비록 몇몇 나라가 세계화를 포기한다고 해도, 대다수는 그렇게 하지 않을 것이다.

이에 덧붙여, 장벽을 세워 자본과 노동의 자유 이동을 가로막는다면, 이는 전 세계적인 소득 감소로 이어질 것이다. 장벽을 설치하지 않은 국가들도 그럴 것이다. 그런데 이에 대한 증거는 반대 주장(세계화를 찬성하는 쪽)의 증거로 제공될 수 있다. 예컨대 어떤 사람이 국민소득은 자본과 노동의 이동을 막는 국경 장벽의 영향을 받지 않을 것이라고 주장한다고 해보자. 그렇다면 그 사람은 또한 국민소득이 국내에 존재하는 장벽의 영향도 받지 않을 것이라고 주장해야 한다. 또 그 사람은 사람이나 자본이 예컨대 뉴욕과 캘리포니아 사이 또는 미국 내 어느 두 곳 사이를 이동하든 이동하지 않든, 국민소득과는 아무 상관이 없다고 주장해야 할 것이다. 이런 주장이 훨씬 더 작은 지리적 단위에 걸쳐 계속된다면, 다음과 같은 결론에 곧 도달할 것이다. 즉, 노동의 이동성(지리적이든 직업적이든)은 총소득에 영향을 미치지 않는다는 결론에 곧 도달할 것이다. 이는 분명히 틀린 주장이다.[9] 이 주장이 가지고 있는 이런 불합리성은 반대 주장, 즉 국가 간 사람들의 자유로운 이동에 찬성하는 주장도 똑같이 불합리하다는 점을 보여준다.

나아가 이 주장이 가지고 있는 이런 약점은 반이민 정책을 옹호할 필요가 있는 이민 반대자들을 곤경에 처하도록 내버려둔다. 그 반이민 정책이 세계 복지와 국가 번영에 부정적인 영향을 미침에도 불구하고, 이민 반대자들은 세계 복지와 국가 번영을 지키기 위해 노력한다고 주장한다. 이는 실로 논쟁하기 매우 어려운 사안이다. 그리고 바로 앞에서 대략 묘사한 논리적인 연습이나 훈련을 해본 사람은 거의 없을 것이다.

따라서 상품 거래나 국경을 가로지르는 자본의 이동, 그리고 노동에 관한 최선의 정책은 다음과 같은 정책일 것이다. 즉, 사람들이 완전히 자유롭고 방해받지 않는 상태에서 한 나라에서 다른 나라로 이동할 수 있도록 하는 정책일 것이다. 자유로운 이동은 특정 노동자 집단에 부정적인 영향을 미칠 수 있다. 이를테면 선진국 노동자들이 일자리를 잃을 수 있다. 그런 부정적인 영향이 있을 경우에는 해당 노동자 집단에 맞춘 특정 정책, 즉 맞춤형 정책으로 대응할 수 있다. 이런 맞춤형 정책은 통상적으로(적어도 이론상) 이루어지는 정책과 같은 방식으로 행해진다. 이런 정책은 노동력 수입이 특정 범주의 국내 노동자들에게 미치는 안 좋은 영향을 완화하기 위해 행해진다.

노동은 왜 자본과 다른가

그렇다면 이민 문제가 해결됐을까? 불행히도 아니다. 아직 이민 문제가 해결되지 못한 이유는 이민 반대자들이 자신들에게 유리한 추가 카드,

즉 일종의 방어책을 가지고 있기 때문이다. 이 카드는 지금까지 무시되어왔다. 이 카드는 노동과 자본은 근본적으로 다르다는 믿음이다. 노동과 자본은 생산요소라는 점에서, 그리고 추상적인 의미에서 똑같지만 말이다. 이런 관점에서 볼 때, 자본은 극적인 변화를 일으키지 않고 사회에 진입할 수 있는 반면, 노동은 그럴 수 없다(다른 사회에 노동력이 들어간다면 사회적인 변화를 촉발한다_옮긴이).

이런 견해에 동의하는 사람들은 다음과 같이 주장할 수도 있을 것이다. 즉, 외국 기업은 한 나라에 투자할 수 있고, 새로운 방식으로 노동력을 조직할 수 있으며, 어쩌면 심지어 일부 유형의 노동자를 대체해 다른 노동자를 고용할 수 있다고 주장할 수도 있다. 하지만 이런 외국 기업은 그 사회의 핵심 문화나 제도적인 특성을 어지럽히지는 않을 것이다(외국 기업이 아무리 많이 유입되더라도 상관없다). 그러나 이런 주장에도 논쟁의 여지는 있다.

새로운 기술은 종종 사회에 매우 파괴적인 영향을 미친다. 어떤 기술은 불필요할 뿐만 아니라, 심지어 더 나은 것처럼 보이는 변화조차도 많은 부작용을 일으킨다. 그런 부작용 가운데 일부는 사회에 나쁜 영향을 미친다. 예를 들면 외국 기업들은 계층 의식이 덜하거나, 고용에 더 개방적일 수 있다. 그리고 여성이나 동성애자를 차별하지 않을 수 있다. 많은 사람은 그런 발전을 바람직하다고 생각한다. 하지만 토박이 주민들은 자신들이 유지해온 삶의 방식과 가치를 외국 기업이 방해한다고 여길지도 모른다.

여기서 중요한 것은 사회에 미치는 파괴적인 영향을 오로지 이주 노동 탓으로 돌리는 사람들에게 다음과 같은 점을 상기시킨다는 것이다. 즉, 이주 자본(외국 자본)도 이와 똑같은 파괴적인 영향을 미칠 수 있다는 점을 상기시킨다.

그러나 자본의 이동보다 노동의 이동이 사회에 더 파괴적인 영향을 미친다는 점은 여전한 사실일 수 있다. 이런 사실은 실제로 이민 반대자들이 마련해놓은 최종적이고 핵심적인 방어 수단이다. 이를테면 문화적 규범, 언어, 행동 양식, 외부인에 대한 신뢰가 토박이 주민의 가치와 매우 다른 외국인 노동자들이 대규모로 유입된다고 가정해보자. 그러면 양쪽(토박이 주민과 이주민) 모두 불만을 품을 것이다. 사회적 갈등이나 신뢰 상실은 물론이고, 궁극적으로 내전으로까지 이어질 수 있다.

조지 J. 보르자스George J. Borjas(2015)의 주장에 따르면, 가난한 나라에서 온 이주민들은 자국의 가치 체계를 자신들 안에 지니고 다닌다. 이런 가치 체계는 대체로 발전에 해로운 역할을 해왔다(그래서 그들 나라는 가난하다). 그리고 그들은 이런 열등한 행동 양식을 부유한 나라에 들여온다. 그 결과 그들은 성장에 필요한 부유한 나라의 제도를 훼손한다. 이런 관점에서 보면, 이주민들은 흰개미와 같다. 안정적이고 견고한 사회적 기반을 파괴하기 때문이다. 따라서 이주민들의 파괴적인 행위를 막는 것이 합리적이다.

조지 J. 보르자스의 이런 관점은 미국의 역사적 경험과는 완전히 모순된다는 점에 주목해야 한다. 그의 관점은 사실 다음과 같은 미국적 정신의 측면에서 미국의 역사적 경험과 완전히 모순된다.

> 지치고, 가난하고, 웅크린 채 자유롭게 숨쉬기를 갈망하는 대중이 나에게 오게 해주십시오(자유의 여신상에 새겨져 있는 글귀 가운데 한 구절_옮긴이).

조지 J. 보르자스의 논리에 따르면, 이 '지치고 가난한' 대중들은 이미 오래전에 미국의 번영을 전복시켰어야 했다.

그러나 조지 J. 보르자스 같은 사람들의 견해를 뒷받침하는 역사적 사례가 있다. 4세기 초, 고트족은 훈족(흉노족)의 맹공격을 받았다. 그때 고트족은 로마인들에게 다뉴브강에 있는 군사적 국경인 리메스limes(게르만족의 침입을 막기 위해 만든 로마제국의 국경 성벽_옮긴이)를 건너 오늘날의 발칸반도에 정착할 수 있도록 허용해달라고 애원했다. 어느 정도 숙고한 뒤, 로마인들은 승낙했다. 그러나 고트족을 받아들이는 동안, 로마인들은 의지할 데 없는 고트족에게서 이익을 취하기로 결심하고, 여러 가지 잔인무도한 일을 저질렀다. 이를테면 고트족 아이들을 죽이고, 여자들을 납치하며, 남자들을 노예로 삼았다. 로마제국 중심에 있던 지도자들에게는 그 결정, 즉 고트족의 로마제국 내 정착을 승낙한 것이 현명하고 관대한 조치로 보였다. 하지만 현실에서는 정반대 현상이 벌어졌다.

그 결과 '구조된' 고트족은 로마제국에 확고한 증오심을 품게 됐다. 그리고 처음에는 반란을 일으켰고, 나중에는 수많은 전쟁을 일으켰다. 서기 410년 로마는 전쟁터에서 황제의 첫 죽음을 겪어야 했고, 마침내 고트족의 왕 알라리크Alaric는 로마를 점령하고 약탈했다(그때 로마는 더 이상 수도가 아니었다).

이 사례는 대규모 이주가 이뤄지고 인구가 혼합된 경우였지만, 대재앙으로 판명된 경우다. 과거 역사를 보면 이와 비슷한 사례가 거의 무한대로 이어질지도 모른다. 특히 더 나은 삶을 찾는 사람들의 이동, 즉 이주의 한 사례로 유럽인들의 아메리카 정복을 고려한다면 더욱 그렇다. 이런 정복은 유럽 이주민과 만나기 시작했던 토박이 주민에게는 재앙이었다. 유럽 이주민은 많은 경우 환영을 받았지만 말이다.

이주에 반대하는 이런 종류의 주장은 어느 정도 타당성이 있다. 서로 다른 문화를 가진 사람들의 대규모 혼합은 재앙이 될 수 있다. 이런 혼합은 모두에게 더 높은 소득을 가져다주기보다는 충돌과 전쟁을 불러와, 모든 사람을 더 나쁘게 만들 수 있다.

이는 인간 본성에 관한 매우 비관적인 견해에 속한다. 이런 비관적인 견해는 자기 집단의 문화가 덧씌워지는 것은 근본적이라고 보지만, 종종 다른 집단의 문화가 덧씌워지는 것과는 양립할 수 없다고 본다. 따라서 이런 견해는 이민이 제한적이거나 아예 없어야 한다고 보는 쪽에 도움이 될 것이다. 비록 이주가 순수하게 경제적인 의미에서 원주민에게 긍정적이라고 해도 그렇게 될 것이다. 그러나 장기적으로 볼 때, 이런 견해에 따르면 이민을 허용하는 것이 재앙으로 귀결될 수도 있다.

이주민의 희망과 원주민의 우려 조정하기

좀 더 나은 삶을 찾아가는 이주 또는 이민은 문화적으로 파괴적이라는 관점을 포함해 일부 적절성도 인정된다. 이 명제에 대해 추가 검증이 필요하든, 이 관점이 유효하든 아니든 간에, 암묵적으로 또는 명시적으로 많은 사람은 이 관점을 수용한다. 나는 이민 문제와 관련해 나름의 대안(논란의 여지는 있겠지만)을 제시할 것이다. 거듭 설명하면 이민은 다음과 같은 환경에서 발생한다. 즉, 국가 간 평균 소득이 불균등하고, 부유한 국가에 사는 사람들이 누리는 상당한 규모의 시민권 프리미엄이 존재하는 환경에서 이민은 발생한다.

이민 문제에 대한 제안

나의 접근법이 인정받아 살아남든지 아니면 사라질 수도 있겠지만, 그 주요 특징을 제시하면 다음과 같다.

> 원주민들은 자신들의 국가에 이민자들이 영구적으로 머물 가능성이 적을수록, 그리고 시민권이 주는 모든 혜택을 사용할 가능성이 적을수록, 이민자를 받아들일 가능성이 높다.

이 명제에서는 ①이민자를 받아들이려는 의지와 ②이민자의 권리 확대 사이의 부정적인 관계를 볼 수 있다.

먼저 반대 측면을 고려하면서 이를 좀 더 자세히 살펴보자. ①과 ② 사이에 긍정적인 관계는 없는 것 같다. 이는 다음과 같은 점을 암시한다. 즉, 원주민이 이민자에게 더 많은 권리를 부여할수록, 다시 말해 궁극적으로 원주민과 이민자의 지위를 완전히 동등하게 할수록, 원주민은 추가 이민자를 받아들이는 것에 더 민감해질 것이라는 점을 암시한다. 원주민이 이민자를 가능한 한 통합하기를 열망한다고 믿는 것이 불가능하지는 않다. 그러나 이민자에게 완전한 권리를 부여했을 때, 원주민은 훨씬 더 많은 이민자를 받아들이고 싶어 할 것 같지는 않다.

이런 상황은 다음과 같은 경우에만 유지될 것이라고 상상할 수 있다. 이를테면 외부의 위협 때문에 더 많은 인구가 절실히 필요한 경우나, 지배계급이 확장하는 데 유용하다고 믿는 집단에서 이민자가 왔을 경우에 유지될 수 있다(후자의 경우는 일부 라틴아메리카와 카리브해 국가가 해당된다. 이들 국가는 토착민 또는 흑인 원주민의 비율을 줄이기 위해 유럽 이민자들을 받아들이길 원했다).

그러나 대체로 ①과 ② 사이의 긍정적인 관계는 거의 없어 보인다. 그리고 특정 유형의 이민자가 미리 할당된 역할을 하는 몇몇 특정한 경우를 제외하고, 가장 개방적인 국가에서조차도 이 둘 사이의 긍정적인 관계는 없었다. 그래서 우리가 기대할 수 있는 가장 좋은 경우는 다음과 같은 경우다. 즉, 원주민이 단순히 받아들이고 싶어 하는 이민자 수에 대해 강력한 태도를 취할 수 있는 경우다. 이는 이민자에게 얼마나 많은 권리를 부여할 것인지와는 상관없다.

이 경우 요인 ①과 ②는 서로 직교한다(두 요인은 서로 영향을 주지 않고 독립적으로 작용한다는 의미_옮긴이). 따라서 이 경우, 우리는 '이민자 집단'의 상황, 예컨대 무슨 일이 있어도 원주민이 기꺼이 받아들일 수 있는 일정한 이민자 수(이민자가 한 명도 없을 수 있다)를 다룰 것이다. 그러나 '이민자 집단'에 대해 유지하는 원주민의 태도(우대책이 아무리 많더라도 이민에 대한 원주민의 태도를 변화시키지 못할 것이다) 이외에, 이민자에 대한 일종의 '수요 곡선'이 있다고 믿는 것이 타당해 보인다. 이 수요 곡선에서 이민자를 받아들이는 데 드는 비용이 커지면, 이민 수요는 적어질 것이다. 다만 이는 이민자가 요구할 수 있는 시민권 프리미엄에 대한 권리와 할당량 측면에서 볼 때 그렇다는 말이다. 이 관계는 〔도표 4-1〕에서 볼

도표 4-1 이민자 수와 이민자들에게 부여된 권리 사이의 균형점

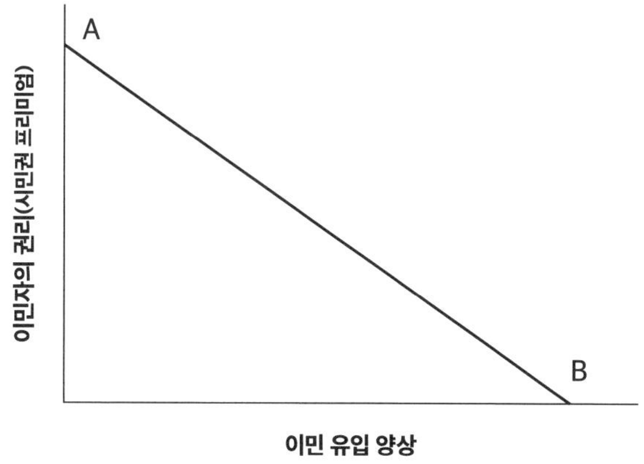

이 도표는 이민자들에게 매우 적은 권리가 부여될 경우, 원주민들은 더 많은 이민자를 기꺼이 받아들인다는 사실을 나타낸다.

수 있다.

이제 두 가지 극단적인 경우를 검토해보자. 첫 번째로, 모든 이민자는 도착하자마자 시민(원주민)과 정확히 똑같은 권리와 의무를 부여받는다고 가정해보자. 모든 이민자가 새로운 나라의 땅에 발을 내딛자마자, 새로운 신분증과 여권을 건네받는다고 상상해보라. 또 복지 혜택, 사회적 이전 수입, 일자리 보장, 투표권, 건강 관리, 주택, 그리고 무상교육 혜택을 받는다고 상상해보라. 만약 이런 정책이 시행된다면, 원주민은 극소수의 이민자만 받아들이려 할 것이다. 바로 이것이 원주민이 원하는 이민자 수가 제로(0)에 가까운 이유다. 다시 말해 이는 〔도표 4-1〕에서 완전하고 광범위한 권리의 지점(A 지점)에 해당하는 이유다.

두 번째로, 반대의 경우는 그 극단에 있다. 이민자에게 극히 적은 권리가 주어지는 경우다. 그들에게는 무상교육, 복지, 사회보장에 접근할 권리가 없거나, 가족을 데려올 권리도 없다. 심지어 리처드 프리먼Richard Freeman(2006)이 제안한 것처럼, 원주민보다 더 높은 과세 대상이 될 수도 있다(이민자가 이주로 얻는 이익은 명명백백하기 때문이다).

단정하건대, 원주민은 이 두 극단에서 첫 번째 경우보다 두 번째 경우에서 더 많은 이민자를 기꺼이 받아들일 것이다. 이는 〔도표 4-1〕 수평축에 있는 B 지점에 나타나 있다.

이 두 극단적인 경우는 앞에서 제시한 명제를 분명하게 보여준다. 다시 말해 이민자를 받아들이려는 의지와 이민자의 권리 확대 사이의 부정적인 관계를 분명하게 보여준다. 두 극점(A와 B)은 사실상 부정적인 관계가 존재한다는 점을 충분히 보여준다. 이를 전제로, 두 점을 연결하는 선('수요 곡선')을 그릴 수 있다.

두 점을 연결하는 이 하향 경사선은 다른 형태가 될 수도 있다. 개별 국가의 상황, 국가가 제공하는 광범위하게 묶여 있는 권리, 이민자를 취급해온 역사적인 내력 혹은 지역 주민의 관대함에 따라, 이 하향 경사선은 여러 형태를 띨 수 있다. 이 선은 더 가팔라질 수도 있고, 더 평평해질 수도 있다. 즉, 어떤 부분은 거의 평평할 수 있고, 다른 부분은 가파르게 내려갈 수 있다. 그러나 어떤 경우든 부정적인 관계가 성립될 수밖에 없다. 그리고 이 수요 곡선에서 어느 지점을 선택하길 원하는지는 개별 국가에 달려 있다(달리 말하면 이민자를 선택적으로 수용하는 국가들의 의지에 달려 있다_옮긴이).

여기에서 제시하는 다음과 같은 관계는 다양하고 폭넓은 결과를 제공할 수 있다. 그 결과는 이민자에 대한 대우(처우)와 이민자 유입 측면에서 측정된 것이다. 최소한도로 이민자를 처우하는 순환 이민 제도를 생각해보자. 즉, 이민자는 가족 없이 단 한 번의 기간, 예컨대 4~5년 동안만 체류할 수 있다. 그리고 고용주 한 명에게만 고용되도록 허용한다. 또한 이민자의 모든 직업 관련 권리는 국내 노동자의 권리와 같다(임금, 사고 및 건강 보험, 노조 가입 등). 그러나 그 밖의 시민 권리는 없다. 직무와 관련되지 않은 사회적 혜택은 받지 못하며 투표권도 없다. 요컨대, 이민자는 혜택이 별로 없는 시민권 프리미엄을 받는다.

이는 이민자에 대한 최악의 시나리오다. 이런 시나리오 아래에서, 이 순환 이민 제도는 현재 걸프협력협의회GCC(Gulf Cooperation Council) 국가들과 싱가포르, 그리고 영국과 미국의 특정 비자에 존재하는 것과 유사하다. 하지만 학대나 폭력의 위협은 없다. 어떤 국가는 수요 곡선을 따라 움직이면서 이민자에게 더 많은 권리를 제공할 수도 있다. 극단적으로는 국내 시민과 완전히 동등한 권리를 제공할 수도 있다.

순환 이민 제도의 장점

이런 맥락에서 이민을 생각해본다면, 다음과 같은 장점이 있다. 그 장점은 최선의 이민 전략과 관련한 유연성을 제공할 뿐만 아니라, 더 중요한 것은 이 유연성을 통해 제로 이민, 즉 이민자가 한 명도 없는 최악의 선택을 피할 수 있다는 점이다.

다른 대안과 신중하게 비교해볼 때 제로 이민은 최악의 선택이라고 볼 수 있다. 제로 이민은 이민자 집단에 더 불리할 것이다. 대부분의 원주민(이민자와 서로 보완적인 기술을 가진 사람이나, 이민자가 낮은 비용으로 생산한 상품과 서비스를 통해 혜택을 볼 수 있는 사람)에게도 불리할 것이다. 제로 이민은 또한 세계적인 빈곤과 불평등을 해소하기 위한 선택지로서도 유용하지 않을 것이다.

최악의 시나리오를 방지하는 하나의 방법은 각기 다른 범주의 이민자에게 차등적 권리를 부여하는 것이다. 하지만 이 방법도 이상적인 해결책은 아니다. 만약 세계가 지금과는 달리 구성되거나(예를 들면 민족 국가가 아닌), 사람들의 문화가 동질적이거나, 국가 간 평균 소득 격차가 적거나,

항상 평화롭고 문제가 없다면, 의심할 바 없이 지금보다는 나은 결과를 만들 것이다. 그러나 지금까지 그런 경우는 없었다. 그래서 현실적인 해결책을 도출할 필요가 있다. 세상과 사람들의 의견을 있는 그대로 받아들이고, 그런 제약 안에서 실행 가능한 해결책을 개발해야 한다.

앞서 언급했듯이 각기 다른 범주의 이민자를 다르게 대우하는 것은 이미 많은 국가에서 실행하는 현실적인 방안이다. 거주(체류) 허가를 통해 이민자들은 전체 시민권을 완전하게 누리지 않고도 수용 국가에 거주하면서 일할 수 있다. 이미 미국에서는 이민자의 권리와 의무 체계가 분리되어 있다. 미국의 거주 허가증이 없는 이런 이민자(하급 시민권자)는 1천만 명이 넘는 것으로 추산되는데, 이 수치는 미국 인구의 약 3~4%에 해당한다. 이들은 사회적 혜택을 받을 권리가 없으며, 대개 무상교육을 받을 수도 없다. 또는 일부 주나 주립학교에서 쉽게 거부당하기도 한다. 직업 선택도 매우 제한적이다(문서화된 절차가 필요 없는 직업만 선택할 수 있다). 그리고 그들은 강제 추방의 위협 아래 살고 있다. 그들은 미국 이외의 나라로 여행할 수도 없다(구동구권 국가의 시민들과 비슷한 위치에 있다).

그러나 그들은 자신들의 권리와 자유에 대한 이런 심각한 제약을 받아들인다. 게다가 원주민에 비해 턱없이 낮은 사회적 지위도 수용한다. 왜냐하면 자신들의 모국에서 경험한 것보다 높은 소득과 거의 없다시피 한 폭력, 그리고 더 나은 대우 때문이다. 이뿐만 아니라 그들 자녀의 권리는 이민자 자신들 권리만큼 제한적이지 않을 것이라는 기대 때문이다.

이들 미등록 이민자보다 사회적으로 더 높은 대우를 받는 범주의 사람들이 있다. 이 범주에는 다른 종류의 임시 비자를 소지한 사람들이 포함된다. 이들은 특정한 몇 년 동안 미국에 머물면서, 특정 고용주를 위해 일하는 것이 허용된다. 그린카드 소지자는 일자리를 얻을 가능성과 세금 측면에서 일반 시민들과 동등하지만, 투표권이 없다(이 때문에 과세나 여타 국가 정책 결정에 참여할 수 없다).

따라서 이런 사례를 통해, 이민자가 이미 변하기 쉬운 조건 아래에 놓여 있음을 알 수 있다. 그리고 일부 이민자는 은밀하게 몰래 들어왔다는 것도 알 수 있다. 아울러 이론적으로 보면 시민과 비시민 사이에 양자택일의 구분만 존재하는 지역에도 다양한 층위의 신분이 존재함을 알 수 있다. 이런 접근법 가운데 많은 것은 세계화와 경제적으로 자립하지 못한 세계의 조화를 보여준다. 이런 조화 속에서는 20세기에 존재했던 시민과 비시민 사이의 뚜렷한 구분이 더 이상 유효하지 않게 된다.

앞에서 말한 수요 곡선에서 특정 지점을 선택할 수 있는 유연성은 규칙 적용의 유연성을 의미하지는 않는다(이민 수요와 법적 적용은 다르며, 엄격하게 적용된다는 의미다_옮긴이). 그 반대의 경우도 마찬가지다. 순환 이민 제도가 작동하기 위해서는 합법적인 이민 통로가 열려 있어야 한다. 그러나 동시에 모든 불법적인 이민 통로는 폐쇄해야 한다. 만약 그렇지 않을 경우, 잘 고려해 선택한 수요 곡선의 최적 지점은 의미가 없어진다. 그리고 실제 이민 수준은 선택한 수요 곡선의 최적 지점을 훨씬 초과할 수 있다. 그러면 일반 대중의 반발 위험은 심각해질 수 있다. 만약 국가가 이 순환 이민 제도를 시행할 수 없는 것으로 보이면, 국내 유권자들은 유일한 합리적인 해결책으로 제로 이민을 결정할 수 있다. 이 제도가 작동하기 위해서는 최적의 이민 수준을 선택할 수 있는 유연성과 함께, 초과 이민에 대한 무자비한 단속이 공존해야 한다.

순환 이민 제도의 단점

그러나 이민자에 대해 실질적으로 차별 대우해야 하는 이 순환 이민 제도 역시 단점이 있다. 가장 심각한 단점은 아마도 최하층민 집단의 형성일 것이다. 이 집단은 항상 같은 사람으로 구성되지는 않는다고 해도 (순환 이민의 경우), 원주민 사회에 흡수되지 못한 채 별도로 존재할 것이다. 이는 지역 빈민가의 확장, 높은 범죄 발생률, 그리고 원주민으로부터의 전반적인 소외감(그리고 그 반대의 경우도 마찬가지)으로 이어질 것이라고 생각할 수 있다. 이 가운데 슬럼화 문제는 처음 볼 때보다 덜 심각할 수 있다. 더 숙련되고 보수가 좋은 이민자는 원주민과 더 쉽게 섞일 수 있기 때문이다. 그러나 배제의 오명과 문제는 결코 완전히 없어지지 않을 것 같다. 또한 체류 기간이 다 되어 출국시켜야 할 때는 강력하고 아마도 폭력적인 집행이 필요할 것이다. 그리고 국가 신분증이 없는 나라들은 큰 변화가 필요할 것이다.

이민자에 관한 이런 우려는 다음과 같은 문제를 제기한다. 이민자가 별도의 계급으로 존재할 수 있는 다양하고 다소 단절된 사회에서, 사회적 안정성을 어떻게 담보할 것인가 하는 문제를 제기한다. 이민자의 교육과 소득 범위가 더 다양해지면, 이민자가 별도의 계급으로 인식될 가능성은 낮아질 것이다. 이민자는 아마도 오늘날 미국의 그린카드 소지자처럼 정확하게 구별되는 집단을 형성하지 않을 것으로 보인다. 왜냐하면 그들은 다양한 교육 수준, 기술, 문화를 가진 독립된 개인들이기 때문이다. 기술, 직업의 종류, 소득에서의 차이는 이민자들이 별도의 지리적 영역에서(출생지를 떠나) 살지 않을 것임을 의미한다. 그리고 인종적 배경의 차이는 이민자들이 신체적으로 다른 집단으로 인식되지 않을 것임을 의미하며, 서로 많은 공통점을 가진다는 것을 의미한다.

더욱이 앞에서 제안한 해결책, 즉 순환 이민 제도의 단점을 평가할 때, 이 같은 모든 단점을 단순히 하나로 합쳐 뭉뚱그려 살펴서는 안 된다. 다른 대안들과 비교해서 그 단점들을 평가해야 한다. 예컨대, 부유한 나라가 가난한 나라에 원조를 더 많이 해준다면 이민 행렬을 늦출 수 있을 것이다. 하지만 지금까지의 원조는 결실을 거의 맺지 못했다는 데 주목해야 한다. 그리고 이런 원조가 설혹 변화한다고 해도, 후진국 원조라는 접근법이 근본적인 문제, 즉 소득 수준의 엄청난 차이를 해결하는 데는 매우 오랜 시간이 걸릴 것이라는 점도 주목해야 한다. 따라서 이런 원조는 이민에 대한 막을 수 없는 동기 부여가 될 것이라는 점도 주목해야 한다.[10]

그러므로 유효한 메뉴로서 시민권이라는 대안은 제로 이민의 해결책이 될 것이다. 그리고 이 대안은 유럽과 미국으로 향하는 이민 행렬을 막는 요새화를 의미할 것이다. 또 이 대안은 이 두 부유한 지역과 그 남쪽의 가난한 이웃 지역 사이에 가로놓인 국경을 따라 수많은 사망자를 발생시킬 것이다. 어떤 면에서도 바람직한 결과는 아니다.

이제부터는 세계화의 조건 아래에서 자본의 이동성에 대해 설명하고자 한다.

글로벌 가치 사슬

글로벌 가치 사슬은 서로 다른 생산 단계가 서로 다른 나라에 위치하도록 생산을 조직하는 방법이다. 이 글로벌 가치 사슬은 아마도 세계화 시대에 가장 중요한 조직 혁신일 것이다. 이 사슬은 먼 곳에서 생산 공정을 효과적으로 통제할 수 있는 기술력을 통해 가능해졌다. 그리고 세계적인 재산권 존중을 통해서도 가능해졌다. 과거에는 이런 두 요소가 부족했기 때문에 해외로의 자본 확장에 한계가 있었다.

애덤 스미스는 거의 250년 전에 《국부론》에서 다음과 같이 언급했다. 자본 소유자들은 자신들이 사는 곳 근처에 투자하기를 선호했는데, 생산 및 회사 관리 방식을 감시할 수 있었기 때문이다. 솔직히 스미스의 이런 언급은 자본의 세계화 가능성을 무시한 것이나 다름없다. 물론 ICT 혁명이 다음과 같은 역할을 하기 한참 이전의 일이지만 말이다.

ICT 혁명은 수천 킬로미터나 떨어진 곳에 있는 사람들이 생산 과정을 면밀히 통제할 수 있도록 했다.

자본이 세계로 확산하는 데는 ICT 혁명과 함께, 두 번째로 중요한 변화인 세계적인 재산권 보호가 있었다. 세계화를 향한 첫 번째 시대로는 1870~1914년까지 폭넓은 기간을 꼽을 수 있다. 그러나 이 시기에는 세계화의 진전이 지체될 수밖에 없었는데, 외국에 있는 재산이 남용(오용)이나 국유화로부터 안전을 보장받을 수 없었기 때문이다.

이에 대한 '해결책'은 제국주의와 식민주의에서 찾을 수 있었다. 자본 수출국(선진국)들은 다른 국가를 정복하거나, 준식민지(반식민지) 국가의 경제 정책을 확실히 통제하는 데 힘을 쏟았다. 그렇게 해서 중국, 이집트, 튀니지, 베네수엘라 같은 나라가 선택의 여지 없이 외국인의 재산권을 보호할 수밖에 없도록 했다.[11] 당시 식민주의가 더 잔인하게 했던 역할을 오늘날에는 국제통화기금이나 국제투자보증기구MIGA(Multilateral Investment Guarantee Agency), 수백 개의 양자 투자 조약, 그리고 기타 글로벌 거버넌스 기구들이 똑같이 수행하고 있다. 이런 국제기구나 조약은 외국 재산에 대한 국유화와 남용에 대한 보호자 역할을 한다. 그런 점에서 세계화는 스스로 나름의 지배 구조를 만들어냈다.

글로벌 가치 사슬은 경제 발전의 정의를 전 세계적으로 재정립하는 계기가 됐다. 1966년 안드레 군더 프랭크André Gunder Frank가 발표한 영향력 있는 글에서 언급한 것처럼, 과거에 다음과 같은 주장이 제기됐다. 즉, 개도국의 국제 분업 참여는 적어도 세 가지 측면에서 그들 국가 발전에 불리하게 작용했고, '저개발의 확장development of underdevelopment'으로 이어질 것이라는 주장이었다.

이런 주장을 의존론(또는 종속이론)의 관점에서 세 부분으로 나누어 살펴보자. 첫째, 개도국과 북반구 국가의 연계는 제한된 수의 수출 부문만 포함했고, 개도국 내부의 전후방 연계로 발전하는 데 실패했다. 이 내부의 전후방 연계는 개도국을 지속적인 발전으로 이끄는 수단이었다.

둘째, 이 첫 번째 견해는 훗날 '수출 비관론'이라는 주장으로 보완됐다. 수출 비관주의는 장기적인 교역 조건이 악화되면서 남반구는 영원한 원자재 수출 지역으로 남을 것이라고 예측했다.

셋째, 로버트 앨런Robert Allen(2011)의 주장이다. 그의 주장에 따르면, 최근의 기술 진보는 항상 그 당시 가장 발전한 국가의 자본-노동 비율을 통해 이뤄진다. 예를 들면, 1870년대 가장 선진국이었던 영국은 당시 직면했던 자본-노동 비율의 새로운 생산 방식을 도입하는 데 관심이 있었다. 마찬가지로, 오늘날 가장 선진국인 미국은 매우 높은 자본-노동 비율을 사용하는 생산 기술의 혁신을 장려한다.

일반적으로 선진국은 자국이 만들어내지 않은 자본-노동 비율에 따라 혁신할 동기가 없다(예를 들면, 미국에서는 자동차를 만드는 더 좋은 방법을 찾기 위해, 그 누구도 로봇을 사용하는 것보다 육체노동을 사용하는 데 돈을 쓰지 않을 것이다). 이것이 의미하는 바는 오늘날 가난한 나라가 기술적 퇴보에 직면한다는 것이다. 다시 말해, 이는 오늘날 가난한 나라가 두 세기 전과 똑같은 방식으로 생산하는 것을 의미한다. 왜냐하면 부유한 나라

가운데 그 어느 나라도 자국의 자본-노동 비율로 생산 효율을 향상시킬 아무런 동기가 없기 때문이다. 달리 말하면, 기술 선진국은 자국이 경험하지 않은 자본-노동 비율에서 더 효율적인 생산 방식을 찾는 데 관심이 없다. 그리고 가난한 나라는 그런 효율적인 생산 방식을 찾는 데 노하우가 없다. 따라서 가난한 나라는 빈곤의 덫에 걸려들게 된다. 다시 말해, 가난한 나라는 발전을 위해 자국의 생산 방식을 개선할 필요가 있지만, 그 나라의 자본-노동 비율에 따른 기술은 구식이며 비효율적이었다.

그러나 이런 모든 남반구 비관론, 즉 수출 비관론은 이제 글로벌 가치 사슬로 뒤집힐 수 있다. 오늘날 한 나라가 발전하기 위해서는 부유한 세계와의 연결을 끊으려고 하는 것보다 서구의 공급망에 포함되어야 한다. 이에 대한 핵심적 이유는 다음과 같다. 외국인 투자자는 글로벌 가치 사슬을 자신이 소유한 생산 공정의 필수적인 부분으로 여기기 때문이다. 외국인 투자자는 가장 앞선 기술이나 최적의 기술을 도입하기 위해 더 이상 '구걸'할 필요가 없다(글로벌 가치 사슬로 연결될 것이기 때문이다_옮긴이). 이제 외국인 투자자는 가난한 나라에서 직면하는 임금률과 자본-노동 비율의 수준에서 기술 발전을 시작할 동기를 얻는다. 이에 따라 그들은 로버트 앨런이 증명한 빈곤의 덫을 없앨 동기도 얻는다.

이런 변화의 중요성은 과대평가해도 지나치지 않다. 현실적인 면에서, 그리고 그 변화가 우리에게 알려주는 세계화의 이념적 정당성 면에서 그렇다. 여기서 세계화는 더 가난한 나라의 발전을 위해 나아갈 길이다.

분산 개념으로서 세계화

이런 문제들은 2016년 리처드 볼드윈Richard Baldwin의 저서 《그레이트 컨버전스The Great Convergence》에서 매우 훌륭하게 분석되어 있다. 볼드윈은 글로벌 공급(또는 가치) 사슬에 제대로 올라탄 국가만이 발전을 가속화하는 데 성공했다고 주장한다. 볼드윈에 따르면, 이런 국가들에는 중국, 한국, 인도, 인도네시아, 태국, 폴란드가 있다. 그 외 몇몇 국가(방글라데시, 에티오피아, 버마, 베트남, 루마니아)도 추가할 수 있다.

그러나 이들 나라가 세계화를 통해 그렇게 많은 혜택을 입은 이유를 이해하려면, 다음과 같은 점을 이해할 필요가 있다. 즉, 훨씬 더 나아진 재산권 보호(국제 조약 및 집행 기구 덕분이다)에 더해, 이전 세계화와는 다른 오늘날 세계화의 기술적 방식을 이해할 필요가 있다. 이런 새롭고 구체적인 세계화의 특징이 글로벌 가치 사슬을 그렇게 중요하게 만든 것이다.

리처드 볼드윈은 운송비 절감으로 특징지어지는 세계화의 세 시대를 다음과 같이 연이어 정의한다. 즉, ①상품, ②정보, ③사람의 세 시대로 정의한다. 처음 두 시대는 이미 언급한 두 가지 세계화에 해당한다. 반면, 세 번째 시대는 미래에 달려 있다. 그 이유는 다음과 같다.

상품 운송이 위험하고 비싸다면, 생산과 소비는 같은 지역에서 동시에 일어나야 했다(공동체나 지역사회는 자신들이 생산하는 모든 것을 소비했다). 고대 로마와 같이 가장 발달한 전근대 사회에서도 대부분의 무역이 사치품과 밀로 이루어져 있었다. 고대 로마는 예외였지만, 대부분의 전

근대 사회에서 무역은 최소한도로 이루어졌다.

그 뒤 산업혁명이 일어나면서 상품 운송비가 줄었다. 이로 말미암아 멀리 떨어진 목적지로의 상품 발송이 가능해졌고, 리처드 볼드윈이 언급한 첫 번째 세계화 혹은 '첫 번째 분산unbundling'이 전개됐다. 생산품은 '여기'에서 생산되어 '저기'에서 소비됐다. 이는 또한 오늘날 우리가 여전히 사용하는 실질적인 모든 개념과 지적인 도구들을 경제학에 제공했다.

이 첫 번째 분산은 국가 무역 수지에 대한 새로운 우려를 불러일으켰고, 따라서 상업주의가 도입됐다. 이는 또한 모든 단계가 국가 단위로 이루어지는 상품 생산에 초점을 맞추었다. 그리고 무역의 관점도 A국가에서 B국가로 상품을 수출하는 방식으로 이루어지는 무역에 초점을 맞추었다(A회사가 B회사에 상품을 판매하거나, A회사가 그 자회사에 물건을 판매한 뒤 다시 B회사에 판매하는 방식으로 이루어지는 무역이 아니었다).

마침내 이 첫 번째 분산은 하나의 성장 이론을 제공한다. 이런 성장 이론은 식량 생산에서 공산품 생산으로, 나아가 서비스업으로 발전하는 국가를 통해 확인할 수 있다. 실제로 현대 경제학의 모든 도구는 여전히 이 첫 번째 분산 방식에 그 뿌리를 두고 있다.[12] 첫 번째 분산의 주요 특징은 ①상품 거래, ②해외 직접 투자(이는 해외에 있는 재산권을 보호하는 다른 수단이 없어 식민주의로 이어졌다), ③근대 국가였다.

두 번째 세계화

오늘날 리처드 볼드윈이 밝힌 두 번째 분산(그리고 두 번째 세계화)에서는 세 개의 주된 요소가 모두 바뀐다. 지금은 생산의 통제와 조정은 '여기'에서, 그리고 실제 상품 생산은 '저기'에서 이루어진다. 첫 번째 분산과의 차이점에 주목해보자. 먼저 생산과 소비가 분산됐고, 이어 생산 자체까지 분산됐다.[13] 생산의 분산은 ICT 혁명으로 가능해졌다. 이를 통해 기업은 중심부에서 생산 공정을 설계하고 제어할 수 있었다. 기업은 또 이를 통해 생산을 전 세계에 분산된 수백 개의 단위나 협력업체로 확산시킬 수 있었다. 정보 전송 비용 절감(기본적으로 거리에 관계없이 조정과 통제가 가능하도록 한다)은 두 번째 분산을 위한 것이다. 이는 해상운송 비용의 절감이 첫 번째 분산을 위한 것과 같은 관계다. 이제 세 개 핵심 요소는 ①정보와 통제(상품 대신), ②강압적인 국제기구(식민주의 대신), 그리고 ③기업(국가 대신)이다.

두 번째 분산은 첫 번째 분산과 다른 몇 가지 특징이 있다. 첫째, 제도의 중요성이 높아졌다. 세계화가 상품 수출에만 관여했을 때는 그 상품을 사들이는 국가, 즉 수입국의 제도는 그다지 중요하지 않았다. 수입국의 제도가 좋든 안 좋든, 수출업자에게는 거의 똑같은 이익이 돌아갔다.[14] 이는 두 번째 분산에 해당하지 않는 경우다. 생산이 일정한 지역에 제한되지 않고 분산될 경우, 생산의 한 부분을 담당하는 국가의 제도와 사회 기반 시설, 그리고 정치의 질(품질)은 기업 중심부에 엄청난 문제가 된다. 만약 설계도를 도난당하거나, 상품을 압수당하거나, 기업 중심부와 역외 지역 사이에 사람의 이동이 어려워진다면, 기업의 전체 생산 구조는 무너진다. 기업 중심부에서 볼 때, 역외 지역의 제도 품질은 그 중심부가 자리한 현지의 제도 품질과 거의 똑같이 중요해진다. 이는 이제 주변부의 제도들이 기업 중심부에 존재하는 제도들에 가깝도록 가능한 한 정밀하게 다듬어지거나, 가능한 한 통합되어야 한다는 것을 의미한다. 이는 종속이론 학파들의 가르침과는 정반대다.

둘째, 역외 지역의 기술 진보는 이제 과거와는 완전히 다른 경향을 띤다. 과거 개도국은 외국 투자자에게 노하우를 공유하도록 유도하기 위해 열심히 노력해야 했다. 하지만 이제는 중심부에 본사를 둔 기업(모기업)이 역외 지역에서도 최고의 기술을 사용하도록 하기 위한 확실한 동기를 가진다. 이 역외 지역은 기업 중심부 생산 사슬의 필수적인 부분이 됐다. 이것은 엄청난 변화다. 이제 가난한 나라들은 기술을 이전받기 위해 외국 기업들에 동기를 제공하기보다, 기술 소유자들이 가능한 한 많이 역외 지역으로 이동하기를 열망한다.

어떤 의미에서는 상황이 역전된 셈이다. 이제는 모기업이 위치한 나라가 그 기업의 최고 기술을 주변부로 이전하는 것을 막으려고 한다. 새로운 기술 분야의 선두 주자들이 기술 혁신으로 얻는 수익이 점점 기업 중심부에서 멀리 흩어진다. 이는 부유한 나라 사람들이 아웃소싱(또는 오프쇼링, 즉 해외 위탁 생산)에 대해 종종 불평하는 중요한 이유 가운데 하나다. 그 부유한 나라 사람들은 국내 일자리가 영향을 받을 뿐만 아니라, 기술 혁신으로 얻는 수익이 국내 노동자보다 외국인에게 더 많이 돌아간다고 비판한다. 새로운 기술로 얻는 이익은 기업 중심부에 있는 기업가와 자본가에게 축적될 뿐만 아니라, 생산을 아웃소싱하는 해외 저개발 지역의 노동자에게도 축적된다. 이런 과정은 특히 첨단 기술 산업 분야의 해외 위탁 생산에서 강력한 힘을 발휘한다.

이오니스 보에르키나스Ioannis Bournakis, 미슐라 베치Michela Vecchi, 프란체스코 벤투리니Francesco Venturini는 2018년 선진 8개국(일본, 덴마크, 핀란드, 독일, 이탈리아, 네덜란드, 영국, 미국)을 대상으로 한 연구에서 다음과 같은 사실을 발견했다. 즉, 첨단 기술 산업 분야에서 해외 위탁 생산이 차지하는 부가가치가 1990년대 후반 14%에서 2006년 약 18%로 증가했다(이런 추세는 1990년대 초반부터 계속 이어졌다). 반면, 기술 수준이 낮은 산업에서 해외 위탁 생산이 차지하는 부가가치는 대략 8% 수준을 유지하면서 변화를 보이지 않는다. 혜택을 받지 못하는 사람들은 부유한 나라의 노동자들이다.

이런 변화는 또한 오늘날의 세계화가 부유한 나라에서 노동자들의 협상력 상실과 함께 미숙련 노동자들(또는 적어도 외국인으로 쉽게 대체될 수 있는 사람들)의 임금 정체를 동반하는 주요 원인 가운데 하나다. 이뿐만 아니라 이런 변화는 선진국에서 세계화를 후퇴시키려는 최근의 시도를 설명해준다. 그리고 가장 중요한 것은 다음과 같은 점이다. 즉, 이런 변화는 세계적 차원에서 부유한 나라의 부자들과 가난한 나라의 가난한 사람들 사이에 형성되어왔던 암묵적인 연대에 그 근원을 두고 있다.

세계 자본주의가 시작된 두 번째 세계화

두 번째 분산은 또한 다음과 같은 우리의 관점을 근본적으로 바꿔놓았다. 즉, 개발은 사전에 정해진 단계대로 질서 정연하게 진행된다는 우리의 관점은 근원적으로 바뀌었다. 이 같은 구식의 관점은 영국에 이어 미국, 그리고 일본의 방식을 따라 발전했다. 이 관점에 따르면, 이 국가들은 주목할 만한 관세 보호를 통해 수입 대체 단계를 거친 다음, 단순한 제조업 상품 수출로 성장했으며, 이어 부가가치가 더 높은 정교한 제품으로 점차 이동했다. 이런 관점은 1950년대와 1980년대 사이 개발 정책 대부분의 밑바탕을 이루는 사고방식이었다. 한국, 브라질, 터키는 이런 정책을 따른 가장 좋은 사례다.

그런데 이런 상황은 1990년대의 두 번째 세계화와 함께 바뀌었다. 개도국의 성공을 위해 결정적으로 대두된 문제는 더 이상 개도국 자체의 경제 정책을 이용해 미리 정해진 여러 단계를 거쳐 발전하는 것이 아니었다. 그것은 바로 중심부(북반구)가 조직한 글로벌 공급망에 편입되는 것이었다. 게다가 이는 단순히 부유한 국가들을 모방해 부가가치가 더 높은 단계로 나아가는 것이 아니었다. 현재 중국이 수행하는 것처럼, 스스로 기술 선도자가 되는 것이었다.

두 번째 분산은 이전에 필수적이라고 생각했던 단계를 건너뛸 수 있게 만들었다(바로 압축적 성장을 가능하게 만들었다_옮긴이). 1980년대만 해도 생각조차 할 수 없었던 일이 최근 전개되고 있다. 인도와 중국처럼 압도적으로 농촌 비율이 높고 빈곤에 허덕이던 나라들이 불과 2~3세대 안에 기술 선도국이 되거나, 적어도 일부 지역에서 생산 가능성의 경계production possibility frontier에 근접했다. 이는 그 국가들이 글로벌 공급망에 편승한 덕분에 현실이 됐다.

중국, 인도, 인도네시아, 태국과 같은 아시아 국가가 현시대에 이룩한 성공을 한국의 최신판으로 해석하는 것은 합당하지 않다. 이들 아시아 국가는 새로운 발전 경로를 개척해나간 선구자들이다. 이들 국가는 스스로 경제를 선진국에 통합시킴으로써 여러 기술 및 제도적 단계를 뛰어넘었다.

두 번째 세계화에서 가장 성공한 국가들은 북반구 경제의 필수적인 부분이 될 수 있었다. 그 이유는 제도적 요소와 더불어 그들 국가의 노동력이 가지고 있는 기술과 저렴한 비용, 그리고 북반구와의 지리적 근접성 때문이었다. 이런 발전 유형은 오래된 의존성 패러다임을 뒤집는다. 이 의존성 패러다임, 즉 종속이론은 북반구의 선진국들과 분리되는 것이 발전의 경로라고 여겼다. 이에 반해 북반구 선진국들과의 연결은 아시아가 매우 짧은 시간 안에 절대 빈곤에서 중간 소득 상태로 나아가는 길을 열어주었다.

> 이런 기술 및 제도적인 연결성의 원천은 자본주의가 전 세계로 확산하면서 형성된 현재의 보편적 지배력에 있다.

따라서 두 번째 세계화와 자본주의의 지배는 함께 간다. 그러면 리처드 볼드윈이 분류한 세 번째 세계화는 무엇일까? (적어도 오늘날의 관점에서) 궁극적인 분산은 매끄럽게 움직일 수 있는 노동력과 함께 올 것이다. 이 궁극적 분산은 노동력 이동이나 재택근무 비용이 낮아질 때 일어날 것이다. 예컨대 의사의 수술처럼 물리적인 존재로서 사람이 필요한 경우, 이 사람을 일시적으로 다른 곳으로 이동시키는 비용은 여전히 높다. 그러나 물리적인 존재로서 노동자가 필요한 경우, 원격 제어로 해결된다면 노동의 세계화도 가능할 것이다. 원격 제어는 마치 의사가 로봇을 사용해 원격으로 수술하는 것과 같다.

세 번째 분산, 즉 물리적 장소에서 노동(생산 공정에 투입되는 것으로서)의 분산은 이민과 노동 시장을 매우 다르게 생각하도록 만들 것이다. 만약 지금 어떤 업무가 물리적인 존재로서의 노동자가 필요하고, 그 업무가 전 세계 어느 곳에서도 원격으로 수행될 수 있다면, 노동력의 이동은 훨씬 덜 중요해질 수 있다. 이런 세 번째 분산의 결과로, 우리는 세계 노동 시장을 이룰 수 있을 것이다. 다만 이 세계 노동 시장은 이민이 완전히 제한되지 않는다면 세계가 어떻게 보일지 흉내는 내지만, 실제 사람들의 이동은 없는 노동 시장이다.[15]

아마도 리처드 볼드윈의 관점, 즉 세계화를 연속적인 분산으로 분석한 관점에서, 다음과 같은 매우 중요한 통찰력을 얻을 수 있다. 즉, 볼드윈의 관점은 지난 2세기 동안의 경제적 진보를 상품, 정보 그리고 궁극적으로 사람의 이동을 연속적으로 촉진함으로써 추진된 연속체로 볼 수 있게 해준다. 이런 통찰력은 또한 모든 것이 거의 즉각적이고 매끄럽게 전 세계로 이동할 수 있는 유토피아(또는 아마도 디스토피아)를 엿볼 수 있게 해준다. 이는 인간이 시간과 장소의 제약을 극복하는 궁극적인 승리일 것이다.

그러나 세 번째 대규모 분산은 아직 도래하지 않았다. 그래서 우리는 여전히 노동이 이루어지는 곳으로, 물리적으로 이동해야 하는 세상에 살고 있다. 또 똑같은 노동 단위에 대한 수익이 노동력, 즉 일하는 사람이 어디에 있느냐에 따라 계속 크게 달라지는 세상에 살고 있다.

앞에서 설명했듯이, 여전히 우리는 이민의 동기가 매우 크고, 노동력 이동이 큰 문제가 되는 세상을 상대하고 있다. 이제부터는 자본과 노동의 이동이 복지국가의 존립에 어떤 의미가 있는지 살펴볼 것이다(즉, 2부에서의 논의를 확장한다).

복지국가, 길을 잃다

시민권 지대, 즉 시민권에서 파생되는 금전적 혜택과 시민권 자체가 자산이라는 사실은 이미 설명했다. 이런 사실은 시민권 보유자에게 주어지는 다음과 같은 세 가지 경제적 이점에서 비롯된다. ①훨씬 더 많은 일련의 경제적 기회가 주어진다. 임금이 더 높고 수입이 더 많은 일자리가 제대로 제공된다. ②가치 있는 사회적 혜택을 계속해서 요구할 수 있는 권리가 주어진다. ③기존 제도에 연결되는 비금전적인 특정 권리(이를테면 공정한 재판과 차별받지 않을 권리)가 주어진다.

① 요소는 가장 중요해졌지만 새로운 것은 아니다. 기록의 역사가 시작된 이래, 공동체가 자신의 시민들에게 제공한 임금과 기회는 제각각 달랐다. 예를 들면, 로마와 알렉산드리아는 더 많은 보수를 받을 수 있는 일자리와 더 높은 신분 상승의 가망성을 찾아 몰려든 비원주민들,

즉 이주민들로 넘쳐났다. 그런데도 지금처럼 빈부 격차가 심한 적은 없었다.

③ 요소 역시 새로운 게 아니다. 역사적 사례가 많다. 이를테면 로마가 세계를 지배하던 시절, 그리스도인 사도 바울은 고문당할 위협에 맞닥뜨리자 이렇게 외쳤다.

> 나는 로마 시민이다Ego sum Romanus ciis.

이 말은 원칙적으로 바울을 그런 위협에서 보호해주었다. 이 ③ 요소는 이런 바울의 경우와 같다.

그러나 ② 요소는 복지국가가 존재하면서 얻을 수 있는 경제적 이득으로, 새로운 것이다. 복지국가 자체가 현대에 세워진 것이기 때문이다. 복지국가는 부분적으로 자본과 노동 사이의 내부 갈등을 극복하는 방법으로, 시민권이라는 개념에 근거를 둔다. 그래서 시민권이 국가가 제공하는 사회적 이전을 받기 위한 핵심 기준이 된 것은 매우 정상적인 일이다. 따라서 국민국가, 복지국가, 그리고 시민권은 불가분한 관계가 됐다. 더욱이 특히 스칸디나비아의 복지국가는 문화적, 그리고 종종 민족적 동질성을 전제로 세워졌다. 동질성은 두 가지 기능을 한다. 먼저 동질성은 복지국가의 지속 가능성을 위해 중요한 행동 규범이 국민 대부분의 영역에서 동일할 것이라고 보증한다. 그리고 동질성은 국가 통일이라는 이념을 강조해 계급 사이의 첨예한 갈등을 무디게 한다.

지금의 세계화 시대에서 분명한 갈등이 나타나고 있다. 그 갈등은 복지국가와 시민권에 바탕을 둔 접근 기회, 그리고 노동의 자유로운 이동 사이에서 벌어진다. 복지국가가 부여하는 혜택은 시민권자에게만 할당되며, 그에 따라 시민권 지대의 일부를 형성된다(어떤 경우에는 시민권 지대의 상당 부분에 해당한다). 이로 말미암아 노동의 자유로운 이동을 요구하는 쪽과 이를 저지하려는 쪽 사이에 긴장이 유발될 수밖에 없다.

이민자가 거의 자동으로 시민권을 부여받는다면, 이는 현재의 시민이 받는 시민권 지대가 희석된다는 것을 의미한다(즉, 시민권의 가치 하락, 이를테면 자국민의 임금 하락을 의미한다_옮긴이). 앞으로 길게 내다보았을 때, 결국 복지국가의 존재와 노동의 자유로운 이동을 포함하는 본격적인 세계화는 서로 양립할 수 없다. 앞에서 살펴본 바와 같이, 시민권 지대는 현재의 시민들이 행사하는 이민에 대한 사실상의 규제 때문에 생겨난다(마치 독점 사업자가 타인의 무역을 규제함으로써 얻는 이익과 유사하다).

이런 이민 규제는 ①지대적 요인(더 높은 임금)뿐만 아니라, ②복지 혜택을 유지하려는 목적으로 이루어진다. 공공 이익에 관한 ③ 요인은 기존 시민의 관점에서 볼 때, 상대적으로 적은 비용으로 타국 출신 국민과 공유할 수 있기 때문에 아마도 덜 중요할 것이다. 국가 사이에 세 요소 모두에서 큰 차이를 보일 수 있다. 이런 경우에는 결국 높은 시민권 프리미엄 또는 벌금으로 이어지고, 나아가 노동의 자유로운 이동을 더 제한하는 정책으로 이어진다.

20세기 대부분에 걸쳐 국가 간 평균 소득은 격차가 벌어져왔고(즉, 1인당 소득 기준으로 부유한 국가는 가난한 국가보다 더 빨리 성장했고), 복지국가들이 다수 출현했다. 이런 20세기 현상들로 말미암아 이민을 받아들이는 나라는 노동의 이동성에 대해 훨씬 덜 관대한 태도를 보여왔다. 광범위한 시민권 프리미엄과 반이민 정책은 동전의 양면이다. 하나가 존재하지 않으면, 다른 하나도 존재하지 않는다(즉, 이 두 가지는 공생하는 관계다_옮긴이).

이는 다음과 같은 결론으로 이어진다. 즉, 노동의 세계화가 정치적인 문제가 되지 않도록 하기 위해서는 반드시 국민소득 사이의 격차를 줄이거나(가난한 나라가 부유한 나라를 따라잡거나), 기존의 부유한 나라의 복지제도를 심각하게 줄이고 해체하거나, 이주민에게 원주민보다 훨씬 적은 권리를 부여해야 한다.

노동의 자유로운 이동성이 전 세계의 소득과 이주민의 소득을 증가시켜 전 세계 빈곤을 감소시키기 때문에 바람직하다고 생각할 수 있다. 만약 그렇게 생각한다면, 우리는 다음과 같은 결론을 내려야 한다. 즉, 똑같은 추론에 따라, 이런 유리한 발전에 대한 주요 장애물 가운데 하나는 부유한 나라의 복지제도다. 그러나 이 논리를 더 발전시키면 이렇게 말할 수 있다. 정치적 저항을 불러일으킬 것이기 때문에, 부유한 나라의 복지제도를 축소하거나 해체할 가능성이 낮다고 가정해보자. 그러면 이는 부유한 국가의 시민들과 노동자들이 이룩한 대부분의 사회 발전을 지우게 될 것이다. 그래서 이주민의 경제적 이득 또는 권리를 줄이는 제안으로 이어질 것이다.[16]

좌파 정당과 복지국가

복지국가와 시민권 사이의 밀접한 관계가 불러올 정치적 결과 가운데 하나는 특정 좌파 정당의 반세계화 태도다. 이런 좌파 정당에는 예컨대 프랑스의 라 프랑스 앵수미즈La France Insoumise('굴복하지 않는 프랑스'라는 뜻을 지닌 좌파 성향의 정당_옮긴이)와 덴마크, 오스트리아, 네덜란드, 스웨덴의 사회민주주의 정당이 있다. 이들 정당은 자본 유출과 이민을 모두 반대한다(이 가운데 자본 유출을 반대하는 이유는 가난한 나라에 대한 아웃소싱과 투자가 다른 곳에서 더 많은 일자리를 창출할 수 있을지라도, 부유한 나라의 일자리를 파괴하기 때문이다).

따라서 복지국가 창출에 결정적인 역할을 했던 이들 좌파 정당은 겉보기에 역설적인 위치에 놓여 있다. 이들 정당은 국제주의적 사회주의라는 오랜 전통을 깨고, 민족주의와 반국제주의적 행보를 보인다. 이런 태도 변화는 지난 150년 동안 유럽에서 일어난 다음과 같은 근본적인 경제 조건의 변화에서 비롯된다. 즉, 국가에 상관없이 가난한 사람들 사이의 획일적인 경제 조건에서 벗어나려는 움직임과 부유한 국가들의 복잡하고 포괄적인 복지국가 건설이 그런 변화다. 그러므로 좌파 정당의 정책 변화는 우연이 아니라, 장기적인 추세에 대한 반응이다.

좌파 정당 또는 사회민주주의 정당은 산업 및 공공 부문 노동자의 비교적 명확한 지지를 얻고 있다. 하지만 이들 노동자의 일자리는 자본과 노동의 자유로운 이동 때문에 위협받고 있다. 이들 정당은 국제주의적 전통을 효과적으로 폐기해버림으로써, 우파 정당들과 더 유사해지고, 정치적으로도 더 가까워지고 있다. 또 이들 정당은 이제 프랑스에서처럼 종종 우파 정당들과 정치적 공간 및 유권자들을 공유하기도 한다. 그러나 과거 국제주의의 잔재도 여전히 남아 있다. 그런 잔재는 좌익 정당의 차별 금지 정책에서 볼 수 있는데, 이민을 받아들이는 나라에 이미 살고 있는 이민자가 주요 수혜자다.

따라서 이들 정당을 지지하는 유권자들은 다음과 같은 모순된 태도를 보인다. 즉, 간신히 입국한 이민자의 권리를 옹호하는 동시에, 더 많은 이민자가 들어오는 것에 반대하고, 자신보다 더 가난한 사람을 고용하기 위해 더 많은 자본이 빠져나가는 것에 반대한다(좌파 정당들의 딜레마가 이것이다_옮긴이).

전 세계적인 기회의 불평등

이 부분에서는 이민 논의의 밑바탕이 되는, 좀 더 철학적인 문제로 결론지으려 한다. 시민권 지대의 존재는 전 세계적 차원에서 분명한 기회의 불평등을 함축하고 있다. 예컨대 한 사람은 가난한 나라에서, 다른 한 사람은 부유한 나라에서 태어났다고 할 때, 똑같은 개인으로서 두 사람은 평생 매우 불평등한 소득원에 대한 권리를 갖게 될 것이다.

이는 명백한 사실이지만, 그 의미는 완전히 밝혀지지 않았다. 예컨대 서로 다른 나라에서 태어난 두 사람과 같은 나라에서 가난한 부모와 부유한 부모에게서 태어난 두 사람을 비교한다고 가정해보자. 그러면 후자의 경우, 기회의 불평등에 대한 약간의 우려가 있음을 알아챌 수 있다. 그리고 종종 그 나라의 대다수 시민 사이에는 인생 시작 단계에서부터 그런 불평등이 평준화되어야 한다는 공통된 믿음이 있음을 알아챌 수 있다. 그러나 전자의 경우에는 그런 우려가 존재하지 않아 보인다.

존 롤스의 연구는 이런 불일치 또는 모순에 관한 분명한 사례를 제공한다. 자신의 저서 《정의론》에서 롤스는 한 국가 안에서 발생하는 불평등을 가장 중대한 문제로 여긴다. 그리고 그는 부자 부모와 가난한 부모에게서 태어난 사람들 사이의 불평등은 완화되거나 제거되어야 한다고 주장한다. 그러나 그가 자신의 저서 《인민의 법칙The Law of Peoples》에서 국제 무대로 눈을 돌렸을 때, 그는 부자 나라와 가난한 나라에서 태어난 사람들 사이의 불평등을 완전히 무시한다. 이와 관련해 거의 1세기 전에 쓰인 조슈아 스탬프Josiah Stamp의 다음과 같은 언급을 살펴보자.

> 우리는 개인의 상속재산에 초점을 맞출 수는 있지만, 그것은 공동체 측면에서 완전히 분리될 수는 없다. [한 사람]이 세상에 나왔을 때, 그는 경제 단위로서 두 가지 유형의 지원과 연관된다. 그 두 가지 유형의 지원은 그가 부모에게서 개별적으로 물려받는 것과 이전 사회에서 물려받는 것(사회적인 상속)이다. 그리고 이 두 가지 모두에서 개인 상속의 원칙이 존재해 왔다(Stamp, 1926).

세계적인 기회의 불평등은 일반적으로 전혀 문제로 여겨지지 않고 있다. 이 문제를 해결할 대책도 거의 없다. 국민국가 안에서, 많은 사람은 가족이 취득한 재산의 세대 간 이전, 즉 세습을 부당한 행위 혹은 없어져야 할 관행으로 여긴다. 그러나 국가들 사이에서는 공동으로 취득한 재산의 세대 간 이전을 관심의 대상으로 여기지 않는다.

이는 상당히 흥미로운 문제다. 왜냐하면 개인에게 가족과의 관계는 전체 공동체와의 관계보다 더 가깝기 때문이다. 그리고 가족 구성원들에게는 가족 재산의 세대 간 이전이 덜 부당해 보일 수 있다. 다시 말해 서로 무관한 개인들의 사회적 자산의 세대 간 이전보다 덜 부당해 보일 수 있다. 그러나 사회적으로는 그 반대이다. 사회적으로는 세습을 불유쾌한 것으로 여긴다.

가족 간의 연결성이라는 첫 번째 경우를 보면, 재산의 세대 간 승계는 같은 공동체 안에서 벌어진다. 개인들은 손쉽게 그들의 위치를 비교할 수 있으며, 세습의 부당함에 분개하기도 한다. 사회적 세습을 가리키는 두 번째 경우, 시공간적으로 멀다. 불평등이 발생하더라도 국제적이다. 개인들은 쉽게 타인과 비교할 수도 없거니와 아마도 그렇게 신경 쓸 여유도 없다(적어도 부자들은 신경 쓰지 않는다).

아리스토텔레스가 언급한 것처럼, 공간적·시간적 간격은 종종 사람들을 서로 무관심하게 만든다. 왜냐하면 아마도 사람들은 자신들의 소득이나 부를 다른 사람과 서로 비교하는 대상으로 보지 않기 때문일 것이다.[17] 공동체에 속한 공적 자산, 즉 시민권은 이런 차이를 설명할 수 있는 열쇠다. 시민권이란 곧 사회적으로 세습되는 공적 자산인데도 그로 말미암아 발생하는 국가 간 불평등은 논의 대상에 오르지도 못한다.

이에 대한 기본 개념은 애덤 스미스의 《도덕감정론Theory of Moral Sentiments》 6부 2장에서 다음과 같이 명확하게 정의되어 있다.

> 인류가 이룩한 위대한 사회 가운데 … 프랑스의 번영은(인구가 더 많기 때문에) 영국보다 훨씬 더 중요한 대상으로 보여야 한다. 그러나 그 때문에 영국과 관련한 모든 주제는 프랑스의 그것보다 더 선호된다. 이는 단지 영국 시민만의 선호가 아니다.

우리는 지금까지 한 국가 테두리 안에서 특정한 현상을 본질적으로 연구하는 '방법론적 민족주의'라는 오랜 관습에 젖어왔다. 다시 말해 기회의 평등이 적용되는 것처럼 보이는 국민국가의 테두리 안에서만 연구했다. 세계적인 기회의 불평등은 잊히거나 무시됐다. 과거에는 이런 불평등에 대한 무시가 철학적으로나 실제로나 합리적인 태도였을 수 있다. 그때는 국가 사이의 격차에 대한 지식이 모호했고, 기회의 불평등이 국내에서조차 다뤄지지 않았기 때문이다. 그러나 지금은 합리적인 태도가 아닐 수도 있다. 범세계주의자와 통계학자들은 이런 문제에 대해 틀림없이 의견이 다를 것이다. 그러나 우리는 경제적 관점에서도 이 문제를 논의해야 한다. 그리고 이민 문제와 관련해서도 논의해야 한다. 기회의 불평등 문제와 관련해 가장 눈에 띄는 징후가 바로 이민 문제에서 드러나기 때문이다.

세계를 뒤덮는 부패의 그림자

전반적인 분위기로 볼 때, 대부분의 국가에서 부패는 30년 전보다 오늘날 더 확산됐다.[18] 그러나 지금까지 드러난 부패 사례의 건수를 기준으로 부패 상황을 판단한다면, 자칫 잘못 받아들여질 소지가 있다. 부패 건수가 늘어난 게 아니라, 부패 행위를 통제하고 범죄자를 처벌하는 능력이 향상됐을 수 있기 때문이다. 또한 현대인의 부패에 대한 인식이 바뀌었을 수도 있다. 현시대가 과거보다 훨씬 더 많은, 사실에 근접한 정보를 가지고 있다는 것은 분명한 사실이다. 국지적 부패 행위뿐만 아니라 세계의 다양한 분야에서 일어나는 부패 행위에 대해서도 말이다.

부패 행위 적발 능력의 향상이나 현대인의 인식 전환은 그 어느 쪽도 쉽게 간과할 수 없는 문제다. 부패 적발 능력 향상이라는 첫 번째 경우, 우선 시대별로 신뢰할 만한 자료가 없다. 설령 자료가 있다고 하더라도,

우리에게 시사하는 의미는 거의 없다. 부패의 규모나 법 집행 강약의 정도 등에 대해 제대로 알려줄 게 거의 없다는 뜻이다. 이는 부패 행위의 정도(법 집행 능력이 향상됐는지 아닌지를 판단할 때 필요한 공통분모)가 정의상 분명하지 않기 때문이다. 신뢰할 만한 자료가 없기에 부패 상황에 대해 정확히 알 수 없는 노릇이다. 다만 우리는 법정에 기소된 부패 사례에 대해서만 알 뿐이다(부패의 진면목에 대해서는 알 길이 없다_옮긴이).

이런 지식 부족은 각 분야 전문가를 대상으로 한 설문 조사를 바탕으로 생산된 각종 지표를 통해 어느 정도 메꿀 수는 있다. 예컨대 국제투명성기구가 매년 발표하는 국제부패 인식지수와 세계은행의 세계 거버넌스 지표와 같은, 전문 기관을 통해 부패 확산에 대한 견해를 구할 수는 있다. 그런데 이런 조사는 부패에 대한 조사가 아니라, 부패에 대한 인식 조사에 가깝다.[19] 이마저 1990년대 중반이 되어서야 겨우 시작됐다. 그때는 이미 세계화가 본격화되던 시절이었다.

좀 더 주목해야 할 것은 그런 지표가 부패의 상대적 비교만을 허용한다는 점이다(이를테면 러시아가 특정 연도에 덴마크보다 부패가 더 심했는가?). 시간에 따른 부패의 진화(러시아가 2010년보다 2018년에 더 부패했는가?)나, 기본적인 비교(올해 덴마크와 비교할 때, 러시아는 지난해보다 더 부패했는가?)는 허용하지 않는다. 이는 지표를 토대로 단순히 매년 국가별 순위를 매긴 결과다. 이런 지표는 연도별로 의미하는 가치를 비교하지 않은 것들이다. 또한 사람들이 부패에 대해 어떻게 인식하는지에 대해 좀 더 많은 것을 시사할 수 없다. 좀 더 개방적인 매체를 통해 더 많은 부패 사례가 보도되고, 자신이 속한 작은 공동체 밖에서 벌어지는 부패 행위에 대한 더 많은 지식을 접하면서도 우리가 어떤 영향을 받는지에 관한 것은 제대로 알 수 없다.

더 많은 정보는 조세 피난처(본국보다 세율이 낮다는 이유로 사람들이 이주해 살거나, 기업이 서류상 등록지로 삼아 세금을 피하는 곳_옮긴이)에 은닉된 자금의 액수에 대한 최근 추정치를 살펴보면 얻을 수 있다. 조세 피난처를 들여다본다면, 부패 행위를 들춰내는 깔끔한 지표는 알 수 없지만, 두 가지 유의미한 사실은 얻을 수 있다. 우선 부패를 통해 만들어진 돈을 조세 피난처에서 그대로 놓아둘 이유가 없다는 점이다. 그것은 합법적인 형태로 '전환'됐을 수 있다. 예컨대 런던이나 뉴욕에 부동산을 사들이는 데 사용될 수도 있다. 따라서 조세 피난처의 규모만으로 평가한다면, 부패를 과소평가할 수 있다(실상을 속속들이 파악할 수 없다는 뜻이다_옮긴이). 이에 반해 합법적으로 번 돈을 단순한 세금 회피의 목적으로 조세 피난처에 놓아둘 수 있기 때문에, 부패가 과대평가될 수 있다.

그러나 어느 경우든 조세 피난처로 보내진 돈의 대부분은 (세금을 회피하기 위해) 돈의 출처를 숨기거나 의도적으로 부패했다는 점에서 초법적이다. 국내법의 테두리를 벗어난 행위다.[20] 가브리엘 주크먼은 2013년 이례적인 자산 상태에 대한 국가별 자료를 통해 이 규모를 추정해보았다. 이 추정에 따르면, 2008년 전 세계 가계 금융자산의 8% 또는 전 세계 GDP의 10% 수준인 약 5조 9천억 달러가 조세 피난처에 은닉됐다(이 가운데 3/4은 아예 기록이 없다). 이 수치는 주크먼이 추적에 들어간

2000~2015년까지 큰 변화 없이 안정적이었다.[21] 당연한 것이지만, 이 수치는 금융 재산만을 포함한다. 빼돌려 은닉한 재산이나, 세금 부과에서 제외시켜, 합법을 가장해 취득한 재산을 저장할 수 있는 다른 많은 형태(부동산, 보석, 미술품)는 계산에 넣지 않은 수치다.

부패 상황을 측정하는 또 다른 방법은 각국의 국제수지 범주에 속하는 '글로벌 순오류 및 누락'을 살펴보는 것이다. 국제수지에는 부분적으로 실제 오류를 반영하는가 하면, 자본 도피가 어느 정도 반영되어 있다. 자본 도피는 통상 국내의 부패 행위와 연루된다. 이를테면 수출품의 과소 청구나, 수입품의 과다 청구(청구서에 실액 이외의 액수를 추가)로 거래 대금을 빼돌리는, 기타 불법 거래 유형이다. 국제통화기금의 자료에 따르면, 글로벌 순오류 및 누락 금액이 2008년 글로벌 금융 위기 이전에는 연간 1천억 달러를 초과하지 않았다. 그런데 이용 가능한 자료를 통해 이후 5년간을 추정한 결과 그 금액은 연간 2천억 달러 이상으로 나타났다.[22]

부패 행위를 좀 더 정확하게 계량화하거나, 정치적 거래를 통해 획득한 재산을 숨겨놓은 타인 명의의 재산을 수치로 계량화하는 또 다른 접근법이 있다. 캐롤라인 프룬드가 2016년 자신의 뛰어난 저서 《부자들, 가난한 국가들: 신흥국 시장에서 부상하는 재계 거물들과 그들의 초대형 기업들Rich People Poor Countries: The Rise of Emerging Market Tycoons and Mega Mega Firms》에서 제시한 기법이다. 그녀는 재산의 주요 원천을 기준으로, 전 세계의 억만장자를 자수성가형과 상속형으로 분류했다. 억만장자를 분

도표 4-2 기업인 가운데 천연자원, 민영화 또는 정부와의 커넥션을 통해 획득한 재산가로 추정되는 억만장자의 백분율(2001년과 2014년의 변화 양상 비교)

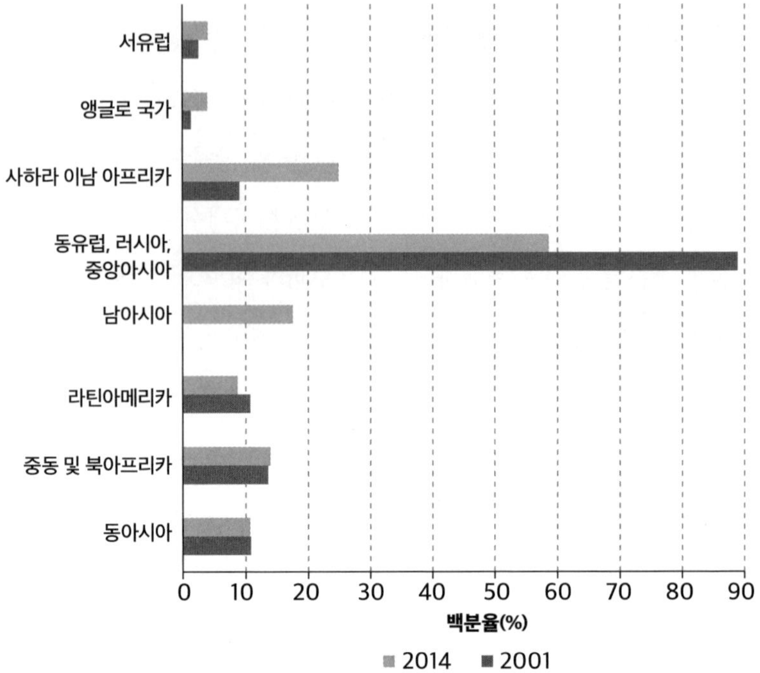

앵글로 국가는 호주, 캐나다, 뉴질랜드, 그리고 미국이다. 동아시아 개발도상국은 이 두 해의 점유율이 0으로 나타나 생략했다.
출처: 프룬드(Freund, 2016, 표 2.4, pp. 37-38)의 자료를 바탕으로 작성.

류하는 이전 방법을 통해 그녀는 획득한 천연자원, 민영화 과정 또는 정부와의 커넥션을 분류의 기준으로 삼았다.[23] [도표 4-2]는 해당 국가에 속할 것으로 추정되는 억만장자들의 백분율이다(총자산의 백분율이 아니다). 선진국에서 억만장자의 점유율은 대략 4%에 이른다(2001~2014년 사이 북아메리카 국가들과 서유럽 국가들의 억만장자 증가율이다).

신흥 시장 국가의 억만장자 점유율은 10~20% 사이에 있다. 단, 동유럽과 러시아, 그리고 중앙아시아의 일부 억만장자는 제외됐다. 이들 지역에서는 과거 소련에 속했던 국가 출신 억만장자들이 예외적으로 높은 점유율을 보였는데, 그들을 제외한 점유율이 이 정도이다.

이들 지역(가장 부패한 지역으로 여겨질 수 있음)과 라틴아메리카를 제외한 제2차 세계대전 이후 깨어난 모든 신흥 국가에서, 정치적 거래를 통해 재산을 축적한 억만장자의 비율이 증가하고 있다. 사하라 이남 아프리카와 남아시아(대부분 인도계에서 비롯됨)에서 증가세가 특히 뚜렷하다. 다음으로 정부와의 커넥션을 통해 획득했을 것으로 보이는 억만장자들이다. 전 세계에 걸쳐 있는 이들의 재산 점유율을 보면, 2001년 3.8%에서 2014년 10.2%로 증가했다. 이미 예측 가능한 것처럼 동유럽과 러시아, 그리고 중앙아시아에서 가장 높았고(73%), 중동과 북아프리카(22%), 라틴아메리카(15%) 순으로 나타났다.[24]

세계화 시대 부패가 확산되는 이유

부패 행위는 직접적으로 측정할 수 없고, 부패로 획득한 재산의 소유권자도 밝혀낼 수 없다. 그렇지만 전 세계적으로 부패 행위는 20~30년 전보다 더 확산하고 있으며, 앞으로도 계속 증가할 것이다. 이에 대해 수긍할 만한 이론적 근거가 있다. 적어도 세 가지로 구분하면 다음과 같다. ①초상업화되고 세계화된 자본주의 흐름에 따라, 오로지 금전적 성공만이 성공적인 삶으로 인정받으며(5부에서 상세히 설명하겠다), ②행정적, 사법적 관할권을 피해가면서 빼돌린 돈을 세탁하거나 세금 포탈을 좀 더 쉽게 하는 은행 계좌 개설, 그리고 ③세계화에 따른 전시효과를 들 수 있다. 전시효과란 중간 소득 또는 가난한 나라의 사람들(특히 정부 관료들)이 부유한 나라의 비슷한 위치에 있는 사람들 수준 만큼, 자신들도 소비를 누릴 자격이 있다고 믿는 것을 의미한다. 나아가 공식적으로 받는 급여가 적을 경우, 부패 행위에 연루된 경우에만 소비할 자격을 갖출 수 있다. ①항은 기본적으로 관념적이고 일반적인 개념이다(즉, 세계 어디에서나 모두에게 원칙적으로 적용된다). 이어 ③항은 좁은 의미로서, 선택된 사람들에게만 적용할 수 있는 경우다. ②항은 가장 활성화될 만한 요건으로, 세계적으로 부패를 조장하는 요소다.

세계 자본주의 경제에 통합되지 않은 부패 적발에 대한 한계

각 항목에 대해 차례대로 간략히 설명하겠지만, 5부에서 더 자세히 설명할 것이다. 그만큼 중요한 사안으로 인식하기 때문이다. 과장된 세계화 또는 부풀려진 세계화에는 지적 상부 구조로서 이데올로기가 필요하다. 어떤 유형의 돈벌이건 상관없이, 돈벌이를 정당화하는 이데올로기다. 그 바탕 위에 금전적 성공은 여타 모든 목표를 지배하고, 그로 말미암아 근본적으로 부도덕한 사회를 창출한다. 부도덕한 사회란 사회와 개인이 재물을 획득하는 방식에는 무관심하다는 점을 함축한다. 합법적이든(비윤리적이든), 적발되지 않는 선에서 비합법적이든, 같은 관할의 행정구역에서는 불법이지만 다른 구역에서는 합법적으로 할 수 있는 돈벌이를 의미한다. 이런 조건 아래에서라면, 부패 행위에 관여할 강력한 동기 부여가 직접적으로 생성될 수 있다.[25] 이뤄야 할 목표를 위해 '최적의' 혹은 '똑똑한' 부패에 관여하는 것이다. 윤리적으로야 받아들일 수 없겠지만, 감지하기 어렵거나 분간하기 힘든 부패 행위에 발 담그는 행위 말이다. 말하자면, 도덕적으로 무감각 상태일 수 있다.

이를테면, 미국에서는 로비 같은 도덕적으로 무감각적인 활동이 부패로 널리 여겨지지만, 항상 적법과 불법 사이의 경계선을 아슬아슬 넘나드는 로비 활동이 치열하다. 그렇다고 해서 정부 당국이 이런 로비 활동을 적법한 것으로 치부해 부추긴다는 의미는 아니다.[26] 변호사들은 전국적인 기구를 결성해 더욱 부패를 조장하는 측면이 강하다. 변호사들의 관심사는 고객에게 어떻게 하면 공개적으로 법을 어기지 않고, 혹은 최소한의 방법으로 부패의 목적을 최대한 달성할 수 있는지 조언하는 데 있다. 예를 들면, 런던은 일종의 법률산업의 주최자다. 런던은 러시아, 중국, 나이지리아, 그리고 많은 나라에서 온 고객들의 부패 행위가 가능하도록 열심히 일하는 도시다. 이들 나라 고객들은 영국에서 돈을 세탁하기 위해 모여들거나, 다른 지역에서 돈세탁하는 허브로 런던을 이용한다. 세계화의 확산은 이런 부패를 촉진하는 데 매우 중요한 역할을 했다.

민신 페이는 2006년 자신의 중요한 저서에서, 마오쩌둥 시절 당시 중국에서는 왜 부패가 거의 존재하지 않았는지를 설명했다. 그는 몇 가지 이유를 제시했는데, 그것에 따르면 인민들은 해당 지역 공무원들의 소비 유형을 감시할 수 있는 능력을 가졌으며, 지역 주민들은 서로 가깝게 살면서 주기적인 숙청(부패가 의심되거나[27] 당에 불충한 것으로 의심될 경우)에 계속 노출되어 부패 행위를 할 겨를이 없었다. 또 빈곤함과 더불어 부패한 공무원들이 돈으로 살 수 있는 매력적인 대상이 턱없이 부족했다. 특히, 당시 중국은 자본주의 세계의 다른 여러 나라와 격리돼 공무원이 해외로 돈을 송금할 수 없었다. 아마도 마지막 요소가 가장 중요했을 것이다.

공산주의 국가의 경우, 자급자족 또는 자본주의와 격리된 하나의 독특한 경제 체제에서 부패를 방지하는 방식이 가장 잘 드러난다. 이런 국가에서의 돈거래는 대부분 국영기업을 통해 이뤄지고, 전적으로 가계를 우회하는 방식을 통해 이루어진다. 개인들 손으로 들어갈 기회는 거의 없다. 이런 국영기업의 자금은 대부분 기업 부문 내에서 유통되는 회계 단위에 국한되며, 가계용으로는 사용할 수 없다. 이를 좀 더 쉽게 이해할 수 있는 간단한 방법으로 다음과 같은 하나의 상황을 설정해볼 수 있다. 회사 사이에 이뤄지는 모든 비즈니스 거래는 전자화폐로 결제된다. 전자화폐는 임금 지급이나 개인의 구매에는 사용할 수 없다.[28] 가구를 생산하는 회사가 있다고 가정해보자. 이 가구 생산 회사는 오로지 국가 기업들만 사용할 수 있는 전자화폐용 가구만 팔 수 있다. 회사 책임자는 인도된 가구를 물리적으로 훔칠 경우, 두 가지 어려움에 봉착할 수 있다. 즉, 모두가 알고 있고, 훔치는 데 서툴다는 것이다. 다시 말해, 기업 돈을 통해 구매한 상품이 개인의 손에 불법적으로 처리될 가능성은 아주 적다는 뜻이다.

이런 독특한 체제의 국가 및 정당의 고위급 간부들 또는 기업의 총수들은 특별한 이점과 특권을 누린다. 거의 항상 관용 자동차를 사용하며, 좀 더 질 좋은 제품 또는 좀 더 큰 아파트 같은 현물을 소유할 수 있다. 하지만 프리미엄이나 이점을 통해 수익을 창출하거나, 저축하거나, 다음 세대로 승계할 수는 없다. 게다가 그것들은 언제든 빼앗길 수 있다. 사실, 이런 나라에서는 일반적으로 특권을 제공하는 일자리를 잃는 즉시, 특권도 함께 철회된다. 특권은 엄격하게 직무상 주어진 특전이다. 이것은 우연한 게 아니다. 그런 특권은 쉽게 취소될 수 있기 때문에, 절대 복종을 담보하는 수단으로 받아들인다. 수익을 창출하거나, 계승자에게 승계할 수 있거나, 일반적으로 양도할 수 없는 고유의 특권은 개인의 독립적 영역을 창출한다. 그런 독립성 부여는 권위주의 또는 전체주의 체제와 양립할 수 없다. 그러나 긍정적인 측면을 본다면, 이런 독립성의 결여는 부패 행위를 막는 수단도 된다.

부패 행위가 제한적인 또 다른 중요한 요인은 이런 체제가 자본주의적 국제경제 체제에 완전히 통합되지 않은 것에서 비롯한다. 한때 부유한 자본주의 국가에서도 마찬가지였는데, 1960년대~1970년대에는 휴가나 출장으로 해외여행을 나갈 경우, 가지고 갈 수 있는 현금의 양을 제한하는 통화 관리 제도가 있었다.[29] 당시 외화와 교환할 수 없는 통화를 가진 개도국의 경우에는 제약이 더 컸다. 그리고 사회주의 국가나 준 사회주의 국가에서는 이런 제약이 더욱 잔혹한 역할을 했다. 소련을 비롯한 동유럽 국가, 중국, 인도, 알제리, 베트남 및 탄자니아 같은 국가들이 그랬다. 모두 세계경제에 통합되지 않은 시절이었다. 설사 공무원들이 어떻게든 돈을 손에 쥐었다 하더라도(그리고 만약에 외화로 환전할 수 있는 능력이 있다고 하더라도), 그 돈을 해외로 송금하는 방법에 대한 지식이 부족했다. 만약 그런 지식을 가진 사람들의 도움을 받는 공무원의 경우, 부패 행위뿐만 아니라 반역 행위에 해당하는 엄중한 처벌에 노출될 수 있었다. 자본주의 경제가 어떻게 움직이는지에 대해, 그리고 투자하는 방법에 대한 지식을 가진 사람들은 대부분 그렇듯, 공산주의 국가에서 이주해온 사람들이었다. 그들은 계급의 적으로 여겨지는, 체제에 반하는 사람들이었다.

나는 1980년대 중반에 나돌았던 한 사례를 기억한다. 당시 유럽에서는 공산주의 체제가 해체 단계에 진입해 당의 통제가 눈에 띄게 느슨해 있던 시절이었다. 공무원들 처지에서는 돈을 훔쳐 해외로 빼돌릴 수 있다는 발상이 가능한 것으로 보이기 시작했다. 상황이 그랬을지라도, 내가 보기에 그 당시 이런 행동은 거의 현실성이 없어 보인다. 공산주의 정권이 무너지고 국유 자산의 민영화가 현실화될 때까지 기다려야 했다는 얘기다.

당시 한 루머가 있었는데, 유고슬라비아 총리가 파리에 고급 아파트를 샀다는 소문이었다. 나는 그 소문에 대해 친구들과 토론하면서, 사실이 아닐 것이라고 주장했다. 그러면서 그에 대한 근거 몇 가지를 지적했다. 첫째, 비밀경찰의 감시를 피하면서, 그토록 많은 외국환을 구하는 방법을 그가 알기는 쉽지 않다는 점이다. 아마도 그는 총리직까지 오르는 공직 생활 동안, 외국 기업에 유리한 계약이 되도록 도왔을 것으로 추정된다. 이런 수법은 그가 상당한 양의 돈을 만질 수 있는 희망 사항이자, 유일한 행동이었을 것이다. 하지만 그가 외국 기업에 대한 편의를 봐준 대가로 얼마를 받았는지 분명히 알려진 것은 없었다. 당시 공산 체제에서 외국 은행 계좌 소유는 불법이었고, 자신의 이름이든 친척의 이름이든 계좌 개설은 매우 위험한 행동이었다. 만약 이런 행동이 발견된다면, 그는 총리직에 오르기 훨씬 이전에 자기 경력의 종지부를 찍었을 것이다.

훗날 그가 고위직에 올랐을 때도 마찬가지로, 외국 계좌 개설은 위험하고 어려웠을 것이다. 총리와 같은 고위직 공무원들은 외국을 방문할 때도 결코 홀로 남겨진 적이 없다. 총리가 파리의 은행 사무실로 걸어 들어가 계좌를 개설하는 것은 상상도 할 수 없는 일이다(이와 관련한 얘기를 잠시 제쳐두고라도, 선진국 시장경제에서도 국가 간 자본 이동 통제가 존재했던 그 당시에, 현지에서 지역 주소와 신분증을 제공할 수 없었을 것이기 때문에 그렇게 하기는 더 어려웠을 것이다). 다른 사람에게 부탁하는 일 역시 위험했을 것이다. 그 사람으로부터 협박의 우려도 있을 것이며 동시에 감찰 기관 같은 눈치 빠른 기관에 그런 행동이 노출된다면, 정치적 몰락의 가능성도 배제할 수 없었다. 결론적으로, 비록 그가 이런 모든 장애물을 극복했더라도 기술적으로 해외에서 아파트를 구입하지 못했을 것이라고, 나는 주장한다. 왜냐하면 그는 아파트의 매매, 가격 또는 필요한 법적 서류 작업에 대한 정보를 어디서 얻어야 하는지에 대한 지식이 전혀 없었기 때문이다(그는 분명히 외국인 변호사를 고용할 수 없었다). 자본주의 경제 체제와 완전한 융합 체제가 아니었던 국가(인도나 터키)의 관료들조차도 해외로 송금하기 위한 지식과 접촉이 부족했다는 사실에 주목할 필요가 있다.

불법적으로 벌어들인 돈으로는 어떠한 의미 있는 일도 할 수 없었다는 것이 분명하다. 이로 말미암아 부패 행위에 개입하는 것이 그다지 매력적으로 보이지 않았다. 따라서 자본주의 경제와 완전한 융합체가 아니었던 나라에서 부패한 행위로 돈을 벌 수 있는 기회는 더 적었을 것이다. 이뿐만 아니라 불법적으로 획득한 돈을 사용해 무언가 바람직한 것을 얻는 것도 훨씬 더 제한적이었다고 볼 수 있다. 이 두 사안은 아마도 똑같이 중요하다고 할 것이다. 자본주의에 통합되지 않은 국가에서 공무원이 부패에 연루되어, 무엇인가를 할 수 있었을 것으로 추측하기는 어렵다. 이런 내용을 통해 통제된 국가 관료들이 외국 아파트를 구입하거나, 해외로 돈을 옮길 수 없었음을 알 수 있다. 또한 그들은 프랑스의 리비에라로 은퇴하는 꿈은 꾸지도 못했을 것이다.

설혹, 자녀를 외국에서 교육시키기 위한 자금 조달을 위해 검은돈을 사용하려고 했다고 가정해보자. 하지만 이것 역시 불가능하다. 교육을 위해 자본주의 국가에 자녀를 보내는 것은 사회주의와 사회주의적 교육을 배신하는 행위로 여겨졌다. 교육을 위해 자녀를 미국에 보낸 공산주의 국가의 관료가 있었다면(외국 파견 기간은 제외), 그 어떤 사람이라도 즉시 강등됐을 것이며, 자금 출처에 관한 당국의 조사를 받았을 것이다. 다시 말해, 그런 공무원들이 있다면 감옥에 들어갈 준비를 해야 했을 것이다. 또한 통제 국가에서 이런 상상은 충분히 가능하다. 즉, 개인 기업가(충분한 돈이 있는 부자여야 함) 또는 정치권력에 다소 독립적인 사람(이를테면 의사나 엔지니어), 그리고 외국에 친척이 있는 사람만이 자녀에게 외국 교육을 시킬 수 있었다.

자본주의 체제에 통합된 국가와 그렇지 않은 국가 사이의 이런 차이에 상당히 부합할 만한 하나의 사례가 있다. 물론 백만장자와 보통 사람 사이의 차이도 비슷하다. 칠레에서 가장 부유한 사람 가운데 한 명의 아들인 호세 피녜라José Piñera의 사례다. 그는 아우구스토 피노체트Augusto Pinochet 정권 아래에서 노동장관과 사회보장장관을 지낸 인물이다.[30] 어떻게 하버드대학에 입학할 수 있었는지 물었을 때, 그는 다소 무심하게 말했다. 그와의 대화에서 나는 예외적이면서도 특별한 무심함을 발견했는데, 대부분 라틴아메리카 출신의 부자들 사이에서 발견할 수 있는 특성이었다. 부호의 아들이 아닌 사람은 하버드 같은 명문 대학에 입학하기 위해 준비하는 배타적인 예비 학교에 들어갈 수 없다는 얘기를 하려는 게 아니다. 그는 별다른 의식 없이 무뚝뚝하게 자신의 호화로운 유학 생활 얘기를 전했다.

배타적인 예비 학교는 명문 대학에 들어가기 위한 공급자 역할을 한다. 값비싼 스포츠 종목을 연습하거나, 하버드와 비슷한 정상급 대학의 입학 자격을 얻는 데 도움이 되는 특이한 활동(예컨대 낙하산 타기, 오케스트라 연주 등)을 수행하는 초중고교들이다. 그 자녀들에게 들어가는 수업료와 생활비에 필요한 돈은 어마어마한 수준이다. 마치 중간 정도의 수입과 감당할 수준의 불평등, 그리고 교환가치가 없는 화폐를 가진 나라에 사는 학생들이 하버드에서 공부할 생각조차 품지 못하는 것과 같다. 그런 나라 사람들은 쳐다보지도 못할 수준이다.

물론 이런 설명은 1960년대~1970년대에 존재했던 상황을 염두에 둔 것이다(당시 부유한 집안 출신의 피녜라는 유학 시절이었다). 훗날 자본주의 경제에 통합된, 이전의 비통합 국가들에서 부패는 체계적인 방식으로 제한됐다. 이런 나라에는 러시아와 중국을 통해 대량의 국제적인 부패가 유입됐다.

화폐 유입국에서 번성하는 세계적 부패 조장자들

부패가 계속 늘고 있다고 볼 수 있는 두 번째 이유는 부패를 조장하는 프레임워크, 즉 제도와 관련이 있다. 여기서 제도란 빼돌린 돈을 세탁하거나 세금 포탈을 더 쉽게 하는 오픈 뱅킹이나 법률 서비스 등을 가리킨다. 통화관리가 어떻게 국외 송금 능력을 통제했는지는 이미 설명한 바 있다. 통화관리는 선진국을 포함해 전 세계적으로 일반화된 관행이다. 달러와의 교환가치가 없는 통화를 보유한 국가에서도 그랬다. 잠재적으로 돈이 유입되어 부패를 조장할 가능성이 높은 과거 전체주의 국가들에서조차 부패 행위가 가능한 기반은 그리 많지 않았다.

세계화는 은행과 금융 관련, 법률 서비스의 성장에 크게 기여했다. 즉, 현금과 같은 순자산을 많이 가지고 있는 개인 고객에 특화된 은행과 불법으로 획득한 검은돈을 이체시키는 데 핵심적 역할을 하는 법률 사무소가 크게 번성하도록 한 것은 세계화였다. 이렇듯 개인 고객을 전문으로 하는 은행과 검은돈의 법률 서비스는 함께 성장했다. 부패 확산의 기회가 점점 많아지거나, 돈을 해외에 은닉하거나 해외에 투자하는 데 관심 있는 이른바 '공급'이 크게 증가했다. 그럴수록 이 같은 자금이 필요한 '수요'도 확대됐다. 선진국에서 검은돈이 새로운 근거지를 찾도록 도와주는 전문화된 새로운 직종이 마구 생겨난 것을 보면 알 수 있다. 이처럼 공급과 수요가 보조를 맞추면서 성장하고, 검은돈의 유통을 조장하는 은행과 법률 분야가 급성장했다. 이는 러시아와 중국발 자금 도피로 더욱 촉진됐다. 결코 우연이라고 볼 수만 없는 일이다. 러시아와 중국발 자금 도피가 급증하면서 동시에 검은돈의 공급과 수요도 팽창했다.

필리프 노보크메트, 토마 피케티, 가브리엘 주크먼(2017)에 따르면, 러시아발 자본의 절반가량이 해외 조력자들의 도움으로 국외를 떠돌고 있다. 그런 자금이 다시 러시아로 유입되어 기업 투자에 사용된다. 이는 상당히 특이한 양상으로, 세계화가 만들어낸 새로운 국면 가운데 하나다. 해외에 있는 러시아발 자본의 이런 양태는 좀 더 낮은 세금과 좀 더 유리한 재산 보호 장치에서 비롯된다. 외국인 투자자로 가장해 국내에 재투자하는 이런 유형은 외국인 투자자에게 제공되는 더 유리한 조건을 노린다. 당연히 국내 연결책이 활용된다. 언어, 관습, 그리고 누구에게 어떻게 뇌물을 건네는지에 관해 폭넓은 지식을 가진 국내 커넥션이 그들이다.

러시아의 사례는 이런 일반적인 자금 도피 현상의 극단적인 사례다. 또 다른 사례로 인도를 들 수 있다. 인도에 들어온 외국인 투자의 약 40%가 모리셔스(인도의 최대 투자자)와 싱가포르에서 유입됐다.[31] 모리셔스나 싱가포르에서 들어온 돈은 물론, 애당초 인도 자본이었으나 외국인 투자로 가장한 자본이다.

어찌 됐든 이런 경우는 많은 자본가들이 불법적으로 획득한 후 해외로 옮겼다가 다시 본국에서 '외국인 투자'로 재등장하는 경우다. 이는 구소련에서도 어려웠지만, 마찬가지로 1970년대 인도에서는 상상하기도 힘든 수법이었다. 하지만 지금은 세계화 시대가 가속화하면서 지극히 일반화된 자금 도피 수법이다.

여기서 글로벌 금융센터와 조세 피난처에 대해 좀 더 신중하게 생각해볼 필요가 있다. 세금 피난처에 대해서는 그간 광범위하게 논의되어 왔다. 특히 스위스와 룩셈부르크에 관해서는 가브리엘 주크먼이 2015년에 쓴 《국가의 은닉된 재산The Hidden Wealth of Nations》에 제대로 설명되어 있다. 조세 피난처의 역할은 〈파나마 페이퍼Panama Papers〉와 〈패러다이스 페이퍼Paradise Papers〉의 출간, 그리고 브룩 해링턴Brooke Harrington의 2016년 저서 《국경 없는 자본Capital without Borders》에서도 극명하게 기록되어 있다.

하지만 런던, 뉴욕, 싱가포르와 같은 대규모 금융센터의 역할은 관심을 덜 끌어왔다. 자본 도피 대행과 지원을 위한 은행과 법률 서비스의 완전한 지원 체계가 구축되지 않았다면, 세계적인 규모의 부패는 결코 불가능했을 것이다. 국내에서의 검은 자본의 획득은 국제적으로 돈세탁이 가능할 때만 의미가 있으며, 이는 주요 글로벌 금융센터의 지원이 필요하다. 따라서 이런 금융센터는 러시아, 중국, 우크라이나, 앙골라, 나이지리아 등지에서 법치주의의 정립이나 강화에 대해 대놓고 반대했다. 이유는 단순하다. 선진국의 국제적 금융센터는 이들 나라에 만연한 무법성의 주요 수혜자이기 때문이다. 그 금융센터는 모든 빼돌린 자산에 대해 안전한 피난처를 제공했다. 훌륭한 법치주의가 정립된 나라들(물론, 이들 나라는 외국 돈이 어떻게 만들어졌는지에 대해서는 무관심하다)이 전 세계 부패의 가장 큰 조장자가 됐다는 사실은 실로 아이러니하다. 그들 나라는 빼돌린 돈을 세탁하는 데 아주 중요한 역할을 해왔다. 과거 어떤 전통적인 돈세탁 사업(레스토랑이나 영화관 같은 손실을 일으키는 사업)보다 훨씬 높은 비율로 달성할 수 있었다.

선진국에서는 은행과 법률 사무소가 모인 단지 옆에 대학, 싱크탱크, NGO 단체, 미술관, 그리고 기타 적절한 단체들이 들어서 있다. 은행이 돈세탁에 종사하는 동안, 이들 단체는 은행에 접근해 '도덕적'인 돈세탁이라고 부를 만한 사업을 제안한다. 아울러 이들 단체는 검은돈을 지닌 개인 고객들에게 안전한 피난처를 제공한다. 부패한 개인 고객들은 빼돌린 자산의 극히 일부를 기부한다. 이를 통해 그들은 사회적으로 책임감 있는 사업가로 자신을 내보일 수 있으며, 중요한 인맥을 구축할 수 있었다. 이어 그들이 돈을 이체한 나라에서 좀 더 고상하고 극소수만 갈 수 있는 사회 계층에 발을 들여놓을 수 있었다.[32]

러시아 출신의 사업가 미하일 호도르콥스키의 경우가 여기에 딱 들어맞는 적절한 사례다. 그는 러시아에서 정치 커넥션 덕분에 아주 적은 돈으로 일부 정부 자산을 사들였다. 이런 식으로 대략 44억 달러에 달하는 정부 돈을 빼돌린 것으로 추정되는데, 트럭을 강에 밀어넣어 증거를 없애기도 했다.[33] 호도르콥스키와 그를 추종하는 사람들은 이제 미국 서부에서 '책임 있는 기부자'로 떠올랐다. 호도르콥스키의 경우는 특별히 언급할 가치가 있을 것 같다. '도덕적 돈세탁' 분야에서 멋진 기술을 창안한 혁신가이기 때문이다. 그는 일찍이 2000년대에 접어들면서 깨달은 게 있었다. 그 깨달음은 그가 전 세계와 러시아에 펼쳐놓은 모든 사업에 보탬이 되는 것이었다. 그가 할 수 있는 가장 수익성이 높은 투자는 미국 정치인에게 선거 기부를 하고, 워싱턴의 싱크탱크에 기부하는 것이었다. 이런 접근 방식은 이후 더욱 일반적으로 확산됐다.

비록 호도르콥스키 자신에게는 이 전략이 제대로 먹혀들지 않았다(그는 푸틴에게 체포되어 수감됐다). 하지만 워싱턴이나 브뤼셀 같은 정치 중심지에서 많은 핵심적 결정이 이루어지는 세계화 시대에, 이 전략은 아마도 장기적으로는 옳을 것이다. 사우디아라비아 기업들을 포함해 여타 외국 기업들도 같은 접근 방식을 채용했다.

러시아의 다른 사례, 즉 레오니트 블라바트니크Leonid Blavatnik 사례를 보자. 그는 1990년대 러시아에서 '사나운 동쪽'이라 불리는 민영화 기간 동안 재산을 모았다. 그는 당시 선거운동 기부보다 유명한 경영대학원이나 미술관에 투자하는 것이 도덕적 돈세탁의 수단으로 더 효과적일 것으로 생각했다.[34]

사적인 자리에서 만난 인도의 한 대학 행정책임자는 나에게 인도의 거대 부자들에게서 기부금을 받는 것은 매우 어렵다고 하소연했다. 그들은 미국의 아이비리그 대학에 수천만 달러를 기부하는 데도 말이다. 이 대학 책임자는 이렇게 말을 이었다. 인도의 거대 부자들은 훌륭한 미국 시민이라고 알려지기를 원하기 때문이라고 했다. 당시는 미국 하원의원들이 미국인 대신에 수많은 인도인 노동자들을 고용하는 인도의 거대 부자들에 대해 불편한 질문을 하기 시작할 때였다. 그 부자들은 인도 내 대학에 기부할 경우 그에 필적할 만한 이익을 얻지 못할 것으로 판단했던 것이다.

부유한 나라의 소비 유형 모방

부패를 확산시키는 세 번째 요인으로, 세계화에 따른 전시효과를 들 수 있다. 달리 말하면, 주위 사람들에 뒤지지 않는 생활을 추구하는, 분수에 넘치는 행동을 가리킨다. 지금의 전시효과는 새로운 현상이 아니다. 중남미 구조주의자들은 1960년대 이후 중남미 국가에서 저축률이 낮은 이유 가운데 하나로 전시효과를 들어 설명했다. 중남미 부자들은 자신들의 소비 유형이 (더 부유한) 북미 국가 부유층의 소비 유형에 뒤지지 않기 위해 저축하기를 꺼렸다. 뒤집어 생각하면, 감당 못 할 수준으로 과소비를 하는 바람에 저축률이 낮아졌다는 의미다. 소스타인 베블런도 사치품의 과소비, 즉 낭비에 관한 자신의 논문에서 비슷한 점을 지적했다. 사치스러운 소비로 말미암아 자본은 생산적으로 사용되지 못했으며, 중남미 부유층들이 추구한 목표는 사치스러움 그 자체였다.[35] 훨씬 오래전, 정치사상가인 마키아벨리도 같은 생각에 도달한 바 있다. 즉, 좀 더 부유한 이웃을 의식하는 것이 과소비를 촉진시킨다는 것이다. 마키아벨리는 이렇게 말했다.

> 선하다는 것은 이 시대에 매우 드물다는 점에서 더욱 존경받을 만하다. 따라서 선함은 진실로 이 (독일) 지방에서만 살아 움직이는 것 같다. 이는 두 가지 이유 때문이다. 처음부터 도시들은 이웃 도시와의 교류가 거의 없는 상태였다. 도시 간에 거의 왕래하지 않거나, 그들이 방문한다면 상대의 상품에 만족하고, 음식을 먹고, 그들이 생산하는 양모로 옷을 입기 때문이다. 교류의 기회, 즉 첫 번째 부패로 가는 길은 제거됐다. 프랑스, 스페인, 이탈리아 가운데 어느 한 국가도 전 세계적인 부패의 원천이 되는 세관을 설치할 기회가 없었다.

이를테면 구조주의자들의 공헌은 이런 것이다. 부유한 사람들의 소비 유형이 국경을 넘나들면서 타국에 심대한 영향을 미치는 현상을 발견했다. 그런 의미에서 구조주의자들은 세계화 시대에 전시효과를 발견한 선구자들이었다. 전시효과란 오늘날 더 많이 소비하도록 부추길 뿐만 아니라, 부패의 동기를 부여하기도 한다고 나는 주장한다. 세계화에 따른 전시효과는 곧 부패를 부추기는 요인도 된다. 사람들은 적법 여부와는 상관없이, 더 많은 소득이 필요하다고 느낄 것이며, 화려한 소비를 위해 더 많이 벌어들여야 한다는 필요성에 쫓긴다.

세계화 시대에 가장 중요한 점 가운데 하나는 멀리 사는 사람들에 대해 상당한 지식을 가진다는 점이다. 멀리 떨어진 곳에 사는 사람들의 삶의 방식에 대해 과거보다 훨씬 더 많이 안다. 또 다른 측면은 여러 나라 사람들과의 상호작용과 협력이 더욱 빈번해졌다. 비슷한 수준의 교육과 능력을 갖춘 사람들이 함께 일하지만, 각각 출신 국가가 다르고, 기술 단위당 받는 수입도 다르다. 시기심, 질투, 공정한 임금 또는 불평등에 대한 정당한 분노 등을 내걸든 어찌하든 간에, 결과는 불평등하게 드러난다. 즉, 가난한 나라 출신 사람들은 법적으로 불합리하지는 않지만 속는다고 느끼며, 자신들은 본토인과 똑같은 수입을 받을 자격이 있다고 생각한다. 이런 생각은 특히 긴밀한 협력 아래 서로 부대끼며 일하는 곳에서 강하게 일어난다. 속이는 수법이 무엇이고, 얼마나 차별 대우를 받는지 알아챌 수 있는 현장에서 더욱 두드러진다. 특히 가난한 나라나 중간층 국가 출신 공무원들의 사례는 어떤 경우에서 좀 더 확연히 드러난다. 그들은 종종 형편없는 급여를 받고 일하면서도 여전히 다양한 능력을 지니고 있다. 그들은 미국 정부 내 개발, 금융, 에너지 같은 다양한 정부 부처에서 외국의 부유한 사업가 및 관료들과 교류하며 묵묵히 일한다.[36]

가난한 나라 출신 개개인이 차별 대우를 받는다고 느끼는 이 같은 감정은 그들에게 내적으로 일정한 정당성을 제공한다. 뇌물 수수에 대한 정당성이다. 따라서 그들에게 뇌물이란 단순히 부당하게 낮은 급여에 대한 보상으로 여겨질 수 있다. 또는 가난한 나라에서 태어났고, 그곳에서 일해야 하기에 받는 많은 부당함에 대한 보상이라고 생각할 수도 있다. 이는 실로 매우 어려운 상황이다. 그들은 수천만 또는 수억 달러의 계약이 걸린 중요한 결정을 내려야 하지만, 매달 받는 급여란 고작 몇 백 달러에 불과하다. 게다가 하루에만 수천 달러를 버는 사람들과 대면해야 한다. 이 같은 소득 격차를 직접 보는 현장에서 그들은 무력감을 느끼게 된다. 이런 상황에서 부패가 삶의 불평등을 평평하게 만드는 단계로 비치는 것은 지극히 자연스러운 현상이다(어떤 이들은 이렇게 말할 수 있다. 공무원들은 자신들의 재산을 자국에서 온, 훨씬 가난한 사람들과 비교하는 것이 더 합당하다고 말이다. 그러나 이 말은 실제 현실과는 맞지 않다. 다시 말해, 우리는 자신의 처지를 동료들과 비교하는 경향이 있다. 이 경우, 동료들이란 그들이 자주 대면해야 하는 사람들, 즉 돈 많은 외국인들이다).

똑같은 업무에 대한 차별적인 임금과 그로 말미암아 발생할 수 있는 부패가 미치는 영향은 적지 않다. 이는 가난한 나라에서 일하는 국제기구 직원들에게서 흔한 현상이다. 그들은 정부 직책을 맡든지(외국인 기부자들의 보조금을 받는 정부 기구), 대학이나 싱크탱크, NGO 등에서 일하든지 간에, 그들의 급여는 국내 물가로 급여를 받는 동료들보다 훨씬 많다. 같은 나라에서 태어났지만 외국인 수준의 급여를 받는 사람들은 그런 관료들과 학자들이다. 그들이 부패에 거의 연루되어 있지 않다는 것은 당연히 놀랄 만한 게 아니다. 그들은 좋은 대우를 받으며, 꽤 신경 쓸 만한 그들만의 국제적인 명성도 가지고 있다. 그들은 동일한 업무에 대해서도 훨씬 높은 수준의 급여를 받는다. 이는 국내 수준으로 급여를 받는 공무원들을 실망시키고 화나게 만든다. 그들이 뇌물을 통해 부족한 수입을 벌충할 수도 있다는 것 또한 놀랄 만한 일은 아니다.

이런 측면을 무시한다면(몇 배 이상 높은 보수를 받는 사람들과 함께 동일한 일을 한다는 것을 무시한다면), 부패를 지역 문화로 치부하기는 매우 쉽다(차별적 보수 관행을 무시해서는 안 된다는 의미다_옮긴이). 현실은 훨씬 복잡하다. 어떤 의미에서 부패는 일종의 시민권 패널티로 볼 수 있다. 즉, 부패란 가난한 나라의 시민권으로 태어난 사람들이 짊어져야 할 부담이라는 의미다. 지금까지 살펴본 것처럼, 이민은 이런 시민권 패널티를 특권으로 전환하는 방법 가운데 하나다. 부패는 또 다른 차원이다.[37]

부패 통제를 위해 우리가 아무것도 할 수 없는 이유

그렇다면 우리는 부패를 어떻게 다뤄야 할까? 과도하게 상업화된 글로벌 자본주의 시대에 부패 문제를 어떻게 해야 하는가? 지금까지 살펴본 부패 증가의 세 가지 근거를 되돌아볼 필요가 있다.

첫 번째로 거론할 수 있는 것은 이데올로기다. 이데올로기적 가치의 토대 위에서, 부패는 어떤 유형으로든 돈벌이가 목적인 체계적 속성에서 비롯된다. 부패에 대한 동기는 그 체제에 내재되어 있다. 그리고 가치 체제를 바꾸는 것 이외에는 그 체제에 영향을 미칠 수 있는 것은 아무것도 없다.

부패를 부추기는 두 번째 근거는 은행 계좌의 개방성과 그에 따른 수많은 서비스와 관련이 있다. 이는 대부분 부유한 국가나 조세 피난처에 개설되어 있다. 은행 계좌 및 관련 금융 서비스의 주된 목적은 가난한 국가에서 빼돌린 자금이나 세금 포탈자들을 끌어들이는 것이다. 은행이나 서비스 업자들이 포진한, 법적 체계가 확실한 국가나 조세 피난처에서는 다음과 같은 약속을 한다. 돈을 끌어온다면, 제각기 법망의 추적을 피하도록 면책 특권을 확실하게 보장한다는 약속이다. 그러나 이런 행태에 대처하기 위해 서구 주요 국가들도 제각각 수단을 가지고 있다. 비록 일부 국민이 작정하고 세금 포탈을 하기 때문에 국가 자체가 피해를 본다고 하더라도, 조세 피난처를 무너뜨리는 것은 비교적 쉽다. 최근의 몇몇 사례는 이를 보여준다. 서구 주요국들이 행동하기로 맘먹는다면, 그들 국가는 부패를 단속할 힘을 가지게 될 것이다.

이를테면 미국은 성공적으로 스위스의 은행비밀유지법에 대처하고 있다. 유럽연합은 아일랜드와 룩셈부르크가 유지하는 기업의 제로 세금에 대해 나름의 대응을 하고 있다. 독일은 리히텐슈타인이 장려하는 탈세에 대해 엄중한 조치를 취했으며, 영국 의회는 영국령 케이맨 제도나 버진아일랜드 같은 조세 피난처에 대해 재산등록제 도입을 강력히 요구하고 있다. 그러나 이런 노력은 부패의 일부분만을 통제할 뿐이다. 시민들의 탈세 행위로 말미암아 이들 국가 자체가 영향을 받고 있으며, 국민적 소득 감소를 감내하고 있다.

부패의 또 다른 측면이 도사리고 있다. 이는 부패 문제의 처리를 훨씬 어렵게 만들고 골치 아프게 만든다. 다른 측면이란 부유한 나라가 부패 행위의 직접적인 수혜자라는 사실이다. 부유한 나라의 은행과 법체계가 면책 특권을 제공함으로써 가난한 나라의 부패를 조장한다. 부패 문제를 처리하기 위해서는 부유한 나라의 정책이 자국 내 강력한 기득권 세력인 은행가들과 변호사들을 상대하는 방향으로 나아가야 할 것이다. 그들은 부패로부터 직접적인 이익을 얻는 사람들이기 때문이다. 부패한 외국인으로부터 돈을 버는 부동산 중개인과 개발업자, 정치인, 대학, NGO, 그리고 노넉적인 돈세탁에 참어하는 싱크탱크가 그런 사람들이다. 단순히 제3세계 부패의 지속에 관여하는 모든 집단을 나열하는 것만으로도 우리를 잠시 멈추게 만든다. 그 어떤 강력한 부패 방지 조치가 취해지더라도 유의미한 결과가 나올지는 의문이다.

이런 유형의 부패가 있는 상황은 마치 마약 거래와 매춘에서 맞닥뜨리는 상황과 유사하다. 부패를 바로잡고 마약 사용과 매춘을 줄이려는 시도는 공급 측면만을 겨냥한다. 우크라이나와 나이지리아 같은 나라에 부패를 통제하도록 하는 조치, 콜롬비아와 아프가니스탄에 코카인 생산을 중단하도록 하는 조치, 또는 노동자의 직업을 바꾸도록 하는 조치는 공급 측면만 대상으로 하는 정책이다. 이런 영역 가운데 어느 것도 수요자 측면, 즉 부유한 나라의 부패 수혜자들에 대한 정책이 아니다. 그리고 유럽과 미국에 있는 마약 소비자들, 혹은 성 노동 서비스 사용자들에 대한 정책이 아니다. 이렇게 될 수밖에 없는 이유는 반공급 정책, 즉 공급을 끊어내는 정책이 더 효율적이어서가 아니다. 사실상 거의 아무런 효과가 없는 정책이다. 수요 측면을 공략하는 것이 정치적으로 얼마나 어려운 문제인지 알기 때문이다. 따라서 미적분학 같은 이런 정치적 커넥션이 어느 때인가 바뀔 것이라는 생각에 대부분이 회의적이다. 부패가 관련된 한 바뀌지 않을 것이다.

세계화로 말미암아 부패가 확산하는 세 번째 근거로는 앞에서 설명했던 전시효과를 들 수 있다. 아울러 전시효과에 따른 여러 가지 파장을 고려할 때, 향후 상황이 어떻게 변할지도 가늠하기 힘들다. 국가 사이의 소득 격차는 매우 크고, 널리 확산되기 때문이다(그에 따라 광범위한 시민권 프리미엄이나 패널티가 존재한다). 이는 예측 가능한 미래에도 지속될 것이다. 반면, 동일한 직무에 대해 서로 차별적으로 보수를 받는, 출신국이 제각각인 사람들이 서로 부대끼며 살아가는 유형은 더욱 보편화될 것이다. 어떤 식으로든 이런 종류의 자기합리화 또는 자기만족형의 부패는 더욱 늘어날 것이다.

부패에 연루되면 국가 세수의 손실을 불러오는 국제적 제재를 통해, 강대국들에 직접적으로 영향을 미치는 방식으로 부패 확산 방지 대책을 생각할 수 있다. 이는 정치적으로 충분히 지지를 얻을 것이며, 아마도 이런 유형의 부패는 줄어들 수 있다. 부패 방지를 위한 다른 모든 수단은 우리가 직면하는 갖가지 세계화 유형들과 끈끈하게 연결된다. 달리 설명하면, 우리는 세계화 시대를 맞아 확산하는 부패에 익숙해져야 하며, 그것을 논리에 맞는 (거의 정상적인) 수입원으로 양성화하는 데 익숙해져야 한다. 부패 그 자체가 가지는 속성은 결코 합법적이지 않다(정치적 로비와 같은, 수용 가능한 일부 행태를 제외하고는, 결코 합법적으로 받아들일 순 없다). 그러나 부패 행위는 이미 일상화됐고, 앞으로도 더욱 정상적으로 작동할 것이다. 우리는 스스로 위선을 인정해야 하고, 후진국에 대해 부패 방지를 훈계하거나, 윽박지르는 행동을 중단해야 한다. 부유한 나라의 많은 사람은 부패로부터 이익을 얻으며, 우리가 대면하는 갖가지 세계화 유형들은 부패를 피할 수 없게 만든다.

5부

글로벌 자본주의의 미래

인간에게 금은 1천 가지 논쟁보다 더 중요하다.

- 에우리피데스, 《메데이아》

초상업화된 자본주의의 필연적 부도덕성

막스 베버의 자본주의

자본주의에는 밝은 측면과 어두운 측면이 있다. 자본주의의 밝은 측면에 관한 관찰은 적어도 몽테스키외의 '온화한(달콤한) 상업doux commerce(상업이 사람들의 야만적인 본성을 차분하고 세련되게 한다고 주장_옮긴이)'으로 거슬러 올라간다. 그리고 애덤 스미스, 조지프 슘페터, 프리드리히 하이에크, 존 롤스 같은 여러 학자가 이와 유사한 태도를 보였다.[1]

이런 관찰에 내재된 일반적인 생각은 다음과 같다. 즉, 상업 사회에서 성공(즉, 돈벌이)은 타인을 기쁘게 하는 것, 타인이 기꺼이 구매하려고 하거나 거래하려고 하는 것을 제공하는 것에 달렸다. 이 때문에 이런 친절함의 특성은 모든 인간 행동에 스며들고, 사업 거래에서부터 개인적인 상호작용까지 확산한다는 것이다.

이 같은 밝은 측면, 즉 '태도의 연성화adoucissement des moeurs'는 사람들의 평범한 삶까지 상품화하면서 더욱 확산된다. 선진화된 자본주의 사회에서 매일매일 이루어지는 많은 거래에는 은밀한 동기, 즉 금전적인 동기가 있다. 그리고 이런 동기로 말미암아 때때로 선진화된 자본주의 사회에서의 전통적인 의미의 거래는 실패하기도 한다(이는 상업화된 사회의 어두운 측면을 드러내는 것일 수 있다). 그 반면에, 이런 동기는 또한 다른 사람들을 배려하고 존중하도록 만들기도 한다.

거래 관계의 영역이 확장하면서 친절함의 영역도 확장된다. 즉, 상호타협과 함께, 다른 사람이 선호하는 것과 관심사에 대한 인식의 범위도 넓어진다. 상업화된 사회에서 인간은 서로 의존적이다. 다른 사람의 이익을 충족시키지 않고는 내 이익도 충족할 수 없다. 예컨대 애덤 스미스의 빵집 주인은 자신의 빵이 다른 빵집의 빵보다 낫다고 고객을 설득하지 않으면, 빵 한 덩어리도 팔 수 없다. 이 모든 것은 타인과 그 타인의 욕구를 좀 더 정중하게 대하고 의식하도록 만든다.

정의에 따른 순수한 상업 사회는 다음과 같은 사회다. 즉, 순수한 상업 사회는 계층이나 사람들 사이의 차이를 경제 외적인 기준이나, 심지어 하는 일의 유형에 근거를 두지 않는 사회다. 집안 배경이나 사회적 계급(예를 들어 귀족이나 성직자)과 같은 경제 외적인 기준, 또는 직업의 유형(힌두교의 경우 직업의 유형에 따라 사람을 계층화한다)에 근거해 계층을 나누거나 사람을 차별화하지 않는 사회를 가리킨다.

순수 상업 사회의 계층 구조는 오로지 금전적인 성공에 바탕을 둔다. 그런 성공의 기회는 원칙적으로 모든 사람에게 열려 있다. 2부에서 말했듯이, 실제로 모든 사람에게 똑같이 열려 있다는 것이 아니라, 관념적으로 그렇다는 말이다. 누구든지 사회를 형성하는 피라미드의 밑바닥에서 시작해 천신만고 끝에 부자가 된 사람을 깎아내릴 수는 없을 것이다. 그런 사람도 중간이나 정상에서 시작한 사람과 마찬가지의 존경을 자신과 비슷한 사람들에게서 받을 만할 것이다. 오히려 그런 사람은 어려움을 극복했다는 점에서 더 많은 인정을 받을 만하다. 돈은 위대한 평등 장치equalizer다. 상업 사회는 그런 돈이 만들어내는 힘의 가장 좋은 사례를 제공한다.

게다가 돈은 성별, 성적 취향, 장애 정도, 인종이 각기 다른 사람들에게 점진적인 기회의 평등화를 가져다준다. 이를 통해 이전에 불리한 조건에 놓인 집단의 구성원들은 상위 지위에 오를 수 있다. 이런 목적을 위해 더욱 중요한 것은 그 구성원 개인들이 이전의 불리한 지위에서 받았던 어떠한 오명이 계속 이어지지 않는다는 사실이다. 일단 부자가 되면, 그들은 다른 누구와 비교해도 부족하지 않은 사람이 될 것이다. 생각건대, 이런 현상은 미국에서 가장 명백히 드러난다. 미국에서 부(재산)는 때때로 죄를 씻는 하나의 방식으로 작용한다. 돈은 이전의 모든 '죄'를 '세탁'한다.

사회 계층 구조가 오로지 부에 따라 결정될 경우, 사람들은 자연스럽게 부를 획득하는 데 집중한다. 존 롤스는 1971년 다음과 같이 썼다.

> 사회 체제는 시민들이 갖고자 하는 욕구와 열망을 형성한다. 이 사회 체제는 부분적으로 시민들 자신이 속한 부류는 물론이고, 그 시민들이 속하길 원하는 부류도 결정한다.

베버가 정의한 이후, 체계적이고 합리적으로 부를 추구하는 행위는 자본주의의 주요한 사회학적 특성 가운데 하나로 자리매김했다. 심지어 미국의 독립선언문에 추가되어 유명한 '행복의 추구' 역시 자유로운(지위와 태생의 구식 봉건적 함정에 얽매이지 않은) 부의 추구에 대한 요구로 볼 수 있다(독립선언문을 기초할 당시, 토머스 제퍼슨은 재산 대신 '생명, 자유, 그리고 재산 보호'라는 좀 더 일반적인 표현을 넣었다). 왜냐하면 부는 비합리적인 것이 아니라, 행복의 대용물(또는 핵심적인 요건)로 여겨졌기 때문이다.[2]

이 같은 자유로운 부의 추구는 사람들 사이의 경제 외적인 계급을 해체시킬 것이다. 이는 스미스의 《도덕감정론》을 통해 일찍부터 주목받았다. 스미스는 또한 같은 책에서 한결같은 부의 추구가 부도덕한 행동을 장려하는 것으로 끝날 위험이 있다는 데 주목했다. 이것이 바로 스미스가 버나드 맨더빌Bernard Mandeville의 경제학 관점에 격렬히 반대한 이유다. 하지만 그 반대가 완전한 설득력을 갖춘 것은 아니었다. 맨더빌의 경제학 관점은 그의 책 제목인 '개인의 악, 공공의 이익private vices, publick benefits'에 적절히 요약된다. 그런데 스미스는 "어떤 면에서는 맨더빌의 체계가 오히려 진실에 근접했다"는 데 대해서는 부정하지 않았다.[3] 그리고 이는 우리를 자본주의의 어두운 측면으로 이끈다.

개인의 악, 공공의 미덕

사실상 맨더빌은 매우 일찍부터 향후 펼쳐질 새로운 상업 사회의 특징이 무엇인지 제대로 간파했다. 그에 따르면, 성공은 개인의 가장 이기적이고 탐욕스러운 행동을 자극하는 것에 좌우된다. 그 행동은 타인에게 호감을 얻을 필요성 때문에 '절제'되고 감춰졌지만, 거짓과 위선을 낳는 경향이 있었다. 따라서 탐욕과 위선은 밀접히 연관되어 있다. 스미스는 자본주의 정신을 이처럼 문자 그대로 해석하는 것을 우려하면서 그 위험성을 알아차렸다.

스미스는 맨더빌이 틀렸음을 입증하려고 했다. 그러나 그가 성공했는지는 확신할 수 없다. 왜냐하면 그에게는 타당한 논거가 부족했을 뿐 아니라, 적어도 《국부론》을 낸 이후 경제학자로 활동하던 당시 그 자신도 (내 생각에) 맨더빌의 핵심적인 통찰력이 잘못됐다고 전적으로 믿지 못했기 때문이다(부록 B의 논의 참조).[4]

마르크스에게 탐욕은 '특정한 사회 발전'의 결과물이다. 탐욕은 자연적인 것이 아닌 역사적인 것이다. 그것은 돈의 존재와 불가분의 관계에 있다. 마르크스는 《정치경제학 비판 요강Grundrisse der Kritik der politischen Ökonomie》에서 탐욕을 '추상적 쾌락주의'로 정의한다. 이와 관련해 주목할 만한 단락은 다음과 같이 모두 인용할 가치가 충분히 있다.

> 보통 말하는 탐욕이란 추동력의 한 특별한 형태다. 즉, 부의 특별한 형태, 예컨대 옷, 무기, 보석, 여성, 와인 등을 갈망하는 것과는 사뭇 다른 유형이

> 다. 탐욕이란 오직 일반적인 부가 … 돈이라는 … 특정한 형태로 개별화되는 … 경우에만 가능하다. 그러므로 돈은 목적일 뿐만 아니라 탐욕의 원천이기도 하다. 무엇을 갖고자 하는 소유에 대한 열망은 돈 없이도 가능하지만, 탐욕 자체는 특정한 사회가 발전하면서 생산해내는 일종의 산물이다. 자연스럽지도 않으며, 역사적인 가치가 있는 것도 아니다. …
> 일반적인 개념의 쾌락주의와 인색함은 돈에 대한 탐욕을 표현하는, 두 가지 특별한 유형이다. 추상적 개념의 쾌락주의는 대상물, 즉 잠재적으로 모든 쾌락을 실현하는 대상물을 미리 설정한다. 추상적 쾌락주의는 돈의 기능을 통해 실현된다. 돈은 부를 물질적으로 대표하는 수단이기 때문이다. … 돈의 기능이 그렇게 유지되도록 하기 위해서는 특정한 대상과의 모든 관계를 희생시켜야 한다. 돈에 대한 집착을 만족시키기 위해서는 그만큼 자제해야 한다(Marx, 1973).

생각건대, 마르크스는 탐욕을 다음과 같이 여긴다는 것에 의심의 여지가 거의 없다. 즉, 탐욕은 점점 증가하는 삶의 상품화에 필수적으로 따라오는 부수물이다.

상업화된 사회의 번영에 필수적인 소유욕을 유지하면서도, 그 소유욕을 억제할 수 있는 대안이 종교다. 이 종교를 통해 수용 가능한 특정한 행동을 내면화, 즉 몸에 배도록 하는 것이다. 베버의 해석에 따르면, 이는 개신교가 자본주의의 성공과 연관성이 있는 이유일 뿐만 아니라, 다른 방법으로는 이해할 수 없는 자본가들의 노력(일하며 부를 획득하면서도, 그 부를 소비하지 않는 자본가들의 노력)을 유지하는 데 필수적인 이유다. 아울러 이는 상류층이 예의 바름을 유지하고, 대중들이 불평등한 결과를 기꺼이 받아들이도록 하는 데 반드시 필요한 이유다.[5] 종교적 내면화는 과거 엘리트들의 특징이었던 자기 과시와 막무가내식 행동을 삼가도록 만들었다. 이는 엄격했다. 이런 종교적 내면화는 엘리트의 소비를 제한하고, 부를 과시하는 정도에 일정한 한계를 만들었다. 그것은 과거의 윤리 규제 법령, 즉 사치 금지법을 내면화하는 것이었다.[6]

케인스가 1919년 《평화의 경제적 결과The Economic Consequences of the Peace》에서 관찰한 바와 같이, 19세기 영국의 자본주의는 지주-자본가-노동자 계층이 충분히 대중적으로 녹아들 수 있도록 보장했다. 이로 말미암아 영국은 혁명의 소용돌이 속으로 빨려 들어가지 않았다. 그 혁명은 프랑스, 중국, 러시아, 합스부르크 제국, 오스만 제국의 봉건사회를 잇달아 집어삼켰다.[7] 자본가들이 잉여소득 대부분을 소비하기보다는 투자에 사용하는 한, 사회 계약은 유지됐다.[8]

바람직한 행동의 내면화는 종교의 제약과 암묵적인 사회 계약 덕분에 가능했다. 롤스에 따르면, 이런 바람직한 행동이란 일상의 행동을 한 사회의 주된 신념으로 다시 확인하는 행동이다. 실질적으로 어떤 방법이든 이런 제약이 없다면, 부를 획득하는 데 그토록 전념하는 사회에서 혼란이 급증하지 않을 것이라고 확언하긴 어렵다.[9]

도덕성의 아웃소싱

오늘날 세계화된 자본주의에서 이 두 가지 제약(종교와 암묵적인 사회 계약)은 모두 유지되지 못하고 있다. 이 책의 목적은 적어도 경제 행위에 관한 한, 세상이 왜 덜 종교적이 됐는지를 설명하려는 데 있는 게 아니다. 그리고 저자인 나에게 그것을 설명할 충분한 지식도 없다. 하지만 모두가 그렇게 알고 있다는 것은 틀림없는 사실이다. 대부분 선진국에서는 기독교 교회의 출석률이 꾸준히 감소했고, 종교가 없다고 말하는 사람들의 숫자가 늘었다.[10] 이는 교회에 참석하는 것 자체가 윤리적인 행동을 보장한다고 말하는 것이 아니다. 종교가 없다고 말하는 이유는 특히 오늘날의 종교가 무엇이 올바른 경제 행위인지에 대해 상대적으로 거의 말하지 않기 때문이다.

빌리 그레이엄Billy Graham 같은 일부 목사들은 탐욕을 미덕으로 찬양하기도 한다.[11] 2018년 사우디아라비아의 언론인 자말 카슈끄지Jamal Khashoggi가 끔찍하게 살해당한 이후, 미국의 설교자 팻 로버트슨Pat Robertson은 다음과 같은 이유로 사우디 정권(살인자로 추정됨)을 너무 강경하게 대해서는 안 된다고 말했다.

> 모두가 원하는 무기 거래가 있었다. … 많은 일자리와 많은 돈이 우리의 금고에 들어올 것이다. 그것은 당신이 좋아하든 말든 날려버릴 게 아니다.[12]

물론, 이는 매우 극단적인 사례에 속한다. 무기 판매로 얻는 더 큰 이익을 위해 살인을 무시하라는 요구가 만들어지기 때문이다. 그러나 이 사례는 어떤 수단을 써서라도 돈 버는 것을 최고의 가치 가운데 하나로 여기는 종교를 대표한다.

세계화된 환경에서 종교적 제약과 사회적 계약이 어떻게 작동할지 이론적으로도 알기 어렵다. 왜냐하면 종교가 다양한 데다가, 많은 사람이 초상업화된 자본주의 목표를 내면화했을 뿐만 아니라, 개인들도 사회적 환경에서 벗어나 자유로운 상태에 있기 때문이다. 우리의 행동은 더 이상 함께 사는 타인들의 감시를 받지 않는다. 만일 스미스의 빵집 주인이 부도덕한 상거래 행위를 했다면, 이웃들은 이를 감시했을 것이다. 하지만 한 곳에서 일하지만 전혀 다른 곳에서 사는 사람들의 부도덕한 행동은 식별할 수가 없다.

라나 다스굽타Rana Dasgupta는 2015년 저서 《자본: 델리에서의 분화Capital: The Eruption of Delhi》에서 존경받을 만한 인도 출신의 의사에 관한 이야기를 다룬다. 이 의사는 캐나다 토론토 중산층 동네에서 멋진 정원과 두 개의 차고가 있는 집에 산다. 하지만 그의 주된 수입은 인도의 델리 부근에서 수천 킬로미터 떨어진 가난한 빈민가 거주자들에게서 장기를 강제로 적출하는 것을 감독하는 업무에서 나온다. 그의 이웃들이 그에 대해 아는 것으로 볼 때, 그는 지역사회의 정직한 구성원으로 꽤 그럴듯하게 보일 수 있다. 그는 사실상 일종의 범죄자다.

세계화된 환경에서 제약의 내부 메커니즘이 위축되거나, 꺼졌거나 작동하지 않았을 때, 외부에서의 제약이 이를 대체했다. 바로 규칙과 법률이라는 형태가 그것이다. 그렇다고 이전에 법이 존재하지 않았다는 의미는 아니다. 그러나 행동에 대한 내재화된 제약이 중요하지만, 법률과 자율적 규제 또한 인간 행동에 큰 영향을 미친다. 지금 벌어지는 상황은 후자, 즉 자율적 규제의 실종에서 비롯됐다는 특징이 있다. 덜 가진 사람들의 정서를 자극하지 않기 위해, 부자들에게 윤리적으로나 자율적 재량으로 신중하게 행동하기를 요구할 수 있다. 만약 그럴 수 없다면, 법적 통제를 강화하는 것은 분명히 효과적이다.[13] 정치사학자 피에르 로젠발론Pierre Rosenvallon은 2017년 강연에서 현대화된 형태의 윤리 규제 법령, 즉 사치 금지법을 도입해야 한다고 제안했다. 이는 세금을 많이 부과하거나 특정 유형의 행동과 소비를 금지할 수 있다.

그런데 다음과 같은 문제가 있다. 즉, 부자들(또는 그 문제와 관련된 모든 사람)의 행동을 올바른 길로 유도하는 데 도움이 되는 두 개 난간, 즉 법률과 자율적 규제 가운데 이제 단 하나, 법만 남았다는 점이다. 내부적으로 완전히 파괴된 도덕성은 이제 온전히 표면화됐다. 도덕성은 우리 자신으로부터 사회 전반에 걸쳐 아웃소싱, 즉 외주화됐다.

내면화되지 않은 행동 규칙

도덕성의 아웃소싱이 불러일으키는 문제점은 내부 억제나 제약이 없는 원래의 문제를 악화시킨다는 데 있다. 모든 사람은 합법성과 불법성 사이의 미세한 선(비윤리적이지만 기술적으로는 합법적인 일을 하는 것)을 따라

걸으려고 애쓰거나, 붙잡히지 않으려고 애쓰면서 법을 어길 것이다.

법을 어기는 행위는 오늘날의 상업화된 사회에만 있는 게 아니다. 그러나 오늘날 특이한 점은 사람들이 가능한 한 가장 윤리적인 방법으로 모든 것을 이행한다고 주장한다는 것이다. 사람들은 겨우 최소한도로 법을 지키면서, 또는 불법에 빠져들었다 하더라도 그렇지 않다고 강변하곤 한다. 그러고 나서 다른 사람의 사업을 붙들고 늘어지면서 법을 어겼다는 점을 입증하려고 한다. 무엇이 도덕적이고 무엇이 도덕적이지 않은지에 대해, 자신의 신념에서 비롯된 내부 점검은 아무런 역할도 하지 못하는 것 같다.

이는 아마도 상업화된 스포츠에서 가장 분명하게 드러난다. 프로 스포츠에서는 페어플레이 관념이 거의 사라졌다. 사회적으로 용인되는 행위를 내면화한 페어플레이는 구식 개념이 됐다. 그리고 어떤 경우에는 드러내놓고 규칙을 어기는 행위로 대체됐다. 이런 반칙적 행위가 완전히 수용되는 풍토가 됐고, 심지어 장려되기도 한다. 사람들은 경기에서 규칙을 이행하는 행위는 오로지 심판만의 몫이라고 생각한다.

하나의 사례를 들어보자. 2009년에 벌어진 한 축구 경기에서 티에리 앙리Thierry Henry가 골을 넣었는데, 이는 손을 써서 넣은 유명한 골이다. 그 골은 프랑스 축구 국가대표팀을 월드컵 본선에 나갈 수 있도록 만들었고, 아일랜드 팀을 집으로 돌려보냈다. 앙리 자신은 물론 프랑스 축구팬 마지막 한 명까지, 어느 누구도 그 골은 손으로 넣은 것이고, 불법이라는 것을 부인하지 않았다. 그대로 허용되어서는 안 된다는 점도 부인하지 않았다. 하지만 결국 사람들은 명백한 결과를 이끌어내지 못했다. 모든 사람의 의견에 따르면, 이 문제는 앙리(예를 들면, 골이 불법이라고 심판에게 말하는 것)나 그의 팀 동료들(같은 행동을 하는 것)이 결정하는 것이 아니라, 오직 심판만이 결정할 일이었다. 심판은 골이 어떻게 들어갔는지를 정확히 보지 못했지만, 일단 골로 인정했다. 골은 곧바로 합법적으로 인정됐고, 그 골을 기뻐하고 축하하는 데 부끄러움이 없었다. 심지어 그 골은 자랑거리가 됐다.

합법적인 것과 윤리적인 것 사이의 갈등은 키케로Cicero가 묘사한 이야기로 잘 설명된다. 최근에는 나심 탈레브가 《스킨 인 더 게임》에서 재론한 바도 있다. 그것은 바빌론의 디오게네스Diogenes와 그의 제자 타르수스에서 온 안티파토루스Antipater에 관한 이야기다. 두 사람은 다음과 같은 문제에 이견을 보였다. 곡물이 부족하고 비싼 시기에, 로도스로 곡물을 들여오는 상인은 알렉산드리아에서 온 또 다른 배가 이제 막 로도스에 도착하려고 한다는 사실을 밝혀야 하는가?

디오게네스가 옹호하는 순전히 합법적인 관점에서 보면, 개인적으로 얻은 정보를 공개하지 않는 것은 충분히 용인된다. 게다가 그 사람이 그런 정보를 가진다는 것을 누구도 입증할 수도 없다. 그러나 안티파토루스가 옹호하는 윤리적 관점에서 볼 때는 그렇지 않다. 생각건대, 오늘날 사업 세계의 모든 사람은 분명히 전자, 즉 디오게네스의 태도를 취할 것이라는 데는 의심의 여지가 없다. 설령 그 사람들이 말로는 안티파토루스를 따르겠다고 주장할지라도, 실제적으로는 디오게네스처럼 행동할 것이다. 그리고 중요한 것은 행동이지, 어떻게 행동할지를 말로 하는 것이 아니다.

법률이나 규칙 집행자에 의존해 도덕성을 아웃소싱하는 것은 모든 사람이 이 체제를 이용하려고 노력한다는 것을 의미한다. 새로운 형태의 비윤리적 또는 비도덕적 행동을 처벌하기 위해 도입되는 그 어떤 법도, 그 법을 피하는 길을 찾는 사람들보다 항상 한 걸음 뒤처지게 마련이다. 이에 관한 훌륭한 사례는 금융 규제 완화와 탈세에서 볼 수 있다.

이미 앞에서 충분히 봤듯이, 세금 회피나 합법적인 절세에 관한 한, 세계 정상급 은행들과 헤지펀드, 또는 애플, 아마존, 스타벅스 같은 거대 기업들의 행위를 감시할 내부의 도덕적 규칙은 없다. 세금 당국의 눈을 피해 일부는 합법적으로, 일부는 불법적 방법을 통해 카리브해나 채널 제도에 재산을 숨기는 부자들의 행태에 대해서도 역시 감시할 만한 도덕적 규칙은 없다.

그들의 목표는 가능한 한 법률에 가깝게 행동을 하는 것이다. 그리고 만일 규칙을 어기거나, 무시할 필요가 있을 경우에는 붙잡히지 않도록 노력하는 것이다. 만일 붙잡혔다면, 변호사 집단을 이용해 가장 난해하고 그럴듯한 설명으로 자신들의 행동을 변호하는 데 주력할 것이다. 그리고 만약 이런 노력이 실패한다면, 합의를 보려고 할 것이다.

재정적 합의, 즉 돈을 앞세워 합의한다는 것은 도덕 관념이 없는 행동으로 비도덕성을 더욱 확산시키는 꼴이다. 피해를 보거나 농락당한 당사자는 두 가지 가운데 하나를 선택해야 한다. 하나는 도덕적으로 옳은

'분노'의 기쁨과 악당을 처벌하는 만족을 선택하는 것이다. 다른 하나는 자존심을 억누르고 금전적 보상을 받아들이는 것이다. 금전적 보상을 받아들이는 것은 부당한 행동에 대해 어느 정도 공범이 되도록 만드는 꼴이다. 이런 합의는 성희롱, 탈세, 불법 로비, 그리고 여타 수많은 범죄 행위로 기소된 사람들이 자신들의 문제를 '해결'하는 표준적인 수법이다. 그 사람들에게 어떤 형태의 처벌이 코앞에 닥쳐 엄격히 집행될 단계에 도달하면 써먹는 수법이다.

종종 피해자들이 침묵하도록 그들을 매수하는 수법은 마땅히 거절해야 할 도덕성을 가진 사람들에게는 매우 어려운 선택이다. 어떤 선택을 해야 할까? 며칠 안에 잊힐 것이라는 도덕적 만족을 선택해야 할까, 아니면 주어질 더 많은 돈을 선택해야 할까? 게다가, 합의는 사회적으로 그리 눈총받을 만한 행위도 아니다. 오히려 그 합의는 상업화된 사회에서 기대할 수 있는 합리적인 움직임으로 여겨진다.

나는 '해고'를 기꺼이 받아들인 사람들을 만난 적이 있다. 그들이 고용주에 대해 문제를 일으켰기 때문에 해고됐는지, 아니면 너무 눈에 띄는 행동으로 즉각 해고됐는지는 알 수 없었다. 해고 조건으로 그들은 후한 보상을 받았고, 세부적인 해고 관련 거래 내역을 절대로 공개하지 않는다는 조건도 있었다. 그런데 친구가 직장을 그만둔 이유와 조건에 대해 명백한 거짓말을 할 때보다 더 짜증 나는 일은 거의 없다. 하지만 그 친구는 거짓말을 할 수밖에 없다. 왜냐하면 그 친구가 합의한 해고 조건에는 자신에게 무슨 일이 일어났는지에 대해 침묵해야 한다는 조건이 들어 있었기 때문이다. 그렇지 않다면 다음과 같은 합의 때문일 수도 있다. 한 사람이 이전에 일했던 다른 기관과 전혀 비슷하지 않은, 어떤 기관을 시종일관 맹렬히 비판하는 책을 쓸 때, 그 사람이 자신의 이전 직업에 관한 어떤 것도 언급하지 않겠다고 합의했기 때문일 수도 있다.

그러나 이런 행위를 비판하는 것은 잘못이다. 축구선수, 은행, 헤지펀드, 부자 개개인은 물론, 심지어 우리 자신에게도 이 같은 행위가 도덕적으로 결함이 있다고 비판하는 것은 잘못된 것이다. 그런 비판을 가하는 사람들은 단지 그 징후만 볼 뿐이다. 그 내면에 있는 진짜 병은 간과한다. 실제로 이런 비도덕적 행동은 생존을 위해 필요하다. 모든 사람이 가능한 한 많은 돈을 얻으려고 노력하고, 사회적 피라미드에서 더 높이 올라가려고 노력하는 세계에서, 이런 비도덕적 행동은 생존을 위해 필요하다. 그리고 어떤 대안적인 행동도 자기 패배로 보일 수 있다.

돈이 성공을 판단하는 유일한 기준이 된다면(초상업화된 사회의 경우처럼), 다른 계층적 표식, 즉 사회·윤리적 잣대(일반적으로 선한 행동을 가리킨다)는 사라진다. 그러나 그럴 경우 사회는 이런 메시지를 발신할 것이다. '부자가 되는 것은 영광스러운 일'이며, 어떤 불법적인 일을 하다가 붙잡히지 않는 한, 영광을 얻기 위해 사용되는 수단이나 방법은 별로 중요한 게 아니다.

따라서 부자나 은행들이 늘 하는 행위를 비판하는 것은 부질없고 순진하다. 그들은 스스로 행동을 바꾸지 않을 것이기 때문에, 그런 비판은 부질없다. 만일 그들이 행동을 (도덕적으로) 바꾼다면, 자신들의 재산을 잃을 위험을 감수해야 한다. 그리고 문제의 근원이 체계적으로 굳어졌고 개별적이지 않기 때문에, 그런 비판은 순진한 비판일 수밖에 없다.

은행은 가장 윤리적이고 신중한 행위자가 될 수 있지만, 그러면 경쟁자들과 수익성 경쟁에서 패배할 것이다. 이는 곧 재무 성과의 악화로 이어질 것이고, 누구도 그 은행의 주식을 사고 싶어 하지 않을 것이다. 그 은행의 최고 인재들은 다른 직장을 찾아 떠날 것이며, 결국 파산으로 이어질 것이다. 하지만 그 은행 주주들은 자신들 소유의 주식을 팔거나, 은행의 경영을 바꾸려고 할 것이다. 그 주주들은 일상적이고 평범한 삶에서 자신들이 가장 윤리적인 사람이라고 여길 수도 있다. 물론, 스스로 강력한 윤리적 제약을 가하는 것은 가능하다. 만약 그 사람이 사회에서 손을 떼거나, 세계화되고 상업화된 세계 밖에 있는 작은 공동체로 이사할 계획이라면 그럴 수 있다. 세계화되고 상업화된 세계 안에 남아야 하는 사람은 누구나 생존을 위해, 여타 모든 사람처럼 같은 수단과 같은 (비도덕적) 도구를 사용해 싸워야 한다.

어떤 대안도 없다

지금까지의 분석에 동의한다고 할 때 다음과 같이 주장할 수 있다. 이런 상황이라면 근원적으로 사회경제적 체제 변화를 촉구해야 하는 것이 아닌가? 나아가 대안적 체제를 도입하기 위해 초상업화된 자본주의의 세계를 폐기해야 하는 것 아닌가? 그렇지만 이 같은 합리적인 주장에는 그 어떠한 대안도 없다는 문제가 있다. 초상업화된 자본주의를 대신할 실행 가능한 대안이 아직 없다는 것이 문제다. 지금까지 세계가 착수한 대안은 오히려 상황을 더 악화시켰으며, 그중 일부는 최악으로 치달았다.

그 가운데 무엇보다도 먼저, 자본주의에 본래 내재된, 경쟁적이고 소유 본능적 의식구조를 폐기하면, 자본주의의 많은 장점을 잃어버릴 것이다. 예컨대 소득 감소, 빈곤의 증가, 기술 진보의 감속 또는 퇴보로 이어질 것이다. 그리고 초상업화된 자본주의가 제공하는 기타 이점(예컨대 상품 및 서비스 등 인간 삶의 필수 분야)의 손실도 불러올 수 있다. 소유욕을 파괴하거나, 성공의 유일한 표식으로 인정받는 재산을 내려놓으면서 이런 이점들이 유지되기를 바랄 수는 없다. 이런 이점들은 모두 함께 이행된다. 이것은 아마도 인간이란 존재의 주요 특징 가운데 하나일 것이다. 인간 본성의 가장 불쾌한 특징 가운데 일부가 그 능력을 충분히 발휘해야만, 물질적인 삶의 방식을 개선할 수 있을 것이다. 기본적으로 버나드 맨더빌이 이미 300여 년 전에 깨달은 진리가 바로 이것이었다.

체제에서의 탈퇴는 현실적 선택이 아니다

실행 가능한 대안을 도출하려는 시도는 있었다. 상업화된 자본주의의 이른바 부정적 측면을 해소하기 위한 많은 시도가 있었지만, 모두 실패로 끝나고 말았다. 그런 대안 가운데 이를테면 다음과 같은 발상을 생각해볼 수 있다. 생활 속에서 여가가 많아지면, 우리 세상을 더 나은 곳으로 만들 수 있다는 발상이다. 겉보기에는 합리적이지만, 이는 완전히 잘못된 발상 가운데 하나다(Raworth, 2018; Bregman, 2017). 이는 다음과 같이 가정한다. 만약 어떻게든 충분한 수의 사람에게 덜 일하고도 더 잘살 수 있음을 확신시킬 수 있다면, 자본주의의 초경쟁적인 특징은 개선될 것이라고 가정한다. 그러면 우리는 예술 전시회에 가고, 카페에 앉아 가장 최근의 연극 작품을 이야기하면서 즐거운 삶을 영위할 수 있을 것이다.

그러나 이보다 더 여유 있는 삶의 방식을 따르기로 결정한 사람들은 그런 삶의 방식을 추구하는 데 드는 돈이 바닥날 것이다(만일 이전에 재산을 충분히 쌓아놓지 않았다면 말이다). 그들의 자녀는 자신의 부모가 한가하고 나태한 삶을 선호한다고 화를 낼 것이다. 자녀들은 자신의 또래들이 누리는 것을 가질 수 없고, 비싸고 좋은 학교에도 다닐 수 없다. 이 때문에 부모들은 훨씬 더 높은 신분 상승을 성취하고, 자신들의 자녀에게 모든 특권을 전수해주려는 노력을 멈출 수 없다. 2부에서 검토했듯이 그 특권은 자유자본주의 체제에서 스스로 지속적인 상류 계층을 형성하도록 이끌어내는 중요한 방편이다. 버락 오바마도 예외가 아니다. 그는 대중 연설에서 온갖 수사적 언변을 동원해 공교육을 강조했다. 그러나 자신의 두 딸은 엘리트 사립 고등학교에 보냈고, 나중에는 가장 비싼 사립대학에 보냈다.

다시 말하지만, 여가 생활은 상당한 재산을 물려받았거나, 기꺼이 사회에서 은퇴해 부유하고 상당한 수준의 자급자족 생활을 할 수 있는 사람들에게만 가능하다는 것을 알 수 있다. 초상업화된 자본주의로부터 탈피하기는 실제로 가능하다. 그러나 우리는 곧 깨달을 것이다. 초상업화된 자본주의로부터 탈피하기란 거의 불가능하다는 사실을 말이다.

좀 더 온화한 대안을 주장하는 사람들이 어떻게든 나라 전체가 체제를 바꾸도록 설득하는 데 성공했다고 상상해보자. 예컨대 이런 것을 가정할 수 있다. 유럽의 부유한 나라 국민들은 자신들이 지금 누리는 복지 수준이 충분하다고 판단할 수 있다. 그리고 기술 진보 덕분에 훨씬 적은 노동력을 투입해도 그런 복지 수준이 유지될 수 있다고 판단할 수 있다. 그들은 일주일에 15시간만 일하기로 결정할 수도 있다. 이 시간은 케인스가 1930년 〈우리 자손들을 위한 경제의 가능성The Economic Possibilities for Our Grandchildren〉이란 글에서, '우리 대부분을 만족시키기'에 충분할 것이라고 믿었던 시간이다.

그러나 머지않은 시간에 곧 이런 나라와 국민은 이미 다른 나라에 추월당했음을 깨달을 것이다. 아마도 편안한 생활 방식에 행복감을 느낀다면, 그런 나라 사람들은 처음에는 세계 경제 순위에 대해 크게 우려하지 않을 것이다. 그러나 더 성공하고 점점 더 부유해지는 나라 출신의 사람들이 그들에게 밀려들 것이다. 그 사람들은 그 나라에서 부동산을 사들이기 시작할 것이고, 가장 매력적인 장소로 이사할 것이다. 그리고 가장 훌륭한 레스토랑에서 식사를 하고, 점점 현지 주민들을 대체하기 시작할 것이다.

이것은 환상이 아니다. 오늘날 이탈리아에서 볼 수 있는 있다. 베네치아와 피렌체 같은 도시들은 머지않은 미래에 독일, 미국, 혹은 중국과 같은 나라의 국적을 지닌 부유한 구성원들이 거의 전적으로 거주할지도 모른다(이런 현상은 이미 베네치아 중심부와 토스카나 일부 지역에서 상당히 확산되고 있다). 완전히 세계화되고 상업화된 세계에서, 이탈리아 사람들의 수입이 다른 나라 및 지역과 비교해 상대적으로 계속 하락한다면, 이탈리아 원주민들은 자국의 아름다움을 더 이상 누리지 못할 수 있다. 그리고 반드시 원주민만이 누려야 할 이유도 없다. 상업화된 세계에서는 모든 것에 대가가 있게 마련이다. 만일 한 중국인이 대운하Grand Canal의 경관을 보기 위해 이탈리아인 소유주보다 더 많은 돈을 지불할 능력이 있다면, 그 중국인은 그 경관을 볼 수 있어야만 한다.

우리는 여기서 거듭된 결론에 이른다. 상업화된 세계를 거스르는 유일한 방법은 모두가 함께 철수하는 것이다. 개개인이 따로 떨어진 외딴 공동체로 도피하든지, 또는 국가와 같은 덩치 큰 집단의 경우 기꺼이 고립된 외톨이가 됨으로써 상업화된 세계를 거부할 수 있다. 그러나 수많은 사람에게 지금의 세계에서 철수하도록 설득하는 것은 불가능하다. 상업화된 세계가 주는 편리함을 포기하고, 훨씬 더 낮은 생활수준을 감내하도록 설득하는 것은 어렵기 때문이다. 사람들이 소유욕을 통해 사회화됐고, 모든 목표가 거기에 맞춰져 체질화됐다면 더더욱 어려운 일이다.

예컨대 펜실베이니아의 네덜란드 공동체나 이스라엘의 키부츠kibbutz

(이스라엘의 생활 공동체_옮긴이) 같은 몇몇 공동체가 있지만, 그 공동체들은 쇠퇴하고 있다. 그 이유는 훨씬 많은 재산을 가진 이웃 동네의 존재로 말미암아 활력을 얻지 못하기 때문으로 풀이할 수 있을 것이다. 지금 이들 공동체를 따라 하려는 여타 집단은 거의 없다.

더 많은 여가가 필요하다고 주장하는 사람들은 깨닫지 못하는 게 있다. 세계를 지배하는 지금의 사회 체제는 성공과 권력을 미화하는 방식으로 구조화됐고, 상업화된 사회에서의 성공과 권력은 오로지 돈으로 표현된다. 돈은 일하면서 벌고, 재산의 소유권을 통해, 그리고 적지 않은 부패를 통해 얻어진다는 사실을 그들은 깨닫지 못하고 있다. 또한 부패가 세계화된 자본주의의 필수적 구성 요소인 이유가 여기에 있음을 깨닫지 못하고 있다.

핵가족화와 상업화

쇠락하는 가족의 유용성

현대 자본주의 사회는 ①핵가족화와 ②상업화라는, 동전의 양면 같은 두 가지 특징이 두드러진다. 핵가족화는 가족이 주는 경제적 장점들이 사라졌다는 사실을 의미한다. 예전에 가정에서 생산되어 사용됐던 많은 재화와 서비스를 시장에서 살 수 있거나 빌릴 수 있으며, 이런 추세는 점점 증가한다. 시장에서 구하거나 교환할 수 없었던 것들도 있다. 이를테면 음식 만들기, 청소, 정원 가꾸기, 그리고 아기와 병든 노인들을 돌보는 활동은 전통 사회에서, 그리고 아주 최근까지 가정에서 '무료로' 제공할 수 있었다(대단한 부자가 아닌 경우에 그렇다. 거부는 이런 일을 할 필요가 없기 때문이다). 적어도 결혼이란 행위가 존재하는 주된 이유 가운데 하나는 분명히 이런 필요성 때문이었다. 하지만 사회가 부유해지면서 우리는 이 같은 거의 모든 서비스를 외부에서 구입할 수 있고, 타인과 함께 생활할 필요성은 점점 줄어들고 있다. 오늘날 사회가 점점 부유해지면서 한 단위 가족, 즉 핵가족화를 지향한 것은 결코 우연이 아니다.

노르웨이, 덴마크, 그리고 스웨덴에서는 한 가정의 구성원 규모가 평균적으로 거의 2.2~2.4명 사이에 도달했다. 반면, 아프리카 중부의 가난한 나라들의 평균적인 가구 구성원의 규모는 8~9명이다.[14] 가난한 나라 사람들이 함께 사는 것을 필연적으로 좋아하기 때문이 아니라, 그들이 독립적으로 생활할 여유가 없기 때문이다. 함께 생활하는 것은 생활에 필요한 활동을 '체득화', 즉 몸에 익힌다는 것을 의미한다(요리하기, 청소하기 등등). 그리고 식용유에서 전기료에 이르기까지 모든 분야에서 규모의 경제를 영위할 수 있다. 즉, 생활용품과 요리 등에 드는 비용은 두 사람이 함께 사는 것이 훨씬 저렴하다. 각자가 홀로 생활한다면 두 배로 비용이 드는 것과 같은 이치다.[15]

하지만 부유한 사회에서는 이 모든 활동이 아웃소싱으로 가능하다. 비관적으로 결론을 내린다면, 앞으로 세상은 혼자 살고 종종 혼자 일하는 개개인들로 구성될 수 있다(아이들을 키우는 기간은 제외하고 말이다). 그런 부류의 사람들은 영구적인 연결 고리는 갖지 않으려고 할 것이며, 혹은 타인과의 관계도 갖지 않으려고 한다. 그들이 필요한 것은 모두 시장에서 조달할 수 있다. 마치 오늘날 모든 사람들이 신을 신발을 직접 만들지 않고 시장에서 사서 사용하는 것처럼 말이다. 마찬가지로 (극빈층을 제외하고) 누구나 설거지를 스스로 해야 하거나, 자신이 먹을 음식을 직접 준비해야 할 이유는 없다.

핵가족화를 부추기는 가정에 대한 법률적 침해

또한 가정(가족)에 대해 증가하는 법률적 침해는 핵가족화를 가속화시키는 요인이 된다(이와 관련해 핵가족화의 극단적인 경우는 가정의 종말, 즉 가정의 해체를 암시한다). 누가 '승자'이고 누가 패자인지와 관계없이, 노인을 부양하고 아이들을 돌보고 키우며, 가족 구성원 사이에 재화와 서비스를 교환하면서, 한 작은 공동체로서 가족이 존재해온 이유는 무엇인가? 바로 가족 구성원 안에 존재하는 규칙이 가족 밖 외부 세계에 존재하는 규칙과 다르기 때문이다. 가족과 나머지 세계는 도덕적으로, 심지어 물리적인 차원에서도 별개의 세상이다(지금도 별개의 세계로 유지된다).

라나 다스굽타가 2015년 현대 델리를 묘사한 책에는 이런 가족의 도덕적이고 물리적인 이중적 역할이 잘 표현되어 있다. 가족을 이끌어가는 엄마와 할머니들(그들의 며느리에게도 이어진다)의 목표는 가족 구성원이 아닌 그 누구와의 접촉도 최소화하는 것이다. 그들은 두 세계와의 물리적인 단절을 위해 집 안에 들어올 때는 몇 번이고 신발을 바꿔 신곤 한다. 외부 세계로부터의 작은 알갱이(먼지 혹은 풀잎)가 혹시 집안의 성소, 즉 내실에 혹여 들어올까 걱정해서 이런 생활 방식을 고수하는 것이다.

이 같은 가족과 비가족 사이를 극단적으로 분리하는 생활양식은 오늘날 많은 사람에게 이상하게 비쳐질 수 있다. 하지만 최근까지도 대부분의 사회는 이런 유형의 생활양식을 기꺼이 받아들였다. 그리고 오로지 '우리'와 '타자' 사이의 분리를 통해, 가정 구성원들이 판에 박힌 집안일과 즐거움 등 많은 가정 활동을 모두 함께 나눌 수 있었다. 외부로부터의 분리는 가정의 결속력이 됐다. 가정 안에서의 공유는 타자의 배제를 바탕으로 한 것이다.[16]

반면, 오늘날 상업화된 사회의 가정은 그 반대 극단에 있다. 외부 세계는 저녁 식사와 청소 서비스 같은 형태로 가정 내부로 침입한다. 그뿐만 아니다. 현대 사회에서 좀 더 중요한 것은 외부 세계가 법적 침해의 형태로 가정 내부로 침입할 수 있게 허용된다는 점이다. 이런 외부 세계의 침입(예를 들면 혼전 계약이나, 자녀를 빼앗고 배우자의 상호 행동을 통제할 수 있는 법원)은 많은 경우 바람직한 방향, 예컨대 배우자 학대를 사전에 방지하는 것과 같은 바람직한 방향으로 발전했다. 그렇지만 이런 식의 가정에 대한 외부 세계의 침투는 가족을 함께 묶어주는 끈끈한 내부의 암묵적 결속력을 느슨하게 하고 공허하게 만들기도 한다. 사회가 가정 생활 내부에 법적 형태로 침입하는 것은 단지 아웃소싱의 또 다른 사례일 뿐이다.

지금 가족 내부 문제를 법률적으로 처리하는 '법률적 규칙'이 사회 전반으로 확산되고 있다. 마치 음식 조리가 인근 식당으로 아웃소싱되는 것과 같은 방식이다. 두 가지 유형의 아웃소싱 모두 궁극적인 질문을 제기할 수밖에 없다. 즉, 가족이 함께 사는 것의 장점이 무엇인가 하는 질문을 제기할 수밖에 없다. 인간 삶에 필요한 모든 서비스를 밖에서 구입할 수 있는 부유하고 상업화된 세계에서 말이다.

먼저 민간과 공공(경제) 영역을 세 가지 역사적 상호작용의 유형으로 구분해 살펴볼 수 있다. 첫 번째는 가정 안에서 생산이 이루어지는 자본주의 이전의 영역이다. 3부에서 봤듯이, 이런 '가정 내 생산 방식'은 19세기까지 중국의 오랜 특징이었다. 당시 서유럽은 이미 두 번째 역사적 유형의 단계에 진입해 있었다. 현재에도 보편적인 임금 노동의 사용 같은 것이다.[17] 이 두 번째 유형은 가정 밖에서 임금 노동의 사용을 의미한다(즉, 자신의 집 안에서 다른 사람들을 위해 노동하는 방식이 아니다). 이는 전형적인 자본주의 생산 방식으로, 생산과 가족 영역 사이에 차이가 뚜렷하다. 이런 차이는 베버가 자본주의의 절대적 기본으로 정의했던 내용이다. 세 번째로, 새로운 초상업화된 자본주의에서 생산과 가정이 다시 통합하는 단계다. 다만, 가정이 자본주의 생산 방식 안으로 접혀 들어가는 유형이다. 자본주의 발전 도상에서 볼 때, 이는 논리적으로 맞는 결과다. 자본주의는 새로운 영역을 '개척'하고, 새로운 재화와 서비스를 상품화하는 방향으로 발전한다는 점에서 그렇다. 이 세 번째 단계는 또한 노동의 생산성에서 괄목할 만한 개선을 기대할 수 있다. 왜냐하면 시장에서 전통적으로 무시됐던 가족관계를 비롯한 모든 인간관계를 상품화할 여력이 부유해진 사회에서만 생기기 때문이다.

일상적 자본주의로서 개인의 삶

새로운 상품화의 창조

핵가족화의 또 다른 측면은 상품화다. 개별화 또는 핵가족화하는 과정에서 우리 인간들은 외톨이가 된다. 왜냐하면 우리에게 필요한 모든 것들은 외부, 즉 시장에서 구매함으로써 만족을 얻을 수 있기 때문이다. 굳이 서로 부딪치거나 접촉할 기회가 점점 없어진다는 의미와 같다. 완전한 상품화 단계에서, 우리는 여가 시간을 포함한 우리 자산을 최대한 상품화함으로써 타인의 요구를 만족시킬 수 있다.[18] 글로벌 자본주의로 말미암아 소비자로서의 현대인들은 가족, 친구들 또는 지역사회가 제공해온 서비스를 구매할 수 있다. 이는 금전이 아닌 현물 형태다. 반면에 생산자로서의 관점에서 보면, 글로벌 자본주의는 우리에게 넓은 활동 영역을 제시한다. 이는 우리가 타인에게 제공할 수 있는 것들이다. 따라서 핵가족화와 시장화는 함께 이뤄진다.

가장 명백한 사례를 보면, 대가족 안에서 행해져온 활동이 상품화된다는 점이다. 그러면 핵가족화 과정에서 사람들은 더 부유해질 수 있다. 요리는 이제 아웃소싱됐고, 가족들은 함께 식사를 하지 않는 경우가 많아졌다. 청소, 수리, 정원 가꾸기, 그리고 아동 양육은 과거보다 더 상품화됐다. 어쩌면 그 어느 때보다도 더 많이 상업화되고 있다. 부모에게 의지했던 아이들의 에세이 숙제도 이제는 돈벌이 기업에 아웃소싱할 수 있게 됐다.

거대 경제의 성장으로 현대인은 여가 시간과 물건을 상품화할 수 있게 됐다. 이런 것들은 이미 우리가 가지고 있지만 상품화할 수 없는 것들이었다. 이를테면, 우버Uber는 정확히 여유 시간을 제대로 활용하자는 생각에서 창출됐다. 예전의 리무진 운전자들은 작업 사이에 추가 시간이 필요했다. 그런데 그런 추가 시간에 그들은 돈을 벌기 위해 사람들을 태우고 운전하기 시작했다. 이제 시간이 좀 있는 사람이라면 누구나 자동차 공유 회사에서 일하거나 피자를 배달함으로써 우버 사업을 할 수 있다. 단순하게 생각해서 '울퉁불퉁' 일정하지 않고, 자유시간을 아주 짧게 쪼갤 수 없었기에 상품화할 수 없었던 자투리 여가 시간을 이제는 상품화할 수 있다. 마찬가지로 '죽은 자본'이었던 개인 승용차가 이제는 리프트나 우버를 위해 움직이면서, 진성 자본이 된다. 차고나 주차장에서 놀고 있는 승용차가 확실한 기회비용을 가지게 됐다. 다른 목적으로 이용하면서 가치를 재발견하는 셈이다.

같은 방식으로, 과거 가족이나 친구에게 돈을 받지 않고 빌려줄 수도 있었던 집이 이제는 자산이 됐다. 예컨대 여행자에게 일정 요금을 받고 일시적으로 집을 임대함으로써 수입을 올리게 됐다. 이런 일이 생기면서 그런 자산은 곧바로 상품화되어 시장 가격이 매겨졌다. 솔직히 이런 자산을 이용하지 않는다는 것은 명백한 자원 낭비에 해당한다. 과거에는 기회비용이 하나도 없었지만, 이제는 이익을 얻을 수 있다.

그렇다고 모든 사람이 돈을 벌기 위해 모든 자투리 시간을 쓸 수 있다는 것은 아니다. 또는 매일 빈집을 임대할 수 있다는 것도 아니다. 단순히 남은 모든 시간을 투자해 모두 돈을 벌려고 하는 것도 아니다. 다만, 지금까지의 자유로운 활동에 대한 기회비용이 플러스가 된다면, 우리는 궁극적으로 이런 활동들을 팔 수 있는 물건 또는 서비스로 여기게끔 유도할 수 있다. 그런 다음에는 이런 활동을 통해 기회를 잡고 돈을 벌거나 이익을 얻기 위한 더 큰 의지와 노력이 필요하다.

초상업화된 자본주의에는 생산과 가족의 영역을 합치는 과정에 대한 일정한 논리가 내재되어 있다. 이와 마찬가지로, 상품화되는 진보의 과정에서도 일정한 역사적 논리가 있다.

먼저, 농업은 잉여생산의 상업화, 즉 자급자족형 농업에서 진화하면서 상품화됐다. 그 후 제조업 활동, 특히 의류 생산의 상품화가 진행됐다. 새로운 시장은 전통적인 가내수공업으로 생산해온 상품이 상업적으로 생산되기 시작하면서 등장했다. 유럽에서 진행된 산업혁명(그리고 제조업)의 시초 단계에서는 집 밖에서의 임금 노동이었고, 이와 함께 임금 노동자의 출현으로 상품을 구매하는 행위가 생겨났다. 그 이전 상품들은 이런 노동자들이 가내수공업으로 생산하던 것들이었다(새로운 제도 아래에서 생산성이 훨씬 높아졌다).[19]

이는 오늘날 우리가 서비스 산업에서 목격하는 것과 정확히 같은 경로를 가는 과정이다. 서비스 분야의 상품화, 궁극적으로는 자유시간의 상품화는 개발 과정에서 추가된 논리적 단계에 해당한다. 개인적 서비스의 경우에는 상품화하는 것이 좀 더 어렵다. 개인 서비스의 경우 물질적 상품보다 생산성이 떨어지기 때문이다(그래서 개인 서비스를 상품화하는 것의 이점은 분명하지 않다). 노동의 분리로부터 얻는 이익은 적다. 즉, 배달된 음식을 집에서 요리한 음식과 비교해볼 때, 그 이점은 분명하지 않다. 이는 대량 생산된 신발에서 얻을 수 있는 분명한 이득과 대조를 이룬다.

과거에는 비상업적이었던, 즉 상품화할 수 없었던 것들을 상품화함으로써 대부분의 사람들이 많은 분야에서 직업을 가지게 됐다. 심지어 아파트 임대에서처럼 사람들을 일상적인 자본가로 탈바꿈시키는 경향도 나타난다. 하지만 노동자들이 많은 직업에 종사한다고 해서, 그들에게 지속적으로 견고한 개별적인 일자리가 보장된다는 것을 의미하지는 않는다. 그리고 이는 노동 시장이 완전히 '자유로우며', 사람들이 매우 높은 비율로 일자리를 이리저리 옮겨다닌다는 것을 의미한다. 베버는 이렇게 지적한다.

> 일반적인 노동자가 종종 직면하는 비정규직은 피할 수 없다. 언제나 달갑지 않은 전직 상태가 되는 것이다. 천직, 즉 자기 고유의 직업이 없는 사람들은 조직적이고 체계적인 자신의 장점을 갖지 못한다.[20]

21세기에 존재할 가능성이 높은 유형의 직업은 베버가 바람직한 것으로 바라봤던 종류의 직업이 아니다. 존재할 직업 유형은 직업에 대한 소명 의식이나 헌신에 대한 감각이 부족하다.

따라서 사용자, 즉 고용주 관점에서 볼 때, 노동자는 완전히 서로 교환 가능한 '대리인'에 불과할 것이다. 노동자 각자는 몇 주 혹은 몇 달 동안 직장에 머무를 뿐이다. 모든 사람은 다른 모든 사람만큼 좋거나 나쁘기도 할 것이다(평이하고 특색 없는 인간이 된다는 의미다_옮긴이).

우리는 신고전주의 경제학이 꿈꾸는 세계에 가까워지고 있다. 신고전주의 경제학에서 개인은 더 이상 고유한 특성을 가진 개인으로 존재하지 않는다. 그들은 교육 수준, 연령, 성별과 같은 일반적인 특징에서 적어도 서로 달라질 수 있는 인간임에도, 서로 교환 가능한 아바타적 대리인으로 대체될 것이다.

이런 특성을 고려할 때 앞으로 개인적 특징은 없어질 것이며, 그 어떤 개인이라도 완전히 서로 교환이 가능해진다. 따라서 다음과 같은 세 가지 발전이 서로 관련이 있다는 것이 명백해진다. ①가족 형성의 변화(핵가족화), ②새로운 활동에 따른 상품화의 확대, ③일시적인 직업으로 전전하는 유연한 새로운 노동 시장의 출현이 그런 발전이다. 만약 여기에서 하나라도 해당된다면, 우리는 세 가지 모두에 해당될 수밖에 없다(모두 연관되어 있다는 의미다_옮긴이).

상품화의 단점

이런 종류의 일련의 상품화와 유연화가 불러일으키는 문제는 인간관계와 신뢰를 해친다는 점이다. 인간관계와 신뢰는 시장경제가 원활하게 기능하기 위해 필요한 것들이다. 만약 사람들이 오랫동안 같은 일에 종사한다면, 그 사람들은 자주 교류하는 사람들과 신뢰 관계를 구축하려고 노력할 것이다. 즉, 그들은 경제학자들이 말하는 '반복된 게임'에 관여하게 된다. 하지만 모두가 이리저리 전전하면서 두어 달마다 매번 직업을 바꾼다면, 사람들은 반복되는 게임을 하지 않는다. 모두가 항상 다른 사람과 교류하기 때문이다. 반복되는 게임을 하지 않게 된다면, 사람들은 자신의 행동을 조정할 것이다. 사람들이 단 하나의 게임에만 몰두하고 하나의 교류만 가질 것이라는 기대감에 적응하면서 말이다. 이런 새로운 행동 방식은 매우 다른 영향을 미친다.

내가 몇 달 동안 뉴욕을 떠나 있다가 다시 돌아왔을 때 다음과 같은 사실을 발견했다. 나와 함께 반복적 게임(일상적인 행동)을 한다고 생각했던 많은 사람이 상당히 변해 있었다. 자주 갔던 식당과 내가 거주하는 아파트 건물에서도 말이다. 새로운 사람들이 나타났는데, 그들은 나를 완전히 낯선 사람으로 대했다. 이런 일이 발생할 경우, 당신은 협력적 행동의 신호를 보내는 '착한' 행위를 할 동기를 별로 갖지 않게 된다. 왜냐하면 이 새로운 사람들도 곧 바뀔 것이라는 것을 알기 때문이다. 착한 행동을 하는 데 드는 비용은 비싸다. 착한 행동을 위한 노력은 앞으로 보답받을 것이라는 기대 아래 이뤄진다. 하지만 당신과 서로 교류하는 사람이 한 달 안에 떠나고 그곳에 머무르지 않는다면, 당신이 착하게 행동한들 무슨 소용이 있겠는가? 노력의 낭비일 뿐이다. 물론, 이와 같은 이유는 다른 사람에게도 똑같이 작용한다. 만약 사람들이 이미 다른 흥밋거리에 눈을 돌린다면, 그 사람들은 당신에게 신경 써야 할 이유가 없다.

현재 서비스 제공자와 사용자 모두 이용하는 수많은 리뷰는 향후 '좋은 보상'을 담보하기 위한 방편이다. 지속 가능한 관계가 아님에도 말이다. 실제로 이는 어떠한 검토 체계 없이도 나날이 개선된다. 체계적으로 일상적인 생활, 즉 게임은 가능하다. 그러나 요점은 이동성 높은 노동력이 풍부한 세계화된 세계에서, 내구성 있는 지속적인 사업 관계가 매우 드물다는 점이다. 타자, 즉 상대방에 대한 개인적인 지식과 그 사람을 향한 연민이나 의무감은 비인격적인 점수제로 대체된다. 이런 점수제는 더 많은 정보를 제공할 수 있지만, 어떤 면에서는 비인격적이다.

인간의 상호작용이 상품화되는 경우, 우리 인간은 왜 행동의 변화를 보일까? 이에 대해서는 한 친구의 다음과 같은 말로 설명하고자 한다. "인간은 경제적 행위의 대리자, 즉 경제적 존재로 전락했다. 이 때문에 돈 벌 궁리만 할 뿐 다른 어떤 방안도 생각할 수 없다. 상대방에 대한 착한 행동도 미래에 대한 투자로 생각한다. 착한 행동의 논리는 시장 논리에 다름 아니다." 덧붙여 설명하면, 상품화가 인간의 개인적인 영역으로 침범한 이후에는 인간은 존재를 위한, 그리고 상품화를 초월하거나 상품화 이외의 그 어떤 것도 거의 생각할 수 없다.[21]

상품화가 확산되면 연결성이 강화될 것이기에 분리되는 것에서 나타나는 소외감을 없애준다. 하지만 상품화를 멀리하기 위해서는 이분법적 논리를 인식할 필요가 있다. 다시 말해 존재론적 차원에서 존재자로서의 인간 자신과 경제적 대리자로서 인간 사이의 관계성을 이해해야 한다. 인간 자신이 경제적 대리자가 될 때, 즉 경제적 행위자로서 기능할 때 인간은 사물의 질서에 순응한다. 인간 자신과 경제적 대상자로서 관계성을 제대로 포착한 사람은 법학 교수인 대니얼 마코비츠였다. 그는 2015년 예일대 로스쿨 졸업식에서 행한 연설을 통해 이를 설파했다.

> 자신의 재능, 훈련 및 기술은 오늘날 당신의 부와 지위의 압도적이고 지배적인 원천을 구성한다. 당신은 포트폴리오의 자산 관리자로서의 역할을 해왔다.[22]

경제 규모가 커지면서 급진적이고 유연한 노동 시장이 속속 생겨나고 있다. 이와 함께 수많은 인간 활동이 이뤄지면서 상품화가 급증하는 가운데, 이들 모두 같은 양상으로 진화하고 발전한다. 이런 활동들은 좀 더 합리적이지만, 궁극적으로는 비인격화, 비도덕적 방향으로 나아가는 움직임으로 이해된다. 경제 활동으로 가장 많은 상호작용이나 접촉이 이루어지지만, 일회성 접촉 또는 일회성 계약에 머무른다. 몽테스키외는 '온화한(달콤한) 상업'에서 다음과 같이 풀이했다. 완전한 상업화 아래에서 사람들은 서로에게 더 잘 대한다고 말이다. 다른 한편으로 상호작용이 부족하면, 협력적 행동을 끌어내기 위해 투자하는 비용은 엄청나게 비싸진다. 이것이 초상업화 시대에 우리에게 더 착하게 행동하지 못하도록 하는 이유다.

착한 행동은 핵가족화와 상업화라는 두 가지 측면에서 약화된다. 핵가족화는 가족의 삶을 공허하게 만들고, 상호작용의 부족으로 신사적인 행동은 좀 더 줄어든다. 상업화가 진전되면 그에 따라 사람들이 신사적으로 행동할 것이라고 몽테스키외는 찬양했지만, 착한 행동의 축소 또는 약화는 근본적으로 비도덕성을 배경으로 심화된다.

자본주의 생산의 중심에 있는 사람들

자본주의는 성공했지만, 궁극적으로 인간 본성을 변형시키는 결과를 낳고 말았다. 말하자면 자본주의의 성공으로 인간 본성은 완전히 바뀌고 말았다. 모든 사람이 고통과 즐거움 속에서도 이득과 손실을 따지는 훌륭한 계산기가 됐고, 자본주의식 공장 생산이 사라질지라도 오늘날 우리는 여전히 서로에게 서비스를 팔 것이다. 결국 우리 자신이 돈을 추구하는 회사가 될 것이다. 모든 생산이 가정이나 대가족 안에서 수행됐던 경제(외견상 원시적인 경제와 유사)를 생각해보면 이해가 빠를 것이다. 이는 당시에 자급자족 생산 방식의 비시장경제로서 완벽한 모델이었다.

그런데 오늘날 우리가 우리 자신이 회사인 경제 체제 속에 있다면, 우리는 각자 서로에게 이 모든 상품과 서비스를 사고팔 것이다. 완전한 자본주의 유형이다. 우리 이웃은 무료로 아이들을 돌보지 않을 것이며, 아무런 대가 없이 누구도 당신에게 음식을 제공하지 않을 것이다. 심지어 배우자와의 성관계에서도 당신은 대가를 지불해야 할 것이다. 이런 유형은 현재 우리 세계가 나아가고 있는 방향이며, 앞으로 길게 보아 이런 자본주의적 운영은 지속될 것이다. 나아가 이런 자본주의식 운영은 우리 모두와 대부분의 일상적인 활동을 전부 포괄할 것이다. 폴 메이슨Paul Mason은 2016년 《탈자본주의Postcapitalism》에서 이 같은 '무중력' 경제 자본주의에 관해 다음과 같이 썼다.

> 인지적 자본주의에서 가리키는 생산 공장이란 사회 전체다.

메이슨은 새로운 수익원을 창출하고자 하는 기업 때문에, 의도치 않게 우리 자신이 상품화됐다고 주장한다. 그러나 이는 잘못된 판단이다. 사실은 우리가 기꺼이 자발적으로, 심지어 매우 열성적으로 상품화에 참여하고 있다. 자본주의의 사회화를 통해 사람들은 자본주의적 계산 기계가 됐다. 그리고 우리는 제각각 작은 자본주의적 생산의 중심이 됐다. 시간, 감정, 가족관계까지 암묵적으로 가격을 매기는 습관이 우리 몸에 배었다.

다른 학자들 역시 점증하는 상품화에 주목하고 있다. 낸시 프레이저Nancy Fraser의 표현대로, 상품화는 우리 개인적인 영역으로 분산된다. 여타 학자들 역시 저마다 메이슨과는 다른 근거를 설명하면서, 상품화가 자본주의를 위기로 내몬다는 견해를 내놓고 있다. 심지어 일부에서는 상품화가 자본주의를 끝장낼 것으로 보고 있다. 상품화가 더욱 발달할수록 그 결과는 위기를 더욱 부채질할 뿐이라는 것이다(Fraser, 2012).

프레이저는 노동력의 상품화와 관련한 긍정적인 측면을 강조한다. 그러면서 칼 폴라니Karl Polanyi가 하층민들을 고려하지 않은 것을 비판한다. 폴라니가 노예, 농노, 농민, 인종차별적 대우를 받은 사람들, 그리고 빈민가와 판자촌 거주자들을 무시했다는 것이다. 과거에는 무임금으로 일했던 이들에게 임금은 해방과 자유를 약속했다. 임금은 이들에게 씌워져왔던 노예제도나 봉건적인 복종, 인종적인 종속 관계, 사회적 배척, 제국주의적 지배 관계뿐만 아니라, 성차별과 가부장제로부터의 해방을 약속했다(Fraser, 2012). 그러면서 프레이저는 개인적 영역에까지 치고 들어온 현재의 상업화, 상품화의 거침없는 진전은 자본주의의 위기를 예고하는 불길한, 부자연스러운 것이라고 믿는다.

내 생각에 이 견해는 틀렸다. 오히려 진실은 그 반대에 있다. 개인 영역으로 치고 들어온 상품화는 개인들이 자유롭게 참여하는 일종의 상품화 과정이며, 게다가 개인들은 이를 자유롭고 의미 있는 것으로 여긴다. 어떤 사람들은 이것을 피상적인 것으로 여긴다(그렇지 않으면 자신의 차를 운전해 이익을 얻거나, 어느 때고 피자를 배달하는 자신의 인생에 의미를 부여할 수 있는가?). 어쨌거나 상품화는 초상업화된 자본주의를 지탱하는 가치 체계와 완벽하게 일치한다. 앞서 언급했듯이, 상품화는 돈 벌기가 기본 토대다. 따라서 우리 자신의 개인적 공간과 시간은 이익을 도모하는 능력의 한 유형이다. 동시에 부의 획득이라는 궁극적인 목표를 향한 단계다. 따라서 상품화는 자본주의의 승리를 상징한다고 할 것이다.[23]

상품화가 개인 영역으로 침투하는, 개인 영역의 상품화는 초상업적 자본주의의 정점이라고 할 수 있다. 이것이 결코 자본주의의 위기를 예고하는 전조라고 볼 수만은 없다. 다만 위기는 이런 경우에 닥칠 수 있다. 자본주의가 개인 영역의 상품화를 막고자 하는 분야로 침투했을 경우, 또는 개인이 참여하기를 원하지 않는 활동에 참여하도록 압력을 가하는 경우에 발생한다. 그러나 대부분의 사람은 반대로 인식한다. 개인 영역의 상품화는 풍요로움과 자유를 향한 단계로 인식한다.

이 단계에서 다음과 같은 결론을 내릴 수 있다. 첫째, 순전히 사실에 바탕을 둔 측면으로, 사회가 부유해지고 상품화의 영역이 확대되는 것에 대해 진지한 사회적인 검토가 없었다는 사실이다.[24] 둘째, 상품화가 더욱 확산할수록 많은 경우 우리의 삶은 더 윤택해질 것이고, 사람들은 확실한 선택에 반응할 것이다. 하지만 한편으로 그로 말미암아 개인적인 유대감은 약화될 것이고, 때로는 우리를 더욱 냉담하게 만들 것이다. 왜냐하면 아무리 성가신 작은 문제라도 돈으로 해결할 수 있다는 생각으로 말미암아, 우리 이웃과 가족에 대해 관심을 덜 가질 것이기 때문이다. 따라서 우리는 인간 사이의 상호작용이 일시적이며, 별개로 움직이면서 상품화가 가속화되는 환경에서 살고 있다. 그럴수록 착하고 협력적인 행동을 할 수 있는 공간은 줄어든다. 우리 모두가 일회성 거래의 대행자가 되는 시점에 도달하면, 더 이상 자유롭게 착한 행동을 할 수 있는 공간은 없어질 것이다. 그 마지막 단계는 부의 유토피아와 함께, 인간관계의 반이상향, 즉 디스토피아가 될 것이다.

자본주의는 인간을 무한한 욕구를 가진 계산기로 훌륭하게 변형시켰다. 데이비드 랜즈David Landes는 1998년 《국가의 부와 빈곤The Wealth and Poverty of Nations》에서 자본주의가 인류에게 선사한 주요 공헌 가운데 하나를 이렇게 설명했다.

> 자본주의는 사람들에게 시간을 더 잘 활용하도록 고무시켰고, 구매력이라는 추상적인 말로 모든 것을 표현하는 능력을 인간에게 부여했다.

이제 자본주의는 인간 개개인의 사생활로 옮아가고 있다. 앞으로 자본주의에 적응해 살기 위해서, 종래의 공장에서 생산하는 방식의 자본주의적 양식은 더 이상 필요하지 않다. 우리 모두가 자본주의의 중심이 되어가고 있기 때문이다.

자본주의의 지배

생산과 분배를 조직화하는 최선의 방법, 아니 오히려 유일한 방법으로, 자본주의의 지배력은 절대적인 위치를 가지게 됐다. 앞으로도 도전자가 보이지 않는다. 자본주의가 이런 절대적 지위를 차지한 배경에는 자본주의가 지닌 여러 능력이 내재되어 있다. 우선, 자기 이익과 자기 재산을 추구하도록 호소하는 것이 먹혀들었다. 또 분권화된 방식으로 부를 창출하고, 지구상 인류의 평균적 생활수준을 수차례나 끌어올리도록 조직화하는 능력이 있었다. 이는 불과 한 세기 전만 해도 거의 유토피아적인 것으로 여겨졌던 문제들이다.

그러나 이런 경제적 성공은 인간 사회의 부적합 또는 불일치를 더욱 심화시켰다. 더 나은 삶을 살고 더 오래 사는 능력을 높인 것과 비교해,

그에 상응하는 도덕성 또는 행복을 적절하게 고양시키지 못한 데서 만들어지는 불일치였다. 물질적으로 더욱 풍요해질수록 사람들은 서로에 대해 예의와 행동을 더 좋게 가다듬었다. 생존에 필요한 초보적인 욕구에 훨씬 더 만족했기 때문에 사람들은 더 이상 모든 사람에 대한 홉스식 투쟁(자신의 이익과 관련된 모든 사람끼리 싸우는 상태_옮긴이)에 몰두할 필요가 없어졌다. 예의는 더욱 세련되고, 더 사려 깊어졌다.

하지만 이런 외부적인 예의는 값비싼 비용으로 이뤄졌다. 따라서 사람들은 점점 더 사리사욕에만 이끌렸고, 수많은 평범한 일과 개인적인 일에서도 이기적으로 바뀌었다. 현대 자본주의의 성공으로 일반화된 자본주의 정신은 현대인들의 삶 내면에 깊이 침투했다. 그런데 자본주의의 이런 정신을 가족과 개인적인 내밀한 삶으로 확장시키는 것은 전통적인 가치에 반하는 행위였다. 희생, 환대, 우정, 가족 간 유대 등 여러 세기 동안 이뤄진 전통적 가치관과는 뚜렷한 대조를 이뤘다. 그에 따라 이런 오랜 규범들이 이기심으로 대체됐다는 것을 공개적으로 받아들이는 것은 어려운 문제였다. 이로 말미암아 조성되는 불안감 또는 우려는 위선적인 행동으로 나타났다. 위선이 지배하는 거대한 공간이 만들어졌다. 궁극적으로 자본주의의 물질적 성공은 현대인들의 개인적인 삶에서 반쪽짜리 진실이 지배하는 사회를 만들었다. 반쪽 진실이란 특히 남을 속이기 위해 진실의 일부만 말하는 행위다.

기술 진보에 대한 근거 없는 공포

노동력에 대한 틀린 생각과
미래를 예측할 수 없는 인간의 무능

우리에겐 인간의 노동을 대신하는 기계의 도입이라는 지난 200여 년간의 경험이 있다. 자동화는 매번 과거 인간이 실행했던 활동을 대체해왔다. 자동화는 어느 시대에서건 엄청난 규모로 진행되어왔으며, 자동화를 향한 새로운 지평 또한 열려왔다. 그 와중에 대규모 실업, 사회적 이탈, 한마디로 파멸과 암울함에 대한 막연한 두려움도 내재되어 있었다. 그때마다 이런 두려움은 독특하고 절대적으로 참신한 것으로 대체됐다. 어느 때건 충격이 가시면서 그런 두려움은 과장된 것으로 판명됐다.

로봇과 의인화에 대한 매력

로봇의 출현에 대해 최근 활발해지고 있는 논의는 인간을 대체하는 로봇이 가져올 위협에 초점을 맞춘다. 로봇은 인간의 문명과 삶의 방식을 근본적으로 바꿀 수 있는 진정으로 참신한 것이다. 그러나 사람들은 위협부터 생각한다. 이런 종류의 인류 기술의 발전은 새삼스러운 게 아니다. 기계는 산업혁명 초기부터 반복 노동(때로는 창조적 노동)을 엄청난 규모로 대체해왔다. 로봇 역시 과거에 있었던 여타 기계와 다르지 않다. 로봇에 대한 강박관념이나 두려움은 로봇의 의인화에 대해 인간이 가지고 있는 매력과 관련이 있다. 이와 관련해 어떤 사람들은 '로봇 소유주'가 로봇 사용으로 벌어들일 엄청난 이득을 거론하기도 한다. 마치 로봇의 소유주가 노예 소유주인 것처럼 말이다(Freeman, 2014; Rotman, 2015).

하지만 로봇을 소유할 어떠한 주인은 없다. 오직 이런 기술 혁신에 투자하고, 그 혁신을 실행하는 기업들이 있을 뿐이다. 그리고 이익은 그 기업들이 챙길 것이다. 지금껏 보아온 대로 자동화의 확산은 국민소득에서 차지하는 자본소득의 비율을 더욱 증가시키는 요인으로 작용할 것이다. 즉, 자본가에게 더 많은 이익이 돌아갈 것이며, 불평등을 가속화시키는 요인으로 작용할 것이다. 그리고 개인 사이의 불평등이 불러올 모든 결과와 함께 인류 사회에 영향을 끼칠 것이다. 이는 앞서 2부에서 언급했던 주제지만, 노동력을 대체하는 새로운 기계의 도입으로 얻을 효과도 이와 다르지 않다. 이런 경험은 적어도 지난 2세기 동안 우리와 함께했던 것들이다.

로봇공학은 우리에게 정확하게 세 가지 틀린 생각을 직시하도록 한다. 첫째, 노동 논리의 총체적 오류다. 지금까지 통용된 노동에 대한 논리는 다음과 같은 것이었다. 일자리 숫자는 고정되어 있으며, 새로운 기계가 일자리를 넘겨받음에 따라 수많은 노동자는 영구적인 실업 상태에 직면할 것이라는 논리였다. 단기적 안목에서는 이런 논리가 일견 타당해 보이기도 한다. 단기적으로 볼 때, 일자리 수는 제한적인 게 사실이기 때문이다. 기계가 더 많은 일자리를 떠맡으면, 사람들에게 돌아갈 일자리는 당연히 그만큼 적어질 것이다.

하지만 우리가 시야를 조금 더 넓히는 순간, 일자리 숫자는 더 이상 고정되지 않음을 알 수 있다. 이 말을 뒤집어보면 우리는 얼마나 많은 일자리가 없어질지, 또는 얼마나 많은 새로운 일자리가 창출될지 모른다는 뜻과 같다. 새로운 일자리가 무엇이고, 그 새로유 일자리가 몇 개나 나올지 콕 집어 알 수 없다. 왜냐하면 새로운 기술이 어떤 결과를 가져올지 우리는 아직 분명히 알지 못하기 때문이다.[25] 다만 지난 2세기 동안의 기술 발전으로 얻은 경험으로 미뤄볼 때, 우리는 미래 일자리를 가늠해볼 수 있다.

시대가 바뀔 때마다 이와 유사한 두려움이 존재했다. 하지만 그런 두려움은 결코 현실화되지 않았다는 사실을 우리는 이해할 필요가 있다. 새로운 기술들은 결국 거기에 걸맞은 새로운 일자리를 충분히 창출했으며, 실질적으로 사라진 일자리보다 더 많고 더 좋은 일자리를 만들어 냈다. 그렇다고 그런 과정에서 아무것도 잃지 않았다는 뜻은 아니다. 앞으로 새로운 기계(이른바 '로봇')는 노동자들을 일부 대체할 것이고, 일부 사람들의 임금은 줄어들 것이다. 비록 이런 손실이 관련자들에게는 비극적일 수 있지만, 사회 전체에는 그리 영향을 미치지 않을 것이다.

자동화 도입으로 없어진 일자리 비율에 대한 추정치는 사용된 방법론에 따라 국가들 가운데서도, 그리고 한 국가 안에서도 광범위하게 제각각이다. 미국의 경우, 자동화로 없어질 일자리 비율 추정치는 7~47%이고, 일본은 6~55% 정도이다.[26] 자동화의 영향을 받을 가능성이 높은 직업군은 전문직으로, 그 가능성이 대략 70% 이상으로 추정된다. 그러나 직업군 안에서 업무별로 세분화해서 구분해보면, 그 비율은 더 낮다. OECD 국가의 경우 6~12%에 이른다(Hallward-Driemeier & Nayyar, 2018). 이런 수치는 일자리 손실만을 추정한 것이다. 자동화 기술의 도입으로 창출됐거나 창출되는, 알려지지 않은 새로운 일자리는 포함되지 않았다. 자동화 기술은 노동자를 대체했지만, 한편으로 새로운 욕구 또는 필요도 창출했다.

이어 두 번째 총체적 오류는 인간의 필요 또는 욕구가 제한적이라는 것이다. 이 두 번째 오류는 첫 번째 오류와 연관이 있다. 즉, 새로운 기술로 창출되는 새로운 일자리를 정확히 파악할 수 없는 우리의 무능력과 연관이 있다. 결국 인간의 필요 또는 욕구도 이용 가능한 알려진 기술에 따라 결정된다. 지금 통용되는 기술로 충족시킬 수 없는 '욕구'는 경제적으로도 진정한 욕구가 아니다. 가령 오늘날 명왕성으로 비행할 필요성을 느낀다고 해도, 그 필요성을 만족시킬 수 없으며 경제적으로도 중요하지 않다. 마찬가지로, 로마시대 상원 의원이 자신의 연설을 녹음해야 할 필요성이 있었다고 치자(그 당시 누군가가 실제로 그럴 필요가 있었다고 느꼈을 경우). 설혹 녹음할 수 있었다고 할지라도 만족하지 못했을 것이며, 중요하지도 않았다. 그러나 오늘날에는 중요하다. 이 두 가지 오류 사례들은 다음과 같은 방식으로 연관되어 있다.

인간의 필요 또는 욕구는 오늘날 우리가 아는 지식에 국한된다. 오늘날 사람들이 열망하는 것에 한정된 것으로 생각하는 경향이 있다. 그러나 새로운 기술이 또 어떤 새로운 필요 또는 욕구를 창출할지 알 수 없다. 결과적으로 우리는 새로 창출된 필요 또는 욕구를 충족시키기 위해서 어떤 새로운 일자리가 필요할지 알 수 없다. 이는 역사를 통해 알 수밖에 없다는 말이다.

예컨대, 최근 15년 전만 해도 스마트폰의 필요성을 생각할 수 없었다(그 존재를 상상할 수조차 없었다). 마찬가지로 스마트폰에 따른 수많은 새로운 일자리 창출도 상상할 수 없었다. 우버에서부터 비행기 티켓을 판매하거나, 개 소유자를 개 조련사 같은 이용 가능한 사업자와 연결하는 응용 프로그램에 이르기까지 스마트폰 앱으로 창출된 새로운 직업을 전혀 상상할 수 없었다. 40년 전, 우리는 각자 집에 컴퓨터가 있어야 한다는 것을 상상이나 할 수 있었는가? 개인용 컴퓨터를 통해 수백만 개의 새로운 일자리가 창출되는 상황을 생각해낼 수 있었는가? 또 있다. 100여 년 전만 해도 개인용 자동차가 필요하다고 생각할 수도 없었다. 따라서 디트로이트와 포드, GM, 토요타, 심지어 미슐랭 식당 가이드 같은 것조차 상상할 수 없었다. 200여 년 전 명성을 얻은 초기 경제학자 가운데 한 명인 장 바티스트 세이Jean-Baptiste Say조차 이렇게 주장했다.

> 가장 건강하지 못한 말도 운반할 수 있는 가벼운 서비스, 즉 번잡하고 북적거리는 거대한 도시를 통과해 사람들과 물건들을 운반할 수 있는 그 어떤 기계도 나오지 않을 것이다[27](기계가 가져올 지각변동을 예측할 수 없었다는 의미다_옮긴이).

데이비드 리카도David Ricardo와 케인스(〈우리 자손들을 위한 경제의 가능성〉에서) 같은 유명한 경제학자조차도 인간의 필요 또는 욕구는 제한적이라고 생각했다. 하지만 오늘날 우리는 인간의 욕구가 무한하다는 점을 알아야 한다. 그리고 미래 기술의 정확한 움직임을 예측할 수 없기 때문에, 우리의 새로운 욕구가 또 어떤 특별한 형태로 출현할지 예측할 수 없다는 점도 알아야 한다.

세 번째 총체적 오류는 '원자재와 에너지원'에 대한 총체적 오류다. 이른바 지구의 수용력 또는 능력에 관한 것이다. 원자재 또는 원재료의 공급에는 궁극적으로 지질학적인 한계가 있을 수밖에 없다. 간단히 말해 지구가 품고 있는 자원은 유한하다(우리의 협소하고 인간적인 관점에서 보면 적어도 우주는 실로 무제한이라는 점에 유의할 필요가 있다).

하지만 지금까지의 경험으로 미뤄볼 때, 지구의 능력은 우리가 일반적으로 생각하는 것보다 훨씬 더 폭이 넓다는 것을 알 수 있다. 지구에 관한 지식은 현재의 기술 수준에 따라 결정된다. 즉, 우리가 얼마나 아느냐에 따라 정해진다. 지구가 무엇을 함유하는지, 그리고 지구가 가진 자원이 우리의 욕구를 위해 어떻게 사용되는지에 대한 지식은 정말 얇다. 우리의 기술이 더욱 우수할수록, 우리가 발견하는 모든 물질의 매장량은 더 많아질 것이며, 자원 활용 역시 더 효율적으로 할 수 있을 것이다. 가령 X를 에너지원 또는 원재료라고 가정할 때, 현재의 사용 추세로 미뤄보면 X는 Y년도에 이르러 바닥날 것으로 추산할 수 있다.

하지만 이런 추량은 오직 이야기의 한 토막일 뿐이다. 중요한 사실을 빠뜨렸다. X가 부족해지고 가격이 치솟는다면, 대체물 또는 대용 원자재를 창출해야 한다는 동기 부여가 강력해질 것이다(이를테면 사탕수수로 만드는 비트설탕, 합성고무, 셰일가스 시추 기술 등의 발명처럼 말이다). 또는 다양한 입력 조합에 따른 동기 부여가 발생할 것이다. 이런 입력 조합 방식에는 예컨대 X를 투입해 부가가치가 높은 최종 상품을 생산하는 방식이 있다. 다만 최종 상품에 들어가는 비용이 증가할 수 있는데, 이는 대격변이 아닌 상대적 가격 변화일 뿐이다. 따라서 지구의 능력에 대한 우리의 개념은 단지 또 하나의 총체적 오류에 불과할 것이다. 이런 개념은 기술의 발전과 그에 걸맞은 가격 책정 등을 포함하지 않은 것이다.

19세기 무렵 스탠리 제번스Stanley Jevons와 같은 일부 저명한 학자도 이와 유사한, 비논리적이며 터무니없는 두려움을 가지고 있었다. 그는 종이에 사용되는 나무가 고갈될 것으로 보고 많은 양의 종이를 수집하는 소동을 빚기도 했다.[28] 종이를 수천(또는 수백만?) 배 더 많이 사용하면

전 세계의 나무가 고갈될 것으로 그는 파악했다. 그러나 그는 당연하게도 기술의 발전을 통해 종이를 재활용하고 숲을 효율적으로 관리할 수 있다고는 상상할 수 없었다. 또는 전자 통신의 발달이 처음부터 종이 사용에 대한 필요성을 줄였다는 사실을 상상이나 했을까? 우리는 제번스보다 똑똑하지 않다. 우리 역시 앞으로 무엇이 석유나 마그네슘 또는 철광석을 대체할 수 있을지 상상할 수 없다. 그럼에도 우리는 이런 대체가 불러올 현상을 이해해야 하고, 유추할 수 있어야 한다. 다시 말해 보완적 대체가 일어날 것과 그 대체를 유추할 수 있도록 하는 발전 경로를 인식해야만 한다.

로봇공학과 기술에 대한 두려움은 인간 성격상 두 가지 취약성에서 비롯된다고 볼 수 있다. 하나는 지식에 관한 것이다. 단순히 볼 때 우리는 미래의 기술 변화가 무엇이고, 앞으로 무엇을 의미할지 아직 알지 못한다. 이 때문에 새로 창출될 일자리가 무엇일지, 인간의 미래 욕구가 무엇일지, 원자재가 어떻게 사용될지 알 수 없다.

다른 하나는 심리적인 것이다. 우리는 미지에 대한 두려움을 통해 일종의 전율을 느낀다. 예컨대, 금속으로 만들어진 로봇이 공장 바닥에서 평범하고 정상적인 노동자들을 대체한다는, 무섭고도 매력적인 전망을 사례로 들 수 있다. 전율을 향한 인간의 욕구는 이와 어느 정도 흡사하다. 전율을 즐기는 인간 욕구란 무서운 영화를 보게 만들며, 케인스가 '놀람과 흥분에 빠질 준비'라고 칭한 것에도 똑같이 적용할 수 있다.

우리 인간은 스스로 자신에게 겁을 주려고 한다. 천연자원의 고갈, 성장의 한계, 로봇이 사람을 대체하는 것 등에 관한 생각을 통해서 말이다. 인간은 결코 가벼운 존재가 아니다. 최악의 상황을 예상하지 못한 탓이긴 하지만, 어쩌면 그것은 흥미롭고 우리를 선하게 만들 수도 있다. 그러나 역사적 경험은 우리에게 앞으로 로봇 노동자들이 펼쳐나갈 세계는 합리적으로 두려워해야 할 세상이 아니라는 가르침을 준다.

보편적 기본소득의 문제

로봇이 노동자를 대체하면, 사실상 대규모 실업을 촉발할 것임은 분명하다. 그로 말미암아 보편적 기본소득UBI, universal basic income의 개념이 새롭게 대안으로 제기되면서 논의가 활발하다.[29] 보편적 기본소득은 네 가지 특징이 있다. 즉, 보편적 기본소득은 보편적이고, 시민 개개인에게 소득으로 제공되며, 아무런 요구사항 없이 모든 사람에게 주어지고 현금으로 지급된다. 그리고 일회성 보조금이 아닌 지속적으로 지급되는 일종의 소득원이다(초기 단계에서는 보조금이 바로 앞에서 언급한 특징 가운데 세 가지 특징을 지닐 수 있는데, 지속적이 아니라 한 번에 지급될 수도 있다).

보편적 기본소득에 대한 착상은 좌파 진영에서 인기를 끌 만한 사안이다. 왜냐하면 그것은 관대해 보이고, 애초 충분히 높은 수준으로 설정되면 빈곤과 불평등을 어느 정도 줄일 수 있어 보이기 때문이다. 애초부터 보편적 기본소득은 불평등 문제를 해결하려는 것처럼 보인다. 최고 지급액 또는 상한선을 설정하기보다는 하한선, 즉 최저소득을 높게 설정하는 방식이다. 이처럼 최저소득이 충분히 높아진다는 것은 또한 부자들에게 비교적 높은 과세(일종의 보편적 기본소득 펀드를 조성하는 것과 같다)가 부과됨을 암시하기도 한다. 이것이 선순환하면, 소득 불평등을 감소시키는 방책이 될 수 있다.

이런 개념은 정확히 정반대의 관점에서 자산 계층을 비롯한 우파 세력의 관심을 끌 수 있다. 지나치게 높은 소득에 대한 끊임없는 대중의 불만과 고소득을 제한하려는 움직임들을 동시에 없애는 방법이 될 수 있기 때문이다. 땜질식으로 어설프게 대응해 끊임없이 잡음이 이는 고소득층에 대한 적은 세금과 상속제를 쾌도난마식으로 한 번에 날려버릴 수 있을 법도 하다. 일단 부자들이 자신들 관점에서 장점이 되든 안 되든 상관없이 동의한다면, 그리고 모든 사람에게 적절한 생활을 위해 충분한 수입을 제공하기로 동의한다면, 이후 불평등 문제는 어떻게든 해결될 것이다. 시장과 독점적 경쟁이 그것을 허용하든 안 하든 간에 무엇이든 될 것이다. 아울러 자산 계층을 비롯한 우파 세력도 자신들의 고소득을 극대화하는 동시에, 고소득을 사회적으로 수용하는 분위기를 만들 수 있는 장치로 보편적 기본소득을 바라볼 수 있다.

목표가 정확히 반대인 두 진영이 매력을 느낀다고 하더라도, 이런 방안은 적어도 두 진영 가운데 하나, 또는 두 진영 모두에 실망을 안겨줄 것임은 분명하다. 하지만 보편적 기본소득이 논의되어가는 과정에서, 두 진영은 차츰 이 방안이 궁극적으로 옳다는 점을 이해할 수도 있다.

이는 정치적인 계산이 작용할 수 있다는 의미로, 정치적인 이점이 어느 쪽에도 있다는 뜻이다. 이것이 바로 지금 우리가 처한 정확한 상황이다.

그러나 정치적으로 흡인력 있는 요인이 무엇이든, 보편적 기본소득을 정책적으로 적용하는 것을 어렵게 만드는 중요한 문제가 도사린다.

첫째, 우리는 보편적 기본소득을 실행해본 경험이 거의 없다. 자동화와 보편적 기본소득 실행 사례에 관해 조사한 2019년 세계은행 세계개발보고서The 2019 World Bank's World Development Report에 따르면 보편적 기본소득을 전국적으로 실행한 국가는 단지 두 나라뿐이다. 하나는 몽골공화국이다. 한 달에 16.50달러의 보편적 기본소득을 2년 동안 지급했다. 희소 광물을 판매한 수입으로 운영된 몽골의 제도는 수입이 바닥나면서 중단됐다. 다른 하나는 이란이다. 국가에서 주는 에너지 보조금을 재원으로 인구의 96%, 즉 거의 모든 국민에게 현금으로 지급했는데, 월 45달러씩 1년간 지속됐다.[30] 이 사례가 전부다.

다른 유사한 프로그램들은 유감스럽게도 규모가 턱없이 작다. 핀란드에서는 2천 명의 실업자에게 혜택이 돌아가도록 시범적으로 보편적 기본소득을 실시했다. 캘리포니아주 오클랜드는 단 100가구만을 실험 대상으로 했다. 덧붙인다면, 핀란드의 경우는 실업자에게만 지급했다는 점에 유의할 필요가 있다. 애초 설명한 대로 일부 프로그램의 경우에는 보편적이거나 무조건적이지 않았다. 알래스카주는 천연자원 보존기금의 수익금을 재원으로 모든 시민에게 연간 보조금을 지급했다. 하지만 알래스카의 경우는 기금의 운영 수익에 따라 달라지는 등 항구적인 소득원이 아니었다. 원칙적으로 생활비 보조로 매월 일정하게 지급되는 소득이 아니었다. 이 모든 경험을 종합해본다면, 사실상 제대로 된 실행 사례를 찾아볼 수 없다.

이 프로그램을 앞장서 주장한 사람들에 따르면, 보편적 기본소득이 어떤 것인지 명확하게 드러난 지역이나 국가는 보이지 않는다. 즉, 보편적이고 지속 가능한 프로그램으로, 개개 시민들이 생활을 영위할 수 있도록 '수용 가능한' 최소한 소득을 제공하면서, 매달 일정하게(사회적 판단의 관점에서) 지급되거나, 사망에 이를 때까지(개인의 관점에서) 지급될 수 있는 그런 나라나 지역이 아직 없다는 말이다.

하지만 보편적 기본소득 프로그램과 관련한 그 어떤 것도 제대로 시도되지 않았다고 해서, 이 프로그램이 작동할 수 없다는 것을 의미하지는 않는다. 다만 분명한 것은 현재 보편적 기본소득이 실제로 어떻게 작동할 수 있을지를 보여주는 이전의 경험이 없다는 사실이다.

두 번째 문제는 비용에 관한 것이다. 자금 조달에 관한 문제인데, 생각보다 복잡하다. 재정적 이유로 말미암아 보편적 기본소득 프로그램은 아동 복지에서부터 장애 보험에 이르기까지 여타 모든 기존 프로그램과 함께 실행될 수 없다는 것은 분명하다. 따라서 다음과 같은 문제가 있다. 만약 보편적 기본소득이 재정 회계상 독립적으로 설계된다면, 어떤 프로그램들이 축소되고 얼마나 삭감될 것인가? 보편적 기본소득을 재정적으로 독립시켜 운영하는 것은 분명히 가능하다. 기존 프로그램을 중단하거나 축소하고, 보편적 기본소득 프로그램에 따라 지불되는 현금액을 적절하고 동등한 수준으로 설정함으로써 그렇게 할 수 있다.

하지만 문제는 지불될 액수가 생활 유지를 위해 어느 정도의 수준이 적절한가 하는 것이다. 진보 또는 좌파 진영 사람들은 그 수준이 노동자들이 생활하기에 충분하지 않으면 찬성하지 않을 것이다. 간단히 말해 그들은 세금 인상 쪽을 옹호할 것이다. 그들은 회계상 재정 건전성에는 관심을 두지 않는다. 그러나 우파 진영이 막대한 세금이 들어갈 이 프로그램을 찬성할지 그 여부도 알 수 없다.

따라서 보편적 기본소득 프로그램에 일정한 장치가 내장되어 있어야 한다. 인플레이션에 따라 보편적 기본소득 총액은 증가해야 하고, 이 총액과 실제 GDP 성장 사이에는 일정한 연동성이 있어야 한다. 예를 들면, 2~3년마다 1인당 GDP가 증가한 만큼 보편적 기본소득도 똑같이 증가하도록 설계하는 것이다(아니면 더 낮을 수도 있다). 또는 1인당 GDP가 감소했을 때는 그 반대로 설계하는 것이다.

새로운 복지국가의 철학을 암시하는 보편적 기본소득

세 번째 문제는 철학적, 즉 개념 정리에 관한 문제다. 선진국에 존재하는 복지제도는 사회보험 개념을 중심으로 만들어졌다. 에이브너 오퍼와 대니얼 소더버그(2016)의 주장에 따르면, 사회보험 원리는 사회민주주의의 뼈대다. 사회보험은 예측 가능한 상황이나 우발적인 경우에 대비해 개인(그리고 경우에 따라서는 직장이 있는 사람만)을 보호한다. 일할 수 없는 퇴직 상태나 노후에 대비해 기본적 삶을 영위할 수 있도록 하는 것이다. 아울러 사회보험은 질병과 장애, 그리고 출산에 따른 소득 손실, 노령, 그리고 일자리 감소에 대비하는 것이다. 따라서 사회보험은 사회적 성격과 함께 보편적 특징을 띠어야 한다. 재정적으로 관리할 수 없는 상태, 즉 재정적 고갈을 불러오는 일종의 이기적 선택은 피해야 한다(사회보험은 사회적인 강제성을 띠어야 한다는 의미다_옮긴이). 예컨대 만약 실업자가 될 위험이 낮다고 생각하는 사람들이 가입하지 않는다면, 고위험군의 사람들만 남을 것이다. 따라서 보험료도 지나치게 높게 책정될 우려가 있다. 이것이 바로 보편주의와 재분배적 정의가 사회보험 원칙에 필수적인 이유다.

또한 이런 사회보험제도에도 불구하고 실업 상태에 빠졌거나, 여전히 가용 소득이 없는 사람들을 위해 별도의 사회적 지원 혜택을 도입할 필요가 있다. 사회적 지원 혜택이란 자산 조사 결과에 따라 지급하는 자산조사제도의 일종이며, 무조건적 사회보험제도와 달리 대상이 정해진 지원 제도다. 이런 제도가 도입된다면, 빈곤 예방에 상당한 도움을 줄 수 있다.

복지국가의 밑바탕을 이루는 철학은 보편적 기본소득 체계의 도입 여부에 따라 정비될 것이다. 보편적 기본소득제도는 위험을 대비한 보험이 아니다. 그것은 위험성 여부를 완전히 무시하는 제도다. 수익성도 따지지 않는다. 그 제도 아래에서 돈은 모든 사람에게 균등하게 분배된다. 만일 부유한 사람이 혜택을 받았다면, 그 돈은 세금을 통해 나중에 다시 회수된다. 보편적 기본소득에 대한 논쟁과 관련해 이는 반드시 결정적인 것은 아니다. 복지제도에서 이론적 기초를 이루는 철학은 바꿀 수 있고, 아마도 바뀌어야 할 것이며, 바뀔 것이다. 그럼에도 복지제도의 밑바탕을 이루는 철학은 우리에게 다음과 같은 점을 거듭 상기시켜준다. 현재의 복지제도에서 보편적 기본소득으로의 복지 체제 변화는 기술적이고 재정적인 변화뿐만이 아니다. 한 세기 이상 복지국가의 이념을 지배해온 복지 개념의 전반적인 전환을 수반한다.

네 번째 문제 역시 철학적 관점, 즉 직업관에 관한 것이다. 보편적 기본소득이 도입된다면, 어떤 종류의 사회가 펼쳐질 것인지와 같은 좀 더 폭넓은 사안에 관한 것이다. 앞에서 살펴본 것처럼, 좌파와 우파 진영은 매우 다른 사회를 지향한다. 좌파 진영은 보편적 기본소득 실행으로 최고 소득 제한이 도입되면, 불평등이 억제될 것이라고 생각한다. 반면 우파 진영은 보편적 기본소득이 그 반대로 작용할 것이라고 믿는다.

게다가 보편적 기본소득의 실행이 직업이나 일자리를 찾는 사람들의 의도에 어떤 영향을 미칠지 아직 분명하게 알려져 있지 않다. 다른 한편에서 볼 때, 보편적 기본소득처럼 일괄적으로 받는 정기적 소득이 일자리 선택에 영향을 주지 않아야 한다(보편적 기본소득이 여가와 일 사이에 미치는 영향은 없어야 한다. 보편적 기본소득은 누구든 받을 수 있고, 매우 낮은 소득 수준에서는 세금으로 환수되지 않을 수 있기 때문이다). 반면에, 사람들은 소득이 높아질수록 좀 더 여가를 즐기려 할 것이다. 즉, 일을 덜 하려 할 것이다. 전혀 소득이 없거나, 훨씬 낮은 수준의 사회적 지원을 받는 사람들과 비교해보더라도, 수입이 많을수록 사람들은 여가를 즐긴다. 여가와 일의 균형을 맞추면 보편적 기본소득이 직업에 미치는 영향을 줄일 수 있다.

하지만 사회가 극단적으로 양극화할 가능성도 있다. 노동 가능 인구 가운데 대략 30%는 일을 하지 않으려 할 것이다. 일하지 않는 쪽을 선택한 사람들은 보편적 기본소득이 충분하다고 생각할 것이다. 그들 가운데는 상속받은 고액의 자본소득 때문에 일할 필요가 없다고 생각하는 사람들도 있다(이에 대해선 이미 앞에서 논의했다).

이런 점들을 예상해볼 때, 보편적 기본소득의 도입으로 사회는 세 부류로 나눠질 수 있다. 소득 순위에서 맨 밑바닥 부류와 상층부 사람들은 일하지 않으려 할 것이고, 중간층만 일할 것이다. 본질적으로 노동이 선하고 바람직한 것으로 대우받지 못하고, 1/3가량의 젊은이들이 상시적으로 일을 하지 않는다면, 과연 그런 사회를 훌륭한 사회라고 정의할 수 있을지 의문이다.

지금까지 제기한 사안들은 보편적 기본소득에 대한 찬성이나 반대 여부를 결정하기 전에 다루어야 할 문제들이다. 지금 제기된 몇 가지 부정적 견해 가운데 어느 것도 보편적 기본소득 발상을 폐기하기에는 충분하지 않다. 제기된 각각의 문제는 해결할 수 있거나, 무리 없이 능숙하게 처리할 수 있거나, 고려할 가치가 없는 문제일 수 있다. 그러나 이 모든 문제점을 함께 제기하고, 해결하는 것이 보편적 기본소득으로 조속히 이동할 수 있는 상책이다.

호사와 쾌락

두 가지 시나리오: 전쟁과 평화

세계적 자본주의의 진화 과정을 더 상세히 기록할 때, 세계적인 핵전쟁 발발을 아주 진지하게 고려할 필요가 있다. 지구상의 모든 생명체를 파괴하지 않는다는 한도 내에서 말이다. 무슨 말인가 하면, 세계가 더 평화로운 환경에 처했을 때보다 핵전쟁은 미래 세계를 근본적으로 변화시킬 것이다(더 선하고 평화로운 세계를 만들기 위한 근본적인 체제 변화의 필요성을 제기한 말이다). 과거 전쟁과 같은 참혹한 외인성 충격을 목격하지는 않아야 하겠지만, 적어도 자본주의의 모든 발전 과정에는 급격한 불연속성이 있었다. 이를 이해하려면 제1차 세계대전을 유추해보면 도움이 된다. 제1차 세계대전은 세계사의 궤적을 상당히 바꿔놓았다. 이는 이전에 합리적으로 예측된 사실과 비교해보아도 알 수 있다. 제1차 세계대전은 1917년 공산주의 혁명을 직접적으로 불러왔고, 대안적인 사회경제체제의 수립을 유도했다. 이어서 전개된 20세기 중반의 더 나은 시대를 향해 자본주의를 좀 더 진지하고 신뢰할 만한 시도로 도출해냈다. 또 제2차 세계대전이라는 자본주의 공백기가 이어졌고, 이를 계기로 세계적 차원에서 유럽의 중요성은 감소했으며, 그 대신 미국이 세계적인 헤게모니를 거머쥐게 됐다. 제1차 세계대전 결과, 부분적으로 유럽의 식민지 강국이 약화되고, 그 지배력이 줄어들면서 탈식민화 과정이 가속화됐다.

제1차 세계대전은 어느 날 느닷없이 일어난 전쟁이 아니다. 그 전쟁의 씨앗은 전쟁 이전에 만연된 환경에 내재되어 있었다. 1902년 존 홉슨John Hobson이 주장한 것처럼, 유럽 제국주의는 궁극적으로 이 전쟁의 원인을 제공했다. 유럽식 제국주의 정책에 따른 글로벌 자본주의로 말미암아, 소득과 재산의 극심한 불평등이 발생했던 것이다. 제국주의 덕분에 부자들은 많은 돈을 거머쥐었으나 돈을 쓸 곳이 마땅치 않았다. 그 결과 부자들(그들의 평균 소비 성향은 낮았다)이 가진 많은 돈과 그들의 국내 투자 수익성 사이에는 극심한 불균형이 발생했다.

따라서 부자들은 자신들이 저축한 돈으로 최고의 이익을 얻을 수 있는 해외 투자로 눈을 돌렸다. 세계적 자본주의를 향한 이런 새로운 행동 방향은 그들 자본의 안전 문제를 대두시켰다. 하지만 식민지 정복이나 사실상의 정치적 통제로 해결했다. 몇몇 강대국들은 모두 이런 식으로 자국의 영향력을 넓히려고 했고, 자연히 제국주의적 경쟁이 뒤따랐다. 이런 상황 전개는 전쟁을 불러왔고, 유럽의 정치도 이런 식으로 변형됐던 것이다.[31]

따라서 전쟁 이전에 지배적인 경제 상황과 전쟁의 '필요성' 사이에는 이런 강력한 연관성이 있었다. 이미 3부에서 주장했듯이, 제1차 세계대전은 아마도 다음과 같은 논지에 대한 가장 강력한 반박 사례가 될 것이다. 그 논지는 국가 사이에 형성되는 강력한 경제적 상호 의존성 때문에, 자본주의는 평화가 필요하다(또는 평화를 촉진한다)는 것이다. 1914년 이전에는 모두 그렇게 생각했다. 전쟁이 모든 당사자에게 참혹하고 파괴적인 영향을 미칠 것이라는 점은 모두가 아는 통념적이고 일반적인 지혜였다. 그러나 최종 결정을 내려야 했을 때 모든 사람은 눈을 감고 벼랑으로 떨어졌다.

오늘날에도 같은 논리가 적용될 수 있다. 사람들은 주요 강대국 사이의 전쟁이 모든 관련 국가에 대격변적인 영향을 미칠 것이라는 점을 잘 알고 있다. 이보다는 적겠지만, 여타 다른 국가들에도 영향이 미칠 것이다. 지난 20세기는 역사상 가장 참혹한 기간이었다. 두 차례의 전쟁으로 약 2억 3,100만 명이 죽었는데, 이것은 지금까지 태어난 약 89억 명의 약 2.6%에 해당한다.[32] 만일 21세기에 전쟁이 일어난다면 절대적인 숫자뿐만 아니라, 상대적인 인명 피해 숫자에서도 훨씬 더 치명적일 수 있다. 우리를 더욱 우울하게 하는 것은 자본주의와 권력이 전 세계적으로 확산된 정점의 바로 앞에서 역사상 가장 파괴적인 갈등이 일어났다는 점이다. 그리고 비슷한 내부 메커니즘이 또다시 그런 갈등으로 이어질 수도 있는, 더욱 무시할 수 없는 상황이 전개된다는 점이다.

만약 전쟁으로 인류가 멸망으로 결딴나지 않는다면, 지난 수백 년 동안 이루어온 모든 기술적 진보는 이런 전쟁 때문에 무력화되지는 않을 것이다(기술적 진보는 계속된다는 의미다_옮긴이). 그 이유는 세계화가 기술적 지식을 넓고도 멀리 퍼뜨려놓았기 때문이다. 만약 북아메리카, 유럽, 러시아가 거의 사라지고 인간이 거주할 수 없을지라도(국민 1인당 소득이 급격하게 감소하면, 살아남은 사람들이 중남미, 아프리카, 아시아로 대량 이주할지도 모른다), 자동차와 컴퓨터 생산에서부터 유전자 변형 식품에 이르기까지, 발전한 기술에 대한 지식은 결코 사라지지 않을 것이다. 한편 개별 국가들의 상대적인 힘은 근본적으로 바뀔 것이다(20세기의 두 번에 걸친 세계대전 이후 개별 국가들의 판도는 크게 변화됐다).

비록 기술적인 진보는 좌절을 몇 번 겪겠지만, 결코 멈추지 않고 중단 없이 이어질 것이다. 기술 발전이 전 세계로 확산한 것은 세계화된 자본주의 덕분이었다. 제2차 세계대전이라는 대규모 학살 이후에도 기술적 진보가 이어지고 보존될 수 있었던 이유도 (아이러니하게도) 세계화된 자본주의 덕분이었다.[33] 이런 우울한 상황에서도 세계화된 자본주의는 황폐화의 원인이면서, 또한 문명화의 구세주라는 두 가지 역할을 맡고 있다. '제4차 세계대전은 돌, 즉 암석과의 싸움이 될 것'이라는 이른바 아인슈타인의 우화는 현실로 입증되지는 않을 것 같다. 인류의 절반이 파괴된다고 하더라도 기술 지식은 사라지지 않을 것이다.

결론적으로, 세계적인 전쟁이 발발할 것인지와 관련된 문제는 다음과 같은 상황을 중심으로 전개될 수 있다. 인류가 전쟁과 같은 재앙이 '승자'와 '패자'라는 개념을 조롱하게 만들 것이라고 깨달을 만큼, 충분히 성숙했는지 여부에 달렸다. 아니면 인간이 이런 깨달음에 도달하기 위한 실질적인 행동을 취해나가는지 그 여부에 달렸다.

세계적인 전쟁이 발발하지 않는다고 가정한다면, 앞으로 수십 년 동안 세계화된 자본주의는 어떤 궤적을 그려나갈 것인가? 이 질문에 대한 답은 이 책에서 고찰하는 두 가지 유형의 자본주의 경쟁과 관련해 찾아볼 것이다.

자유자본주의와 국가자본주의

2부와 3부에서 미국과 중국이 제각기 자유자본주의와 국가자본주의의 주요 주창자로서 수행하는 역할에 관해 설명했다. 우리는 이 두 유형의 자본주의에 대한 장점을 좀 더 이론적인 차원에서 고찰할 필요가 있다. 두 핵심 주도국과는 별도로 원칙적 차원에서 검증할 필요가 있다.

자유자본주의의 장점은 민주주의 정치체제에 있다. 많은 사람(전부는 아니지만)은 민주주의를 '원초적 선'으로 생각한다. 그 자체로 바람직한 것이며, 경제 성장이나 인간 기대 수명에 미치는 영향이 타당한지 아닌지와 같은 정당성과는 무관하다. 이것이 한 가지 장점이다.

두 번째로 민주주의에는 수단으로서 장점이 있다. 국민 사이에서 끊임없는 협의를 요구한다. 이를 통해 대중의 복지에 해로울 수도 있는 경제적, 사회적 동향에 매우 강력한 교정을 가할 수 있는 동력을 제공한다. 비록 사람들, 특히 정치인들의 의사 결정이 때때로 경제성장률을 낮추고, 오염을 악화시키거나, 기대 수명을 낮추는 정책을 불러오더라도, 비교적 일정한 시간이 지난 이후에 민주적인 의사 결정을 통해 이를 바꿀 수 있다. 민주주의가 해로운 의사 결정에 대한 견제 장치로 중요하지 않거나 필요하지 않다고 본다면, 대다수 사람들은 끊임없이 오랫동안 잘못된 선택이라고(또는 비이성적이라고) 외쳐야 할 것이다. 그러나 그럴 수 없으며 그렇게 외쳐도 소용이 없다.

소득과 정치적 자유 사이의 타협

이처럼 민주주의가 겸비된 자유자본주의의 이점에 반해, 국가자본주의는 훨씬 더 효율적인 경제 관리와 더 높은 성장률을 약속한다. 이는 특히 고소득과 재산을 궁극적인 목표에 둔다고 할 때 작은 장점이 아니다. 그런 목표 의식은 세계화된 자본주의에 이념적인 뿌리를 둘 뿐만 아니라, 거의 모든 경제 세계화 행위자들의 행동(실제로 전 세계를 의미함)에서 드러난다. 존 롤스는 '원초적 선(기본적 자유 및 소득)'이 통상적 순서로 보아 기본 요건이라고 주장했다. 즉, 사람들은 부와 소득보다 기본적인 자유를 절대적으로 우선시하고, 그에 따라 기본적 자유를 해치는 타협은 받아들이지 않는다는 것이다.[34] 그러나 일상적인 경험을 통해 미뤄

볼 때, 많은 사람은 기꺼이 민주적 의사 결정의 일부분을 거래하려고 한다(더 많은 수입을 목적으로 한다면 민주적 절차를 포기한다는 의미다_옮긴이).

기업 내에서의 생산은 일반적으로 가장 민주적인 방식이 아닌, 가장 계층적인 방식으로 조직된다는 것을 제대로 인식할 필요가 있다. 노동자들은 자신들이 생산하고자 하는 제품이나 자신들이 생산하고 싶은 방법을 투표로 결정하지 않는다(기계로 작업을 하든 안 하든 무관하게). 그 이유는 계층 구조가 좀 더 높은 효율성과 더 많은 임금을 도출해내기 때문이다. 기업은 민주적 의사 결정보다 효율성을 목표로 한다. 자크 엘룰Jacques Ellul은 반세기 전인 1963년에 이미 다음과 같이 말한 바 있다.

> 기술은 민주주의의 경계선이다. 기술이 승리한다는 것은 민주주의가 진다는 뜻이다. 만약 노동자에게 인기 있는 엔지니어라면, 그들은 기계에 대해서는 무지한 사람들이다(대량생산 체제에서 기계가 노동자보다 더 효율적이라는 의미다_옮긴이).

같은 비유를 사회 전체로 확장하면, 다른 민주적 권리는 더 많은 소득을 위해 기꺼이 포기할 수 있다(지금까지 그렇게 했다). 국가자본주의가 우월성을 주장하는 이유는 여기에 근거한다.

그러나 문제는 국가자본주의의 우월성을 증명하고 갖가지 민중의 자유주의적 시도(즉, 사람들이 자유자본주의적 요소를 선호하고 선택하는 것)를 피하기 위해, 국가자본주의는 지속적으로 높은 성장률을 국민의 기대치에 맞춰 내놓아야 한다는 점에 있다. 따라서 자유자본주의의 장점은 '자연 발생적'이다. 달리 표현하면, 애초부터 체제 내부에 내재되어 있었다. 반면, 국가자본주의의 장점은 기계적이다. 국가자본주의는 지속적으로 보여주기식이어야 한다. 따라서 국가자본주의는 출발에서부터 불리한 조건을 갖고 시작한다. 국가자본주의는 갖가지 시행착오를 거쳐 실증적으로 그 우월성을 입증해야 한다.

이런 과정에서 국가자본주의는 두 가지 문제에 직면할 것이다. 하나는 잘못된 진로를 바꾸기 어렵다는 점이다. 민주적 검증의 부재로 진로가 잘못 선택되어 진행됐을 경우에도 바꾸기가 매우 어렵다. 다른 하나는 법치의 부재에 따른 부패의 가능성이다. 법치가 제대로 정착되지 않아, 부패로 흐를 가능성이 짙다. 자유자본주의와 비교해볼 때, 국가자본주의는 나쁜 정책과 나쁜 사회적 결과물을 만들어내기가 더 쉬운 경향이 있다. 이는 권력자들에게 진로를 바꿀 동기 부여가 없기 때문에, 개혁에 착수하기 쉽지 않다는 데서 비롯된다. 따라서 국가자본주의는 체계적인 부패로 말미암아 일반 대중의 불만을 불러오기가 매우 쉽다. 자유자본주의 아래에서는 앞의 두 가지 문제가 그리 큰 '골칫거리'는 아니다.

그러므로 국가자본주의는 더 나은 사회를 위한 관리, 더 높은 성장률, 그리고 더 효율적인 행정(정의로운 행정 운영을 포함해서)을 제공하기 위해 스스로를 다스려야 한다. 스스로를 다스려야 한다는 의미는 돈이나 보상에 매수되어 자기 원칙에 위배되는 일을 하지 말아야 한다는 뜻이다. 일시적인 문제에 좀 더 유연할 수 있는 자유자본주의와 달리, 국가자본주의가 성공하려면 영원히 발끝으로 움직여야 한다. 모든 행동을 조심하면서 주의하지 않으면 안 된다. 사회진화론자의 관점에서 보면 이것은 장점으로 보일 수 있다. 국가자본주의는 더 많은 것을 이뤄내야 한다는 국민의 압력을 끊임없이 받는다. 이 때문에 국가자본주의는 자유자본주의보다 매년 경제 영역을 더 잘 관리하고, 더 많은 재화와 서비스를 계속 제공할 수 있는 능력을 연마할 수도 있다. 따라서 처음에 결함으로 보이는 정책들이 훗날 장점이 될 수 있다.

세 가지 시나리오

새뮤얼 볼스와 허버트 긴티즈는 1986년 출판한 《민주주의와 자본주의Democracy and Capitalism》에서 앞으로 진화할 세계화의 예상 진로를 세 가지 방향으로 전망했다.

첫 번째는 신자유주의였다. 이는 서구 세계가 주도하고 자유 성과주의적 자본주의를 중심에 둔다.

두 번째는 신홉스주의였다. 여기에서 신홉스주의는 '재산권의 지배력이 미칠 수 있는 지역으로의 영토 확장, 개인 권리 영역의 축소, 책임 없는 국가 기관의 건설'로 정의된다. 이는 내가 정의한 국가자본주의와 흡사하다. 볼스와 긴티즈는 이런 변형을 "전통적인 가치를 수용하는 에드먼드 버크Edmund Burke의 사상, 또는 앙리 드 생시몽Henri de Saint-Simon이 추구했던 미래 사회와 더 흡사하다"고 설명했다. 신홉스주의적 자본주의는 상대적으로 보수적인 사회 가치, 수많은 영역에서의 재산권 확대(나는 이를 상품화의 증가로 지칭한다), 사회공학을 통해 사회를 개선하려는 시도와 합치한다. 이는 모두 성공적인 국가자본주의의 특징들이다.

볼스와 긴티즈가 자본주의의 향후 진로로 예상한 세 번째는 다음과 같은 사회로 구성된다. 그 사회는 자본가가 민주적으로 조직된 회사에 자신의 자본을 빌려주거나, 자본재를 통째로 빌려주는 사회다. 사회민주주의적 이념에 좀 더 근접하는 사회다. 이를테면, 노동이 주된 자리를 차지하는 사회다. 이런 유형의 자본주의는 현재 어디에도 존재하지 않는다. 자본이 좀 더 풍부해지고 인구 증가가 정체되면, 생산요소 가운데 자본과 노동의 위치가 역전되는 사회, 즉 노동이 자본을 고용하는 사회를 상상할 수 있다.

그렇다고 하더라도 이런 반전, 즉 노동이 자본을 고용하는 사회는 지금까지 나오지 않았다. 지금까지는 자본 소유자들이 더 강력한 교섭적 지위(노동에 비해 자본이 상대적으로 희소해서 나오는 현상, 즉 노동에 비해 자본이 더 강함)를 가지고 있다. 이뿐만 아니라, 노동자들끼리 서로 조정하고 타협하기도 사실상 쉽지 않다. 애덤 스미스는 수천 명의 노동자보다 자본가 두 명의 이익을 타협 또는 조정하는 것이 더 쉽다고 했다.

노동 우위의 사회가 도래할 수 없는 또 다른 이유는 노동자들에게는 담보가 없다는 데 있다. 이는 자본가가 노동자에게 돈을 빌려주는 것을 경계하도록 하는 요인이다. 게다가 민주적으로 조직된 기업은 당연하게도 자본 제공자의 통제 아래 있기를 원하지 않는다. 이는 자본가가 자금을 빌려주는 것을 꺼리는 또 다른 이유다.[35]

이런 갖가지 문제점에도 노동과 자본 사이에 상대적인 협상력의 변화 또는 위치 변화가 21세기 동안에 벌어질 수도 있다는 것을 배제할 수 없다(노동자 측에 더 많은 자본이 축적되고, 전 세계적으로 인구 성장이 정체되는 현상이 일어난다면 그럴 수 있다). 그리고 민주적으로 조직된 직업 현장이 자유자본주의와 국가자본주의를 대체할 수 있는 하나의 대안으로 출현할 수도 있다. 이는 생산 수단의 개인 소유 형태가 유지된다는 점에서 자본주의적이라고 할 수 있다. 이런 경우에 임금 노동의 형태는 존재하지 않을 것이다. 자유자본주의와 국가자본주의를 막론하고 둘 다 종래 자본주의의 표준적 정의를 대입해볼 때, 이런 유형의 사회를 자본주의로 칭할 수 있을지 아직 알 수 없다.

전 세계적 불평등과 지정학적 변화

이 책 곳곳에서 아시아와 서구 사이에 벌어진 경제 및 지정학적 변화들이 가져다주는 효과를 설명했다. 경제 및 지정학적 변화는 되살아나고 있는 아시아와 서구 사이의 소득 격차는 극적으로 줄 것이다. 이는 상당히 합리적으로 예상할 수 있다. 이런 추세가 지속된다면, 중국을 비롯한 태국, 인도네시아, 베트남, 그리고 인도와 같은 여타 아시아 국가들의 소득 수준이 서구 국가들의 소득 수준에 근접할 것이다. 이런 소득의 융합 또는 평준화는 소득 수준이 상대적으로 동등했던 산업혁명 이전의 세계로 되돌릴 것이다. 당시에는 중국과 인도의 소득이 서유럽의 소득과 비슷했다.

이는 〔도표 5-1〕에서 볼 수 있다. 이 도표는 영국의 1인당 GDP 백분율을 기준으로, 중국과 인도의 1인당 GDP 비율을 나타낸다. 1820년대 중국과 1870년대 인도를 시점으로 했으며, 다음과 같은 네 시기에 중점을 둔다. ①제1차 세계대전 직전인 1910년대 초반, ②중국공산당 혁명기와 인도 독립 시기인 1940년대 후반, ③중국의 개혁이 시작된 1970년대 후반, 그리고 ④오늘날이다.

이는 또한 같은 방법과 비슷한 시점을 통해 네덜란드를 기준으로 한 인도네시아의 위치를 나타낸다. 이 세 나라(중국, 인도, 인도네시아)는 유사한데, 산업혁명 당시 이 아시아 3개국의 1인당 국민소득은 영국(그 당시 유럽에서 가장 선진화된 나라)의 약 40%였다. 그 이후 이 아시아 국가들의 상대적 국민소득 수준은 급격히 떨어졌다. 이 때문에 20세기 중반부터 1970년대 후반과 1980년대 초반까지 이 아시아 국가들의 1인당 국민소득은 영국이나 네덜란드의 1/10에도 못 미쳤다. 그러나 지난 40년 동안 상황은 급격하게 바뀌었다. 특히 중국은 19세기 초와 거의 같은 소득 수준으로 되돌아갔다. 어떤 의미에서 볼 때, 우리는 농업혁명이라 일컫는 제1차 산업혁명 당시의 효과를 다시 목격한다. 〔도표 5-1〕은 지난 2세기 동안 벌어진 역사를 단적으로 보여준다.

이런 소득의 평준화는 또한 1820년 이후 처음으로 전 세계적으로 소득의 불평등을 지속적으로 줄여주는 주된 요인이 됐다(도표 1-1 참조).[36]

도표 5-1 산업혁명 당시부터 오늘날까지 영국의 1인당 GDP 백분율을 기준으로 중국과 인도의 1인당 GDP가 차지하는 비율. 네덜란드 1인당 GDP 백분율을 기준으로 인도네시아의 1인당 비율

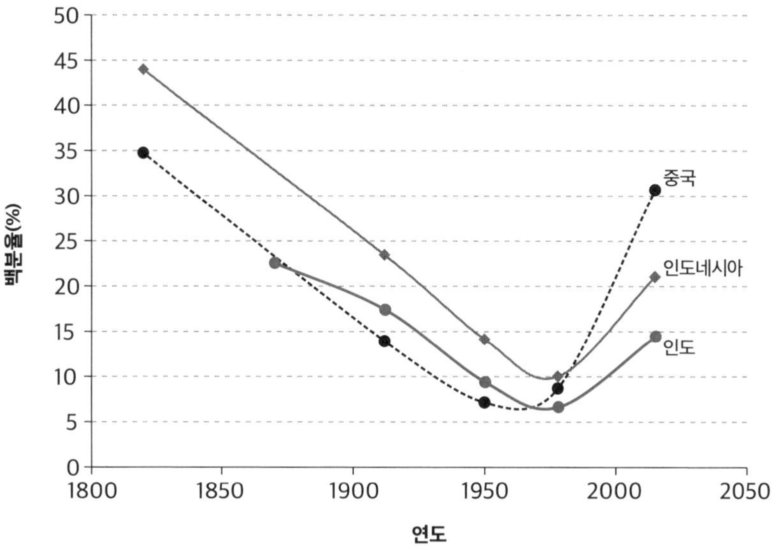

출처: 메디슨 프로젝트(Maddison Project, 2018); 모든 1인당 GDP 자료는 2011년 PPPs 기준(가변적 cgdppc, 특정 시점에서 국가 간 비교에 사용되는 실질 GDP).

20세기 마지막 20년 동안, 세계적 불평등이 완화된 요인은 전적으로 중국의 성장에서 비롯된다는 점을 확인할 수 있다(Milanovic, 2012).

그 기간 동안, 중국의 성장이 홀로 세계 불평등의 심화를 저지했을 뿐만 아니라, 절대빈곤선 아래에서 사는 전 세계 사람들 가운데 95% 이상을 감축시킨 셈이 됐다(Chen Shaohua & Ravallion, 2007). 21세기로 접어들면서 중국은 인도가 수행하는 역할에 동참했다. 인도는 인구가 많고 상대적으로 빈곤하다. 그러면서도 높은 성장률로, 지금 전 세계 소득

불평등과 세계적 빈곤의 감소에 크게 기여한다.

전 세계적으로 불평등이 감소하는 현상은 의미가 작지 않다. 그 중요성은 두 자리 숫자 미만의 단수(불평등의 지니계수)로 줄어든 것에만 그치지 않는다. 오히려 광범위한 사람들의 실질적인 소득을 평준화하는 데 그 의미가 크다고 할 것이다. 이에 따라 우리는 아마도 역사상 처음으로 세계 중산층의 출현에 대해 거론할 수 있다. 그러나 이런 진전이 과연 정치적으로 어떤 영향을 미칠지는 아직 미지수다. 개별 국가들에서는 대규모 중산층의 존재가 중요하다고 여겨왔다. 중산층의 존재는 재산권 보호와 정치적 안정성에 크게 기여해왔다(중산층은 가난한 사람들에게서 재산을 몰수하는 것을 보호하고, 부유한 사람들이 통치의 독점권을 누리지 못하도록 했다). 그러나 전 세계적인 통치 체제가 없는 상황에서, 세계적 중산층이 그 특별한 역할을 수행할 수 있을지 그 여부는 결코 알 수 없는 문제다.

소득의 평준화와 세계 중산층의 출현은 그야말로 행동과 소비에서 비슷한 유형을 공유하는 사람들이 좀 더 많아질 가능성을 높인다. 이는 이미 우리가 쉽게 볼 수 있는 현상이다. 인구가 많은 여타 아시아 국가들의 소득이 유럽이나 북미의 소득을 따라잡으면서부터 행동과 소비 유형의 공유는 훨씬 더 보편화된다. 또한 이런 흐름은 좀 더 많은 사람을 포용한다.

이 같은 융합적 현상이 이미 얼마나 진전됐는지를 보여주는 지표가 있다. 2017년의 1인당 실질 GDP(가격 차이를 감안한)를 보자. 이에 따르면 중국은 EU에서 최빈국인 불가리아보다 10% 정도 낮았고, 인구가 합쳐진 EU의 1인당 GDP의 41%에 불과했다. 그러나 1인당 GDP에서 EU의 2%의 연간 성장 폭과 중국의 연간 6%의 성장 속도를 비교해볼 때, 중국이 유럽 수준에 도달하는 데는 보수적으로 추산해도 대략 1세대(24년) 정도밖에 걸리지 않을 것이다. 따라서 2040년 무렵에 이르면 북미, 유럽(러시아를 제외한), 일본, 한국, 그리고 중국을 포함한 세계 북반구 전체가 대략 비슷한 소득 수준에 이를 것이다. 남반구와 동남아시아도 국민소득에서 그렇게 뒤처지지 않을 것이다. 이런 흐름은 정말 획기적인 변화다.

전 세계적 불평등 문제와 관련해 아직 크게 부각되지 않는 것 가운데 하나는 아프리카에서 무슨 일이 벌어질 것인가 하는 점이다. 아프리카는 두 가지 이유에서 주목된다. 첫째, 아프리카에서는 지금까지의 지속적 방식으로 소득 평준화의 과정이 시작될 징후가 거의 보이지 않는다는 점이다. 즉, 대부분의 국가에서는 1인당 소득 성장률이 최근 기간(이를테면 20년)에 걸쳐 서구의 성장률보다 높게 나타났지만, 아프리카에서는 그런 움직임이 아직 없다. 둘째, 아프리카는 어느 대륙보다도 예상 인구 증가율이 단연 가장 높았다. 아프리카 국가들이 부유한 나라들을 따라잡지 못하고(1인당 소득 기준), 절대적인 인구수가 다른 지역보다 높은 비율로 계속 늘어난다면, 세계적 소득 불평등의 완화 추세는 처음으로 정체될 것이다. 그리고 소득 불평등이 악화할 것이라는 시나리오도 예상된다. 이는 매우 불행한 상황 전개다.

어쨌든 우리는 세 번째(첫 번째는 서구, 두 번째는 아시아였다)의 소득 성장을 기다려야 한다. 다시 말해 아프리카의 주목할 만한 지역 성장 에피소드, 즉 소득 향상을 기다려야 한다. 아프리카가 성장해야 국가 평균 소득이 상승하면서, 전 세계적인 소득의 평준화에 한 걸음 더 다가설 수 있다. 종합하면, 앞으로 수십 년 안에 우리는 현재 세계 인구의 절반 이상을 포용하는 광범위한 지역인 유라시아와 북미에서 소득의 평준화를 기대할 수 있다. 사하라사막 이남의 아프리카 지역이 전 지구적인 이 같은 소득 평준화에 합류할지 미지수다. 이 지역은 현재 전 세계 인구의 14%를 차지하지만 2040년에는 20%에 이를 것으로 보인다.[37]

이런 맥락에서 우리는 중국이 아프리카 경제 발전에 기여할 수 있는 역할에 대해 검토해야 한다. 인프라 투자, 토지 개발, 식량 및 천연자원의 생산 증가에 초점을 맞춘 중국식 아프리카 접근법이 아프리카 주요 국가들의 더 빠른 성장으로 이어진다면, 전 세계적 소득 평준화는 가속화될 것이다. 또한, 아프리카 국가들의 빠른 성장은 아프리카인들의 유럽 이주를 줄어들게 할 수 있다. 아프리카 사람들의 이주 목적지는 유럽의 부유한 국가들이다. 중국의 대아프리카 경제 전략이 성공한다면 유럽에도 큰 도움이 될 것이다. 4부에서 지적했듯이, 유럽은 외국인 노동력이 가장 필요한 지역이다. 그런데도 이주민들의 유입에 문을 열기를 가장 주저한다. 이런 사례를 바탕에 둘 때 세계 각지의 상호 의존성이 증가함을 볼 수 있다. 중국과 인도의 성공은 그들 국민을 이롭게 하면서도 세계 중산층 성장에 기여할 뿐만 아니라, 아프리카의 발전을 촉진하고 유럽이 당면한 대규모 인구 유입의 압력을 누그러뜨릴 수 있다.

전 세계적인 소득 평준화는 또한 비참한 세계 전쟁의 위험을 줄일 수 있다. 18세기 유럽인들의 월등한 힘이 온갖 종류의 부정과 불법적 행동을 저지르도록 만들었다는 사실을 깨달은 바 있는 애덤 스미스는 이렇게 생각했다. 세계 개별 지역 사이의 재산과 권력이 더 균등해질수록 서로에 대한 두려움으로 말미암아 평화가 유지될 것이라고 생각했다.

> 지구상 다른 나라의 원주민들은 더 강해질 수도 있다. 반면 유럽 사람들은 지금보다 더 약해질 수도 있다. 그리하여 세계 각지의 주민들은 용기와 힘의 균등에 이를 수 있다. 이런 용기와 힘의 균등은 서로의 두려움을 자극함으로써, 개별 국가들(이를테면 유럽의 국가들_옮긴이)의 불법적 행위를 끊어내고, 상호 권리에 대한 일련의 존중으로 이끌 수 있다.[38]

이 책이 유도하는 사회 체제에 대한 요약

서구 자본주의 사회가 이룩한 과거의 발전을 요약하고 미래가 지닌 가치가 무엇인지 예측하는 것으로 결론을 내보고자 한다. 먼저 종래 자유 자본주의의 세 가지 유형(2부에서 정의한 대로)과 다른 두 가지 가설적 유형, 즉 현실에서 존재한 적이 없는 대중적 자본주의People's capitalism와 평등주의적 자본주의Egalitarian capitalism를 개괄적으로나마 서술할 것이다.

이어 우리가 이런 두 유형 가운데 하나를 달성하는 데 도움이 될 수 있는 정책을 제시할 것이다.

고전적 자본주의

노동자는 노동을 통해서만 수입을 얻고, 자본가는 자본을 통해서만 수입을 얻으며, 모든 자본가는 모든 노동자보다 부유하다. 즉, 노동자와 자본가의 소득분배는 겹치지 않는다. 세금과 사회적 이전을 통한 재분배는 극히 적다. 사람 사이의 불평등은 높다. 재산으로 형성된 이점은 세대에 걸쳐 전해진다. 이런 형태는 리카도-마르크스 자본주의라고 불린다.

사회민주주의적 자본주의

노동자는 노동을 통해서만 수입을 얻고, 자본가는 자본을 통해서만 수입을 얻지만, 모든 자본가가 모든 노동자보다 부유한 것은 아니다. 무료 또는 접근 가능한 공공 의료와 교육을 포함한 세금 및 사회적 이전 제도를 통해 상당한 재분배가 이뤄진다. 사람 사이의 불평등은 보통이다. 교육에 대한 상대적으로 동등한 접근은 세대 간 소득의 이동성을 용이하게 만든다.

자유 성과주의적 자본주의

대부분의 사람들은 노동과 자본에서 어느 정도 수입을 얻는다. 자본소득의 비중은 소득 수준에 따라 증가하기 때문에, 가장 부유한 최상위 부유층은 주로(일반적으로) 자본소득을 보유한다. 그러나 가장 부유한 사람들(예를 들면 상위 5%)도 상당한 노동소득을 가진다. 사회가 부유해질수록 자본의 비중이 증가하고, 동일한 개인이 보유한 높은 자본소득과 노동소득의 결합은 개인 사이의 불평등을 심화시킨다. 세금과 사회적 이전제도는 총소득의 상당 부분을 재분배한다. 한편으로, 부자들이 사교육과 개별 의료제도에 투자하기를 선호함에 따라 사회분리주의는 더욱 중요해진다. 세대 간 이동성은 사회민주주의적 자본주의보다 둔화된다.

대중적 자본주의

모든 사람은 거의 동일한 비율로 자본소득과 노동소득을 가진다. 사람들의 수입은 여전히 제각각이다. 일부는 자본소득과 노동소득 모두를 좀 더 많이 소유한다. 자본 비율의 증가는 개인 사이의 불평등으로 번지지 않는다. 따라서 불평등이 심화하는 흐름으로 이어지지 않는다. 직접적인 재분배는 제한적이지만, 무료 의료 서비스와 의무교육은 세대 간 소득 이동을 촉진시킨다.

평등주의적 자본주의

모든 사람은 거의 동일한 수준의 자본소득과 노동소득을 보유한다. 보유 자본의 비율이 크게 늘어난다고 해서 이것이 불평등으로 비화하지는 않는다. 개인 사이의 불평등 정도는 낮다. 재분배에서 국가의 역할은 사회보험에 한정된다. 소득이 상대적으로 균등해짐에 따라 기회의 평등도 보장된다. 자유의지론(자유방임주의), 자본주의, 그리고 사회주의가 서로 좀 더 밀접해지는 유형이라 할 수 있다.

상당히 추상적인 방법이겠지만, 자본주의가 앞으로 어떻게 진화할 것인지에 대한 담론은 다음과 같은 몇 가지 문제에 달려 있다. 즉, 자유 성과주의적 자본주의가 좀 더 진보적 단계로 나아갈 수 있는지 그 여부, 다시 말해 대중적 자본주의로 진화할 것인지 그 여부에 달려 있다. 대중적 자본주의로 진화한다면, 자본소득의 집중이(그리고 재산권 소유의 집중도) 더 적어질 것이고, 소득 불평등은 더 낮아질 것이며, 세대 간 소득 이동성은 더 확산될 것이다. 대중적 자본주의의 마지막 요점은 지속적이고 견고한 엘리트층의 형성을 저지한다는 데 있다.

이 같은 움직임이 바람직한 것으로 좀 더 지지를 받는다면, 대중적 자본주의로 실제 진전되기 위해서는 단단한 준비가 필요하다. 진보적인 정책이 아무리 의미 있고 잘 설계됐다 하더라도 그것만으로는 충분하지 않다. 분명하고 계량 가능한 목표를 염두에 두는 것이 중요하다. 대중적 자본주의나 평등주의적 자본주의가 목표라고 할 때, 그 목표가 어떻게 이뤄지는지에 대한 계량화는 비교적 간단하다. 오늘날 우리가 가진 지식과 기술을 사용해 충분히 계량화할 수 있다. 진전 상황을 모니터링하는 과정에서 가장 중요한 두 가지 대목은 재산의 집중도 및 자본소득의 감소 여부, 그리고 세대 사이의 (상대적) 소득 이동성의 개선 여부에 있다. 둘 다 장기적 목표이기 때문에 연간 변화에 큰 의미를 둘 필요는 없다. 그러나 연간 변화를 합쳐 목표를 설정하고 몇 년 간격으로 진전 정도를 측정해 계량화할 수 있다.

앞에서 언급한 모든 것들의 목표를 위해 실천으로 이어질 만한 정책들은 비교적 간단하게 다음 네 가지로 요약할 수 있다.

① 중산층에 대한 세제 혜택, 특히 금융 및 주택 재산에 대한 접근성, 그리고 부자들에 대한 세금 증액이다. 이는 높은 상속세 과세를 통한 환원으로, 부자들에게 부가 집중되는 것을 줄이는 데 목적이 있다.

② 공립학교에 대한 자금 조달의 대폭적인 증가와 질적 향상이다. 여기에 들어가는 비용은 중산층뿐만 아니라, 소득분배의 하위 3분위 계층도 접근할 수 있을 만큼 낮은 수준이어야 한다. 세대 사이에 걸친 세습의 이점을 줄이고 기회 평등을 좀 더 현실화하는 데 목적이 있다.

③ 시민권에 대한 조명이다. 이는 시민과 비시민 사이의 엄격한 이분법적 분리를 종식시키고자 하는 노력이다. 민족주의적인 대중의 반발을 촉발시키지 않고 이주를 허용하는 데 목적이 있다.

④ 정치 운동에 들어가는 자금을 엄격히 제한하고 철저히 공공 기금화하는 것이다. 이는 부자가 정치 과정을 지배하고 견고한 상류층을 형성하는 능력을 축소시키는 데 목적이 있다.

아니면 자유자본주의와 국가자본주의의 융합인가?

자유자본주의가 완전히 다른 유형으로 진화한다고 가정한다면, 아마도 금권주의적 유형이 될 것이며 궁극적으로 국가자본주의의 방향이 될 것이다. 이 시나리오는 가능하다. 오늘날 경험하는 자유자본주의에서 금권주의적 특징이 강해지는 현상을 감안해볼 때, 국가자본주의적 유형으로 변화할 가능성이 없지 않다. 이는 자유자본주의 아래에서 형성되는 새로운 엘리트 집단의 이익들과 상당 부분 양립할 수 있거나 호환할 수 있는 진화다. 이로 말미암아 엘리트들은 사회의 여타 분야로부터 분리되어 독립적으로 행동하기 위해 행동반경을 넓힐 것이다.

사실 2부에서 설명한 바와 같이, 엘리트 집단이 자신들의 이익을 유지·보존하기 위해서는 반드시 정치 분야의 통제가 필요하다. 즉, 정치권력을 보유해야 한다는 의미다. 이미 언급한 대로 '부와 권력에 매듭을 짓는 것'이다. 돈과 권력의 결탁이다. 자유자본주의 체제에서 경제 분야와 정치권력이 연합할수록, 자유자본주의는 금권주의적 성향을 띠고 국가자본주의와 유사해진다. 국가자본주의 체제에서 정치적 통제는 경제적 이득을 얻는 방법이다. 자유주의 이전의 금권적 자본주의 체제에서 경제적 힘, 즉 돈은 정치인들을 정복하는 데 사용됐다. 그러면 결국 금권 체제와 국가자본주의라는 두 체제의 지향점은 동일해진다. 즉, 엘리트들의 연합과 그 엘리트 체제가 오랫동안 지속되는 것이다.

엘리트들은 또한 자신들이 사회를 좀 더 효율적으로 운영할 수 있다고 생각할 수 있다. 국가자본주의 체제가 갖는 기술 관료주의적인 수단을 사용해서 말이다. 앞으로 국가자본주의로 향하는 흐름은 촉진될 것이다. 만약 젊은이들이 거의 같은 정책을 답습하는 주류 정당들에 점점 더 환멸을 느끼고, 결과적으로 민주적인 과정이 의미 있는 변화를 이끌 수 있다는 희망을 버린다면 그럴 것이다. 국가자본주의의 목적은 국민의 마음에서 정치를 없애는 데 있다. 민주주의 정치에 대한 환멸과 관심 부족이 점점 증폭될 때, 국민은 더욱 정치에서 멀어질 것이다.

만일 자유자본주의가 국가자본주의로 진화한다면, 내가 3부에서 설명한 특징들이 거의 현실화될 것이다. 국민을 만족시킬 만한 비교적 높은 성장률을 도출해내기 위해서는 경제를 매우 효율적으로 관리해야 한다. 즉, 효율적인 경제 관리를 위해 유능한 관료 체제가 필요하다. 그리고 장기적으로는 항상 정권 존립에 위협을 가할 수 있는 내재적 부패가 늘어날 것이다.

부록 A

세계 역사에서 공산주의의 위치

3부에서 다룬 세계사에서의 공산주의 위치에 대한 관점은 다음 두 가지 문제에 관해 중요한 의미를 지니고 있다. 그 두 가지 문제는 20세기 역사를 어떻게 해석할 것인가, 그리고 가능하다면 21세기 역사 또한 어떻게 해석할 것인가이다.

요점 1. 나의 결론은 실질적으로 많은 측면에서 다음과 같은 마르크스주의 관점의 정당성을 내포하고 있다. 마르크스주의 관점에서 보면, 자본주의는 제국주의 경쟁으로 이어져 전쟁을 일으킨다. 제1차 세계대전이 이에 대한 확실한 증거다. 국가의 자주적 역할이 종종 제한되었고, 국내적으로 자본가들이 종종 정치 과정을 통제한다는 관점의 정당성도 입증되었다.

요점 2. 나는 마르크스주의 관점이 두 가지 중요한 점에서 심각한 결펩을 보이고 있다고 설명했다. 첫째, 마르크스주의 관점은 다음과 같은 자본주의의 능력을 충분히 고려하지 않았다. 자본주의는 스스로 변화하고, 사회민주주의라는 일종의 변종을 만들어내는 능력이 있었다. 2부에서 설명한 바와 같이, 사회민주주의는 20세기와 21세기 현대 자본주의의 세 가지 변종 가운데 하나다. 이 변종, 즉 사회민주주의는 하층 계급과 중산층의 소득을 실질적으로 증가시켰고, 교육과 사회보장을 확산시켰다. 그리고 사회민주주의를 실행한 국가들은 일반적으로 역사상 어떤 집단도 누리지 못한 가장 높은 수준의 번영과 정치적 자유를 이룰 수 있었다.

둘째, 마르크스주의 이론은 공산주의의 역사적인 역할을 완전히 잘못 판단했거나, 마르크스주의 용어인 사회주의를 엄격히 고수했다. 사회주의는 위기와 전쟁 이후 예정되어 있던 자본주의를 계승하기보다는, 오히려 제3세계의 자본주의 발전을 위한 길을 닦았다. 제3세계 일부 지역에서는 공산주의 이데올로기와 공산당이 자본주의를 발전시켜나갔다. 이처럼 제3세계에서의 공산주의는 서방의 부르주아 계급이 했던 기능적 역할을 수행했다. 따라서 일부 제3세계 국가에서는 사회주의가 자본주의와 공산주의 유토피아 사이의 이행 단계라기보다는, 사실상 봉건주의와 자본주의 사이의 이행 체제였다.

어떤 면에서 이런 결과는 다음과 같이 주장한 러시아의 '합법적 마르크스주의자'들이 취한 명백한 역설적인 태도가 옳았다는 증거다. 그들은 저개발 국가에서 공산주의 조직의 역할이 자본주의 발전을 돕는 것이어야 한다고 주장했다.

어떻게 이런 그럴듯한 역사가 생겼을까? 왜 이제서야 비로소 우리가 공산주의의 진정한 역할을 명확히 알 수 있는 것일까?

그 답은 서구식 발전 경로가 보편적이라는 가설에 있는데, 이는 잘못된 것으로 밝혀졌다. 이런 가설은 다음과 같은 세계 각 지역 사이의 뚜렷한 조건의 차이를 인식할 수 없게 만들었다. 즉, 어떤 지역에서는 부르주아 혁명이 자생적이었던 반면, 다른 어떤 지역에서는 외국 자본이 주로 정복하기 위해, 그리고 서양에서 만들어진 자본주의 제도를 단순히 부차적이고 부수적인 방법으로 구현하거나 이식하기 위해 유입되었다. 실제로 서구 제국주의와 식민주의가 더 강력했다면, 그리고 그 목적이 주로 착취보다 자본주의 제도를 만드는 데 있었다면(로자 룩셈부르크 Rosa Luxemburg가 주장했듯이, 자본주의 제도는 자본주의 이전의 사회 구성체에 대한 논쟁을 통해 좀 더 쉽게 만들어졌다), 제3세계는 서구식 발전 경로를 따랐을 것이고, 식민주의는 제3세계를 서구의 모습으로 탈바꿈시켰을 것이다. 문명화의 사명은 성공적이었을 것이다. 그리고 실제로 자본주의 경제는 소규모의 자급자족 지역(홍콩, 싱가포르 같은 지역)에서 자리 잡게 되었다. 아울러 자본주의 경제는 토착 인구가 희박하거나 몰살당한 지역, 그리고 다른 유럽인들을 상대하는 유럽인들이 자신들의 제도를 이식할 수 있는 지역(아르헨티나, 우루과이, 호주 및 뉴질랜드 같은 지역)에서 자리 잡게 되었다.[1]

그러나 다음과 같은 지역에서는 자본주의 제도가 변두리(실제 경우에는 아프리카 연안 지역)에서만 발전했다. 그 지역은 유럽인들이 자본주의 제도를 이식할 수 없거나, 착취하는 것이 더 수익성 있고, 구식 봉건체제를 유지하는 게 더 나은 곳이다. 그리고 나머지 사람들은 이전 질서 아래에서 계속 살았다. 각기 다른 세 유럽 제국에 정복된 베트남, 인도, 인도네시아는 모두 전 인구의 90% 이상이 계속 살고 있는 변함없는 사회 체제와 아울러, 그 사회 체제 위에 자본주의라는 얇은 층이 겹쳐진 채 병립해 존재하는, 전형적인 사례를 보여준다.

마르크스주의 역사 문헌, 그리고 인도 관련 저술에서 마르크스 못지않은 한 사람은 인도를 자본주의 사회로 변화시키려는 영국 식민주의자들의 의지와 능력을 과대평가했다. 마찬가지로 마르크스는 1853년 6월에 다음과 같은 글을 썼다.

> 영국이 힌두스탄Hindoustan(인도의 동·서·북쪽을 둘러싼 산지와 남쪽의 반도부 사이의 광대한 평야_옮긴이)에서 사회 혁명을 일으킨 것은 사실이다. 그 혁명에서 영국은 오로지 가장 악랄하게 이익에 따라 행동했는데, 그때 시행된 방식은 어리석은 방식이었다. 그러나 이는 문제가 아니다. 문제는 인류가 아시아의 그런 사회 상태에서 근본적인 혁명 없이 인류 자신의 운명을 완수할 수 있느냐는 것이다. 그렇지 않다면, 영국의 범죄가 무엇이든 간에 영국은 그 혁명을 불러일으키는 데 역사의 무의식적인 도구였다.[2]

마르크스는 몇 달 뒤 쓴 다른 글에서 이렇게 단언했다.

> 영국은 인도에서 두 가지 임무를 완수해야만 한다. 하나는 파괴하는 것이고, 다른 하나는 재건하는 것이다. 다시 말해 옛 아시아 사회를 절멸시키고, 아시아에 서구 사회의 물질적 토대를 놓아야 한다.[3]

그러나 영국 자본가들은 이에 실패했다. 인도는 너무 거대했다.

마찬가지로 빌 워런은 자신의 저서《제국주의: 자본주의의 선구자》에서 서구식 발전 경로를 강력히 옹호하는 관점을 취했다. 이런 워런의 관점은 마르크스주의의 원래 견해와 일치한다. 워런의 주장에 따르면, 결정적인 실수, 즉 서구식 발전 경로의 포기는 볼셰비키로 거슬러 올라가는데, 이들 볼셰비키는 반제국주의 투쟁과 프롤레타리아 투쟁을 혼동했다. 워런에 따르면 오직 첫 번째, 즉 파괴하는 것만이 마르크스주의 관점에 맞았고, 서구와 제3세계에 똑같이 적용됐어야 했다. 워런의 관점에서 이런 실수는 제3세계 국가의 노동자 운동이 반식민주의자인 일부 현지 부르주아 세력과 공동 전선을 펼치도록 이끌었다. 따라서 그런 실수는 사회적 갈등의 칼날을 무디게 했다는 것이다.

코민테른의 '동방으로의 방향 전환'과 자본주의의 전 세계적 확산

실제로 두 투쟁의 결합, 즉 제3세계 노동자 운동과 현지 부르주아 세력의 결합은 중대한 결정이었다. 이 결정은 1920년 바쿠Baku 회의로 명명된 제1차 동방인민회의에서 비롯되었고, 제2차 국제공산당(코민테른) 대회로 계속 이어졌다. 이런 두 투쟁의 결합으로, 코민테른은 그때까지의 유럽 중심적 관점인 서구식 발전 경로에서 벗어났다.

그러나 빌 워런이 믿었던 것처럼, 이는 실수가 아니었다. 그 결정이 의미하는 바는 제3세계에서 좌파와 공산주의 운동이 사회 혁명과 민족해방을 합법적으로 결합시킬 수 있다는 것이었다. 달리 말해 그 결정은 앞에서 주장했듯이, 독특한 방식으로 좌파와 공산주의자들이 권력을 얻을 수 있도록 해준 핵심 요소였다. 역사의 교묘함이 마치 '보이지 않는 손에 이끌리는' 것처럼, 그 결정은 좌파와 공산주의자들에게 다음과 같은 '흥미로운 사실을 드러내지' 않았다. 그 결정은 좌파와 공산주의자들이 생각했던 대로 계급이 없고 국제적인 공산주의 사회로 인도하기보다, 국가적 자본주의의 부상을 위한 환경을 조성했다. 이런 맥락에서 보면, 레닌과 코민테른의 '동방의 노동자'를 향한 방향 전환과 더불어, 그 방향 전환이 암시했던 분할, 즉 제국주의와 식민지 국가 두 진영으로의 세계 분할은 다음과 같은 일이 일어나는 데 절대적으로 결정적이었음을 알 수 있다. 그것은 바로 공산주의를 불러일으킨 것이 아니라, 자본주의를 불러일으킨 것이었다.[4]

이런 해석은 (언뜻 보기에 역설적으로 들리지만) 아마도 레닌이 역사상 가장 중요한 '주자파走資派(문화 대혁명 때 마오쩌둥이 자본주의 노선을 따르는 실권파를 비난한 용어_옮긴이)'였을 것이라고 주장할 수 있게 한다. 왜냐하면 다음과 같은 레닌의 생각 때문이다. 레닌은 서구의 프롤레타리아 투쟁과 아프리카 및 아시아의 민족해방운동을 연결시키려고 했다. 이런 레닌의 생각은 서구의 정통 마르크스주의에서 출발했다. 그리고 그 생각은 약 50~60년 뒤 베트남, 중국, 앙골라, 알제리 같은 다양한 나라에 토착 자본주의를 불러일으킬 힘을 촉발시켰다. 만일 그런 결정이 없었다면, 전 세계에 걸친 자본주의의 확산은 없었을 것이며, 그 확산이 훨씬 더 천천히 일어났을 것이다.

이런 결과는 마르크스주의 역사관이 완전히 틀렸음을 입증하는가? 나는 그렇게 생각하지 않는다. 마르크스주의에서 이처럼 큰 역할을 했던 연속적인 경제 발전 단계는 마르크스의 《정치경제학 비판Critique of Political Economy》의 서문에 간략하게 정의되어 있다. 그리고 그 발전 단계는 마르크스와 엥겔스가 생을 마감할 때까지 완성되지 않은 채 남아 있었다. 그러나 내가 이 책에서 주장했듯이, 그런 특정한 연속적인 단계는 틀렸으며, 마르크스의 역사적 유물론(유물사관)에서 가장 중요한 부분이 아니었다. 에릭 홉스봄Eric Hobsbawm도 다음과 같이 언급한 적이 있다.

> 역사적 유물론의 일반적인 이론이 요구하는 것은 오로지 일련의 생산 양식이 있어야 한다는 것뿐이다. 하지만 꼭 그렇지는 않다. … 특별히 미리 정해진 순서는 없다. … 만약 [마르크스가] 자신의 관찰에서 [사회경제적 구성체가 나아가는 순서에 대해] 잘못 생각했거나, 또는 부분적이고 따라서 오해 소지가 있는 정보에 기초했다면, 역사적 유물론의 일반 이론은 영

향을 받지 않았을 것이다.[5]

그렇다면 이 같은 해석은 미래에 대한 우리의 견해에 어떤 영향을 미칠까? 가장 먼저 인식해야 할 것은 자본주의를 이을 명백한 후계 체제가 없다는 점이다. 공산주의의 진정한 역할에 대한 내 설명은 그 공산주의의 역할이 완수되었음을 분명히 한다. 공산주의는 그런 기능을 수행해왔고, 인류 역사의 미래에는 그 역할이 없을 것 같다. 공산주의는 미래의 체제가 아니라 과거의 체제다.

그런데도 마르크스주의 분석의 큰 장점은 각각의 사회경제적 체제를 시간상 필연적으로 제한된 것으로 여기도록 촉구한다는 것이다. 생산의 근본 조건이 진화함에 따라, 변하지 않는 것은 아무것도 없다. 마르크스의 말에 따르면 다음과 같다. "특정한 생산 방식이나 산업 단계는 항상 특정한 협력 방식이나 사회 단계와 결합되어 있으며, 이런 협력 방식은 그 자체로 생산력이다."[6] 자본주의 또한 진화할 것임을 우리는 알고 있다. 하지만 자본주의가 어떻게 바뀔지는 알 수 없다. 예컨대 지배적인 개인 소유 자본이 중단되거나, 임금 노동이 그 중요성을 상실하게 되는 것과 같은 극적인 방식으로, 자본주의가 바뀔지는 알 수 없다.

새로운 유형의 기술 발전 덕분에, 소규모 생산이 생산의 체계를 세우는 표준적인 방법이 될 것이다. 이런 소규모 생산은 자영업자 개인이나, 자기 자본으로 운영하면서 국유 은행에서 우대 금리로 차입하는 소규모 단체가 그 체계를 세운다. 아니면 마르크스와 막스 베버가 정의한 대로, 자본주의를 하찮게 만들 다른 조합이 있을 수도 있다. 앞에서 설명한 초상업화되고 세계화된 변종, 즉 자유 성과주의적 자본주의와 국가 자본주의 모두에서, 현재 우리가 예측할 수 있는 것은 아무것도 없다. 왜냐하면 오늘날 자본주의는 역사상 그 어느 때보다 더 강력하고, 어디에나 존재하는 것처럼 보이기 때문이다.

5부에서 주장했듯이, 자본주의는 우리의 가정을 포함한 사적인 영역에까지 들어와 있으며, 우리의 자유시간 및 개인 재산(지금은 자본이 되었다)의 사용, 친척과의 관계, 결혼 형태 등에 영향을 미치고 있다. 그래서 우리는 자본주의가 그 어느 때보다 더 강력하다는 것을 알고 있다. 그러나 이것이 향후 자본주의적 관계의 확장과 더불어, 자본주의의 전체적인 정점을 의미하는 것인지, 아니면 단지 지엽적인 정점인 것인지 아직 알 수 없다.

부록 B

초상업화와 애덤 스미스의 '보이지 않는 손'

5부에서는 초상업화된 세계화와 우리의 가치 및 행동 사이의 상호작용에 관해 설명했다. 여기서는 초기 자본주의 당시 애덤 스미스가 똑같은 종류의 문제를 어떻게 다뤘는지, 그리고 스미스의 주장에서 '보이지 않는 손'은 어디에 위치하는지에 대해 살펴볼 것이다.

보이지 않는 손과 같은 종류의 논쟁은 다음과 같은 점을 받아들이는 것이 필요했다. 즉, 계몽주의 이전 시대에 권력, 쾌락, 이익(데이비드 우튼의 〔2018〕 분류 사용)을 향한 파괴적이고 만족할 줄 모르는 열정이라고 생각되었던 것이 통제되는 한, 사회적 이익을 가져올 수 있다는 점을 받아들이는 것이 필요했다. 아리스토텔레스의 윤리와 기독교적 도덕은 용기, 자기 통제, 진실성 같은 개인 덕목에 중점을 둔다. 이런 윤리와 도덕에서 벗어난 데이비드 흄David Hume과 애덤 스미스 같은 이들은 다음과 같은 점을 알았다. 즉, 만약 한 사람이 관습대로 이기심과 야심 같은 인간의 악행으로 여겨지는 것에 일정한 역할을 부여한다면, 그 사람은 이런 인간의 악행을 사회 개선 프로젝트에 이용할 수 있다. 만약 어떤 사람이 다른 어떤 사람을 잘살게 만드는 것 외에는 부자가 될 수 없거나, 그에게 권력이 자유롭고 일시적으로 위임되는 것 외에는 더 큰 권력을 얻을 수 없다면, 그런 관습적인 악행은 사회적 행복, 부, 그리고 안보를 증대하는 원동력으로 사용될 수 있다. 개인적인 악행을 사회적 미덕으로 완전히 바꿔놓는 이런 '마법'이 애덤 스미스의 보이지 않는 손이다.

사회적 최고 선summun bonum은 개인의 이익에 의존해야만 달성될 수 있는데, 그 자체로 항상 칭찬할 만한 것은 아니다. 또한 그 보상이 항상 덕 있는 자에게 주어지는 것도 아니다. 개인 및 사회적 차원 사이의 이런 대비는 버나드 맨더빌이 극명하게 제시했고, 마키아벨리가 한층 더 크게 전개했다. 하지만 애덤 스미스는 이런 대비를 더욱 미묘한 방식으로 드러냈는데, 아마도 그의 유신론 때문인 것 같다. 이는 《도덕감정론》에서 특히 두드러지고 있는 것으로 보인다. 이 책에서 애덤 스미스는 라이프니츠 관점에 근접했지만, 볼테르에게는 조롱거리가 되었다. 볼테르는 《캉디드Candide》에서 '모든 가능한 세계 가운데 최고'라는 생각에 조소를 보냈다.

> 다른 모든 이성적인 창조물뿐만 아니라 인류의 행복은 자연의 창조자가 그 모든 것을 창조했을 때, 의도한 본래의 목적이었던 것 같다. 다른 어떤

목적도 필연적으로 그 창조자에게서 비롯되는 최고의 지혜와 신성한 자비 만큼 가치 있어 보이지는 않는다. 그리고 그 창조자의 무한한 완전함에 대한 추상적인 생각으로 이어지는 이런 견해는 자연의 행위를 조사해봄으로써 더욱 확고해진다. 그 자연의 행위는 행복을 증진시키고 불행을 대비하기 위해 모두 의도된 것 같다(《도덕감정론》, 제3권, 제5장).

이어서 스미스는 얻는 것과 마땅히 받을 만한 것 사이에 모순은 없다고 말한다.

만약 외부로부터의 번영과 역경이 이 세상에 공통적으로 분포하는 일반적인 규칙성을 고려한다면, 우리는 모든 것이 이 세상에 존재하는 것처럼 보이는 무질서에도 불구하고, 여기에서도 모든 미덕은 당연히 적절한 보상을 받게 된다는 것을 깨달아야 한다(《도덕감정론》, 제3권, 제5장).

그리고 그 공적과 보상 사이에 어떤 모순이라도 있다면, 이는 지진이나 홍수와 유사한 우연한 사고다(우리는 만물의 창조자가 왜 이런 사고를 허용하는지 알지 못하지만).

어떤 매우 예외적이고 불행한 상황 때문에, 한 선한 사람이 자신은 아무것도 할 수 없는 범죄 혐의를 받게 될 수 있다. 이로 말미암아 그는 남은 생애 동안 가장 부당하게 사람들에게 공포와 혐오 대상으로 노출될 수도 있다.

> 이런 종류의 사고로 말미암아, 그는 진실하고 정당하지만 모든 것을 잃었다는 말을 들을 수 있다. 같은 방식으로, 어떤 주의 깊은 사람도 극도의 신중함을 가지고 있지만, 지진이나 홍수로 몰락할 수도 있다(《도덕감정론》, 제3권 제5장).

5부에서 제시한 다음과 같은 주장은 기본적으로 애덤 스미스의 관점과 일치한다. 그 주장은 초상업화된 세계화가 우리의 가치관과 행동에 어떻게 서로 영향을 미치는지, 그리고 우리의 가치관이 현재 존재하는 상업화된 사회를 어떻게 형성하는지에 관한 것이다. 아울러 스미스의 관점은 개인의 이기심이 어떻게 사회적 선으로 전환되는지에 관한 것이다. 그러나 이런 나의 주장은 완전하고 무조건적인 동의는 아니다.

나의 견해는 궁극적으로 낙관적인 스미스의 결론에서 출발하는데, 다음과 같은 두 측면으로 나뉜다. 첫째, 나는 우리 삶이 더 많이 상품화될수록 권력, 쾌락, 이익에 대한 열정이 더 광범위하게 이용되고, 종종 그런 열정에 무제한적으로 의존하게 된다고 주장한다. 게다가 이런 열정이 사회에 좋은 영향을 미치기 위해서는 더 큰 정부의 '행정적 규제'를 도입해야 하고, 그것을 유지하려고 노력해야 한다. 법률적 제약과 강경한 입법을 통해, 예상할 수 있는 오용이나 남용보다 한발 앞서가야 한다. 하지만 이는 최고로 좋은 상황을 상상한다고 하더라도 달성하기가 쉽지 않다. 권력을 가진 자들에게 이런 정부의 제약을 도입해야 할 동기가 없을 경우, 이를 달성하기는 훨씬 더 어려워진다.

둘째로, 그런 열정으로 형성된 일부 극단적인 행태들은 어떤 방법으로도 제어할 수 없다. 이는 애초부터 불법적이거나 비윤리적인 활동들에 해당하며, 아마도 그런 활동들은 좀 더 상업적인 사고방식을 가진 사회에서 더 중요해질 것이다.

이런 두 가지 견해는 다음과 같은 의미로 귀결된다. 즉, 악덕을 미덕으로 변환할 수 있다는 스미스의 결론이 초상업화된 사회에서는 효과를 거두기 어려워진다.

그렇다면 이런 스미스의 결론이 상정하는 핵심적 가설이 오늘날에도 과연 유효한지 의문이 들 수 있다. 만약 어느 시점에서 내적·외적 견제가 개인의 열정을 사회의 생산적인 경로로 향하도록 통제하고 감독할 만큼 강력하지 않은 상황에서, 그 열정이 자유롭게 행사된다면 그야말로 파괴적인 결과를 불러올 수도 있다.

부록 C

몇 가지 방법론적 문제와 정의

여기에서는 이 책에서 논의된 다음과 같은 몇 가지 주제에 대해 더 자세히 설명하고자 한다. 세계적 불평등을 측정하는 방법(아래 첫 번째 소제목과 도표 1-1), 총 순소득에서 자본 비율을 측정하는 방법(두 번째 소제목), 그리고 부유한 국가와 가난한 국가 사이의 소득 수렴을 기대하는 이유(세 번째 소제목과 도표 3-2)가 그런 주제들이다.

세계적 불평등의 측정

세계적 불평등은 특정한 시점에서 측정된 모든 세계 시민 사이의 소득 불평등을 나타낸다. 방법론적으로 볼 때, 이 세계적 불평등은 미국 내부의 소득 불평등 상황과 다르지 않다. 유일한 차이점은 세계적 불평등을 계산하는 영역이 더 넓다는 점이다. 그러나 측정 방법과 도구(예를 들면, 가장 보편적인 불평등 척도인 지니계수의 사용)는 똑같다.[1]

세계적 불평등에 관한 자료는 일반적으로 전국적 가구 표본 조사에서 나오는데, 이 조사는 전 세계 소득분배와 결합된다(당연한 말이지만, 만약 우리가 세계적인 가구 조사 자료를 갖고 있다면, 세계적 소득분배 자료를 뽑는 것은 좀 더 쉬울 것이다). 국가별 조사는 각국의 통화로 표시된 가구의 소득을 제공한다. 이들 금액은 원칙적으로 어느 나라에서나 동일한 구매력을 갖는, 이른바 국제통화(즉, 구매력평가지수. 달러로 표시)로 전환된다. 이는 일반적으로 부유한 나라보다 물가 수준이 낮은 가난한 나라(예컨대, 같은 양의 음식이라도 노르웨이보다 인도가 더 싸다)에서 벌어들인 소득을 조정하기 위해 쓰인다. 이 절차는 국민소득 자료를 서로 비교할 수 있도록 해준다.

방금 설명한 방법론은 1980년대 중후반 이후의 기간에만 사용할 수 있다. 왜냐하면 그 이전에는 세계의 몇몇 주요 지역에 대한 가계 조사가 존재하지 않았기 때문이다. 이를테면 1980년대까지 대다수 아프리카 국가들에서는 가계 조사가 시행되지 않았고, 중국도 1984년부터 도입했으며, 소련에서 시행된 조사는 1980년대 후반까지 공개되지 않았다. 그래서 1820년까지 거슬러 올라가는 초창기 시기에는 훨씬 더 개략적인 추정치를 사용해야 한다.

프랑수아 부르기뇽과 크리스천 모리슨은 2002년 선구적인 조사 기법을 선보였다. 세계를 33개 지역권으로 나누고, 대략 20년 간격으로 똑같은 소득분배 추정치를 이들 지역권 내 모든 국가에 적용했다. 따라서 특정한 지역권(특정 연도)에 포함된 모든 국가는 똑같은 소득분배 추정치가 도출되도록 했다. 이는 가계 조사를 상당히 단일화시켰지만, 역사적으로 소득분배에 관한 자료가 일반적으로 부족한 상황에서 취할 수 있는 최선의 방법이었다.

약간 다른 역사적 소득분배를 사용한 좀 더 새로운 일부 연구는 부르기뇽과 모리슨이 얻은 주요 결과치를 확인시켜주었다(van Zanden et al., 2014; Milanovic, 2011).

국가의 평균 소득의 경우(특정한 소득분배를 고정시키기 위해 필요한 경우), 부르기뇽과 모리슨은 앵거스 매디슨Angus Maddison의 2007년 자료를 사용했다. 이 자료는 1990년을 기준으로, 1820년부터 20세기 말까지 세계 대부분 국가의 1인당 GDP 추정치다.

도표 1-1에서는 1988년까지의 기간 동안, 부르기뇽-모리슨의 원래 소득분배치와 지역권 정의를 사용했다. 그러나 1990년 매디슨의 1인당 GDP 추정치는 새로운 1인당 GDP 추정치로 대체했다. 이 새로운 추정치는 매디슨 데이터베이스 프로젝트Maddison Database Project가 2011년 구매력평가지수 추정치를 바탕으로 산출한 것인데, 현 단계에서 이용할 수 있는 가장 최신 자료다.[2] 이런 재계산은 원래의 소득분배치에 더해, 훨씬 개선된 역사적 1인당 GDP 추정치를 적용하는 작업이다. 1988년 이후의 기간에 대해서는 국민 가계 조사(앞서 설명한 대로)를 사용하고, 국

가 통화 단위를 2011년 국제통화(구매력평가지수) 달러로 환산했다.

불평등은 가처분소득(세후)의 관점에서 계산되고, 모든 개인에 걸쳐 계산된다는 점에 주목하는 것이 중요하다. 여기에서 가구 구성원 각각은 1인당 평균 소득을 할당받는다(예컨대 세후 가계 총소득이 400이고 가구원이 4명이면 각각 100의 소득을 할당받는다). 이런 접근 방식은 1820~2013년까지 모든 계산에 통용된다.

총 순소득에서 자본 비율의 측정

국민소득은 재산이나 자본의 소유자(자본가) 및 노동 공급자(노동자)로 구분된다. 국민소득에서 자본과 노동 사이의 분배를 소득의 기능적 분배라고 한다. 이는 예컨대 바로 앞에서 설명한 세계적 소득분배와 관련이 있는 사람 사이의 소득분배와 구별된다. 자본소득은 개인 소유 재산으로 취득한 모든 소득으로 구성된다. 즉, 배당, 이자, 임대료로 구성된다.

국민소득은 총액(자본의 감가상각 포함) 또는 순액(감가상각 제외)으로 표시할 수 있다. 따라서 국민소득에서 자본의 비율은 순액 또는 총액일 수 있다. 실증적 연구에서는 일반적으로 총자본 비율을 사용하는데, 최근 미국에서 순액 비율보다 훨씬 높은 증가율을 보이고 있다(Rognlie, 2015). 그러나 어느 측정 방법을 사용하든, 지난 20년 동안 국민소득에서 차지하는 자본 비율은 증가하는 경향을 보여왔다(2부에서 논의한 바와 같이). 이는 선진국과 신흥 시장국 모두에 해당되지만, 그에 따른 영향은 선진국에서 더 강하게 나타난다(Dao et al., 2017).

자본 비율을 계산하기 위해서는 측정과 회계상 까다로운 세 개의 문제를 해결해야 한다. 첫째는 자영업(소기업)에서 자본소득과 노동소득 사이의 구분이다. 자영업자는 순소득을 실현하지만, 아울러 자본 자체의 공급자이면서 노동자다. 이 때문에 자영업 소득이 두 생산요소 사이에서 어떻게 배분되어야 하는지는 명확하지 않다. 통상적으로 절반 또는 2/3의 노동과 1/3의 자본이 투입되면 자영업으로 분류된다. 이런 배분이 임의적이거나 관습적이라는 것은 분명하다. 하지만 자영업자의 소득 비율이 크게 달라지지 않을 때, 배분 규칙은 노동과 자본의 비율 변화에 큰 영향을 미치지 않을 수 있다. 더 중요한 문제는 자영업자의 소득 자체가 변할 때다. 그러면 배분 규칙은 계산된 자본 비율 결과에 영향을 미칠 수 있다.

둘째로, 좀 더 최근의 문제인데, 최고 경영자들이 받는 매우 높은 연봉 및 주식 같은 소득과 관련이 있다. 최고 경영자나 다른 경영자들은 아무리 보수를 많이 받더라도 여전히 노동자이기 때문에, 그들의 소득은 노동소득에 포함되어야 한다는 것은 분명해 보인다. 그러나 일부 경제학자들은 최고 경영자의 소득이 주식시장의 성과(예컨대 급여나 상여금을 주가와 연계하는 경우)처럼 보이기 때문에, 자본소득으로 취급해야 한다고 주장한다. 이 점에 대해서는 이견이 분분한데, 해결되지 않은 문제다. 이에 대한 반대 주장, 즉 최고 경영자의 소득을 노동소득으로 분류하는 것에 찬성하는 주장은 강력하다. 왜냐하면 급여는 육체적으로 참가해 일하는 경우에만 지급되기 때문이다. 하지만 그런 소득이 높다는 사실은 중요하지 않다. 독점력이나 경쟁에 대한 다른 침해 때문에 소득이 높을 수도 있지만, 이는 배분 규칙과는 무관한 별개의 사안이기 때문이다.

세 번째 문제는 주택으로부터 도출되는 소득에 관한 것이다. 이는 주택이 총재산에서 큰 부분을 차지하기 때문에 특히 중요하다. 미국의 경우, 총재산 가운데 주택이 차지하는 비율은 1/4에서 30% 사이이다(Wolff, 2017). 그리고 많은 중산층 가정의 경우, 주택은 그들이 소유하는 유일한 중요 자산이다(Kuhn, Schularick, & Steins, 2017). 주택으로부터 도출되는 소득, 즉 아파트나 주택 소유자가 얻는 임대료는 재산에서 나오는 명확한(분명한) 수입이며, 자본소득에 포함된다. 그러나 모든 국가가 주택에서 나오는 가치를 제대로 파악하는 것은 아니다. 게다가 주택에서 나오는 가치를 확인하기도 쉽지 않다. 다시 말해 개별 가구주는 그 가치를 과소평가하는 경향이 있을 수 있고, 일부 주요 주택 매개변수의 관찰에 기초한 쾌락의 퇴보hedonic regressions(재화에 대한 수요 또는 소비자에 대한 동등한 가치를 추정하는 모델_옮긴이)가 항상 신뢰할 수 있는 것이 아닐 수 있다. 그러나 자본 비율이 생산 측면에서만 계산될 경우(즉, 자본과 노동 사이에서 비금융 및 금융 법인의 순이익 분포를 기초로 해 계산될 경우), 주택에서 나오는 소득은 제외될 수 있다.

소득의 수렴

성장경제학에서의 이론적·실증적 결과 가운데 하나는 경제성장률과 소득 수준이 서로 반대의 관계에 있다는 점이다.[3] 이는 일정 기간, 예컨대 1~5년 동안 부유한 경제가 가난한 경제보다 더 느리게 성장하는 경향이 있다는 것을 의미한다. 또한 이런 결과는 실증적인 경제학에서 무조건적인 수렴으로 알려져 있다. 자본-노동의 비율, 국민의 교육 수준, 제도(민주주의, 법치주의, 비례 또는 다수결주의 정치 체제), 그리고 여성의 노동 참여와 같은, 성장에 영향을 미치는 갖가지 변수를 반영했을 때, 국가 성장률은 소득 수준과 음의(마이너스의) 상관관계에 있다. 이는 다른 모든 조건이 동일하다면, 부유한 국가가 더 느리게 성장하는 경향을 보인다는 것을 의미한다. 결론은 다음과 같다. 즉, 만약 두 나라가 여타 모든 특성을 똑같이 가지고 있지만, 소득 수준에서만 차이를 보인다면, 더 가난한 나라가 더 빨리 성장한다는 것이다. 이를 조건부 수렴이라고 한다.

그 결과를 직관적으로 풀이하면 다음과 같다. 즉, 한 국가에서 특정 시점에 존재하는 최고의 기술이 그 한계에 점점 다가갈수록, 그 국가의 성장은 새로운 기술 발명과 생산 조직의 혁신에 점점 더 의존하게 된다는 것이다. 혁신과 발명을 이루어내기란 보통 어려운 게 아니다. 그리고 생산성 향상을 도모하는 혁신가들은 연간 성장률을 1~1.5% 이상 달성할 수 없다고 종종 말하곤 한다. 그러나 가난한 나라는 이미 존재하는 기술을 사용, 복사 또는 모방할 수 있기 때문에 성장할 여지가 훨씬 더 많다.

성장률과 소득 수준 사이의 이런 관계는 중국이나 베트남 같은 빠른 성장을 보이는 국가들과 미국 및 일본 같은 저성장률 국가들을 비교했을 때 확연히 드러나는 것처럼, 직접적으로 적용될 수 있다(도표 3-2 참조). 중국과 베트남이 더 부유해지고 더 숙성된 경제에 진입하면, 그들 국가의 성장 성과는 둔화될 것이라고 실제로 주장할 수 있다. 일본과 한국의 역사적인 사례는 이런 가설을 뒷받침해준다. 이는 가난한 아시아 경제와 부유한 서구 경제의 성장을 직접적으로 비교해보더라도 아시아 경제에 편향된 결과가 된다.

반면에 정치적으로 중요한 것은 실시간으로 비교되는 성장률이지, 미래 벌어질 일을 가정하는 것은 의미가 없다고 주장할 수 있다. 또한 현재 빠르게 성장하고 있는 아시아 경제가 대략 20~40년 뒤 서구 사회가 보여준 성장률로 둔화한다고 하더라도, 중국, 베트남, 싱가포르 같은 나라가 지닌 매력에 영향을 미치지는 않을 것이다. 이들 나라는 부유한 국가들과 그들을 구별하는 소득 격차를 빠르게 없애고자 한다. 결론적으로 아시아 경제는 미래에 성장이 둔화된다고 하더라도, 뒤따라오는 다른 국가들에 최고의 모델을 제시할 수 있을 것이다.

감사의 말

다른 많은 활동과 마찬가지로, 책 쓰기가 끝난 뒤 책을 쓰는 과정에서 벌어진 갖가지 사소한 일을 기억하기는 쉽지 않다. 이 책 집필에 대한 구상을 언제 처음 했는지, 그 구상이 어떻게 바뀌었는지, 어떻게 버려지거나 수정되었는지, 글쓰기 과정이 어떻게 진행되었는지, 언제 쓰였는지를 어렴풋이 기억할 뿐이다. 원고가 완성되는 모든 순간마다 나는 똑같은 느낌을 받았다. 이 책은 기적적으로 쓰였다고….

하지만 이번 경우에는 2017년 여름 런던에서 이 책의 편집자인 하버드대학 출판부의 이안 맬컴Ian Malcolm과 나눈 대화에서 이 책의 구성에 관한 생각을 잠시 떠올린 기억이 난다. 이전에 나는 세계 역사 속에서 공산주의의 위치에 관한 짧은 단편을 쓰고 싶었다. 그러나 그해 여름 런던에서 점심을 먹는 동안, 나는 이런 단편과 내가 쓰고 싶은 다른 주제들을 어떻게 결합할 수 있는지 알게 되었다. 공산주의의 역사적 역할에 대한 재해석은 이 책 3부 첫 부분에 있다.

국가자본주의와 중국을 다룬 3부는 미샤 아란다렌코Misha Arandarenko, 크리스터 귄나르손Christer Gunnarsson, 라비 칸부르Ravi Kanbur, 데빈 마, 칼 마인, 마리오 누티Mario Nuti, 헨크 오버벡Henk Overbeek, 마르친 피아트코프스키Marcin Piatkowski, 앤시아 로버츠, 존 로머John Roemer, 바스 반 바벨, 피어 브리즈, 양리, 칼라 유마틀(5부도 논평함)이 글을 읽고 논평해주었다.

자유 성과주의적 자본주의와 미국을 다룬 2부는 미샤 아란다렌코, 안드레아 로렌초 카푸셀라, 앵거스 디턴, 살바토레 모렐리, 닐스 플라넬Niels Planel, 존 로머, 폴 시걸Paul Segal(1부도 논평함), 마셜 슈타인바움이 각각 글을 읽고 논평했다.

나는 이분들의 논평으로 엄청난 덕을 보았다. 내가 썼던 각각의 경우에 대한 개별적인 논평을 살펴보기를 조심스럽게 기대해본다.

또한 민신 페이, 마르친 피아트코프스키, 니산트 옌잔, 천린 장에게 각종 자료와 미발표된 수치를 제공해준 데 대해 감사를 전한다. 글렌 웨일Glen Weyl과도 책의 구성에 대해 상의했다. 전체 원고는 두 사람의 뛰어난 익명 평론가가 읽었고, 그 논평을 사실상 전부 받아들였다. 물론 이안 맬컴도 이 원고를 읽었으며, 많은 귀중한 지적과 개선점을 제시해주었다. 이전 책에서처럼 나의 진술에 대한 뛰어난 편집과 질의는 루이즈 로빈스Louise Robbins가 해주었다. 앤 맥과이어Anne McGuire는 모든 참고문헌을 확인해주었다. 많은 도움을 준 이분들 모두에게 매우 감사하다는 말씀을 드린다.

또한 불평등에 관해 저명한 두 학자 제이미 갤브레이스Jamie Galbraith와 토마 피케티도 (그들의 요청으로) 이 원고를 읽어주었다. 나는 이분들의 관심에 대해 매우 기쁘게 생각한다.

이 책은 내가 뉴욕시립대 대학원에서 강의하면서, 사회경제적 불평등에 관한 스톤 센터Stone Center on Socio-Economic Inequality에서 재닛 고닉Janet Gornick과 밀접하게 일하는 동안 쓴 것이다.

이전과 마찬가지로 재닛의 지원과 도움은 절대적으로 중요했다. 여행을 떠날 때도 가장 최신 원고를 재닛에게 남겨두곤 했다. 나에게 무슨 일이 생기더라도, 그 원고가 출판될 것임을 알았기 때문이다. 나는 이 책을 쓰는 일부 시간 동안 안식년으로 지낼 수 있게 해준 재닛과 대학원에 매우 감사한다. 전에도 몇 번 그랬듯이, 나의 아내와 지금은 성인이 된 두 아들에게도 감사한다. 그들은 내가 5부 끝부분에 쓴 것들의 결과를 볼 것이다.

주석

1부

1 1970~2016년 세계 GDP는 실질적으로 거의 5배(2011년 구매력평가지수 기준으로 22조 달러에서 105조 달러)로 늘었다. 같은 기간 동안 세계 인구는 두 배로(35억 명에서 70억 명으로) 늘었다.

2 이 결과는 2016년 유고브(YouGov)의 보고서를 바탕으로 했다. Jeff Desjardins, "What People Think of Globalization, by Country," Visual Capitalist, November 9, 2017(http://www.visualcapitalist.com/globalization-by-country/) 참고.

2부

1 안드레 오를레앙(Orléan, 2011)도 유사하게 정의했다. 과거에는 임금 노동의 존재를 통해 시장 경제와 자본주의 경제를 구별했다. 피어 브리즈(Vries, 2013)도 마찬가지로 분석했다. 다만, 자본주의의 중심적 특징(3부에서 검토할 주제)으로 '해외로의 세력화'를 추가한다.

2 밀라노비치(Milanovic, 2017)가 자본주의의 비슷한 분류법을 도입했다.

3 노동소득에서 저축하는 것은 무시할 수 있는 일이다.

4 자본과 노동에서 얻는 소득의 비율이 소득분배 전반에 걸쳐 불변한다고 가정한다. 절대적 소득의 총량이 아니다. 따라서 한 사람이 노동으로부터 7단위의 수입을 얻을 것이며, 자본으로부터 3단위의 수입을 얻는다. 다른 사람은 각각 14와 6을 얻는다고 가정한다. 그들의 총소득은 다르지만 자본과 노동 두 요소의 투입 비율은 같다.

5 부유한 사람들이 더 많이 저축하고 자본이 풍부하기 때문에 개인들은 부자인 경향이 있고, 더 높은 불평등을 유발하는 추가적인 동적 자극이 있다.

6 이론적으로는 그럴 필요가 없다. 자본주의 체제, 그리고 자본으로부터 순이익의 증가된 몫은 자본과 노동의 동등한 비율과 양립할 수 있다. 모든 소득 계층이 받는 소득에서 그렇다. 이것은 개인의 '풍부한 자본'과 소득분배 순위 사이의 연결고리를 끊을 수 있다.

7 노동자들 또한 저축을 하지 않았다. 이는 역사적으로 임금이 서로 비슷한 경우, 또는 조금 위의 생활수준이나 호구지책의 수준에서도 구분이 분명해졌다.

8 노동자라고 칭할 수 있는지에 대해 어느 정도 논란이 있다. 그 이유는 소득의 일부가 자산에서 나오기 때문이다(예를 들면 급여가 회사 자본 운용 성과와 연계된 개인에 해당). 그러나 그런 수입을 봉급 또는 임금이라고 부르는 것은 여전히 타당하다 할 것이다. 왜냐하면 임금이란 노동 기능을 통해서만 받는다는 전제가 있기 때문이다. 다만 주식(자본)으로 지급되는 것과는 다르다는 것에 유의하자. 즉 이런 주식에서 나오는 소득이나 이 주식으로부터 생성되는 자본적 이득은 자본소득이다.

9 피케티(Piketty, 2014) 8장, 그중 3항과 4항의 수치를 보라. 이외에도 피케티와 이매뉴얼 사에즈(Piketty & Saez, 2003), 앤서니 앳킨슨, 피케티와 사에즈(Atkinson, Piketty, & Saez, 2011), 그리고 존 바키자, 애덤 콜과 하임(Bakija, Cole, & Heim, 2010)이 있다.

10 랄프 다렌도르프[Dahrendorf, (1963), 1978]는 미국, 영국, 독일에서 사회적으로 세대 간 이동성이 비교적 높았으며, "이동률은 산업화의 정도에 대략 부합한다"고 추측했다.

11 나는 이 견해가 특별한 논란거리가 되지 않을 것으로 본다. '순수한 선택권'은 좀 더 민주적인 사회보다는 사회적 질서가 위계적으로 배열된 귀족 사회에서는 다를 것이다.

12 국민소득에서 차지하는 자본소득 비율의 측정에 관한 기술적 문제는 부록 C를 참조하라.

13 자본소득 비율에 무엇이 포함되어야 하는지가 항상 명확하진 않다. 이 문제는 부록 C에 설명했다.

14 독점권 및 자본 비율 상승에 대해서는 커즈(Mordecai Kurz, 2018) 참조. 커즈는 미국에서 '잉여소득(소득에서 차지하는 독점 이익의 비율)'이 1986년 거의 0%에서 2015년 22%로 급증했다는 사실을 밝혀냈다. 추가로 독점권에 대해서는 호세 아자르, 요아나 마리네스쿠와 마셜 슈타인바움(Azar, Marinescu, & Steinbaum, 2017) 참조.

15 2015년 5월 2일 내가 블로그에 올린 '임대료와 생산성 및 임금의 상쇄에 관한 로버트 솔로의 글(http://glineq.blogspot.com/2015/05/bob-solow-on-rents-and-decoupling-of.html)'을 참고하라.

16 2018년 2월 8일, 블로그 프로마켓(ProMarket)의 편집자들과의 인터뷰에서 앵거스 디턴(Angus Deaton)을 포함한 다수의 경제학자들이 자본소득 비율의 증가 요인으로 시장 지배력, 또는 임차권을 제시했다(https://promarket.org/angus-deaton-discussed-driver-inequality-america-easier-rent-seekers-affect-policy-much-europe/).

17 2015년 기업의 수익률은 지난 반세기 동안 연도별 수익률 가운데 가장 높은 수준을 보였다(Wolff, 2017).

18 골드만삭스 리서치의 추정에 따르면, 2000년대 초반 이후로 생산 현장의 상승과 노동 현장의 집중으로 인해 연간 임금 성장이 연 0.25%p씩 추락했다고 발표했다(2018년 2월 4일자 〈파이낸셜 타임스(*Financial Times*)〉, 알렉산드라 스캐그스의 기고문 "저거너트 기업과 임금 성장에 대해"에서 인용).

19 1970년대 브라질의 경우처럼 예기치 못한 혹은 만성적인 초인플레이션은 자본 소유자들에게는 거의 영향을 주지 않는다. 그들은 일상 필수품을 현금으로 대처해야 하는 좀 더 가난한 사람들보다 대비할 수 있다. 여기서 현금의 가치는 증발하는 것이다.

20 재산 상위 10% 계층의 사람들이 반드시 소득 상위 10% 계층의 사람들과 일치하지 않는다는 것에 주의해야 한다.

21 이는 경험적인 보강 증거에 따른 확증으로 암묵적 가정이다. 부와 소득의 순위는 매우 긍정적으로 연관됐다는 것이다. 수입이 많은 사람이 또한 재산도 많은 사람이라는 것이다.

22 지니계수는 가구 조사 내 개인별 자료로 산출한다. 총노동소득을 가구원 수로 나눠 개인별 지니계수를 산출하고 가치를 정한다. 이 산출 방식은 자본소득에 대해서도 동일한데, 가계에서 자본소득 및 노동소득이 얼마나 중요한지를 나타내며, 국가 회계(GNP 개념) 자료와 직접 관련이 있다는 점에 유의하자. (직장을 다녀 돈을 버는) 소득자만을 기준으로 한 임금 불평등 계산과는 다르다. 예를 들면 결혼한 두 명의 고소득자의 경우 임금 불평등 계산에서는 독립적으로 계산되는 반면, 가계 기반 계산, 즉 GNP 등 국가 회계 관련 자료에서는 그들의 소득을 합산한다.

23 자본소득에는 배당금, 이자, 임대료, 머잖아 나오는 미실현 자본 이익(또는 자본 손실) 등이 포함된다.

24 여기에 나타난 결과는 실제로 자본 집중도를 과소평가해 너무 적게 잡았다. 이 가계 조사에서는

가장 부유한 자본소득자를 포함하지 않는 경향이 있기 때문이다. 또는 일부 부유층에 대한 기밀이 노출되는 것을 피하기 위해, 실제 조사에서 '최고 부호화'(특정 상한액 이상의 소득은 보고하지 않음) 또는 '스와프'한다(개인 갑부들 사이에서 고소득 자본과 노동소득을 바꿈으로써 개인별 소득을 식별할 수 없도록 했다). 국가 재정 데이터 산출에서 자본소득이 다소 높은 집중도를 나타내는 등의 장점이 있지만, 또 단점도 있다. 다시 말해 조사대상 단위가 때때로 가족일 수 있고, 단지 세금 규칙의 변화 때문에 개인일 수도 있다. 또는 납세신고로 공개된 자본소득과 법인 수익 사이에 큰 차이가 있을 수 있다(1986년 미국 세제 개편법에서 나타난 것처럼, 세금 누락 여부에 따라 하나 또는 다른 것을 선택적으로 사용되기도 한다).

25 선진국들 가운데 자산을 가지지 않는 국민이 국민의 상당 부분을 차지하는 나라는 비록 미국만이 아니다. 그래브카와 웨스터마이어(Grabka & Westermeier, 2014)는 독일 성인의 28%가 순자산을 하나도 가지지 않거나 마이너스 상태에 있고, 스웨덴 인구의 소득 하위 절반은 마이너스 상태에 있다고 평가했다(Lundberg & Walderström, 2016).

26 성과급으로 받는 수입은 자본 이득으로 간주되어 약 20% 비율로 과세된다. 예금이나 저축 계좌에서 나오는 이자에 대해서는 일반 소득으로 간주되어 최고 대략 40%대로 과세된다.

27 나에게 바스 반 바벨(고객 커미셔너)은 소매, 우선 순위, 개인 은행, 재산 관리 고객을 구분하는 BNP 파리바스포르티스 자산 관리 펀드의 예를 들어주었다. 최소 400만 유로 이상 투자해야 하는 가장 낮은 그룹의 경우, 투자에 대한 조건(옵션)이 훨씬 많고, 관리자가 받는 수수료(투자 자산의 백분율로 지급)도 낮다.

28 이 분석은 남성과 여성의 결혼만을 대상으로 한다. 이 기간 동성결혼 건 수는 무시할 수 있는 수준이기 때문이다.

29 이런 결과는 여성의 업무가 더 확장됐다는 것으로 설명할 수는 없다. 두 경우 모두 소득이 0이 아닌 사람만으로 구성된 표본이다. 따라서 1970년대 직업을 가진 남성들이 직업을 가지지 않은 여성과 더 많이 결혼했을 가능성이 있었다 해도, 남성 소득자의 상위 10%에 드는 남성들이 여성 소득자의 상위 또는 하위 10%에 드는 여성과 결혼할 비율에는 영향을 미치지 않는다.

30 코엔 데칸크, 안드레아스 페이클, 필리프 반 케름(Decancq, Peichl, & Kerm, 2013)은 1967~2007년 사이 미국 지니포인트가 0.349에서 0.415로 증가한 사실을 발표했다. 그런데 만약 2007년의 결혼 유형이 1967년과 같았더라면 실질적으로 드러날 지니포인트는 0.394에 불과했을 것으로 추정했다. 증가한 선택적 결혼이 불평등에 2 이상의 지니포인트를 추가시킨 셈이다(0.394~0.415). 선택적 결혼은 계속 증가 추세에 있지만, 불평등을 증가시키는 정도는 정확히 측정되는 것은 아니다. 제러미 그린우드 등(Greenwood et al., 2014a)은 1960~2005년 사이 미국의 초기 추정에서, 선택적 결혼이 불평등 확산의 요인 가운데 가장 중요한 부분을 설명해준다는 사실을 발견했다. 그러나 그들은 나중에 정오표를 통해 이런 수치를 철회했다(Greenwood et al., 2014b). 즉, 불평등 증가를 나타내는 지니계수를 측정하는 가운데, 불평등에 미치는 요인이 0.1포인트 사이인 것으로 추정했다.

31 카를로 피오리오와 스테파노 베르질로(Fiorio & Verzillo, 2018)는 이탈리아에서의 선택적 결혼은 상위 1%에 독립적으로 속한 남녀 사이에서 매우 강하게 나타난다는 사실을 발견했다. 여성 소득분배 상위 1%에 속하는 여성이 남성 소득분배 상위 1%에 속하는 남성과 결혼하는 비율이 중간층 여성들보다 25배에 이르렀다. 그러나 전반적으로 그들이 불평등에 미치는 영향은 적으며, 선택적 결혼은 이탈리아 소득분배의 최상위층에 한정됐다고 주장한다.

32 프리드리히 하이에크(Friedrich Hayek)는 자신의 저서《법, 법률의 제정, 자유(*Law, Legislation and Liberty*)》 2권 각주에 달아놓은 흥미로운 논고에서 자신을(더 정확히 말하면 자기 아들을) 예로 들면서 미국의 증대된 기회균등에 대한 인식을 언급한다. 하이에크는 나치독일을 탈출해 런던에 가 있는 동안, 자기 아들을 영국 밖으로 보내 가족을 이뤄 살게 하기로 결심했다. 그는 미국이 외국인에게 더 큰 기회 균등을 제공한다고 믿었기 때문에 스웨덴이나 아르헨티나보다 미국을 선택했다. 미국에서의 성공은 부모의 배경에 영향을 덜 받았다. 그러면서 하이에크는 호기심을 자극하는 듯한 의견을 피력한다. 높은 사회적 지위가 영국에서는 자신에게 유리했지만, 당시 자신에 대해 비교적 덜 알려진 미국에서는 똑같이 사회적 혜택을 누리지는 못할 것이라는 내용이었다. 영국의 깨끗한 슬레이트집에서 출발한 그의 아들이 얻은 기회는 아르헨티나보다 미국에서 훨씬 더 많았다. 하이에크는 또한 이것은 자기 아들이 흑인 가족과 함께 있지 않을 것이라는 무언의 가정에 근거하며, 그때 미국인의 이동성 증대에서 오는 모든 이점은 반대로 변할 것이라는 점도 언급했다.

33 나심 탈레브(Nassim Taleb)는 2018년작《스킨 인 더 게임(*Skin in the Game*)》에서 같은 생각을 피력했다. 그는 이것을 '에르고딕성(ergodicity)'이라고 부르는데, 이는 한 사람의 일생 동안 또는 몇 세대에 걸쳐, 완전한 이동의 자유를 전제로 해서, 사람들은 소득분배를 목적으로 각각 다른 분야에서 동일한 시간을 소비해야 한다는 것을 의미한다. 즉, 하위 20% 안에 들 수 있는 20%의 기회가 주어져야 한다면(더 오랜 시간에 걸쳐), 마찬가지로 상위 20% 안에 들 수 있는 기회도 가져야 한다는 의미다.

34 상대적 이동성은 소득분배에서 차지하는 세대에 걸친 위치 변화의 척도다. 예를 들면 그 위치가 아버지 50%, 아들 60%라면, 이는 이동성이 상승한 것이다. 상대 이동성이 이런 위치와 관련 있기 때문에, 각각의 상향 이동은 동등한 하향 이동에 대응해야 한다. '이상적인' 상황은 부모의 소득 위치와 자식의 소득 위치 사이의 완전한 직교성(直交性), 즉 아무런 관계가 없는 독립적인 상황일 것이다.

35 이들의 분석에 따르면, 라지 체티 등(Raj Chetty et ai., 2017b)은 미국에서의 절대 이동성 감소를 과장한다. 이들의 기본 시나리오에는 초기 집단(1940년에 태어난 집단)의 92%가 부모보다 더 늘어난 수입이 있었고, 그 기간이 끝날 무렵의 집단(1984년 출생 집단)에서는 50%만이 부모보다 더 늘어난 수입이 있었다. 그러나 이 계산은 가구 총소득을 비교하는 데 그 기초를 두는데, 이는 가구 규모가 축소된 경우(예컨대 핵가족)에는 부적합하다. 이들이 1인당 소득으로 조정한 이후에는 감소 정도가 92%에서 62%로 훨씬 더 적어졌다. 게다가 이들은 가처분소득보다 총소득을 사용했다. 이 기간 동안 재분배로 사회적 이전과 세금이 증가함에 따라, 소득의 절대 이동성은 훨씬 더 줄어든 것으로 보인다. 조너선 데이비스와 바슈카르 마줌데르(Davis & Mazumder, 2017)는 미국의 세대 간 절대 이동성이 통계적으로는 의미가 거의 없으며, 훨씬 더 낮다는 점을 발견했다.

36 이 부분의 일부 텍스트는 나의 2017년 블로그 '글로벌 불평등'에 올린 글에 그 근거를 둔다 (http://glineq.blogspot.com/).

37 틴베르헌은 1990년 미국의 평균 소득자 대비 대학 교육을 받은 사람의 소득 비율을 예측했는데, 0.83(즉, 대학은 17%의 마이너스 프리미엄이 붙었다)과 1.07 사이였다(대학 교육을 받은 사람의 소득이 평균 소득과 차이가 크지 않다는 의미다_옮긴이). 네덜란드의 경우, 그 프리미엄은 여전히 상당한 수준(약 2:1)이었다. 그렇지만 1970년 수준(Tinbergen, 1975)과 비교하면 절반으로 줄어들었다.

38 그런 나라들은 몽테스키외가 주목하지 못한 사람들보다 이동 가능한 부동산을 소유하거나 해외로 쉽게 이동할 수 있는 시민들을 별도로 다루어야 한다[1977년작 《열정과 이익(*The Passions and the Interests*)》에서 앨버트 O. 허시먼(Albert O. Hirschman)이 우리에게 상기시켜준 바와 같다]. 애덤 스미스도 같은 의견을 가졌다. 스미스는 《국부론》, 5권 2장에서 "주식 소유주는 온전히 세계의 시민이며 어떤 특정 국가에 반드시 애착을 가질 필요는 없다. 그는 쉽게 자기 나라를 포기하려고 할 것이다. 자기 나라에서 부담스러운 세금에 대한 평가를 받아야 하기 때문에 성가신 심문에 노출됐다. 그는 자신의 주식을 다른 나라로 양도하려고 할 것이다. 거기서 그는 사업을 계속할 수 있고, 더 여유롭게 자신의 행운을 즐길 수 있다"고 말했다.

39 이 같은 유토피아적 세계에서는 강제적인 사회 보험이 여전히 존재할 수도 있다. 세금과 사회적인 이전은 제로가 아니라 상대적으로 적을 수 있으며, 그 목표는 사회적 재분배나 빈곤 줄이기보다는 이익의 평준화일 것이다.

40 우리는 의무교육 연수를 증가시키는 것과 최대 교육 연수에 대한 자연적인 상한 때문에, 학교 교육(교육의 연수)에서 개인 사이의 차이는 점점 줄어드는 것을 기대할 수 있다. 다시 말해, 의무교육 연수가 점점 늘어나고, 대학원 교육까지 그 차이가 줄어들면 그만큼 개인차도 줄게 된다는 것이다. 이런 현상은 이미 부유한 나라에서 보인다. 이를테면 2000년 무렵, 교육 연수 관련 지니계수를 보면 인도가 0.6이고, 브라질이 0.43이었으며(두 나라는 저급에서 중급으로 학교 교육 수준을 향상시키는 중이다), 고학력 나라인 미국과 스웨덴은 0.16~0.18에 머물렀다(Thomas, Wang Yan, & fano, 2001).

41 예를 들면 1년 동안 전체 금융 투자가 일정 기준치 이하로 하락하는 투자자는 순손실의 경우 보호받을 수 있도록 하는 것이다(순손실이 있는 경우에는 무조건 손실액만큼 세액공제를 해주는 것이다). 이런 보증은 소액 투자자들이 무리한 투자로 인한 위험을 감수하도록 조장할 수 있다. 왜냐하면 이익을 얻는 유리한 국면에서는 이익을 볼 수 있지만, 반대로 불리한 국면에서도 정부가 손실을 보장해줄 것이기 때문이다. 이럴 때는 이를테면 손실이 30%를 초과하지 않는 범위 안에서만 보증을 해줌으로써 조정할 수 있다. 또한 소액 투자자로 자격을 인정받는 경우에만 혜택받을 수 있도록 하면 된다. 이런 보완책으로 정부의 전반적인 법적 책임의 한계를 제한하고, 지나치게 무리한 투자를 억제하는 게 필요하다.

42 이사벨 소힐(Sawhill, 2017)은 지나치게 높게 책정된 CEO 보상금을 임금으로 처리하는 행위(세금을 매기는 기업 이익금을 줄이는 행위)는 이익 또는 지분을 노동자들과 공유하는 회사에만 한정되어야 한다고 제안한다. 이는 최고 경영진의 이익을 노동자들의 이익과 연결시켜줄 것이기 때문에 상당히 흥미로운 생각이다. 영국 노동당은 250명 이상의 노동자를 고용하는 회사는 소속 노동자들에게 1%에서 최고 10%까지 지분을 넘겨주는 의무를 규정한 개혁안을 제안했다.

43 민주주의를 보호하기 위해 일회성 보조금으로 빈곤과 불평등을 줄이자는 생각은 아리스토텔레스를 돌아보게 한다. 그에 따르면 진정한 민주주의 정치인의 의무는 단지 사람들이 가난하지 않다는 것을 보기 위한 것이다. 빈곤은 민주주의를 쇠퇴시키는 원인이기 때문이다. 그러므로 번영을 영속하기 위해 모든 노력을 기울여야 한다. 그리고 이것이 가난한 사람뿐만 아니라 부자의 이익에도 부합한다. 그 수익에서 얻을 수 있는 모든 것을 단일 기금으로 모아 필요한 사람에게 분배해야 한다. 가능한 한 토지 한 조각이라도 사들일 수 있을 만큼 말이다. 그러나 사들일 수 없다면, 그 땅에서 사업을 시작하거나 일을 시작할 수 있도록 해야 한다(Aristotle, 1976). 이와 관련한 매우 유사한 제안이 1797년 출판된 토머스 페인(Thomas Paine)의 농업 정의에서 제시됐다.

44 양심에 호소하는 권고도 (아마도) 기부금을 받기 위한 또 다른 방법일 수 있다. 이는 가장 부유한 대학들이 기부 서약에 서명하도록 하는 방안이다. 부자 대학들이 기부금 면세 혜택으로 얻는 연간 수입액의 일정 비율을 공교육에 사용될 특별 기금에 배정하도록 하는 방법이다. 주 정부 차원에서 사립대학 기부금에 대해 비과세해주는 상황을 보면, 사립대 기부금에 대한 면세액이 공립대학에 주는 예산 지원액보다 더 많다. 이는 간접적으로 국가가 공교육보다 사교육에 더 많이 기여하는 행위일 수 있다.

45 그 외 다른 자료에 대해서는 밀라노비치(Milanovic, 2016)를 참조.

46 하나의 사례는 영국 연금이다. 1970년대 후반 무렵 공적 연금은 전체 수급자의 90%를 차지했고, 민간 직업 연금은 10%에 불과했다. 2013년에는 직업 연금이 공적 연금보다 더 중요해졌다. 이는 룩셈부르크 소득연구소 데이터베이스에 있는 영국 자료를 바탕으로 산출했다(https://www.lisdatacenter.org/).

47 흥미로운 사례로 독일 '그린 카드' 제도의 실패를 들 수 있다. 영구적으로 고도로 숙련된 이주자들을 끌어들이는 데 있어 상대적으로 성공적이지 못한 것이다. 이런 이민자들은 소득 측면으로만 따져서, 온화하고 평등한 서유럽 체제보다는 훨씬 더 불평등한 미국 체제를 선호할 것이다.

48 아리스토텔레스(Aristotle, 1976).

49 예를 들어 부자의 90%가 어떤 변화를 추구한다면, 고려될 확률은 거의 50%다. 그리고 중간 소득자의 90%가 어떤 문제에 관여한다면, 다뤄질 확률은 30%다(Gilens, 2015).

50 그 결과 이 부자 그룹 구성원들의 기부금은 일반 시민들 기부금의 4,000배에 이른다. 토머스 에드솔(Thomas B. Edsall)이 〈뉴욕타임스〉 2019년 2월 15일자에 쓴 "민주주의가 불평등을 다루는 것이 왜 그렇게도 어려운가?(Why Is It So Hard for Democracy to Deal with Inequality?)" 참조. 이 글은 애덤 보니카 등(Bonica, McCarty, Poole, & Rosenthal, 2013)의 자료를 바탕으로 썼다.

51 동일한 한 개인과 관련된 자본소득 혹은 부의 분배와 정치 기부금을 한 덩어리로 연구하는 것은 흥미로운 주제가 될 것이다. 분배와 정치 기부금에 관한 자료가 둘 다 존재하지만, 그 자료들은 별도의 조사를 통해 나온 것이다. 그리고 내가 알기로는 최고액의 정치 기부를 한 인사들과 최고 재산 보유자들 사이의 연관성은 〈포브스(*Forbes*)〉 목록에 오른 가장 부유한 미국인 400명을 제외하고는 연구되지 않았다. 애덤 보니카와 하워드 로젠탈(Bonica & Rosenthal, 2016)의 연구에 따르면, 1984~2012년 사이 가장 부유한 미국인 400명 가운데 정치 기부를 한 사람의 비율은 항상 70% 이상이었고, 2012년에는 81%까지 올랐다. 그리고 정치 기부금과 부의 탄력성은 1을 약간 웃돌았다(부의 %p가 각각 증가할 때마다 정치 기부금도 대략 1%씩 증가했음을 의미한다).

52 트레버 팀(Trevor Timm), "돈은 모두에게 영향을 미친다. 이는 힐러리 클린턴도 포함된다."(〈가디언(*Guardian*)〉, 2016년 4월 14일자 게재).

53 이것은 때때로 액면 그대로 해석되는 경향이 있지만 그게 아니다. 정치인들은 부자들에게 호의적인 어떤 정책이라고 그릴 수 있는 빈 공간, 즉 백지 상태(멍청이)라는 것을 의미하지 않는다. 중요한 점은 선택 과정에 있다. 즉, 부자들은 자신들의 이익에 공감하면서, 또한 자신들이 '열망하는' 방향으로 더 영향을 미칠 수 있는 후보를 '선택'한다는 점이다.

54 1988~2018년 사이 미국 사립대학의 실질적인(즉, 인플레이션 인상분 포함) 등록금과 수업료는 2.3배나 증가했다. 에미 마틴(Emmie Martin), "부모님을 위한 대학에 가는 것이 얼마나 더 비싼가(Here's How Much More Expensive It Is for You to Go to College That It Was for Your Parents)"[CNBC, 2017년 11월 29일(https://www.cnbc.com/2017/11/29/how-much-collegetuition-has-increased-from-1988-to-2018.html]. 같은 기간 미국 중산층의 1인당 실질소득은 약 20% 증가했다(룩셈부르크 소득연구소 자료를 바탕으로 산출).

55 "일부 대학에서는 소득 상위 1% 출신의 학생 숫자가 하위 60% 출신 숫자보다 많다(Some Colleges Have More Students from the Top 1 Percent Than the Bottom 60)"[디 업숏(The Upshot), 〈뉴욕타임스〉, 2017년 1월 18일자 게재]. 이 기사가 실린 논문은 체티 등(Chetty, et al., 2017a)을 참조.

56 만일 가난한 가정과 중산층 가정에서 가구당 자녀 수가 더 많아지면, 부자들이 누리는 이점은 60:1보다 훨씬 크게 나타난다.

57 계급제도의 사회적 복제 과정에서 교육제도에 대한 논의는 새뮤얼 볼스와 허버트 긴티즈(Bowles & Gintis, 1976)를 참조하라.

58 이 글은 학부모들이 자신들의 자녀를 일류 학교에 입학시키기 위해 거액의 뇌물을 준 사건이 터진 2019년 2월 이전에 쓴 것이다. 제니퍼 메디나(Jennifer Medina), 케이티 베너(Katie Benner), 케이트 테일러(Kate Taylor), "배우, 비즈니스 대표, 부유층 부모들 미국 대학 입학 사기죄로 기소(Actresses, Business Leaders and Wealthy Parents Charged in U.S. College Entry Fraud)"(〈뉴욕타임스〉, 2019년 3월 12일자 게재).

59 프랑스에서도 상황은 크게 다르지 않다. 즉, 2017년 프랑스 최고의 학교인 그랑제콜(grandes écoles) 학생 가운데 2.7%만이 사회경제적 사다리의 최하위 계층에 속한 부모를 가졌다. 이에 대해서는 필리프 아기옹(Philippe Aghion)과 베네딕트 베르네(Benedicte Berner), "마크롱의 교육 혁명(Macron's Education Revolution)"[프로젝트 신디케이트(Project Syndicate), 2018년 5월 7일 참조(https://www.project-syndicate.org/commentary/macron-education-reforms-by-philippe-aghion-and-benedicte-berner-2018-03)].

60 최근까지도 미국 명문 대학에서 학생들 부모의 수입이나 재산에 관한 정보를 얻는 것이 매우 어려웠다. 이런 정보 폐쇄는 다음과 같은 사실과 강한 대조를 이룬다. 즉, 그 사실이란 미국의 모든 명문 학교는 아주 많은 직원을 둔 부서를 유지하는데, 그 부서의 유일한 역할은 바로 기부금으로 요구할 돈의 액수를 정확하게 산정하기 위함이고, 학부모와 동문들의 재정 상태에 대해 가능한 한 많은 정보를 입수하는 것이다.

61 그런 추정이 유효한, 유일한 다른 국가는 영국이다. 앤서니 앳킨슨(Atkinson, 2018)은 GDP 대비 상속재산 비율이 20세기 초 20%에서 1980년대 약 5%로 낮아졌고, 이후 (U자형으로) 약 8%로 상승했다는 사실을 밝혔다. 이는 여전히 프랑스 수준에 다소 못 미친다. 앳킨슨은 또 토마 피케티가 밝힌 μ값이 증가한다는 사실, 즉 고인(피상속인)의 재산이 상대적으로 늘어난다는 사실을 확인했다.

62 같은 기간 선진국에서 재산을 상속받은 억만장자의 비율도 42%에서 37%로 낮아졌다. 선진국의 억만장자 상속자 가운데 미국은 압도적인 위치를 차지했다(Freund, 2016).

63 "지배계급은 자신들의 권력을 방어하고 봉기의 위험을 피하려고 노력한다. … 다양한 방법으로 … [지배계급]은 [피압박민들]이 잠자코 있도록 파생된 [이데올로기]를 사용해 그들에게 다음과 같이 말한다. 즉 '모든 권력은 신으로부터 나오고', 폭력에 의지하는 것은 '범죄'이며, 만약 '틀림없이' '이성'으로 얻을 수 있다면 무력을 사용할 이유가 없다고 말한다. 지배계급이 이런 파생된 이데올로기를 사용하는 주된 목적은 [피압박민들]이 자신들의 지역과 자신들의 힘이 미치는 영역에서 대항하는 것을 저지하고, 그들의 패배가 확실한 다른 곳으로, 즉 교묘하게 꾸민 파생된 이

데올로기 영역으로 그들을 끌어들이기 위해서다(Pareto, 1935)."

3부

1 여기서 다루는 공산주의는 이데올로기로서의 공산주의가 아닌, 권력을 잡은 실질적 사회경제적 체제로서의 공산주의다.

2 니콜라이 베르댜예프(Berdyaev, 2006). 1924년 모스크바에서 했던 강의에 기초.

3 베르댜예프가 언급하는 '계승에 대한 역사 법칙의 원리'에 관한 비평의 표준 글귀는 칼 포퍼(Karl Popper)의 《역사주의의 빈곤(*The Poverty of Historicism*)》에 나오는 다음과 같은 문구다. "역사주의는 역사 예측이 주된 목적이며, 역사 발전의 밑바탕을 이루는 '리듬'이나 '패턴', '법칙' 또는 '흐름'을 발견함으로써 목적을 달성할 수 있다고 추정하는 사회과학으로의 접근법이다[Popper, (1957) 1964]."

4 이렇게 사용되는 '사회주의'는 거대한 복지국가를 포함하는 자본주의 국가에서 좀 더 구어적으로 사용하는 '사회주의자(socialist)'와는 매우 다르다는 점에 유의해야 한다. 나는 사회주의를 그렇게 사용하는 것이 오해의 소지가 있는 일종의 특징이라 생각하며, 그렇게 사용하지 않을 것이다.

5 무역과 자본주의는 함축적으로 몽테스키외 시대 이후부터 평화와 결부되어왔다.

6 마르크스가 베라 자술리치에게 보낸 편지는 다음 웹사이트(https://www.marxists.org/archive/marx/works/1881/zasulich/zasulich.htm)에서 볼 수 있다. 또한 마르크스가 1877년 《조국의 기록(Otechestvennye Zapiski)》 편집자들에게 보낸 다음과 같은 내용의 편지를 참조하라. "나는 이런 결과에 이르렀다. 즉, 만일 러시아가 1861년까지 이어온 길(농노제의 폐지)을 따라 계속 나아간다면, 러시아는 자본주의 체제의 모든 변동에 굴복할 뿐이지만, 역사가 사람들에게 제공해주었던 가장 좋은 기회를 잃을 것이다(https://www.marxists.org/history/etol/newspape/ni/vol01/no04/marx.htm)." 또한 슐로모 아비네리(Avineri, 1968)도 참조하라.

7 더욱이 아시아적 생산 양식이라는 개념은 중국을 포함한 다수의 아시아 국가에는 적용할 수 없는데, 이들 국가는 동시대의 서구 국가들보다 훨씬 낮은 재정적 압력(GDP 비율로 비교할 때)을 행사하는 상태와 결합한 소규모 농민 상품 생산을 보여준다(Debin Ma, 2011). 다시 말해, 생산수단에서 생산자가 소외되는 일도 없었고, 국가가 사실상 주인도 아니었으며, 감당할 수 없는 재정적 압박이나 광범위한 강제 노동도 없었다. 이런 모든 특징이 우리가 연상할 수 있는 아시아적 생산 양식이다. 브리즈(Vries, 2013)가 지적한 바와 같이, 청대의 중국은 동시대의 유럽보다 자유경쟁을 보장하는 시장경제라는 애덤 스미스의 생각에 훨씬 더 가깝다.

8 1885년 프랑스 식민주의의 가장 열렬한 지지자 가운데 한 명이었던 프랑스 좌파 정치인 쥘 페리(Jules Ferry)는 프랑스 식민 정책의 세 가지 목적을 분명하게 밝혔다. 그 가운데 세 번째는 다음과 같다. "상위 인종은 하위 인종을 문명화시킬 의무가 있었다(Wesseling, 1996)."

9 식민지화됐지만 공산주의 혁명을 거치지 않은 나머지 제3세계 국가는 선진 자본주의 경제를 향한 표준적인 자유주의 노선을 따른다고 여길 수 있었다. 인도와 나이지리아, 인도네시아의 사례는 이런 견해와 일치한다.

10 마르크스는 1853년 〈인도에서의 영국 통치(*The British Rule in India*)〉에서 다음과 같이 썼다. "우리는 이런 목가적인 마을 공동체(영국 제국주의에 파괴)가 비록 해롭지 않아 보일지라도, 항상 동양적 전제주의의 견고한 토대였음을 잊어서는 안 된다. 아울러 이 마을 공동체가 인간의 마음을

가능한 한 가장 작은 범위 안에 속박하고, 미신에 저항하지 않는 도구로 만들었으며, … 장엄하고 역사적인 모든 에너지를 빼앗아갔음을 잊어서는 안 된다."

11 여기에는 흥미로운 점이 있다. 사회주의로의 이행이 외부에서 유발된 것으로 보는 이런 견해와 레닌의 다음과 같은 견해 사이에 존재하는 유사점이 그것이다. 레닌의 견해에 따르면 오로지 외부를 통해서만, 즉 전문 혁명가의 행동을 통해서만 노동자에게 프롤레타리아 의식을 심어줄 수 있다. 두 경우 모두 주체(제3세계 국가나 노동자)를 혁명으로 이끌 자주적인 내생(內生) 세력은 없다.

12 빌 워런(Warren, 1980) 참조. 마오쩌둥은 1940년에 출간한 《새 민주주의에 관하여(*On New Democracy*)》에서 이런 관점을 다음과 같이 분명하게 지지했다. "억압받는 국가의 어떤 계급, 정당 또는 개인이 혁명에 동참하고, 그들 스스로 이 점을 의식하거나 이해하든 간에, 그들이 제국주의에 반대하는 한 그들의 혁명은 프롤레타리아 사회주의 세계혁명의 일부가 된다(Chi Hsin, 1978, 223에서 인용)."

13 여기서 우리가 관심을 두는 제3세계의 저개발은 서구와 관련이 있다는 점에 주의해야 한다. 이 점이 중요한데, 제3세계가 초기 어느 시점의 서구가 겪었던 만큼 가난했던 것은 아니다. 상대적 빈곤이란 낙후된 기술과 약한 군사력을 의미하며, 따라서 외국의 침략에도 취약할 수 있음을 의미한다.

14 〈우공이산(愚公移山, *The Foolish Old Man Who Removed the Mountains*)〉은 1969년작 《마오쩌둥 선집(Selected Works of Mao Tse-tung)》 3권에 수록됐다[헨리 키신저(Kissinger, 2011)가 인용한 것처럼].

15 애덤 투제(Tooze, 2014)에서 인용.

16 세라 메렛(Merette, 2013)의 계산에 따르면, 불평등 추출 비율(실질적 불평등을 의미하는데, 극소수 엘리트 계층을 제외한 처저 생활수준으로 살아가는 모든 사람의 조건 아래에서 존재할 수 있는 최대 불평등 비율)은 1929년 베트남 북부의 통킹(Tonkin)과 남부의 코친차이나(Cochin China)가 각각 75~80% 사이였다(가령 불평등 추출 비율이 100%라면, 이는 전체 지역 주민이 최저 생활수준에서 살고, 식민지 개척자들이 잉여금이나 잉여물을 모두 자신들 것으로 챙겼음을 나타낸다). 통킹과 코친차이나 두 지역은 식민지 주민의 비율이 극히 적다는 점에 주의해야 한다. 통킹에서 식민지 주민의 비율은 0.2%, 코친차이나에서는 0.4%다. 게다가 프랑스는 베트남인의 대토지 소유를 인정했다. 그래서 봉건적 생산 관계는 온전히 유지됐고, 외국의 착취는 절정에 달했으며, 지역 주민 대부분은 최저 생활 수준에서 생계를 이어갔다.

17 크리스 브라멜(Bramall, 2000)은 마오쩌둥주의 시대의 주요 업적을 "성장을 지연시키는 이익 집단의 억압(suppression of growth-retarding interest groups)[사티아난다 가브리엘(Gabriel, 2006, 171에서 인용)]"으로 묘사했다.

18 왕환시(Wang Fan-hsi, 1991). 다음 웹페이지에서 나의 리뷰 참고(http://glineq.blogspot.com/2018/02/i-wont-go-to-moscow-until-revolution.html).

19 이 용어는 중국공산당 초대 총서기(1921~1922년) 천두슈(陳獨秀)가 처음 사용했다(Wang Fan-hsi, 1991).

20 독일과 일본에서의 국가 역할은 비슷했다. 그러나 이 국가들은 외국의 지배를 받지 않았기 때문에, 민족주의적 요소는 민족 해방보다는 제국주의를 통해 달리 표출됐다.

21 이는 생산업계가 중국 GDP의 1/3을 차지하기 때문에, 국영 기업의 점유율은 전체 GDP의 7%에

약간 못 미친다는 사실에 바탕을 둔다. 중국 내 여타 부분의 점유율은 금융 및 통신으로 대표되는 이동 및 서비스 분야가 차지한다. 〈중국일보(*China Daily*)〉 2018년 10월 22일자에 따르면 중국 류허(劉鶴) 부총리는 민간 부문이 중국 GDP의 60%를 차지한다고 밝혔다["시진핑 주석은 민간 부문에 대한 지원을 재확인했다(Xi Reaffirms Support for Private Firms)" 이는 국영 기업의 약 20%에 해당하는 수치인데, 이런 '불명확한' 20%는 집단 및 협력 기업(현 및 마을 기업 포함), 외국 자본 기업, 그리고 홍콩과 마카오 펀드로 설립한 기업이 차지하기 때문이다].

22 세계은행, 2017년 자료에 따르면 1980년대에는 고정 투자의 85%를 국가 부문이 차지했고, 나머지는 지방정부가 통제하는 집단 기업이 차지했다.

23 비록 선언된 객관적인 서구 중심주의에 따르는 것이지만, 중국의 개혁 프로그램 채택을 이끈 이념적 논의에 대한 적절한 검토는 줄리언 게비르츠(Gewirtz, 2017)에서 찾아볼 수 있다. 나의 평가는 다음 웹사이트에서 참조(http://glineq.blogspot.com/2017/09/how-china-became-market-economy-review.html).

24 이런 모순은 처음 두 가지 체계적 특성의 충돌에서 비롯한 것임을 알 수 있다.

25 중국공산당의 전국인민대표대회는 세계에서 가장 부유한 의회로, 그 구성원들의 총재산은 4조 1,200억 위안으로 추산된다. 이는 2018년 초 환율로 약 6,600억 달러다["Wealth of China's Richest Lawmakers Rises by a Third: Hurun," Reuters, March 1, 2018(https://www.reuters.com/article/us-china-parliament-wealth/wealth-of-chinas-richest-lawmakers-rises-by-a-third-hurun-idUSKCN1GD6MJ")].

26 중국도 공식적으로는 다당제를 취하지만, 공산당이 아닌 여타 정당은 강력한 제한을 받으며, 본질적으로 형식적인 역할을 한다.

27 영국에서의 독립을 위한 말라야(Malaya)의 투쟁은 실로 폭력적이었다(말라야는 1957년 영국에서 독립한, 말레이반도 남부에 있던 연방 국가였는데, 1963년 말레이시아에 편입됐다_옮긴이). 이 독립 투쟁은 공산주의 주도의 게릴라(유격대)와 여타 세력 사이의 내전이라는 성격을 띠었다. 이런 의미에서 말라야의 일부였던 싱가포르의 경험도 다르지 않다. 하지만 말라야로부터 싱가포르의 분리·독립은 평화적으로 이루어졌다.

28 소비에트연방 구성 국가들은 그들의 식민지적 지위가 (최소한으로 말하면) 불명확했기 때문이 아니라, 1991년 소련 해체 이후 일부 국가들에서 준 또는 완전한 일당 체제가 유지됐더라도, 자유 자본주의 체제로 전환했기 때문에 이 상황에는 적합하지 않다(벨라루스, 러시아, 우즈베키스탄, 카자흐스탄, 아제르바이잔 등).

29 중국을 제외하더라도 세계 생산량에서 이들 나라가 차지하는 비율은 1990년 1.7%에서 2016년 2.7%로 크게 증가했다.

30 2018년 9월 베이징에서 열린 중국개발포럼(China Development Forum) 회의에서 제시된 자료에 따르면 중국 인구의 16%가 거주 허가증 없이 도시 지역에 사는 것으로 추정된다.

31 중국의 소득과 소득 불평등을 연구하는 데 사용되는 자료의 출처에 대한 매우 유용한 검토는 비에른 구스타브손, 리시와 사토 히로시(Gustaffson, Shi Li, & Hieroshi, 2014), 그리고 셰위와 저우 시양(Xie, Yu & Xiang Zhou, 2014)으로부터 발견할 수 있다. 1950년대부터 2013년까지 중국 국가통계국의 공식 조사에 대한 훌륭한 개요는 장이와 왕란(Zhang, Yi, & Ran Wang, 2011)이 제공했다.

32 임금 프리미엄의 하락과 관련한 추가 증거가 있다. 좡주쭝과 리시(Zhuang Juzhong & Li Shi,

2016)는 2010년부터 저급 기술 부문의 임금 상승이 항상 고급 기술 부문의 임금 상승을 초과했음을 보여준다.

33 이 결과는 아마도 중국에서 실시된 가장 넓은 범위의 가구 조사, 즉 거의 100만 가구를 대상으로 실시된 2005년 미니 인구조사로 확인할 수 있다. 이 조사에서 발표한 지니포인트는 48.3이었다(Xie, Yu & Xiang Zhou, 2014).

34 그러나 2014년 중국인민대표대회 예산정책처는 총소득 상위 1%에서 자본소득과 자본이익+사업소득 점유율을 58%(2011년 회계연도)로 제시한다.

35 궁훙제, 앤드루 레이와 멍신(Gong, Honge, Leigh, & Xin Meng. 2012)은 도시가구 조사의 일부 마이크로데이터를 바탕으로 실행한 연구에서 부모와 자식의 세대 간 소득 연관성이 0.64임을 밝혀냈다. 이 수치는 미국에 관한 유사한 연구에서 찾은 수치 가운데 가장 높은 수준이다. 반데르바이데와 암바르 나라얀(Weide & Narayan, 2019)은 중국의 세대 간 교육 이동성의 감소를 확인했는데 미국과 거의 같은 수준이었다. 그러나 여타 국가들에 대해 실시한 유사한 연구 결과에서 신뢰할 만한 계수를 산출할 수 없었기 때문에 이 결과에 대해서는 주의할 필요가 있다. 부의 불평등과 관련해 딩하이옌과 허후이(Ding, Haiyan & Hui He, 2018)는 중국의 가구 소득 프로젝트를 바탕으로 가장 신뢰할 만한 가구 재산의 원천을 제시했다. 이에 따르면 2002년(그들이 가진 최신 자료) 중국의 금융 순자산에 대한 지니계수는 0.81이었다. 이는 같은 기간 미국의 금융 순자산 지니계수가 약 0.9였다는 것과 비교할 수 있다(Wolff, 2017).

36 '신'중산층의 경우, 여전히 공공 부문에서 우세하다. 2006년에는 관리자와 전문직 종사자의 60% 이상이 공공 부문에 고용됐다(리시, n.d., 표 3). '구'중산층은 혁명 이전, 심지어 1960년대에도 존재했던 계층(소규모 자산가)과 동등한데 시기적으로 오래됐다는 의미의 명칭이다.

37 2017년 현재, 중국 사법망을 피해 나간 중국인 망명자(탈주자) 100명 가운데 66명이 미국과 캐나다에 있다. 이들 중 한 명을 납지한 중국인들은 최근 미-중 관계에 긴장을 조성했다. 이런 긴장은 FBI가 결국 그 최악의 범죄자들을 체포해 넘겨주기로 중국 당국과 합의할 때까지 계속됐다[Mimi Lau, "China's Graft-Busters Release List of 100 Wanted Fugitives in Operation Sky Net", 〈사우스차이나모닝포스트〉 2015년 4월 23일 게재(http://www.scmp.com/news/china/policies-politics/article/1773872/chinas-graft-busters-release-list-100-wanted-fugitives)].

38 조반니 아리기(Arrighi, 2007)에서 인용.

39 이 접근법은 자오쯔양 전 중국공산당 총서기가 권고한 방안인데, 그는 자신의 '비밀' 회고록(사후 출판)에 다음과 같이 써놓았다. "독립적인 사법부가 없으면 법원은 객관적인 관점에서 사건을 판단할 수 없다." 그리고 "공산당 통치를 견제할 정치 개혁 없이는 부패 문제를 해결할 수 없다(2009년, 265, 267)."

40 버나드 옌(Bernard Yeung)과의 인터뷰, "중국은 부패와의 전쟁에서 성공하고 있는가(Is China Succeeding in the War against Corruption)", 프로마켓(ProMarket) 블로그, 2017년 4월 1일 게재(https://promarket.org/china-succeeding-war-corruption-qa-bernard-yeung/).

41 2012년 블룸버그에 실린 폭로 기사에 따르면, 시진핑 주석의 가족은 자신들이 공언한 것과 그들이 가진 공식 수입과는 다른, 상반되는 생활 방식을 즐기는 것으로 보인다. 적어도 시진핑 집권기 동안에는 부패에 대한 수사가 그렇게 강도 높게 진행될 것 같지는 않다. "Xi Jinping Millionaire Relations Reveal Fortunes of Elite," Bloomberg, June 29, 2012 참조(https://www.bloomberg.com/news/articles/2012-06-29/xi-jinping-millionaire-relations-reveal-fortunes-of-elite).

42 공식 출판된 부패에 관한 책에 따르면, "엄격한 처벌이 반드시 깨끗한 정부를 세우는 것은 아니겠지만, 엄격한 처벌이 없으면 부패는 [끝이 없을 것]이다(Xie, Chuntao, 2016)."

43 이 자료는 중국 당국이 발표했다.

44 민신 페이(Pei, Minxin, 2016)에 따르면 당 관료들은 자신들에게 충성할 사람에게 그 자리를 팔 수 있고, 따라서 미래의 부패한 수입을 창출하는 데 유용한 네트워크를 만들 수 있다.

45 스미스는 보호가 허용될 수 있는 특별한 경우를 다루는 부분(4권 2장)에서 다음과 같이 말할 정도로 항해조례를 칭찬한다. "항해조례는 아마도 영국의 모든 상업적 규정 가운데 가장 현명한 것 같다."

46 스미스의 견해에 따르면 그런 체제는 당시 네덜란드에만 존재했다.

47 이 용어는 키스 반데르 피즐(van der Pijl, 2012)이 도입했다.

48 리천링(n.d., table 2)은 중국 중산층의 규모를 전체 도시 인구의 20% 미만으로 본다.

49 이는 중국인들이 외국인을 지칭할 때 사용한다는 용어로, 외국인들이 얼마나 선진적인지에 따라 달리 쓴다(실제로는 중국인의 지배권을 받아들였는지 아닌지를 의미하는 말). 마틴 자크(Jacques, 2012) 참조.

50 유럽의 '강제적 집중' 경로는 케네스 포머랜즈(Pomeranz, 2000)도 참조.

51 "중국은 국가로 보이지만 실제는 문명이다[루시앙 파이(Lucien Pye), 마틴 자크(Jacques, 2012)에서 인용]."

52 예를 들면 중국 기관에 대한 쉬청강(Xu Chenggang, 2011)의 장문의 평가 기사 참조.

53 결국 중국 전체로 확산된 가계책임제의 시초는 안후이성 펑양샤오강(Fengyang Xiaogang) 마을에 있는 20개 농민 가구 얘기로 거슬러 올라간다. 마을 사람들은 마치 중세시대 공모자들처럼, 토지를 서로 붙여 개별적으로 분할하기로 은밀히 계획한 다음, 국가가 요구하는 필요한 곡물 할당량을 내기로 하고 나머지는 각자 갖기로 합의한 문서에 서명했다. 그런 '자본 소유'는 엄중히 처벌받을 가능성이 적지 않았다. 그래서 농민들은 "만일 [그들] 사형에 직면해야 한다 하더라도, [그들]은 [그들의 결정]을 후회하지 않을 것이다. 살아남은 나머지 구성원들은 자신의 18세 아이들까지 모두 돌보겠다"고 맹세했다(Wu Guoyou, 2015). 이 계약서 원본은 현재 중국국립박물관에 보관 중이다.

54 혹은 중국인 친구 표현대로, "서구의 정부들은 과학자와 같은 반면, 중국 정부는 매우 경험이 많고 세련된 장인과 같다. 이는 대량생산을 유도하는 반면 지식 이전을 더 어렵게 만든다(양리, 개인 커뮤니케이션)."

55 중국은 현재 외국인 관광객이 가장 많이 찾아오는 나라이며, 관광 지출액도 가장 많은 나라다(관광 지출액 2위인 미국을 2배 이상 초과한다. 2016년도 세계관광기구 자료 참조).

56 여행 시간의 경우 상하이에서 로테르담까지 해로로 36~40일 걸리는 데 비해, 충칭에서 독일 뒤스부르크까지는 육로로 16일 걸린다(Pomfret, 2018).

57 짐바브웨의 경우처럼 일이 잘 풀리지 않는 경우를 제외하고 말이다.

58 1941년 3월 행해진 로웰 강연(Lowell Lectures)에 언급됐는데, 이는 1991년 스웨덴어로 재출판됐다.

59 마틴 자크(Jacques, 2012) 참조. 아울러 그의 저서에 대한 나의 평가(http://glineq.blogspot.com/2018/01/the-aloofness-of-pax-sinica.html)도 참조.

60 우편연합에서 세계무역기구까지 국제기구가 어떻게 서구에 의해 만들어졌는지에 대한 적절한 논

의는 마크 마자워(Mark Mazower)의 2012년작 《세계통치(Governing the World)》 참조.

4부

1 임대료에 대한 정의는 약간씩 다르지만, 적절한 정의는 마르크스의 정의다. "[수입]은 결코 수령인의 행동으로 결정되는 게 아니라 … 수령인이 관여하지 않는 … 독립적인 발전에 따라 결정된다(《자본론》, 3권 6부 37장)".(http://www.marxists.org/archive/marx/works/1894-c3/ch37.htm)

2 게다가 어떤 경우에는 동일한 시민권을 가진 사람들이 소유한 자본을 사용해 다른 곳에서 생산되는 모든 것으로부터 이익을 얻기도 한다.

3 브랑코 밀라노비치(Milanovic, 2015) 참조. 이 논문에서는 각 나라 시민권의 가치를 다음과 같이 비교한다. 즉, 모든 나라를 한 쌍씩 묶어 비교할 뿐만 아니라, 국가와 소득 10분위를 조합해 비교한다(예를 들면, 브라질 사람에 대한 스웨덴 시민권의 가치는 그 브라질 사람이 브라질 소득분배의 맨 아래에 있는지, 맨 위에 있는지에 따라 달라진다).

4 하지만 예컨대 시민권이 무료 의료나 요양원 숙소에 대한 권리를 부여할 때, 노인들에겐 '더 나은' 시민권이 가끔 더 절실하게 필요할 수도 있다.

5 노예 역시 하위 시민 대우를 받았다. 로마제국 시대 노예제도는 경제적 범주가 아닌 법적 범주였다(Veyne, 2001). 노예의 권리는 자유 시민의 권리에 비해 축소됐다. 심지어 부유한 노예들도 그랬다. 노예에서 해방된 자유민의 권리조차도 모든 면에서 자유 시민의 타고난 권리와는 똑같지 않았다.

6 영국은 이주민에 대한 이런 일반적인 관심 부족에서 예외다. 왜냐하면 소득이 훨씬 낮은 사람들이 사는 엄청난 크기의 영토를 지배했다는 분명한 이유가 있었기 때문이다. 1948년 영국은 영연방 내에서 사람들의 자유로운 이동을 공식화했다(원칙적으로는 제1차 세계대전 이전에도 자유로운 이동을 허용했다). 그러나 그로부터 20년 뒤, 그런 자유로운 이동은 영연방 이민법과 함께 폐지됐다. 에이브너 오퍼(Offer, 1989)는 유색인종이 호주나 캐나다 같은 '자치령'으로 이동하는 것에 대해 영국이 종종 취한 복잡하고 양면적인 태도에 주목했다. 호주나 캐나다는 표면적으로 인도와 동등했지만, 노동력의 자유로운 이동을 자주 거부했다. 영연방 자치령 국가들은 비백인 노동력을 받아들이는 것을 가장 우려했다. 아마도 인도인의 대규모 유입이 발생했을 경우, 정치권력이 백인 인구에 반하는 방향으로 기울어질 것으로 판단했기 때문이었을 것이다.

7 지그문트 바우만(Zygmant Bauman)은 〈세계화의 비용(*Le coût mondial de la globalisation*)〉[캐서린 위톨 드 웬덴(de Wenden, 2010)에서 인용]에서 이동권이 새로운 우등재라는 점을 정확하게 지적했다. 부유한 나라 사람들은 자유롭게 움직일 수 있는 반면, 가난한 나라 사람들은 어디에 있든 꼼짝할 수 없다.

8 그러나 처음에는 해외로 이주하는 데 제약이 되는 자금 부족 문제를 제거함으로써 이주를 증가시킬 수 있었다.

9 한 계산치에 따르면, 국제적으로 자유롭게 노동이 순환하도록 현존하는 장벽을 제거한다면, 세계 소득은 두 배 이상이 될 것이다(Kennan, 2014). 그리고 조지 보르자스(Borjas, 2015)에 따르면, 중립적인(낙관적이지도 비관적이지도 않은) 시나리오 아래에서 그 소득은 세계 GDP의 거의 60%에 이른다. 이런 모든 계산에서, 그런 소득은 이주 노동자의 한계 생산물(생산요소가 한 단위 증가할 때 더 늘어나는 생산물) 증가에서 나온다. 왜냐하면 이주 노동자는 더 부유한 나라에

있는 한, 훨씬 더 좋은 인프라와 더 많은 자본력을 이용할 수 있기 때문이다.

10 세계은행과 국제통화기금의 대출에 관한 연구를 보면, 대출을 받은 수혜국들의 성장에 대한 실제 효과는 항상 거의 제로에 가깝다는 사실을 발견할 수 있다(Rajan & Subramanian, 2005). 이는 대외 원조나 양허 대출로 자금을 조달하는 개별 사업의 수익률이 종종 긍정적이라는 사실에도 불구하고 그렇다(Dalgaard & Hansen, 2001).

11 예를 들면 니얼 퍼거슨과 모리츠 슐라릭(Ferguson & Schularick, 2006)의 위험 프리미엄 감소, 이른바 제국 효과에 대한 논의 참조.

12 이런 경제학 도구 가운데 일부는 시대착오적일 수 있다(예를 들면 국제수지, 특히 두 나라 사이의 국제수지). 왜냐하면 오늘날의 세계화는 첫 번째 세계화와 상당히 다르기 때문이다. 경제학에 대한 많은 사고방식이 여전히 과거와 마찬가지로 세계화에서 비롯된다.

13 이것이 생산의 '글로벌 분산(global fragmentation)'이라는 용어가 쓰인 이유다(Los, Timmer, & de Vries, 2015).

14 그러나 자본 수출업자에게는 제도가 중요했다.

15 일부 직업에는 여전히 물리적 존재로서 노동, 즉 육체노동이 필요할 수 있지만 핵심은 그런 직업이 적어질 것이라는 점이다.

16 우리는 이전과 마찬가지로, 국가 사이의 소득 격차를 크게 줄이는 것이 현실적으로는 단기적 또는 중기적 선택이 아니라고 추정한다.

17 아리스토텔레스는 《니코마코스 윤리학(*Nicomachean Ethics*)》 8권에서, 각 공동체 안에는 필리아(philia, 애정, 호의)가 존재하지만, 우리가 매우 좁은 공동체에서 멀어질수록 필리아는 동심원처럼 점점 감소한다고 주장한다.

18 불행하게도 세계화와 부패의 연관성을 살펴보는 실증적·경험적 연구는 없다. 내가 아는 한 가장 가까운 연구는 벤노 토글러와 마르코 피아티의 논문(Torgler & Piatti, 2013)으로, 한 나라의 글로벌 지수와 부패 지수는 둘 다 억만장자의 숫자와 분명하게 상관관계를 가진다는 사실이 국가 간 교차 연구에서 발견된다.

19 내 생각으로 이런 조사는 '실증적, 경험적인 부패'에 대한 조사와는 다르다. 이전보다는 낫겠지만 거의 이용 가능성 없는 조사다.

20 자연스러운 흐름을 통해 조세 피난처 계좌 대부분이 그대로 유지되는 이유가 밝혀졌다(Johannesen, 2014). 2005년 유럽연합은 스위스 정부에 대해 스위스 은행 계좌를 보유한 유럽연합 거주자들이 벌어들인 이자에 대해 원천징수할 것을 설득하자, 그런 계좌 수는 불과 4개월 이내에 약 40%나 감소했다.

21 조세 피난처에 보유한 여타 자금의 추정치는 발표 액수보다 약간 더 높았다. 예를 들면 2009년 가브리엘 주크먼은 5조 9,000억 달러라고 발표했으나, 추정치는 이에 비해 6조 7,000억 달러로 나왔다. 2015년까지의 추정치는 아네트 알스타드새터, 닐스 요한네센과 가브리엘 주크먼(Alstadsaeter, Johannesen, & Zucman, 2017) 참조.

22 국제통화기금, 《대출잔액통계연감 2017》의 표 A-1; 대출잔액통계에 관한 IMF위원회, 연례보고서 2010, 표 2.

23 캐롤라인 프룬드는 억만장자가 정치적으로 연결됐다고 밝혔다. 프룬드는 '남녀 할 것 없이 재산이 과거 정부에서의 지위와 연결됐거나, 정부에 몸담은 가까운 친척 또는 의심스러운 정부 허가와 연결되는 뉴스 기사'를 바탕으로 했다(Freund, 2016). 이 그룹에는 억만장자들이 포함됐다. 억

만장자들이 소유한 기업은 민영화된 국영기업들이다(정부는 국영기업의 이전을 명백히 묵인할 필요가 있다). 억만장자들의 재산은 석유, 천연가스, 석탄, 그리고 다른 천연자원에서 획득했다. 이런 경우 정부가 실질적 통제를 가진다. 자원은 통상 정부의 허가에 달렸다는 의미다.

24 캐롤라인 프룬드와 세라 올리버가 제공한 자료를 바탕으로 계산함.

25 이것이 마키아벨리의 견해다. 자유는 부로 이어지지만 "경험상 도시들에서 자유로워진 동안을 제외하고는, 지배나 부의 증가로 이어진 경우는 결코 없었다는 것을 보여준다"고 그는 프란체스코 베토리(Francesco Vettori)에게 보낸 편지에서 말했다(Wootton, 2018, 40에서 인용). 부는 부패의 근원이 된다. 공화주의적 자유(우리가 민주주의라고 칭하는 것)가 공화주의 로마나 중세 독일 도시 같은 가난한 농업사회에서만 발견할 수 있으며, 마키아벨리의 플로렌스 같은 상업사회에서는 발견할 수 없다. 그 이유는 넘치는 부에 따른 부패 때문이다.

26 잭 아브라모프(Jack Abramoff)는 여러 건의 음습한 거래와 미심쩍은 고객들에 대한 서비스로 말미암아 결국 유죄 판결을 받고 6년 동안 수감됐다. 이는 로비스트의 악명 높은 사례가 됐다. 하지만 이 같은 유사 업종에서 일한 사람들에게서 들은 바로는 아브라모프가 한 행동 역시 예외는 아니었으며, 단지 더 노골적이었을 뿐이다.

27 일부 최고 지도자에 국한된 이런 부패는 일반화된 부패로 볼 수는 없다. 게다가 이런 기득권은 다음 세대로 이전할 수 없었다.

28 나이지리아의 부패와 관련해 응고지 오콘조-이웨알라(Ngozi Okonjo-Iweala, 2018)는 부패 퇴치를 위해 도입된 조치 가운데 하나로, 각 부처 간 전자거래의 사례를 제시한다.

29 1960년대와 1970년대의 영국의 자본 통제 결과, 채널 제도(Channel Islands)와 같은 연안 지역의 금융벨트 태동으로 이어졌는데, 여기에서는 통화 통제를 피할 수 있다. 영국의 자본 통제에 그 책임이 있다.

30 José Piñera, "President Clinton and the Chilean Model," Cato Policy Report, January / February 2016(https://www.cato.org/policy-report/januaryfebruary-2016/president-clinton-chilean-model).

31 "Mauritius Largest Source of FDI in India, Says RBI," Economic Times, January 19, 2018(https://economictimes.indiatimes.com/articleshow/62571323.cms).

32 올리버 불로흐(Oliver Bulloh)의 2018년 저서 《도둑과 사기꾼이 지금 세상을 지배하고 그것을 되찾는 이유(*Moneyland: Why Thieves and Crooks Now Rule the World and How to Take It Back*)》 리뷰에서, 바딤 니키틴(Vadim Nikitin)은 리뷰 중 일부를 다음과 같이 인용했다. "한 런던 PR맨은 자신의 고객인 부패한 외국 의뢰인을 '불가침 성역'으로 만들기 위해 그를 자선가 내지 인도주의자로 만들고, 이어 아주 값비싼 명예훼손 소송을 위협하면서 쓸 수 없도록 만든다. 그 방법은 효과가 좋다(London Review of Books, 2019년 2월 21일자 게재)".

33 버나드 블랙, 라이너 크라크만과 안나 타라소바(Black, Kraakman, & Tarassova, 2000)는 다음과 같이 썼다. "1998년 중반에 메나테프은행 파산 이후, 호도르콥스키는 그의 우량 자산을 새로운 은행인 메나테프 상트페테르부르크로 옮기고, 예금자와 채권자들이 오래된 은행의 별 가치 없는 자산들을 차지하도록 내버려두었다. 호도르콥스키는 재산 이전이 추적당하지 않도록 하기 위해 지난 몇 년 동안 메나테프은행 서류 대부분을 컨테이너 트럭에 담아 디이브나강(Dybna river)의 다리로 옮겨 강으로 밀어넣도록 했다. 아마 서류가 아직 남을 것이다." 그들은 또한 사들인 유코스 주식과 호도르콥스키은행이 주물러온 약 44억 달러의 정부 자금이 "결코 그들이 의도한 목

적지에 도착하지 않았다"고 묘사했다.

34 2018년 현재, 레오니트 블라바트니크(Leonid Blavatnik)는 영국에서 세 번째로 부유한 사람이었다. 그는 자선가로 활동한 공로를 인정받아 기사 작위를 받았다.

35 1949년 제임스 듀센베리(James Duesenberry)가 제안한 소비의 상대적 소득 가설은 비슷한 추론에 근거했다. 즉, 우리의 소비는 우리가 우리 공동체 내에서 정상적이거나 바람직한 소비로 인식하는 것에 반응을 보인다는 점이다.

36 이라크 주둔 미군을 상대로, 음식 소매업에 종사한 한 세르비아 친구는 나에게 말했다. 거래업자들 사이에서 나온 이야기로, 같은 직업인이지만 미국인은 100달러, 동유럽인은 10달러, 아프리카인은 1달러를 받게 된다는 것이다.

37 한번은 월드컵 축구 결승전 직전에, 나는 아프리카 국가 출신의 축구 관계자 가운데 한 명으로부터 매우 비싼 특급 좌석 표를 샀다. 그는 아마도 공짜로 표를 얻었을 것인데, 그것을 파는 데 전혀 당혹감을 느끼지 않았고, 나도 그것을 사는 데 무덤덤했다. 나는 생각했다. 그는 (법적으로) 그의 정상적인 저임금과 같은 업종인 스위스 축구 관계자의 연봉과 비교했을 것이고, 그렇게 비싼 값에 팔아 돈을 만들 권리가 있다 생각하고 결정했을 것이다. 그렇게 해서 그는 돈을 벌었다.

5부

1 몽테스키외는 《법의 정신(*In The Spirit of Laws*)》 20권 1장에서 다음과 같이 썼다. "상업은 가장 파괴적인 편견에 대한 치유책이다. 이는 우리가 온화한 태도(생활 방식)를 발견하는 곳이면 어느 곳이나, 상업이 번창한다는 것이 거의 일반적인 규칙이기 때문이다. 상업이 있는 곳이면 어디에서나 우리는 온화한 태도와 마주치게 된다(https://oll.libertyfund.org/titles/montesquieu-complete-works-vol-2-the-spirit-of-laws#a_1820107)". 자유주의 평화 가설의 주요 입안자인 마이클 도일(Michael Doyle)은 1997년작 《전쟁과 평화의 길(*Ways of War and Peace*)》에서 애덤 스미스와 조지프 슘페터의 상업적 평화주의를 논의한다.

2 어느 특정 시점에서든 국가 간 비교 연구는 다음과 같은 점을 보여준다. 즉, 1인당 GDP와 평균적으로 보고된 행복(Helliwell, Huang Haifang, & Wang Shun, 2017) 사이에 강한 긍정적인 연관성이 있음을 보여준다. 그리고 국가 내 개인 수준에서, 개인 소득과 보고된 개인 행복 사이에도 마찬가지의 강한 긍정적인 연관성이 있음을 보여준다(Clark et al, 2017). 비교 대상에 포함된 많은 국가에 걸쳐 계산된 결과로 볼 때, 생활 만족도와 관련된 모든 연관성 가운데 소득이 가장 강력한 의미를 지닌다(Graham, Laffan, & Pinto, 2018).

3 "그러나 이 제도가 얼마나 파괴적으로 보일지는 모르지만, 이 제도가 어떤 면에서 진실에 근접하지 않았다면, 그렇게 많은 사람에게 영향을 미칠 수도 없었을 것이고, 더 나은 기준을 가진 사람들 사이에서 그렇게 일반적인 경종을 울릴 수도 없었을 것이다(《도덕감정론》, 7부 2편 4장)."

4 데이비드 우튼은 다음과 같이 쓴다. "두 작품(《도덕감정론》과 《국부론》)은 그다지 깔끔하게 맞아떨어지지 않는다. 그 이유 가운데 하나는 (우리의 자애로운 감정을 불러일으키는) 가족, 친구, 이웃에 대해 어떻게 행동해야 하는가에 관한 것이기 때문이다. 또 다른 하나의 이유는 우리가 시장에서 만나는 낯선 사람들과 어떻게 상호작용을 해야 하는가에 관한 것이기 때문이다(우리가 시장에서 만나는 낯선 사람들은 특별한 주의를 기울일 필요가 없는 사람들이다. 매수자 위험 부담 원칙은 낯선 사람에게 합법적으로 취할 수 있는 태도지만, 가족, 친구, 이웃에게는 그렇게 할 수

없다). … 시장을 지배하는 비도덕적인 세계와 인간이 상호작용하는 도덕적 세계 사이에는 일종의 긴장이 존재한다. 《국부론》은 우리의 선택이 시장의 힘에 따라 얼마나 제약되는지 그 정도를 입증하며, 이런 제약은 우리의 훌륭한 도덕적 행동에 대한 기회를 제한한다(Wootton, 2018)."

5 "지속적인 업무가 이어지는 사업은 그들(자본가들) 삶에 꼭 필요한 부분이 됐다. 그것은 사실 유일한 동기이기도 하다. 그러나 개인 행복의 관점에서 보면 그런 사업은 동시에 이런 종류의 일이 너무나 비합리적이라는 점을 표현한다. 다만, 사람이 자신의 사업을 위해 존재하는 한 그렇다는 것이다. 그 반대, 즉 사업이 사람을 위해 존재할 경우에는 그렇지 않다(Weber, 1992)."

6 다음과 같은 점을 분명히 하는 것이 유용할 것이다. 막스 베버는 자본가의 탐욕을 제어하기 위해 사후에 개신교가 출현했다고 보지 않았다. 하지만 그는 개신교의 종교적 가치가 이런 종류의 탐욕적 행동을 자극했다고 보았다. 그래서 인과 관계의 방향은 종교에서 자본주의적 가치로 바뀌게 된다. 즉, 이 자본주의적 가치는 도구적 이성(지배와 억압을 정당화하거나, 이에 봉사하는 능력으로 설명할 수 있는 이성_옮긴이)에서 생겨나는 게 아니다.

7 "사실 여기에 자본주의 체제의 주된 정당성이 있다. 부자들이 새로 얻은 재산을 자신들의 즐거움을 위해 썼다면, 세상은 이미 오래전에 이런 구체제가 참을 수 없다는 것을 알았을 것이다. 하지만 그들은 꿀벌처럼 공동체 전체의 이익을 위해 저축하고 축적했다. 왜냐하면 그들 스스로가 미래에 대해 더 좁은 목표를 가지기 때문이다(《평화의 경제적 결과》, 2장 3절)."

8 "소비의 제한, 즉 검약이 이런 자유로운 소유 활동과 결합할 때, 다음과 같은 필연적인 실제 결과가 나오는 것은 분명하다. 즉, 그 결과는 저축을 위한 금욕적 강요를 통한 자본의 축적이다(Weber, 1992)."

9 암묵적인 사회 계약이 현재 풀릴 위험에 처했다는 좀 더 현대적인 사례가 북유럽 국가들에서 발견된다. 이들 국가에서는 임금 압박과 순이익에서 차지하는 높은 자본 비율이 결합됐다. 그러나 높은 총수요와 완전 고용을 유지하기 위해, 이익이 재투자될 것이라는 합의가 함께 이루어졌다(Moene, 2016).

10 Harriet Sherwood, "'Christianity as Default Is Gone': The Rise of a Non-Christian Europe," Guardian, March 21, 2018.

11 이에 대한 예외로, 프란치스코 교황 휘하의 가톨릭교회가 최근 사업 활동에서 윤리적인 동기를 강화하려는 시도를 들 수 있다. 다음을 참고. [Hannah Brockhaus, "Pope Francis: The Church Cannot Be Silent about Economic Suffering," April 12, 2018, Crux(https://cruxnow.com/vatican/2018/04/pope-francis-the-church-cannot-be-silent-about-economic-suffering/)].

12 다음에서 인용. Tara Isabella Burton, "Prominent Evangelical Leader on Khashoggi Crisis," Vox, October 17, 2018(https://www.vox.com/2018/10/17/17990268/pat-robertson-khashoggi-saudi-arabia-trump-crisis).

13 존 롤스는 소득과 부에서 비롯되는 필연적인 불평등이 부당한 질투나 원한을 불러일으키지 않고 더 가난한 사람들이 인정하도록 하기 위해서는 부유층 사람들의 과시하지 않는 행동이 중요하다고 생각했다. "더 많은 혜택을 받는 사람들이 자신들의 많은 재산을 내보이며 자기 과시적인 행동을 함으로써 덜 가진 사람들의 상태를 비하하려는 계산된 행동을 하지 않을수록, 일상생활에서 자연스러운 행위는 더 존중받는다(Rawls, 1971)."

14 2000년대 초반 일반 가정을 대상으로 실시한 설문 조사 자료. 부모와 같이 거주하는 25세 이상 자녀의 비율에서도 같은 현상이 드러난다. 덴마크에서는 부모와 함께 사는 비율은 10% 미만이

고, 여타 (매우 부유한) 북유럽 국가들은 20% 미만이다. 그리고 미국, 영국, 독일에서는 약 30% 수준이다. 이 추세는 유럽의 남동으로 이동할수록 증가한다. 이탈리아, 스페인, 대만, 그리스에서는 70~80%다(룩셈부르크 소득 연구 데이터를 근거로 산출, 2013년 4월경 자료. https://www.lisdatacenter.org/).

15 이런 활동은 대부분 여성이 주관했으며, 그 부담도 여성이 떠안았다.

16 공유와 배제가 어떻게 상호 연결되는지 알 수 있는 또 다른 수단은 몽테스키외의 경구를 되새기는 방법이다. 몽테스키외는 지나치게 도덕적인 사람은 친구를 만들 수 없다고 했다. 왜냐하면 우정이란 가족 사이의 공유와 마찬가지로, 특정한 누군가에게 특별한 것을 의미하기 때문이다. 특별함은 누군가에게 주어진 선호도로, 전체 공동체에는 확산할 수 없는 선호도를 의미한다.

17 19세기 중반 중국에서 가장 발달한 지역인 양쯔강 삼각주에서 일하는 사람들의 5~15%만이 임금 노동자였다. 반면, 같은 기간 영국 시골에서 일하는 사람들의 거의 3/4이 임금 노동자였다(Vries, 2013).

18 폴 메이슨(Paul Mason)은 《탈자본주의(*Postcapitalism*)》에서 새로운 상품의 출현(여가를 상품화하는 유형들)에 대해 설명한다. 이익이 제로가 되는 추세, 그리고 일부 새로운 상품(소프트웨어와 같은)의 재산권을 완전히 보호할 수 없는 추세가 되면 그렇게 된다는 것이다. 이익이 사라지면 자본주의는 사라진다는 의미다. 그에 따르면, 자본가들에게 남은 유일한 해결책이란 일상의 상업화다. 이는 자본가들에게 새로운 '행동의 장'을 부여한다. 궁극적으로 모든 인간의 상호작용은 상품화가 되어야 한다고 본다. 예를 들면 엄마들은 놀이터의 그네에서 서로의 아이들을 밀어주기로 하고 각자 1페니씩을 서로에게 청구한다고 치자. 그러나 이것은 계속될 수 없다고 메이슨은 주장한다. 일상적 활동을 상품화한다는 측면에서 볼 때, 인간이 받아들이는 것에는 자연스럽게 한계가 있다. 더불어 "당신은 19세기에 밀렵꾼들을 대했던 방식처럼 사람들이 서로 키스하는 것을 무료로 치부해야 한다(Mason, 2016)." 이 5부의 후반부에서 분명히 드러날 것이지만, 나는 메이슨과 달리 이런 유형의 상업화가 자연적인 한계에 직면한다고 거의 확신하지 않는다. 도리를 벗어나 상업화하는 것으로 여겨지는 일반적인 관습조차 점차 상품화될 것이며, 이제는 이런 것들이 정상으로 보이기까지 한다. 이런 유형들이 앞으로 계속 상품화되지 말아야 할 이유는 없다.

19 얀 드 브리즈(de Vries, 2008년)는 가내수공업에서 임금 노동으로의 이동으로 말미암아 연간 근무시간이 급격히 증가했음을 표현하는 데 '근면함'이라는 용어를 도입했다. 따라서 산업혁명은 시간당 생산량이 증가하는 것뿐만 아니라, 노동 투입량이 훨씬 더 큰 것으로 특징지어졌다. 케네스 포머랜즈(Pomeranz, 2000)와 로버트 앨런(Allen, 2009)도 참고.

20 Weber, 1992.

21 이 논평에 대해 칼라 유마틀(Carla Yumatle)에게 감사한다.

22 Daniel Markovits, "A New Aristocracy," Yale Law School Commencement Address, May 2015(https://law.yale.edu/system/files/area/department/studentaffairs/document/markovitscommencementrev.pdf).

23 이에 대해 가능한 반론 가운데 하나는 오픈소스 소프트웨어와 미국에서 시행되는 무료(단일 지불자) 의료의 수요를 통해 반영된 반상품화의 위력을 보이는 것이다. 반상품화 추세는 미래에 중요해질 수 있다. 반상품화는 가능성이 있다. 미래에 무슨 일이 일어날지 아무도 모른다. 그러나 나는 여기서 제시된 주장들이 체제 내부 논리에 근거해(특히 체제가 촉진하는 가치들에 기초해), 반대 방향을 가리킨다고 생각한다.

24 아프리카의 가정 조사에 공을 들일 당시, 나는 재산의 효과가 상품화에 미치는 영향을 직접 목격했는데(돈 있는 가정일수록 더 현금화할 수 있다), 여기서 부유한 국가 경제에서는 일상적으로 많은 활동이 가정에서 '자유자재로' 현금화하는 데 이용되며, 그 가치를 포함시켜야 했다. 그렇지 않으면 우리는 많은 아프리카 국가의 가정 소비 수준을 엄청나게 과소평가할 것이다.

25 나심 탈레브(Taleb, 2007)는 이렇게 말했다. "만약 당신이 석기 시대의 역사 사상가로서 당신 부족의 수석 기획자에게 올리는 종합적인 보고서에서 미래를 예측하라고 요구한다면, 당신은 바퀴의 발명을 창안해야 한다. 그렇지 않으면 당신은 모든 기회를 거의 놓칠 것이다. 자, 바퀴의 발명을 예언할 수 있다면, 바퀴가 어떻게 생겼는지 이미 알 것이며, 따라서 당신은 이미 바퀴 만드는 방법을 알 것이다."

26 세계은행(2019년, 22, 도표 1.1). 자동화될 확률이 0.7 이상으로 추정되면 일자리는 '위험'으로 분류된다.

27 Jean-Baptiste Say, Cours complet d'économie politique, 2:170, 페르낭 브로델(Braude, 1979)에서 인용.

28 케인스의 전기 에세이(Keynes, 1972)에서 스탠리 제번스에 대한 설명 참조. "제번스의 결론은 심리적인 특성에 따라 … 영향을 받았으며, 그에게는 유달리 강한 편이었다. 다른 많은 사람이 공유하는 그, 어떤 사재기 본능, 자원의 고갈이라는 생각에 놀라고 흥분한 상태였다. H. S. 제번스(그의 아들) 씨는 아버지에 관한 재미있는 삽화를 나에게 건네줬다. 제번스는 종이가 부족해지고 희소화되어간다는 생각을 가졌다. 삽화를 보면, 제번스는 두려움에 사로잡힌 나머지 필기 용지뿐만 아니라 얇은 갈색 포장지를 쌓아놓은 대형 매장에서 일했다. 그가 사망한 지 50년이 지난 후에도 자녀들은 그가 남긴 재고를 다 사용하지 못했다."

29 필리프 판 파레이스와 야니크 판데르보흐트(Parijs & Vanderborght, 2017), 그리고 가이 스탠딩(Standing, 2017) 참조.

30 세계은행(2019년, 110). 몽골과 이란의 월별 보편적 기본소득 금액에 대해서는 세계은행, 세계개발보고서 2019, "과업의 성격 변경(The Changing Nature of Work)" 작업 초안, 2018년 4월 20일, p. 89 참조(https://mronline.org/wp-content/uploads/2018/04/2019-WDR-Draft-Report.pdf). 여러 다른 걸프 국가들과 마찬가지로 사우디아라비아도 다양한 현금 이체 제도에 따라 석유 판매로 얻은 수입 일부를 시민들에게 분배한다. 나는 석유 가격과 통치자들의 자비심에 의존하는 이 같은 우발적인 횡재 또는 격려금이, 보편적 기본소득이 의미하는 좀 더 항구적이고 조건 없는 현금 소득 이전에 합치하는지 확신하지 못한다.

31 토머스 하우너, 브랑코 밀라노비치, 수레쉬 나이두(Hauner, Milanovic, & Naidu, 2017)는 최근 논문에서 강력한 신빙성 있는 증거를 밝혔는데, 존 홉슨의 신마르크스주의적 제국주의 이론[존 홉슨, 로자 룩셈부르크(Rosa Luxemburg), 블라디미르 일리치 레닌(Vladimir I. Lenin)]이 언급한 대로, 모든 개별 인자들이 실제로 제1차 세계대전의 주요인이었다는 것이다. 제1차 세계대전의 주요 교전 당사국들이 안은 재산과 소득 불평등은 당시 역사상 최고조에 달했다. 주요 제국주의 국가들은 외국 자산을 빠르게 흡수했는데, 그 나라들에서 가장 부유한 1~5% 부자들이 거의 전적으로 이런 부를 가져갔다. 이런 자산은 국내 자산과 비교해 월등한 수익을 냈다. 가장 많이 먹어치운 국가는 (소유 인구에 비례해) 가장 큰 군사력을 보유했다. 따라서 전쟁의 모든 구성 요소는 모두 갖춰져 있었다.

32 전쟁 상관성 데이터(Correlates of War, COW, http://www.correlatesofwar.org/)를 바탕으로 전쟁

사망자 수를 헤아려보면, 1901~2000년 사이에 약 1억 6,650만 명이 국가 간 전쟁에서 사망했고, 내전에서 거의 6,400만 명이 사망했다. 반면, 제국주의 전쟁과 식민지 전쟁의 사망자는 100만 명도 채 되지 않았다. COW 프로젝트는 후자를 '추가 체제 전쟁'이라고 부른다. 이는 이미 알려진 제도적인 전투원(예를 들면 영국군이나 러시아군)이 비제도적인 전투원(예를 들면 시크교도나 폴란드 반군)과 싸우는 경우를 포함했기 때문이다. '제도적'이란 말은 단순히 두 당사자가 국제적으로 인정받는 국가라는 뜻이다. 20세기 출생아 수는 미국인구조회국(PRB)이 추정한 것으로 계산됐다. 거의 정확한데 "지구상에 얼마나 많은 사람이 살아왔는가(How Many People Have Ever Lived on Earth)" 표 1 참조(https://www.prb.org/howmanypeoplehaveeverlivedonearth/).

33 만약 그렇다면 4부 시작 인용문에서 나타난 마르크스의 관찰은 확인될 것이다.

34 존 롤스는 이렇게 썼다. "상상해보라. … 경제적 대가가 중요할 때 사람들은 일부 정치적 권리를 기꺼이 포기할 의사를 보인다. 이런 거래는 두 가지 원칙이 있다. 즉, 개인의 자유가 확장되면서 자유는 모든 사람에게 동일하게 양립할 수 있으며(적용할 수 있으며), 경제적 불평등은 가장 가난한 사람들이 이득에서 배제될 때 심화된다는 것이다. 이는 기본 자유와 경제적, 사회적 이득 사이의 거래를 허용하지 않는 것을 순차적으로 정리해야 하는 이유가 된다(Rawls, 1971)."

35 악셀 레이종후프부드(Leijonhufvud, 1985)와 아울러, 새뮤얼 볼스와 허버트 긴티즈(Bowles & Gintis, 1986)에 근거함.

36 이런 불평등의 감소는 지니계수와 같은 종합적인 불평등 지표를 사용할 때 드러난다. 지니계수는 세계적으로 전체 소득 분포에서 소득 수준을 보여준다(도표 1-1). 이뿐만 아니라 세계 소득 상위 1% 비중에 초점을 맞출 때도 불평등 감소 추세를 볼 수 있다. 세계적인 소득 불평등 정도가 완화되는 가운데, 세계 소득 상위 1%의 소득 비중이 증가하는 경향이 있음에도, 최근에는 세계 상위 1%가 전체에서 차지하는 비율도 감소 추세에 있다[〈세계불평등보고서 2018(*World Inequality Report 2018*)〉, 56, 도표 2.1.9 참조].

37 아프리카 인구가 아시아 인구보다 훨씬 적기 때문에, 세계 불평등에서 아프리카의 역할은 지금까지 제한됐다. 2005년 무렵 세계 불평등 규모에서 아프리카의 비중은 약 10%였다. 그러나 인구 증가에 따라 그 비중은 증가할 수밖에 없기 때문에 세계 불평등의 완화 정도는 아프리카에서 전개될 상황에 점점 더 의존할 것이다.

38 《국부론》, 4권 7장.

부록 A

1 "허약한 국가나, 원주민들이 새로운 정착민들에게 쉽게 자리를 내줄 정도로 인구가 희박한 문명국가의 식민지는 다른 어떤 인간 사회보다 빨리 부와 위대함에 이를 수 있다(애덤 스미스, 《국부론》, 제4권, 제7장)."

2 "The British Rule in India", *New York Tribune*, June 25, 1853, in Marx(2007).

3 "The Future Results of British Rule in India", *New York Tribune*, August 8, 1853, in Marx(2007).

4 "소수의 '선진화된' 국가가 압도적 다수의 세계 사람들을 식민지 주민으로 억압하고 금융을 옥죔으로써, 자본주의는 세계 체제로 성장했다[Lenin, Collected Works, 19:87, Paul Sweezy(1953)에서 인용]".

5 Eric Hobsbawm, "Introduction", in Marx(1965, 19-20).

6 Karl Marx, "The German Ideology", in Tucker(1978, 157).

부록 C

1 좀 더 자세한 방법에 대해서는 Milanovic(2005) 참조.

2 2018년 매디슨 프로젝트 데이터베이스(Maddison Project Database 2018) 참조(https://www.rug.nl/ggdc/historicaldevelopment/maddison/releases/maddison-project-database-2018).

3 실증적으로 그 결과는 OECD 국가들의 성장 실적을 살펴본 최초의 논문 가운데 하나인 윌리엄 J. 보멀의 논문(Baumol, 1986)에서 제시되었다. 이후 발표된 수많은 논문이 수렴을 확인했다[예컨대 Barro(1991; 2000) 참조].

참고문헌

Acemoglu, Daron, and James A. Robinson. 2006. *Economic Origins of Dictatorship and Democracy*. Cambridge: Cambridge University Press.

Acemoglu, Daron, and James A. Robinson. 2012. *Why Nations Fail: The Origins of Power, Prosperity, and Poverty*. New York: Crown.

Achen, Christopher, and Larry Bartels. 2017. *Democracy for Realists: Why Elections Do Not Produce Responsive Government*. Princeton, NJ: Princeton University Press.

Akcigit, Ufuk, Salomé Baslandze, and Stefanie Stantcheva. 2015. "Taxation and the International Mobility of Inventors." NBER Working Paper No. 21024, National Bureau of Economic Research, Cambridge, MA, March. Published 2016 in *American Economic Review* 106(10): 2930-2981.

Allen, Robert C. 2009. *The British Industrial Revolution in Global Perspective*. Cambridge: Cambridge University Press.

Allen, Robert C. 2011. "Technology and the Great Divergence." Discussion Paper Series No. 548, Department of Economics, University of Oxford. https://www.economics.ox.ac.uk/materials/papers/5001/paper548.pdf. Published 2012 as "Technology and the Great Divergence: Global Economic Development since 1820." *Explorations in Economic History* 49(1): 1-16.

Allen, Robert C. 2017. *The Industrial Revolution: A Very Short Introduction*. Oxford: Oxford University Press.

Alstadsaeter, Annette, Niels Johannesen, and Gabriel Zucman. 2017. "Who Owns the Wealth in Tax Havens? Macro Evidence and Implications for Global Inequality." NBER Working Paper No. 23805, National Bureau of Economic Research, Cambridge, MA, September.

Alvaredo, Facundo, Anthony B. Atkinson, and Salvatore Morelli. 2018. "Top Wealth Shares in the UK over More Than a Century." *Journal of Public Economics* 162: 26-47.

Aristotle. 1976. *The Politics*, trans. and with an introduction by T. A. Sinclair. Harmondsworth, UK: Penguin Classics.

Arrighi, Giovanni. 2007. *Adam Smith in Beijing: Lineages of the Twenty-First Century*. London: Verso.

Atkinson, Anthony. 2015. *Inequality: What Can Be Done?* Cambridge, MA: Harvard University Press.

Atkinson, Anthony B. 2018. "Wealth and Inheritance in Britain from 1896 to the Present." *Journal of Economic Inequality* 16(2): 137-169.

Atkinson, Anthony B., Thomas Piketty, and Emmanuel Saez. 2011. "Top Incomes in the Long Run of History." *Journal of Economic Literature* 49(1): 3-71.

Avineri, Shlomo, ed. 1968. *Karl Marx on Colonialism and Modernization*. New York: Doubleday.

Azar, José, Ioana Marinescu, and Marshall Steinbaum. 2017. "Labor Market Concentration." NBER Working Paper No. 24147, National Bureau of Economic Research, Cambridge, MA, December.

Bai, Chong-En, Chang-Tai Hsieh, and Zheng (Michael) Song. 2014. "Crony Capitalism with Chinese Characteristics." Unpublished manuscript, May. http://china.ucsd.edu/_files/pe-2014/10062014_Paper_Bai_Chong.pdf.

Bakija, Jon, Adam Cole, and Bradley T. Heim. 2010. "Jobs and Income Growth of Top Earners and the Causes of Changing Income Inequality: Evidence from U.S. Tax Return Data." Unpublished manuscript. https://web.williams.edu/Economics/wp/BakijaColeHeimJobsIncomeGrowthTopEarners.pdf.

Baldwin, Richard. 2016. *The Great Convergence: Information Technology and the New Globalization*. Cambridge, MA: Belknap Press of Harvard University Press.

Barkai, Simcha. 2016. "Declining Labor and Capital Shares." Unpublished manuscript. http://home.uchicago.edu/~barkai/doc/BarkaiDecliningLaborCapital.pdf.

Barro, Robert J. 1991. "Economic Growth in a Cross Section of Countries." *Quarterly Journal of Economics* 106(2): 407-443.

Barro, Robert. 2000. "Inequality and Growth in a Panel of Countries." *Journal of Economic Growth* 5(1): 5-32.

Baumol, William J. 1986. "Productivity Growth, Convergence, and Welfare: What the Long-Run Data Show." *American Economic Review* 76(5): 1072-1085.

Becerra, Jorge, Peter Damisch, Bruce Holley, et al. 2009. "Delivering on the Client Promise." Global Wealth 2009, Boston Consulting Group, September. Executive summary at https://www.bcg.com/documents/file29101.pdf.

Bekkouche, Yasmine, and Julia Cagé. 2018. "The Price of a Vote: Evidence from France, 1993-2014." CEPR Discussion Paper No. 12614, Centre for Economic Policy Research, London, January. https://cepr.org/active/publications/discussionpapers/dp.php?dpno=12614#.

Berdyaev, Nikolai. 2006. *The Meaning of History*. New Brunswick, NJ: Transaction.

Black, Bernard, Reinier Kraakman, and Anna Tarassova. 2000. "Russian Privatization and Corporate Governance: What Went Wrong?" Stanford Law School John M. Olin Program in Law and Economics Working Paper No. 178. Published 2000 in *Stanford Law Review* 52(6): 1731-1808.

Bonica, Adam, Nolan McCarty, Keith T. Poole, and Howard Rosenthal. 2013. "Why Hasn't Democracy Slowed Rising Inequality?" *Journal of Economic Perspectives* 27(3): 103-123.

Bonica, Adam, and Howard Rosenthal. 2016. "Increasing Inequality in Wealth and the Political Expenditures of Billionaires." Unpublished manuscript.

Borjas, George. 1987. "Self-selection and the Earnings of Immigrants." *American Economic Review* 77(4): 531-553.

Borjas, George J. 2015. "Immigration and Globalization: A Review Essay." *Journal of Economic Literature* 53(4): 961-974.

Bourguignon, François, and Christian Morrisson. 2002. "Inequality among World Citizens: 1820-1992." *American Economic Review* 92(4): 727-744.

Bournakis, Ioannis Michela Vecchi, and Francesco Venturini. 2018. "Off-shoring, Specialization and R&D." *Review of Income and Wealth* 64(1): 26-51.

Bowles, Samuel, and Herbert Gintis. 1976. *Schooling in Capitalist America: Education Reform and the Contradictions of Economic Life*. New York: Basic Books.

Bowles, Samuel, and Herbert Gintis. 1986. *Democracy and Capitalism: Property, Community and the Contradiction of Modern Social Thought*. New York: Basic Books.

Bowley, Arthur. 1920. The Change in the Distribution of National Income, 1880-1913. Oxford: Clarendon Press.

Bramall, Chris. 2000. *Sources of Chinese Economic Growth: 1978-1996*. Oxford: Oxford University Press.

Braudel, Fernand. 1979. *Civilization and Capitalism 15th-18th Century*, vol. 3: The Perspective of the World, trans. Sian Reynolds. New York: Harper and Row.

Bregman, Rutger. 2017. *Utopia for Realists: How We Can Build the Ideal World*. New York: Little, Brown.

Broadberry, Stephen, and Alexander Klein. 2008. "Aggregate and Per Capita GDP in Europe, 1870-2000: Continental, Regional and National Data with Changing Boundaries." Unpublished manuscript. Published 2012 in *Scandinavian Economic History Review* 60(1): 79-107.

Broadberry, Stephen, and Alexander Klein. 2011. "When and Why Did Eastern European Economies Begin to Fail? Lessons from a Czechoslovak / UK Productivity Comparison, 1921-1991." *Explorations in Economic History* 48(1): 37-52.

Brunori, Paolo, Francisco H. G. Ferreira, and Vito Peragine. 2013. "Inequality of Opportunity, Income Inequality and Economic Mobility: Some International Comparisons." IZA Working Paper No. 7155, IZA Institute of Labor Economics, Bonn, January. http://ftp.iza.org/dp7155.pdf.

Calvino, Italo. 1994. "Apologo sull'onestà nel paese dei corrotti." In *Romanzi e racconti*, ed. Mario Berenghi and Bruno Falcetto, vol. 3, 290-293. Milan: Mondadori.

Capussela, Andrea Lorenzo. 2018. *The Political Economy of Italy's Decline*. Oxford: Oxford

University Press.
Carlin, Wendy, Mark Schaffer, and Paul Seabright. 2012. "Soviet Power Plus Electrification: What Is the Long-Term Legacy of Communism?" Working Paper 43-212, Department of Studies on Economic Development, Universita degli studi de Macerata, June. Published 2013 in *Explorations in Economic History* 50(1): 116-147.
Chen, Shaohua, and Martin Ravallion. 2007. "Absolute Poverty Measures for the Developing World, 1981-2004." *Proceedings of the National Academy of Sciences of United States of America* 104(43): 16757-16762.
Chetty, Raj, John N. Friedman, Emmanuel Saez, Nicholas Turner, and Danny Yagan. 2017a. "Mobility Report Cards: The Role of Colleges in Intergenerational Mobility." NBER Working Paper No. 23618, National Bureau of Economic Research, Cambridge, MA, rev. July.
Chetty, Raj, David Grusky, Maximilian Hell, Nathaniel Hendren, Robert Manduca, and Jimmy Narang. 2017b. "The Fading American Dream: Trends in Absolute Income Mobility since 1940." *Science* 356(6336): 398-406.
Chi, Wei. 2012. "Capital Income and Income Inequality: Evidence from Urban China." *Journal of Comparative Economics* 40(2): 228-239.
Chiappori, Pierre-André, Bernard Salanié, and Yoram Weiss. 2017. "Partner Choice, Investment in Children and the Marital College Premium." *American Economic Review* 107(8): 2109-2167.
Chi Hsin. 1978. *Teng Hsiao-ping: A Political Biography*. Hong Kong: Cosmos Books.
China Statistical Yearbook. 2017. National Bureau of Statistics, Beijing.
Clark, Andrew, Sarah Flèche, Richard Layard, Nattavudh Powdthavee, and George Ward. 2017. "The Key Determinants of Happiness and Misery." In *World Happiness Report 2017*, ed. John Helliwell, Richard Layard, and Jeffrey Sachs, 122-143. New York: Sustainable Development Solutions Network.
Congressional Budget Office. 2014. "The Distribution of Household Income and Federal Taxes, 2011." CBO Report, Washington, DC, November 12. https://www.cbo.gov/publication/49440.
Corak, Miles. 2013. "Inequality from Generation to Generation: The United States in Comparison." In *The Economics of Inequality, Poverty, and Discrimination in the 21st Century*, ed. Robert Rycroft. Santa Barbara, CA: Praeger.
Crabtree, James. 2018. *A Billionaire Raj: A Journey through India's New Gilded Age*. New York: Tim Duggan Books of Crown Publishing.
Credit Suisse Research Institute. 2013. "Global Wealth Report 2013." October. https://www.files.ethz.ch/isn/172470/global_wealth_report_2013.pdf.

Creemers, Rogier. 2018. "Party Ideology and Chinese Law." Unpublished manuscript, July 30. https://papers.ssrn.com/sol3/papers.cfm?abstract_id=3210541.

Dahrendorf, Ralf. (1963) 1978. "Changes in the Class Structure of Industrial Societies." In *Social Inequality*, ed. André Betéille. Reprint. Harmondsworth, UK: Penguin.

Dalgaard, C. J., and H. Hansen. 2001. "On Aid, Growth and Good Policies." *Journal of Development Studies* 37(6): 17–41.

Dao, Mai Chi, Mitali Das, and Zoka Koczan, and Weiching Lian. 2017. "Why Is Labor Receiving a Smaller Share of Global Income?" IMF Working Paper wp/17/169, International Monetary Fund, Washington DC, July. https://www.imf.org/en/Publications/WP/Issues/2017/07/24/Why-Is-Labor-Receiving-a-Smaller-Share-of-Global-Income-Theory-and-Empirical-Evidence-45102.

Dasgupta, Rana. 2015. *Capital: The Eruption of Delhi*. New York: Penguin.

Davis, Gerald F. 2016. *The Vanishing American Corporation: Navigating the Hazards of a New Economy*. N.P.: Berrett-Koehler.

Davis, Jonathan, and Bhashkar Mazumder. 2017. "The Decline in Intergenerational Mobility after 1980." Federal Reserve Bank of Chicago Working Paper No. 17-21, revised January 29, 2019. https://www.chicagofed.org/publications/working-papers/2017/wp2017-05.

Decancq, Koen, Andreas Peichl, and Philippe Van Kerm. 2013. "Unequal by Marriage? Assortativeness and Household Earnings Inequality: A Copula-Based Decomposition." Unpublished manuscript. http://economics.mit.edu/files/8479.

de Vries, Jan. 2008. *The Industrious Revolution: Consumer Behavior and the Household Economy, 1650 to the Present*. Cambridge: Cambridge University Press.

Ding, Haiyan, and Hui He. 2018. "A Tale of Transition: An Empirical Analysis of Income Inequality in Urban China, 1986-2009." *Review of Economic Dynamics* 29: 108-137.

Ding, Haiyan, Zhe Fu, and Hui He. 2018. "Transition and Inequality." Unpublished manuscript, IMF Seminar, August 22 version.

Doyle, Michael W. 1997. *Ways of War and Peace: Realism, Liberalism, and Socialism*. New York: Norton.

Easterly, Bill, and Stanley Fischer. 1995. "The Soviet Economic Decline." *World Bank Economic Review* 9(3): 341-371.

Economy, Elizabeth C. 2018. "China's New Revolution: The Reign of Xi Jinping." *Foreign Affairs* 97(3): 60-74.

Ellul, Jacques. 1963. *The Technological Society*. New York: Vintage Books. Elsby, Michael W. L., Bart Hobijn, and Ayşegül Şahin. 2013. "The Decline of U.S. Labor Share." Brookings Papers on Economic Activity, Brookings Institution, Washington, DC, October 18 version. https://www.brookings.edu/bpea-articles/the-decline-of-the-u-s-labor-share/.

Feldstein, Martin, and Shlomo Yitzhaki. 1982. "Are High-income Individuals Better Stock Market Investors?" NBER Working Paper No. 948, National Bureau of Economic Research, Cambridge, MA, July.

Ferguson, Niall, and Moritz Schularick. 2006. "The Empire Effect: The Determinants of Country Risk in the First Age of Globalization, 1880-1913." *Journal of Economic History* 66(2): 283-312.

Fiorio, Carlo V., and Stefano Verzillo. 2018. "Looking in Your Partner's Pocket before Saying 'Yes!' Income Assortative Mating and Inequality." Working Paper 2 / 2018, Dipartmento di Economia, Università degli Studi di Milano, February. http://wp.demm.unimi.it/files/wp/2018/DEMM-2018_02wp.pdf.

Fisher, Irving. 1919. "Economists in Public Service: Annual Address of the President." *American Economic Review* 9(1) supp.: 5-21.

Frank, André Gunder. 1966. "Development of Underdevelopment." *Monthly Review* 18(4): 17-31.

Fraser, Nancy. 2012. "Can Society Be Commodities All the Way Down? Polanyian Reflections on Capitalist Crisis." FMSH-WP-2012-18, Fondation Maison des sciences de l'homme, Paris, August. https://halshs.archives-ouvertes.fr/halshs-00725060/document. Published 2014 in *Economy and Society* 43(4): 541-558.

Freeman, Richard B. 2006. "People Flows in Globalization." *Journal of Economic Perspectives* 20(2): 145-170.

Freeman, Richard B. 2014. "Who Owns the Robots Rules the World." *IZA World of Labor*: 5, May. https://www.sole-jole.org/Freeman.pdf.

Freund, Caroline. 2016. *Rich People Poor Countries: The Rise of Emerging Market Tycoons and Their Mega Firms*. Washington, DC: Peterson Institute for International Economics.

Freund, Caroline, and Sarah Oliver. 2016. "The Origins of the Superrich: The Billionaire Characteristics Database." PIIE Working Paper 16-1, Peterson Institute for International Economics, February. https://piie.com/system/files/documents/wp16-1.pdf.

Fukuyama, Francis. 1992. *The End of History and the Last Man*. New York: Free Press.

Fukuyama, Francis. 2011. *The Origins of Political Order*. New York: Farrar, Straus and Giroux.

Gabriel, Satyananda J. 2006. *Chinese Capitalism and the Modernist Vision*. London: Routledge.

Gernet, Jacques. 1962. *Daily Life in China on the Eve of Mongol Invasion, 1250-1276*. New York: Macmillan; repr. Stanford University Press.

Gewirtz, Julian. 2017. *Unlikely Partners: Chinese Reformers, Western Economists, and the Making of Global China*. Cambridge, MA: Harvard University Press.

Gilens, Martin. 2012. *Affluence and Influence: Economic Inequality and Political Power in America*. Princeton, NJ: Princeton University Press.

Gilens, Martin. 2015. "Descriptive Representation, Money, and Political Inequality in the United States." *Swiss Political Science Review* 21(2): 222-228.

Gilens, Martin, and Benjamin I. Page. 2014. "Testing Theories of American Politics: Elites, Interest Groups, and Average Citizens." *Perspectives on Politics* 12(3): 564-581.

Goldin, Claudia, and Lawrence F. Katz. 2010. *The Race between Education and Technology*. Cambridge, MA: Belknap Press of Harvard University Press.

Gong, Honge, Andrew Leigh, and Xin Meng. 2012. "Intergenerational Income Mobility in Urban China." *Review of Income and Wealth* 58(3): 481-503.

Grabka, Markus, and Christian Westermeier. 2014. "Anhaltend hohe Vermögensungleichheit in Deutschland." *DIW Wochenbericht* 9: 151-164. ttps://www.diw.de/documents/publikationen/73/diw_01.c.438708.de/14-9.pdf.

Graham, Carol, Kate Laffan, and Sergio Pinto. 2018. "Well-being in Metrics and Policy." Science 362(6412): 287-288.

Greenwood, Jeremy, Nezih Guner, Georgi Kocharkov, and Cezar Santos. 2014a. "Marry Your Like: Assortative Mating and Income Inequality." *American Economic Review* 104(5): 348-353.

Greenwood, Jeremy, Nezih Guner, Georgi Kocharkov, and Cezar Santos. 2014b. "Corrigendum to 'Marry Your Like: Assortative Mating and Income Inequality.'" http://pareto.uab.es/nguner/ggks_corrigendum.pdf.

Greenwood, Jeremy, Nezih Guner, and Guillaume Vandenbroucke. 2017. "Family Economics Writ Large." NBER Working Paper No. 23103, National Bureau of Economic Research, Cambridge, MA, January.

Gustaffson, Björn, Shi Li, and Hieroshi Sato. 2014. "Data for Studying Earnings, the Distribution of Household Income and Poverty in China." IZA Working Paper 8244, IZA Institute of Labor Economics, Bonn, June. Published 2014 in China Economic Review 30: 419-431.

Hallward-Driemeier, Mary, and Gaurav Nayyar. 2018. *Trouble in the Making? The Future of Manufacturing-Led Development*. Washington, DC: World Bank Group. https://www.worldbank.org/en/topic/competitiveness/publication/trouble-in-the-making-the-future-of-manufacturing-led-development.

Harrington, Brooke. 2016. *Capital without Borders: Wealth Managers and the One Percent*. Cambridge, MA: Harvard University Press.

Hauner, Thomas, Branko Milanovic, and Suresh Naidu. 2017. "Inequality, Foreign Investment and Imperialism." Munich Personal RePEc Archive (MPRA), Working Paper 83068, 30 November. https://mpra.ub.uni muenchen.de/83068/1/MPRA_paper_83068.pdf.

Helliwell, John F., Haifang Huang, and Shun Wang. 2017. "Social Foundations of World

Happiness." In *World Happiness Report* 2017, ed. John Helliwell, Richard Layard, and Jeffrey Sachs, 8-47. New York: Sustainable Development Solutions Network.

Hirschman, Albert O. 1977. *The Passions and the Interests: Political Argument for Capitalism before Its Triumph*. Princeton, NJ: Princeton University Press.

Hobson, John. 1902. *Imperialism: A Study*. London: J. Nisbet. Reprint Ann Arbor: University of Michigan Press, 1965.

Jacques, Martin. 2012. *When China Rules the World*, 2nd ed. London: Penguin.

Johannesen, Niels. 2014. "Tax Evasion and Swiss Bank Deposits." *Journal of Public Economics* 111: 46-62.

Karabarbounis, Loukas, and Brent Neiman. 2013. "The Global Decline of the Labor Share." NBER Working Paper No. 19136. National Bureau of Economic Research, Cambridge, MA, June (rev. October). Published 2014 in *Quarterly Journal of Economics* 129(1): 61-103.

Kennan, John. 2014. "Freedom of Movement for Workers." *IZA World of Labor* 2014: 86, September. https://wol.iza.org/uploads/articles/86/pdfs/freedom-of-movement-for-workers.pdf.

Keynes, John Maynard. 1919. *The Economic Consequences of the Peace*. London: Macmillan.

Keynes, John Maynard. 1930. "The Economic Possibilities for Our Grandchildren," parts 1 and 2. *The Nation and Athenaeum* 48, October 11 and 18.

Keynes, John Maynard. 1972. *Essays in Biography*. London: Macmillan.

Kissinger, Henry. 2011. *On China*. New York: Penguin.

Kristov, Lorenzo, Peter Lindert, and Robert McClelland. 1992. "Pressure Groups and Redistribution." *Journal of Public Economics* 48(2): 135-163.

Krouse, Richard W. 1982. "Polyarchy and Participation: The Changing Democratic Theory of Robert Dahl." *Polity* 14(3): 441-463.

Kuhn, Moritz, Moritz Schularick, and Ulrike Steins. 2017. "Income and Wealth Inequality in America, 1949-2016." Discussion Paper 20547, Centre for Economic Policy Research, London, September.

Kurz, Mordecai. 2018. "On the Formation of Capital and Wealth: IT, Monopoly Power and Rising Inequality." Unpublished manuscript, dated June 25, 2017, rev. May 11, 2018. https://papers.ssrn.com/sol3/papers.cfm?abstract_id=3014361.

Lakner, Christoph. 2014. "Wages, Capital and Top Incomes: The Factor Income Composition of Top Incomes in the USA, 1960-2005." Chap. 2 of "The Determinants of Incomes and Inequality: Evidence from Poor and Rich Countries." PhD diss., Oxford University.

Lakner, Christoph, and Branko Milanovic. 2016. "Global Income Distribution: From the Fall of the Berlin Wall to the Great Recession." *World Bank Economic Review* 30(2): 203-232.

Landes, David. 1998. *The Wealth and Poverty of Nations: Why Some Are So Rich and Some So Poor*. New

York: Norton.

Leijonhufvud, Axel. 1985. "Capitalism and the Factory System." In *Economics as a Process: Essays in the New Institutional Economics*, ed. Richard N. Langlois. Cambridge: Cambridge University Press.

Levy, Harold O., and Peg Tyre. 2018. "How to Level the College Playing Field." *New York Times*, April 7.

Li, Cheng. 2016. *Chinese Politics in the Xi Jinping Era*. Washington, DC: Brookings Institution Press.

Li, Chunling. n.d. "Profile of Middle Class in Mainland China." Unpublished manuscript.

Lin, Justin Yufu, and Celestin Monga. 2017. *Beating the Odds: Jump-starting Developing Countries*. Princeton, NJ: Princeton University Press.

Los, Bart, Marcel P. Timmer, and Gaaitzen de Vries. 2015. "How Global Are Global Value Chains? A New Approach to Measure International Fragmentation." *Journal of Regional Science* 55(1): 66-92.

Lundberg, Jacob, and Daniel Waldenström. 2016. "Wealth Inequality in Sweden: What Can We Learn from Capitalized Income Tax Data?" Unpublished manuscript, April 22. http://www.uueconomics.se/danielw/Research_files/Capitalized%20Wealth%20Inequality%20in%20Sweden%20160422 .pdf. Published 2018 in *Review of Income and Wealth* 64(3): 517-541.

Luo, Xubei, and Nong Zhu. 2008. "Rising Income Inequality in China: A Race to the Top." Policy Research Working Paper No. 4700, World Bank, Washington, DC, August.

Ma, Debin. 2011. "Rock, Scissors, Paper: The Problem of Incentives and Information in Traditional Chinese State and the Origin of Great Divergence." Economic History Department Working Papers 152 / 11, London School of Economics. http://eprints.lse.ac.uk/37569/.

Machiavelli, Niccolò. 1983. *The Discourses*. Edited with an introduction by Bernard Crick, using the translation of Leslie J. Walker, S. J., with revisions by Brian Richardson. London: Penguin.

Maddison, Angus. 2007. *Contours of the World Economy, 1-2030 AD: Essays in Macro-economic History*. Oxford: Oxford University Press.

Maddison Project. 2018. See Jutta Bolt, Robert Inklaar, Herman de Jong, and Jan Luiten van Zanden, "Rebasing 'Maddison': New Income Comparisons and the Shape of Long-Run Economic Development," Maddison Project Working Paper 10, https://www.rug.nl/ggdc/historicaldevelopment/maddison/research.

Daniel Markovits, "A New Aristocracy," Yale Law School Commencement Address, May 2015. Available at https://law.yale.edu/system/files/area/department/studentaffairs/document/

markovitscommencementrev.pdf (accessed August 31, 2018).
Marx, Karl. 1965. *Pre-Capitalist Economic Formations*, trans. Jack Cohen. New York: International Publishers.
Marx, Karl. 1973. *Grundrisse: Foundations of the Critique of Political Economy*, trans. Martin Nicolaus. London: Penguin.
Marx, Karl. 2007. *Dispatches for the New York Tribune: Selected Journalism of Karl Marx*, ed. James Ledbetter. London: Penguin.
Mason, Paul. 2016. *Postcapitalism: A Guide to Our Future*. New York: Farrar, Straus and Giroux.
Mazower, Mark. 2012. *Governing the World: The History of an Idea*. New York: Penguin.
Meade, James. 1964. *Efficiency, Equality, and the Ownership of Property*. London: Allen and Unwin.
Merette, Sarah. 2013. "Preliminary Analysis of Inequality in Colonial Tonkin and Cochinchina." Unpublished manuscript, June.
Milanovic, Branko. 1989. *Liberalization and Entrepreneurship: Dynamics of Reform in Socialism and Capitalism*. Armonk, NY: M. E. Sharpe.
Milanovic, Branko. 2005. *Worlds Apart: Measuring International and Global Inequality*. Princeton, NJ: Princeton University Press.
Milanovic, Branko. 2011. "A Short History of Global Inequality: The Past Two Centuries." *Explorations in Economic History* 48(4): 494-506.
Milanovic, Branko. 2012. "Global Inequality Recalculated and Updated: The Effect of New PPP Estimates on Global Inequality and 2005 Estimates." Journal of *Economic Inequality* 10(1): 1-18.
Milanovic, Branko. 2015. "Global Inequality of Opportunity: How Much of Our Income Is Determined by Where We Live?" *Review of Economics and Statistics* 97(2): 452-460.
Milanovic, Branko. 2016. *Global Inequality: A New Approach for the Age of lobalization*. Cambridge, MA: Belknap Press of Harvard University Press.
Milanovic, Branko. 2017. "Increasing Capital Income Share and Its Effect on Personal Income Inequality." In *After Piketty: The Agenda for Economics and Inequality*, ed. Heather Boushey, J. Bradford DeLong, and Marshall Steinbaum. Cambridge, MA: Harvard University Press.
Mill, John Stuart. 1975. *Three Essays*. Oxford: Oxford University Press.
Moene, Kalle. 2016. "The Social Upper Class under Social Democracy." *Nordic Economic Policy Review* 2: 245-261.
Novokmet, Filip, Thomas Piketty, and Gabriel Zucman. 2017. "From Soviets to Oligarchs: Inequality and Property in Russia 1905-2016." WID.world Working Paper Series 2017 / 9, July. Published 2018 in *Journal of Economic Inequality* 16(2): 189-223.
OECD. 2011. *Divided We Stand: Why Inequality Keeps Rising*. Paris: OECD Publishing.
Offer, Avner. 1989. *The First World War: An Agrarian Interpretation*. Oxford: Oxford University

Press.

Offer, Avner, and Daniel Söderberg. 2016. *The Nobel Factor: The Prize in Economics, Social Democracy, and the Market Turn*. Princeton, NJ: Princeton University Press.

Okonjo-Iweala, Ngozi. 2018. *Fighting Corruption Is Dangerous: The Story behind the Headlines*. Cambridge, MA: MIT Press.

Orléan, André. 2011. *L'empire de la valeur: refonder l'économie*. Paris: Seuil.

Overbeek, Hans. 2016. "Globalizing China: A Critical Political Economy Perspective on China's Rise." In *Handbook of Critical International Political Economy: Theories, Issues and Regions*, ed. Alan Cafruny, Leila Simona Talani, and Gonzalo Pozo-Martin, 309-329. London: Palgrave Macmillan.

Pareto, Vilfredo. 1935. *The Mind and Society*, vol. 4 [*Trattato di Sociologia Generale*]. New York: Harcourt Brace.

Pei, Minxin. 2006. *China's Trapped Transition*. Cambridge, MA: Harvard University Press.

Pei, Minxin. 2016. *China's Crony Capitalism*. Cambridge, MA: Harvard University Press.

Piketty, Thomas. 2014. *Capital in the Twenty-First Century*, trans. Arthur Goldhammer. Cambridge, MA: Harvard University Press.

Piketty, Thomas, Li Yang, and Gabriel Zucman. 2017. "Capital Accumulation, Private Property and Rising Inequality in China, 1978-2015." WID.world Working Paper Series 2017 / 6, April. https://wid.world/document/t-piketty-l-yang-and-g-zucman-capital-accumulation-private-property-and-inequality-in-china-1978-2015-2016/.

Piketty, Thomas, and Emmanuel Saez. 2003. "Income Inequality in the United States, 1913-1998." *Quarterly Journal of Economics* 118(1): 1-39.

Piñera, José. 2016. "President Clinton and the Chilean Model." Cato Policy Report, Cato Institute, Washington, DC, January / February. https://www.cato.org/policy-report/januaryfebruary-2016/president-clinton-chilean-model.

Pomeranz, Kenneth. 2000. *The Great Divergence: China, Europe and the Making of the Modern World Economy*. Princeton NJ: Princeton University Press.

Pomfret, Richard. 2018. "The Eurasian Landbridge: Linking Regional Value Chains." *VoxEU*, CEPR Policy Portal, Centre for Economic Policy Research, London, May 1. https://voxeu.org/article/eurasian-landbridge-linking-regional-value-chains.

Popper, Karl. (1957) 1964. *The Poverty of Historicism*. New York: Harper and Row.

Rajan, Raghuram G., and Arvind Subramanian. 2005. "Aid and Growth: What Does the Cross Country Evidence Really Show?" NBER Working Paper 11513, National Bureau of Economic Research, Cambridge, MA, February, rev. 2007.

Rawls, John. 1971. *A Theory of Justice*. Cambridge, MA: Belknap Press of Harvard University Press.

Rawls, John. 1999. *The Law of Peoples*. Cambridge, MA: Harvard University Press.

Raworth, Kate. 2018. *Doughnut Economics: Seven Ways to Think Like a 21st Century Economist*. White River Junction, VT: Chelsea Green.

Ray, Debraj. 2014. "Nit-Piketty: A Comment on Thomas Piketty's *Capital in the Twenty-First Century*." Unpublished manuscript, May 25, https://www.econ.nyu.edu/user/debraj/Papers/Piketty.pdf.

Rognlie, Matthew. 2015. "Deciphering the Fall and Rise in the Net Capital Share: Accumulation or Scarcity?" Brookings Papers on Economic Activity, Spring. https://www.brookings.edu/wp-content/uploads/2016/07/2015a_rognlie.pdf.

Rotman, David. 2015. "Who Will Own the Robots?" MIT Technology Review, June 16. https://www.technologyreview.com/s/538401/who-will-own-the-robots/.

Samuelson, Paul. 1976. *Economics*. New York: McGraw Hill.

Sapio, Flora. 2010. *Sovereign Power and the Law in China*. Leiden: Brill.

Sapir, André. 1980. "Economic Growth and Factor Substitution: What Happened to the Yugoslav Miracle?" *Economic Journal* 90(358): 294-313.

Sawhill, Isabel. 2017. "Post-Redistribution Liberalism." *Democracy: A Journal of Ideas* 46, Fall.

Schäfer, Armin. 2017. "How Responsive Is the German Parliament?" Blog post, July 26. http://www.armin-schaefer.de/en/how-responsive-is-the-german-parliament/.

Shiroyama, Tomoko. 2008. *China during the Great Depression: Market, State, and the World Economy, 1929-1937*. Cambridge, MA: Harvard University Asia Center.

Solimano, Andres. 2018. "Global Mobility of the Wealthy and Their Assets in an Era of Growing Inequality." Paper presented at the Investment Migration Council (IMC) Forum, Geneva, June 4-6.

Stamp, Josiah. 1926. "Inheritance as an Economic Factor." *Economic Journal* 36(143): 339-374.

Standing, Guy. 2017. *Basic Income: And How We Can Make It Happen*. New York: Penguin.

Stewart, Matthew. 2018. "The 9.9% Is the New American Aristocracy," *Atlantic*, June. (Published with the title "The Birth of a New American Aristocracy.")

Swedberg, Richard, ed. 1991. *The Economics and Sociology of Capitalism*. Princeton, NJ: Princeton University Press.

Sweezy, Paul. 1953. *The Present as History*. New York: Monthly Review Press.

Taleb, Nassim Nicholas. 2007. *The Black Swan: The Impact of the Highly Improbable*. New York: Random House.

Taleb, Nassim Nicholas. 2018. *Skin in the Game: Hidden Asymmetries in Daily Life*. New York: Random House.

Thomas, Vinod, Yan Wang, and Xibo Fan. 2001. "Measuring Education Inequality—Gini Coefficients of Education." Policy Research Working Paper No. WPS 2525,

World Bank, Washington, DC, January. http://documents.worldbank.org/curated/en/361761468761690314/pdf/multi-page.pdf.

Tinbergen, Jan. 1975. *Income Distribution: Analysis and Policies*. Amsterdam: North-Holland.

Tooze, Adam. 2014. *Deluge: The Great War, America and the Remaking of the Global Order, 1916-1931*. New York: Penguin.

Torgler, Benno, and Marco Piatti. 2013. "Extraordinary Wealth, Globalization, and Corruption." *Review of Income and Wealth* 59(2): 341-359.

Tucker, Robert C., ed. 1978. *The Marx-Engels Reader*, 2nd ed. New York: Norton.

van der Pijl, Kees. 2012. "Is the East Still Red? The Contender State and Class Struggles in China." *Globalizations* 9(4): 503-516.

van der Weide, Roy, and Ambar Narayan. 2019. "China versus the United States: Different Economic Models but Similarly Low Levels of Socio-economic Mobility." Unpublished manuscript.

van Parijs, Philippe, and Yannick Vanderborght. 2017. *Basic Income: A Radical Proposal for a Free Society and a Sane Economy*. Cambridge, MA: Harvard University Press.

van Zanden, Jan-Luiten, Joerg Baten, Peter Foldvari, and Bas van Leeuwen. 2014. "The Changing Shape of Global Inequality, 1820-2000: Exploring a New Dataset." *Review of Income and Wealth* 60(2): 279-297.

Veyne, Paul. 2001. La société romaine. Paris: Seuil.

Vonyó, Tamas. 2017. "War and Socialism: Why Eastern Europe Fell Behind between 1950 and 1989." *Economic History Review* 70(1): 248-274.

Vries, Peer. 2013. *Escaping Poverty: The Origins of Modern Economic Growth*. Göttingen: V & R Unipress.

Wang Fan-hsi. 1991. *Memoirs of a Chinese Revolutionary*, trans. Gregor Benton. New York: Columbia University Press.

Wang Hui. 2003. "Contemporary Chinese Thought and the Question of Modernity (1997)." In Wang, *China's New Order*, ed. Theodore Huters. Cambridge, MA: Harvard University Press.

Warren, Bill. 1980. *Imperialism: Pioneer of Capitalism*, ed. John Sender. London: New Left Books.

Weber, Max. 1978. *Economy and Society*, ed. Guenther Roth and Claus Wittich. Berkeley: University of California Press.

Weber, Max. 1992. *The Protestant Ethic and the Spirit of Capitalism*, trans. Talcott Parsons. Reprint. London: Routledge.

Weitzman, Martin, and Colin Xu. 1993. "Chinese Township Village Enterprises as Vaguely Defined Cooperatives." CEP Discussion Paper no. 155, Centre for Economic Performance, London School of Economics and Political Science, June. http://cep.lse.ac.uk/pubs/

download/DP0155.pdf.

Wesseling, H. L. 1996. *Divide and Rule: The Partition of Africa, 1880-1914*, trans. Arnold J. Pomerans. Westport, CT: Praeger.

Wihtol de Wenden, Catherine. 2010. *La question migratoire au XXI siècle: migrants, refugiés et relations internationales*. Paris: Presses de Sciences Po.

Wolff, Edward N. 2017. *A Century of Wealth in America*. Cambridge, MA: Harvard University Press.

Wootton, David. 2018. *Power, Pleasure, and Profit: Insatiable Appetites from achiavelli to Madison*. Cambridge, MA: Belknap Press of Harvard University Press.

World Bank. 2011. *Inside Inequality in the Arab Republic of Egypt: Facts and erceptions across People, Time, and Space*. Report No. 86473. Washington, D.C. http://documents.worldbank.org/curated/en/707671468247494406/pdf/864730PUB0ISBN00Box385175B00PUBLIC0.pdf.

World Bank. 2017. "China: Systematic Country Diagnostic: Towards a More Inclusive and Sustainable Development." Report No. 113092, Washington DC. http://documents.worldbank.org/curated/en/147231519162198351/pdf/China-SCD-publishing-version-final-for-submission-02142018.pdf.

World Bank. 2019. *The Changing Nature of Work*. World Development Report 2019. http://pubdocs.worldbank.org/en/816281518818814423/2019-WDR-Concept-Note.pdf.

World Inequality Report 2018, coordinated by Facunto Alvaredo, Lucas Chancel, Thomas Piketty, Emmanuel Saez, and Gabriel Zucman. Paris, December 2017.

Wu, Guoyou. 2015. *The Period of Deng Xiaoping's Reformation*. Beijing: Xinhua Publishing House / Foreign Language Press.

Wu, Ximing, and Jeffrey Perloff. 2005. "China's Income Distribution, 1985-001." *Review of Economics and Statistics* 87(4): 763-775.

Xia, Ming. 2000. *The Dual Developmental State: Development Strategy and Institutional Arrangements for China's Transition*. Aldershot, UK: Ashgate.

Xie, Chuntao. 2016. *Fighting Corruption: How the CPC Works*. Beijing: New World Press.

Xie, Yu, and Xiang Zhou. 2014. "Income Inequality in Today's China." *Proceedings of the National Academy of Sciences* 111(19): 6928-6933.

Xu Chenggang. 2011. "The Fundamental Institutions of China's Reforms and Development." *Journal of Economic Literature* 49(4): 1076-1151.

Yang, Li, Filip Novokmet, and Branko Milanovic. 2019. "From Workers to Capitalists in Less than Two Generations: A Study of Chinese Urban Elite Transformation between 1988 and 2013." Unpublished manuscript.

Yonzan, Nishant. 2018. "Assortative Mating and Labor Income Inequality: United States 1970-2017." Unpublished manuscript.

Yonzan, Nishant, Branko Milanovic, Salvatore Morelli, and Janet Gornick. 2018. "Comparing Top Incomes between Survey and Tax Data: US Case Study." LIS "Inequality Matters" Newsletter, Issue 6, pp. 10-1, LIS Cross-National Data Center in Luxembourg, June. https://www.lisdatacenter.org/newsletter/nl-2018-6-h-4/.

Zhang, Yi, and Ran Wang. 2011. "The Main Approach of the Proposed Integrated Household Survey of China." Paper presented at the 4th meeting of the Wye City Group on Statistics of Rural Development and Agriculture Household Income, Rio de Janeiro, November 9-11.

Zhao Ziyang. 2009. *Prisoner of the State*. New York: Simon and Schuster.

Zhuang Juzhong and Li Shi. 2016. "Understanding Recent Trends in Income Inequality in the People's Republic of China." ADB Economics Working Paper Series, No. 489, Asian Development Bank, July. https://www.adb.org/publications/understanding-recent-trends-income-inequality-prc.

Zucman, Gabriel. 2013. "The Missing Wealth of Nations: Are Europe and the U.S. Net Debtors or Net Creditors?" Quarterly Journal of Economics 128(3): 1321-1364.

Zucman, Gabriel. 2015. *The Hidden Wealth of Nations: The Scourge of Tax Havens*, trans. Teresa Lavender Fagan. Chicago: University of Chicago Press.

홀로 선 자본주의

초판 1쇄 발행 2020년 9월 25일
초판 3쇄 발행 2020년 12월 10일

지은이 브랑코 밀라노비치 | 옮긴이 정승욱 | 감수 김기정
펴낸이 오세인 | 펴낸곳 세종서적(주)

주간 정소연 | 편집 강현호 | 표지 디자인 어나더페이퍼 | 디자인 HEEYA
마케팅 임세현 | 경영지원 홍성우
인쇄 천광인쇄

출판등록 1992년 3월 4일 제4-172호
주소 서울시 광진구 천호대로132길 15, 세종 SMS 빌딩 3층
전화 마케팅 (02)778-4179, 편집 (02)775-7011 | 팩스 (02)776-4013
홈페이지 www.sejongbooks.co.kr | 블로그 sejongbook.blog.me
페이스북 www.facebook.com/sejongbooks | 원고 모집 sejong.edit@gmail.com

ISBN 978-89-8407-799-7 03320

이 도서의 국립중앙도서관 출판시도서목록(CIP)은 서지정보유통지원시스템 홈페이지(http://seoji.nl.go.kr)와 국가자료공동목록시스템(http://www.nl.go.kr/kolisnet)에서 이용하실 수 있습니다.(CIP제어번호: CIP2020035056)

• 잘못 만들어진 책은 바꾸어드립니다. • 값은 뒤표지에 있습니다.